Das Buch berichtet auch, wie man versuchte, den ASB von links und rechts zu zerschlagen. Den Nationalsozialisten ist dies 1933 gelungen. Die Samariter mussten zusehen, wie ihre Organisation aufgelöst wurde.

Nach dem Kriegsende, in einer Zeit, als die Menschen zunächst ans eigene Überleben dachten, trafen sich die Arbeitersamariter bald wieder. Sie nahmen Kontakt zueinander auf, versammelten sich in notdürftig eingerichteten Trümmerwohnungen und gründeten sich neu.

Das Buch zeigt, wie aus den kleinsten Anfängen, aus der Idee der „Hilfe zur Selbsthilfe“, eine Organisation entstanden ist, der sich heute in der Region Mittelhessen über 40.0000 Mitglieder zugehörig fühlen.

Die Samariter in Offenbach und etwas später ihre Genossen zwischen Dietzenbach und Marburg haben in den 100 Jahren ihrer Geschichte millionenfache Leistungen vollbracht, haben bei Katastrophen und großen Unglücken geholfen, Menschen in der Ersten Hilfe ausgebildet, Krankentransporte und Rettungseinsätze ausgeführt, sich der Wohlfahrtspflege angenommen und der Hauspflege für arme Arbeiterfamilien bis zum modernen, computergesteuerten Fahrdienst für Behinderte. Ständig kamen neue Aufgaben hinzu; zunächst die Ausbildung in Erster Hilfe, dann der Sanitätsdienst bei Arbeiterfesten, die Einrichtung von mobilen Unfallstationen, der Krankentransport und Rettungsdienst, erst mit der Rädertrage und bald schon mit den ersten Automobilen, die Gesundheitsaufklärung, die Wohlfahrtspflege, dann der Katastrophenschutz, die stationäre Fürsorge in Heimen und Hospitälern, die mobilen sozialen Dienste und schließlich die Hilfe bei Not und Katastrophen im Ausland.

Allen, die es ermöglicht haben, mit diesem Buch die einzigartige Geschichte des ASB zu dokumentieren, sei herzlich gedankt. Vor allem gilt mein großer Dank den Autor Erhard Bus.

Den Samariterinnen und Samaritern in der Region Mittelhessen wünsche ich für die nächsten 100 Jahre weiterhin gutes Gelingen für ihre Arbeit und ihren Einsatz für die Menschen.

Wilhelm Müller
ASB-Präsidium

VORWORT

Es ist eine alte Lebensweisheit, dass man nur weiß, wohin man gehört, wenn man erfahren hat, woher man kommt. Die neue Chronik des ASB Regionalverband Mittelhessen hilft allen Interessierten, diesem Gedanken zu folgen.

Dem Historiker Erhard Bus ist mit Akribie und Fleiß ein einmaliges Werk gelungen. Er hat die Historie der damaligen Kolonnen, späteren Ortsverbände und dem daraus gewachsenen heutigen Regionalverband Mittelhessen erforscht, Materialien gesammelt und gebündelt, um damit die Geschichte des ASB Regionalverband Mittelhessen auf Dauer künftigen Generationen zu erhalten. Bei allen Unterstützern und Zeitzeugen, die dazu beigetragen haben, möchte ich mich an dieser Stelle persönlich bedanken.

Diese Chronik soll helfen, sich mit der Entstehung des heutigen Verbandes sowie den Gedanken der darin handelnden Samariterinnen und Samaritern, Freunden und Förderern auseinandersetzen zu können und daraus Schlüsse für die Gegenwart zu ziehen.

Der Begriff des Samariters geht auf ein Gleichnis aus dem Lukas-Evangelium zurück. In dieser Erzählung erhält ein Schwerverletzter, den ein Priester und ein Levit, ein Angehöriger einer der zwölf Stämme Israels, achtlos liegen ließen, Hilfe von einem Samaritaner. Die Samaritaner waren Angehörige einer damals als gering geachteten Religionsgemeinschaft, die aus dem Judentum hervorgegangen ist. Dieser barmherzige Samaritaner versorgte die Wunden des Verletzten, brachte ihn in eine Herberge und zahlte für seine Pflege.

Viele Jahrhunderte später zeigte sich im Deutschen Kaiserreich eine – ansatzweise zumindest – ähnliche Situation. In der Bismarckzeit und in der Wilhelminischen Ära wurde die Arbeiterbewegung in eine Außenseiterrolle gedrängt und ihre Organisationen und deren Repräsentanten zeitweise sogar verfolgt.

In der Arbeitswelt bedeutete dies, dass bis zur Gründung des Arbeiter-Samariter-Bundes im Jahre 1888 keine Organisation bestand, die Sanitätspersonal schulte, das sich bei Arbeitsunfällen um die Verletzten kümmerte.

Aus unserer Chronik erfahren die Leser, wie die damaligen Kolonnen entstanden sind und sich bis zum heutigen Regionalverband Mittelhessen entwickelt haben. Darüber hinaus werden ihnen Menschen begegnen, deren Name unumgänglich mit dem Verband in Verbindung gebracht wird. Diesen Samariterinnen und Samaritern wird der Verband immer Gedenken. Gerade in den Jahren des Nationalsozialismus haben viele Menschen, die beim ASB und in anderen Arbeiterorganisationen tätig waren, viel Leid erfahren. Sie haben ihre Überzeugungen nie aufgegeben und sich dem System mutig entgegen gestellt. Dies verdient unser aller Respekt.

Bei allen Samariterinnen und Samaritern, Freunden und Gönnern, die dazu beigetragen haben, dass der Verband sich zu dem entwickeln konnte, was er heute ist, möchte ich mich, auch im Namen meiner Vorstandskollegen, herzlich bedanken.

Ich wünsche Ihnen beim Lesen unserer Chronik viel Freude.

Marcus Schönbach
1. Vorsitzender
Arbeiter-Samariter-Bund
Landesverband Hessen e.V.
Regionalverband Mittelhessen

Der Vorstand des ASB Regionalverband Mittelhessen 2013, von links: Dominik Duttiné, Dirk Trageser, Klaus März, Marcus Schönbach, Tobias Stenger, Dr. Thomas Spies, Stefan Falke, kleines Bild: Helmut Trebus.
ASB Regionalverband Mittelhessen

LITERATUR

Zu den wichtigsten, auch wissenschaftlichen Ansprüchen genügenden Veröffentlichungen zur Geschichte Arbeiter-Samariter-Bundes bis 1933 zählen die Aufsätze von Franz Walter[1] und Alfons Labisch.[2] Neben zahlreichen Übereinstimmungen wird jedoch von beiden Autoren die politische Ausrichtung des Bundes vor 1933 unterschiedlich gewertet. Walter sieht bis 1933 eine starke Verankerung des Bundes im „sozialistischen Milieu" und beurteilt deshalb die von der ASB-Bundesleitung schon damals verkündete weltanschauliche Neutralität recht kritisch, während Labisch schon in der Zeit der Weimarer Republik dessen weitgehende Entpolitisierung konstatiert.

Marita Marrenbach hat in ihrer Magisterarbeit aus dem Jahre 1996, die Forschungen von Labisch und Walter über das „Schicksalsjahr" 1933 hinaus fortgeschrieben und vor allem die Entwicklung des ASB zur Hilfs- und Wohlfahrtsorganisation sowie die Modifizierung seines Selbstverständnisses nach 1945 thematisiert.[3]

Ungemein materialreich sind die Veröffentlichungen von Wilhelm Müller, des langjährigen Bundesgeschäftsführers des ASB. Zunächst erschien 1984 seine Broschüre „ASB-Chronik".[4] Die als Almanach verfassten und ansprechend gestalteten Bände von 1988[5] und 1998[6] betten die Geschichte des ASB anschaulich in den gesamthistorischen Kontext ein und animieren nicht zuletzt wegen zahlreicher Abbildungen zum Nachschlagen, Lesen und Blättern.

Daneben sind einige Veröffentlichungen zur Geschichte einzelner Kolonnen oder, wie sie später hießen, Ortsverbände, erschienen. Einige gilt es, an dieser Stelle kurz vorzustellen. Dabei handelt es sich sowohl um historische Darstellungen im engeren Sinne, als auch um Publikationen, die zwar einen geschichtlichen Überblick bieten, aber die Präsentation der Aktivitäten und Angebote des jeweiligen Ortsverbandes im Jubiläumsjahr in den Vordergrund stellen.

Zu Letzteren gehören die Festschrift des Ortsverbandes Kassel aus dem Jahre 1990 zum 90-jährigen Bestehen[7] und ebenfalls der flott gestaltete Band mitsamt einer CD des ASB Hamburg, der anlässlich eines 100-jährigen Jubiläums 2007 erschienen ist.[8]

Um historische Studien zur lokalen ASB-Geschichte handelt es sich bei den umfangreichen Publikationen von Wilhelm Müller zum Kölner ASB von 1985[9] und von Christian Hermann zur Vergangenheit der Dresdner Samariter von 1901 bis 1933 aus dem Jahre 1999.[10]

Hermanns Arbeit ist mit Anmerkungen, Anlagen und Registern versehen und hält sich sehr eng an einen chronologischen und lokal bezogenen Rahmen. Letzteres gilt auch für die Arbeit Müllers zu den Kölner Samaritern, der sich allerdings nicht so sehr in ein zeitliches Korsett zwängt, jedoch auch hier keine Belege anführt.

Belletristische Kurzweil, wenn auch hin und wieder mit zu viel Pathos unterlegt, bietet der „Roman der Arbeiter-Samariter" des Journalisten und Archivars Konrad Beck mit dem

Samariterinnen und Samariter der Kolonne Offenbach beim Sanitätsdienst während der Süddeutschen Regatta 1924.
Archiv des ASB-Bundesverbandes

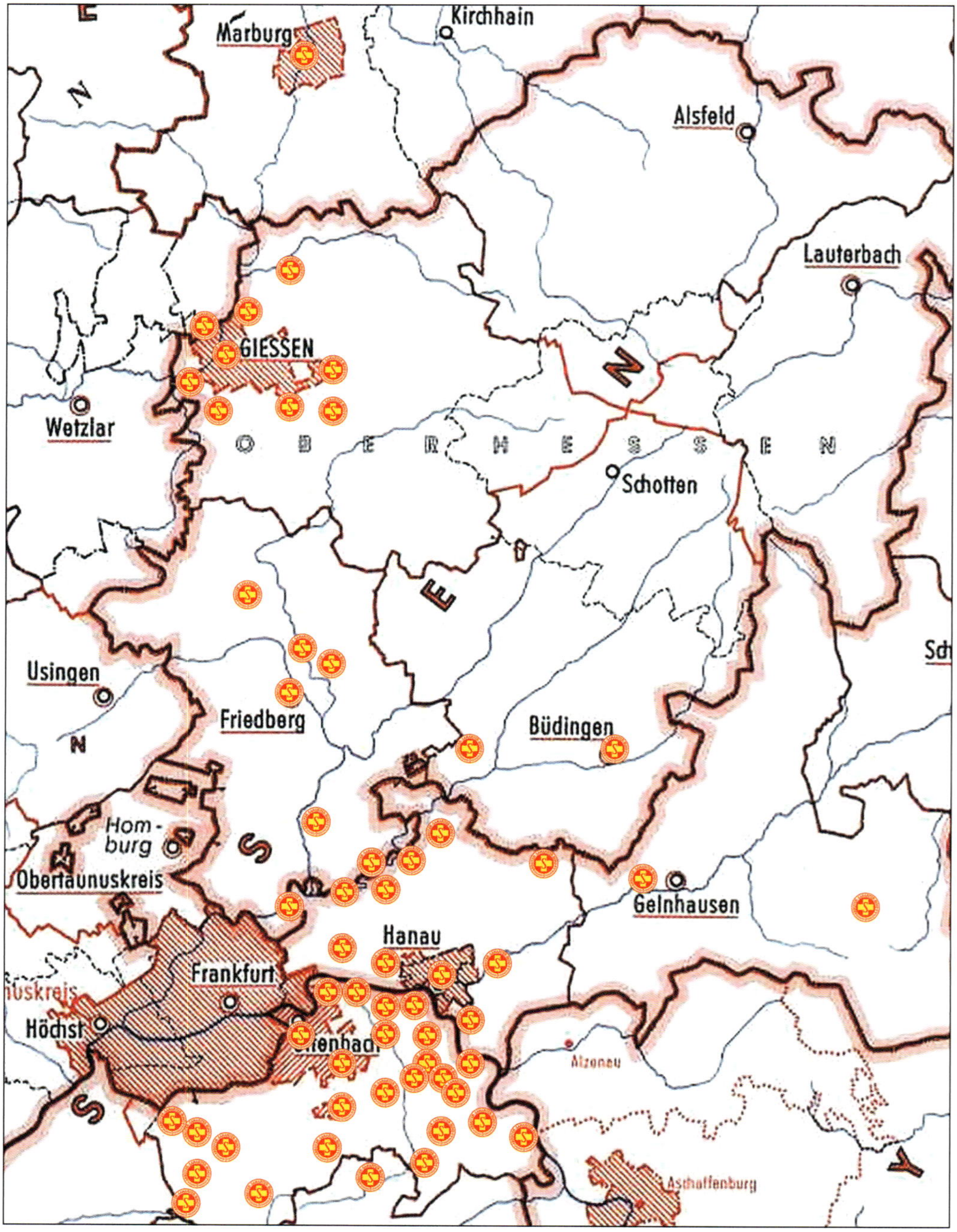

Die Arbeiter-Samariter-Bewegung beschränkte sich in Mittelhessen bis zu ihrem von den Nationalsozialisten verhängten Verbot nicht auf wenige städtische Zentren, sondern war zwischen Marburg im Norden und Dietzenbach im Süden mit 58 Kolonnen nahezu flächendeckend präsent. Die Namen der Orte mit ASB-Kolonnen sind auf Seite 72 f. nachzulesen.

Erhard Bus/ASB Regionalverband Mittelhessen

Titel „Die Sache des Gustav D.", der 1999 erschien und mit einem Vorwort von Wolfgang Thierse und mit „Lebenspuren" von führenden Aktiven aus der Frühzeit der ASB-Bewegung versehen ist.[11]

Neuerdings erschien bei der Medizinischen Fakultät der Westfälischen Wilhelms-Universität Münster eine Dissertation, die sich der Frühzeit des Arbeiter-Samariter-Bundes widmet.[12] Der Autor untersucht darin ausführlich auch das Verhältnis des ASB zum Proletarischen Gesundheitsdienst (PSG) und führt als Beispiele das Wirken Bergischer Kommunisten und Oldenburger Arbeitersamariter an. Leider war es aus Zeitgründen nicht mehr möglich, näher auf die Thesen dieser Veröffentlichung einzugehen.

ÜBERALL ARBEITERSAMARITER

In der vorliegenden Publikation wird schon mit dem Titel verdeutlicht, dass sich die Arbeiter-Samariter-Bewegung im Bereich des heutigen Regionalverbandes Mittelhessen bis zu ihrem von den Nationalsozialisten verhängten Verbot von 1933 nicht auf die wenigen städtischen Zentren oder frühen Industrieorte beschränkte, sondern zwischen Marburg im Norden und Dietzenbach im Süden mit 58 Kolonnen nahezu flächendeckend präsent war. Davon existierten die meisten in Arbeiterwohnsitzgemeinden vor allem im Kreis Offenbach. Orte, die noch wenige Jahrzehnte zuvor reine Bauerndörfer waren und wo später viele Arbeiter nach Feierabend noch eine kleine Landwirtschaft betrieben.

Diesen Hintergrund zu verdeutlichen war ebenso Absicht dieses Buches, wie etwa die gesellschaftlichen Bedingungen im Kaiserreich und in der Weimarer Republik aufzuzeigen. Dies ergänzt ein notwendiger Überblick zur Geschichte des ASB als reichs- und später bundesweite Hilfs- und Wohlfahrtsorganisation. Dabei wurde deutlich, dass sich der ASB in ein weit gefächertes „sozialistisches Milieu" eingepasst hatte.

Der Schwerpunkt der Arbeit liegt jedoch in Präsentation der Geschichte einzelner Kolonnen und später der Ortsverbände bis hin zur Gründung des Regionalverbandes Mittelhessen.

Hochinteressant, wenn auch aufgrund unzureichender Quellenlage nicht immer befriedigend zu beantworten, ist die Frage, ob und inwieweit bestimmte Kontroversen auf Bundesebene – wie etwa die Auseinandersetzung zwischen Sozialdemokraten und Kommunisten innerhalb des ASB und dessen oft propagierte weltanschauliche Neutralität, das Problem der Uniformierung oder das Verhältnis zum DRK – auch in den Kolonnen in und um Offenbach, Hanau oder Gießen ihren Niederschlag fanden oder ob man hier diese Diskussionen aussparte und seiner Samaritertätigkeit nachging.

Weitere Aspekte, denen die Studie nachgehen will, sind das Verhältnis der Kolonnen zu Staat und Kommunen, ihre finanzielle Situation, die Formen des Vereinslebens, die Art der

Mitglieder der Arbeiter-Samariter-Kolonne Windecken vor dem Wachthäuschen auf dem Marktplatz um 1930. Privat

Dienste und Hilfsleistungen, der Übergang vieler Arbeitersamariter ins Rote Kreuz und der in den letzten Dekaden vollzogene teilweise Wandel im Selbstverständnis des ASB von einer freiwilligen Hilfsorganisation zu einem Dienstleister im Rettungs- und Wohlfahrtswesen und die damit verbundene wirtschaftliche Ausrichtung seiner verschiedenen Gliederungen.

Eine ausgiebige Präsentation findet die Geschichte der Arbeiter-Samariter-Kolonne Offenbach. Dies geschieht nicht alleine aufgrund einer einigermaßen befriedigenden Quellenlage, sondern gleichfalls, weil die Stadt bis 1933 Vorort der ASB-Bewegung im Volksstaat Hessen war und die Gründung der Kolonne Offenbach sich 2013 zum hundertsten Male jährt, weshalb die Auseinandersetzung mit der Vergangenheit des ASB in der Region Mittelhessen letztlich in Angriff genommen wurde.

Zur inhaltlichen Gestaltung des Buches ist noch anzumerken, dass die Zeitzeugenaussagen und die Dokumente die Texte ergänzen, ihre Aussagen bekräftigen und vertiefen, aber ebenso einen Eindruck über die jeweilige Epoche vermitteln sowie einige Kuriositäten und Besonderheiten anschaulicher machen sollen. Auf erläuternde Dokumente und Zeitzeugenberichte wird an den entsprechenden Stellen mittels einer Anmerkung hingewiesen.

Wichtig war für Herausgeber und Autor außerdem die Veröffentlichung möglichst vieler aussagekräftiger Abbildungen zur Geschichte des Arbeiter-Samariter-Bundes in Mittelhessen.

Herausgeber und Autor sind einer Reihe von Personen und Institutionen zu Dank verpflichtet, die in vielfältiger Weise zur Entstehung dieser Chronik beigetragen haben.

Zu nennen sind hierbei die Mitarbeiterinnen und Mitarbeiter des Hessischen Hauptstaatsarchivs Wiesbaden, der Hessischen Staatsarchive Darmstadt und Marburg, der Stadtarchive in Bad Vilbel, Dietzenbach, Gießen, Hanau, des Archivs im Haus der Stadtgeschichte Offenbach und des Archivs des DRK Kreisverband Gelnhausen.

Der Hanauer Geschichtsverein 1844 e.V., die Heimat- und Geschichtsvereine Dietzenbach und Klein-Auheim sowie Privatpersonen in Dietzenbach, Hanau und Nidderau-Windecken haben historisches Bildmaterial zur Verfügung gestellt. Angestellte und die Mitglieder des Chronikausschusses beim ASB Regionalverband Mittelhessen halfen bei Recherchen und der Endredaktion.

Die fünf Zeitzeugen berichteten über einzelne Aspekte aus der Arbeit des ASB. Die zeitliche Spannbreite ihrer Erzählungen reicht dabei von der Mitte der zwanziger Jahre bis in die Gegenwart und die räumliche Ausdehnung vom Spessart bis nach Peru.

Ein besonderer Dank gilt Brigitta Frucht, Fiona Leswal und Annette Riedrich vom Archiv des ASB Bundesverbandes sowie unserem langjährigen Bundesgeschäftsführer Wilhelm Müller.

1 F. Walter, Der Arbeiter-Samariter-Bund in: Ders. / V. Denecke / K. Regien, Sozialistische Gesundheits- und Lebensreformverbände. Solidargemeinschaft und Milieu: Sozialistische Kultur- und Freizeitorganisationen in der Weimarer Republik, Band 2, herausgegeben von P. Lösche, Bonn 1991, S. 293 ff.

2 A. Labisch, Der Arbeiter-Samariter-Bund 1888–1933: Ein Beitrag zur Geschichte der Arbeitersamariterbewegung, in: G. A. Ritter (Hrsg.), Arbeiterkultur, Königstein/Ts. 1979, S. 145 ff. A. Labisch, Selbsthilfe zwischen Auflehnung und Anpassung. Arbeiter-Sanitätskommission und Arbeiter-Samariterbund, in: Alternative Medizin. Kritische Medizin im Argument (Argument-Sonderband: AS 77) Berlin, S. 11 ff.

3 M. Marrenbach, Die Entwicklung von Struktur und Selbstverständnis des Arbeitersamariterbundes vom Zweiten Weltkrieg bis Ende der 60er-Jahre, Hausarbeit zur Erlangung des Grades einer Magistra Artium der Fakultät für Geisteswissenschaft der Ruhr-Universität Bochum 1996.

4 W. Müller, ASB-Chronik 1888–1984. Ein Buch über die Geschichte des ASB, Bonn 1984.

5 W. Müller, Mit einem Unfall fing es an! Illustrierte Geschichte des Arbeiter-Samariter-Bundes, Wiesbaden 1988.

6 W. Müller, Illustrierte Geschichte des Arbeiter-Samariter-Bundes 1888–1998, Köln 1998.

7 Arbeiter-Samariter-Bund – Ortsverband Kassel (Hrsg.), Helfen ist unsere Aufgabe, o. O., o. J. (1999).

8 Arbeiter-Samariter Bund Landesverband Hamburg e.V. (Hrsg.), ASB Hamburg – seit 100 Jahren für Hamburg, Hamburg 2008.

9 W. Müller, Samariter in Köln. Ein Buch über die Geschichte einer Hilfsorganisation, Wiesbaden 1985.

10 Chr. Hermann, Frei Hilf! Samariter in Dresden. Zur Geschichte der Arbeiter-Samariter-Kolonne Dresden (1901–1933), Leipzig 1999.

11 K. Beck, Die Sache des Gustav D. Der Roman der Arbeiter-Samariter, Berlin 1999.

12 H. Hawerkamp, Beiträge zur Geschichte des Arbeiter-Samariter-Bundes von seiner Entstehung (1888) bis zu seinem Verbot (1933), Diss., Münster 2012. Die Dissertation ist mir nach der Fertigstellung meines Manuskripts am 22.10.2012 zugegegangen.

Eine noch relativ neue Dienstleistung des Arbeiter-Samariter-Bundes: Was früher „Essen auf Rädern“ war, hat sich mittlerweile zu einem echten Menü-Service gewandelt.
ASB Regionalverband Mittelhessen

ARBEITERSAMARITER IM KAISERREICH UND IN DER REPUBLIK, 1888–1933

DYNAMIK UND BEHARRUNG

Das im Jahr 1871 gegründete deutsche Kaiserreich war ein widersprüchliches Gebilde. Während einerseits wirtschaftliche Dynamik und wissenschaftlicher Fortschritt dominierten, prägten andererseits verkrustete politische und gesellschaftliche Strukturen die Situation bis 1918.[1] Eine Folge davon war eine lange anhaltende Ausgrenzung oder Opposition breiter Bevölkerungsschichten gegenüber dem neuen Staat. Dazu gehörten weite Kreise der deutschen Katholiken ebenso wie nationale Minderheiten und die Arbeiterschaft.

Für die politische Vertretung der Arbeiterschaft, die SPD, bedeutete dies, dass sie selbst nach der Aufhebung des „Sozialistengesetzes" 1891 und dem Wahlerfolg von 1912, als sie mit 110 Mandaten an Stelle des Zentrums größte Fraktion im Deutschen Reichstag wurde, die zahlenmäßig starken Außenseiter in der Gesellschaft des wilhelminischen Deutschlands blieben. Weite Teile des Bürgertums und des Adels beäugten sie mit Argwohn und wohl oft auch mit Furcht. Titulierungen wie „Umsturzpartei" oder „Vaterlandslose Gesellen" sind hierfür markante Belege. Dazu kamen polizeiliche Observationen und andere Formen obrigkeitsstaatlicher Repressalien.

Die nach der Reichsgründung immer vehementer fortschreitende Industrialisierung brachte in ökonomischer und sozialer Hinsicht zahlreiche Veränderungen. Landwirtschaft und Handwerk mussten sich auf einschneidende Strukturveränderungen einstellen, während die mechanisierte industrielle Produktionsweise die Arbeitswelt und bald auch das Alltagsleben vieler Menschen nachhaltig beeinflusste. *„Die Industrialisierung ist ein fundamentaler gesellschaftlicher Prozeß des 19. Jahrhunderts. Er hat alles verwandelt. Die Lage und die Ausstattung des Arbeitsplatzes, die Handgriffe, die das Produkt nicht mehr wie zuvor gestalten, sondern nunmehr maschinell zustande bringen, das Bild der Städte, Lage, Größe und Ausstattung der Wohnungen, das Einkommen und die Ansprüche. Die Industrialisierung veränderte die Ernährungsgewohnheiten, das Selbstverständnis des arbeitenden Menschen, sein Werk-*

Ausmarsch von Soldaten der Hanauer Garnison um 1910 in der Lamboystraße. Aufgenommen vom Wachgebäude der Francois-Kaserne.
Archiv Kurz

zeug, seine Beziehung zu den Arbeitskollegen und zum sozialen Umfeld, insbesondere zur Gemeinde."[2] Kürzer und prägnanter hat der britische Wirtschafts- und Sozialhistoriker Eric Hobsbawm die Auswirkungen dieses Prozesses bewertet. Seiner Ansicht nach war die Industrialisierung die *„gründlichste Umwälzung menschlicher Existenz in der Weltgeschichte, die jemals in schriftlichen Dokumenten festgehalten wurde"*.[3] Deutschland wandelte sich in dieser Phase innerhalb von ganz wenigen Generationen von einem rückständigen Agrarland zu einem modernen Industriestaat.

Parallel dazu wuchs die Einwohnerzahl auf dem Gebiet des späteren Deutschen Reichs zwischen 1835 und 1914 von knapp 30 Millionen auf über 67 Millionen Menschen an, obwohl von 1816 bis 1914 fast 5,5 Millionen Deutsche auswanderten.[4]

Neben diesem rasanten Bevölkerungsanstieg erlebte Deutschland im 19. Jahrhundert und vornehmlich nach der Reichsgründung von 1871 eine so niemals zuvor gekannte ökonomische Dynamik. Während dieser „Take off-Phase" nahm der Anteil der Arbeiterschaft ständig zu. Im Jahre 1907 waren bereits 57 % der gewerblichen Arbeitskräfte in Großbetrieben beschäftigt.[5]

Doch konzentrierte sich die Industriearbeiterschaft keineswegs alleine auf die urbanen Zentren. Mehr und mehr kamen die Fabriken auch auf das Land, und mit den neu geschaffenen Eisenbahnverbinden waren die Arbeitsplätze in den Städten aus dem Umland leichter zu erreichen, ohne dass man sein gewohntes Umfeld aufgeben musste.

Die zeitweise Verfolgung und Diffamierung der Sozialdemokraten und anderer Gruppierungen der Arbeiterschaft als „Reichsfeinde“[6] verhinderte ihre Integration in die Gesellschaft des kaiserlichen Deutschlands und dieser Zustand dauerte bis zur Abdankung Kaiser Wilhelms II. und Ausrufung der Republik im November 1918 an.

STAAT IM STAATE

Es war deshalb folgerichtig, dass die Arbeiterschaft den herrschenden, in ihren Augen überkommenen Normen im Deutschen Reich in vielen Lebensbereichen eine eigene Kultur entgegensetzte und sich eigene Organisationen schuf, die die Werte der staatstragenden monarchistischen Eliten ablehnten.

Diese sozialistisch geprägten Gruppierungen der Arbeiterbewegung erfassten schließlich das gesamte Leben eines organisierten Proletariers, von der Wiege bis zur Bahre. Sie bildeten ein unverwechselbares Milieu, mit eigenen Erziehungs-, Wohlfahrts-, Sport- und Kulturorganisationen – quasi einen Staat im Staate oder eine Parallelgesellschaft, zumindest in der Freizeit. Dazu kam, dass man in „seiner Wirtschaft“, die zumeist auch das Stammlokal der Sozialdemokraten war, auf Gleichgesinnte traf.

Zu den sozialdemokratisch orientierten Aktiven der Kultur- und Sportvereine gesellten sich später vermutlich viele Sanitäter vom Arbeiter-Samariter-Bund. Außerdem besuchte

Sozialdemokratischer Verein Offenbach-M.
Sonntag, den 3. August 1913
Waldfest
an der Hermannschneise (Tempelseemühle).
Abmarsch mit Musik punkt 2 Uhr nachmittags vom Saalbau.
Im Walde: Konzert vom Musikverein Vorwärts, Volksbelustigungen und Kinderspiele. Speisen und Getränke in eigener Regie.
Eintritt pro Person 10 Pfg.
Zu diesem Feste ist die gesamte Arbeiterschaft von Offenbach und Umgegend herzlich eingeladen. Der Festausschuß.
845

Aufruf zum Waldfest des Sozialdemokratischen Vereins Offenbach im „Offenbacher Abendblatt“ vom 27. Juli 1913. Festlichkeiten sozialistisch geprägter Gruppierungen der Arbeiterbewegung bildeten bis 1933 einen Teil des sozialdemokratischen Milieus.
Archiv im Haus der Stadtgeschichte Offenbach

man mit Vorliebe und eventuell auch aus Verpflichtung die Feste und sonstigen Veranstaltungen der Vereine und Gruppierungen mit gleicher weltanschaulicher Ausrichtung. Und natürlich sahen sich viele während der Arbeit sowie bei Treffen und Aktionen des örtlichen Gewerkschaftskartells. Privater Umgang kam noch dazu, sodass sich seit dem Ende des 19. Jahrhunderts als weitere Folgeerscheinung der Industrialisierung in den Fabrikstädten und ebenso in den Arbeiterwohnsitzgemeinden ein sicherlich unterschiedlich entwickeltes „sozialdemokratisches Milieu" herausbildete, das in der Weimarer Republik eine noch stärkere Ausprägung erfuhr.

Eine derartig enge Verquickung von gesellschaftlichem Leben und politischem Verhalten wie während der Jahre von 1919 bis 1932 war in der deutschen Geschichte einmalig.[7] Einen Teil dieses proletarischen – oder genauer formuliert – sozialdemokratischen Milieus stellten die Mitglieder der Arbeitersamariterkolonnen dar.

Warum kam es aber zur Gründung der Arbeitersamariter? Gab es doch das Rote Kreuz als karitative Hilfsorganisation. Welche Motive führten zur Gründung der Kolonnen der Arbeitersamariter und schließlich zum Arbeiter-Samariter-Bund? Und wie verlief dieser Gründungsprozess? Und wie entwickelte sich die junge Organisation über die Fährnisse der deutschen Geschichte hinweg?

Der Wunsch, bestimmte Missstände im Arbeitsleben abzustellen oder zumindest teilweise zu beheben, stand am Anfang der Arbeiter-Samariter-Bewegung in Deutschland und das tat man am liebsten mit politisch Gleichgesinnten. Ausgangspunkt der Entwicklung war ein Ort in der Nähe der damals pulsierenden Reichshauptstadt Berlin.

ARBEITER GRÜNDETEN EIGENE HILFSORGANISATION

Deutschland befand sich seit etwa der Mitte des 19. Jahrhunderts und verstärkt nach der Reichsgründung von 1871 mit raschen Schritten auf dem Weg vom Agrar- zum Industriestaat. Arbeiter bauten im Eiltempo neue Industrieanlagen, Wohnanlagen und Verkehrswege. Viele Städte wuchsen in einem immensen Tempo. In den schnell hochgezogenen Mietskasernen herrschte oft drangvolle Enge und die Hygiene ließ zu wünschen übrig. In den Fabriken erhöhte sich die Zahl der Industriearbeiter und der gefertigten Produkte rasant. Dabei erwiesen sich die Arbeitsbedingungen vielfach als unzureichend und der Arbeitsschutz steckte vielfach noch in den Kinderschuhen. Folglich nahmen die Arbeitsunfälle ständig zu, ohne dass Abhilfe in Aussicht stand. Im Jahr 1886 betrug die Anzahl der bei der gesetzlichen Unfallversicherung angezeigten Betriebsunfälle 26,9 pro 1.000 Versicherte, 1900 waren es bereits 44,8.[8]

Aber nicht nur die Sicherheit am Arbeitsplatz lag im Argen. Ebenso fehlte es an ausgebildeten Ersthelfern vor Ort. Keine Organisation fühlte sich für die Hilfe bei Unfällen oder

Baustelle mit Arbeitern um 1900. Seinerzeit bauten Arbeiter im Eiltempo neue Industrieanlagen, Wohnanlagen und Verkehrswege, dabei wurde der Arbeitsschutz vielfach vernachlässigt. Folglich nahmen Arbeitsunfälle ständig zu.
Archiv des ASB-Bundesverbandes

für vorbeugende Maßnahmen auf diesem Sektor zuständig. So verging oft wertvolle Zeit, bis der Rettungsdienst oder ein herbeigerufener Arzt eintraf.

Den Anstoß zur Selbsthilfe der Arbeiter brachte ein Unfall, der sich im November 1884 in Erkner bei Berlin ereignete. Dort war während des Baus einer Lagerhalle eine 40 Meter lange Wand eingestürzt und hatte drei Zimmerleute unter sich begraben.

Unter dem Eindruck dieses tragischen Arbeitsunfalles stehend, wandten sich einige Bauhandwerker unter der Führung eines Poliers, des Zimmermanns Gustav Dietrich[9], an den sozialdemokratisch orientierten Arzt Dr. Alfred Bernstein und baten ihm um Ratschläge zum richtigen Verhalten nach Unfällen.

Doch alleine bei den Belehrungen sollte es nicht bleiben. Dr. Bernstein führte schließlich von April bis Oktober 1888 einen Kurs zur Unfallhilfe durch, an dem mehr als 100 Arbeiter unterschiedlicher Berufszweige teilnahmen. Anschließend wurde die Versammlung oder diese Aktion unter dem Namen „Lehrkursus der Berliner Arbeiter der ersten Hilfe bei Unglücksfällen" institutionalisiert.[10] Ein Jahr später fanden dann regelmäßig unter der Leitung der beiden Ärzte Dres. Alfred und Paul Bernstein Vorträge und Übungen statt. Erklärtes Ziel dieser Lehrgänge war es, die Kursteilnehmer in die Lage zu versetzen, im Bedarfsfall an ihrem jeweiligen Arbeitsplatz verunglückten Kollegen sachgerechten Beistand und Hilfe zu leisten.

Es vergingen dann noch acht Jahre bis im Herbst 1896 etwa 40 Kursteilnehmer unter Führung des Arztes Dr. Raphael Friedeburg in Berlin die erste Samariterkolonne ins Leben riefen. Entsprechend ihrer sozialen Herkunft und beruflichen Tätigkeit nannten sich die Helferinnen und Helfer „Arbeiter-Samariter-Kolonne Berlin und Umgebung". Der Name übertrug sich bald auf die gesamte Selbsthilfeorganisation der Berliner Arbeiterschaft.

Dr. Friedeburg gliederte die Arbeitersamariter in fünf Gruppen zu je acht Helfern und übergab jeder eine Sanitätstasche. Die einzelnen Samariter erhielten zusätzlich Verbandpäckchen und Armbinden.

Die Gruppen nahmen von da an den Sanitätsdienst bei Arbeiterveranstaltungen oder sozialistischen Festen wahr. Damit weiteten die Arbeiter-Samariter ihren Wirkungsbereich von der Ersten Hilfe am Arbeitsplatz zur Sanitätswache bei öffentlichen Veranstaltungen aus.

Die Aktivitäten der Berliner Arbeiter-Samariter-Kolonne erfreuten sich eines regen Zuspruchs. Bis zum Ende des Jahres 1897 zählte die Kolonne 136 Männer und 58 Frauen als Mitglieder, davon waren 42 Männer und 17 Frauen im Sanitätsdienst aktiv.

Ihre erste große Bewährungsprobe bestand die Kolonne im August 1897. Damals kamen bei einem Arbeiter-Sängerfest in Pichelsdorf in der Nähe von Spandau mehr als 40.000 Menschen aus ganz Berlin zusammen, um den Darbietungen von 203 Gesangvereinen mit rund 3.000 Sängern zu lauschen. Die Berliner Arbeitersamariter und -samariterinnen stellten den notwendigen Sanitätsdienst und wurden zu 20 Hilfeleistungen gerufen. Der „Arbeiter-Sänger-Bund" entlohnte den Dienst der Berliner Arbeiter-Samariter-Kolonne mit 150 Mark, wovon die Ausrüstung ergänzt wurde. Ähnlich engagiert zeigte sich die Kolonne beim Sängerfest am Weißensee 1899.[11]

Mit den häufiger werdenden Einsätzen bei Veranstaltungen von Gruppierungen der Arbeiterbewegung und den dabei für die Stellung von Sanitätswachen erzielten Einnahmen konnte man die Ausrüstung der Kolonne kontinuierlich erweitern und verbessern. Man beschaffte sich Zelte, Instrumente, Betten, Sauerstoffapparate, Tragen und anderes Sanitätsmaterial zur sachgerechten Bergung und Behandlung von Verletzten.[12]

Wie die Entwicklung der Berliner Kolonne deutlich zeigt, entstand die Arbeiter-Samariter-Bewegung von „unten", auf Initiative der von Arbeitsunfällen betroffenen oder gefährdeten Handwerkern und mit ihnen sympathisierender Ärzte. Die Initiative zur Gründung dieser proletarischen Selbsthilfeorganisation lag nicht bei den Gewerkschaften oder den Sozialdemokraten, die zur Zeit der Entstehung des ASB selbst staatlichen Verfolgungsmaßnahmen aufgrund der „Sozialistengesetze" ausgesetzt waren, die Reichskanzler Otto von Bismarck 1878 initiiert hatte und die erst 1891 von dem jungen Kaiser Wilhelm II. außer Kraft gesetzt wurden.

Gustav Dietrich (1851–1940), einer der Gründer der Arbeiter-Samariter-Bewegung.
Archiv des ASB-Bundesverbandes

ASB UND ROTES KREUZ IM KAISERREICH

Die deutsche Arbeiter-Samariter-Bewegung entstand also vorrangig aufgrund von negativen Erfahrungen, die Bauhandwerker an ihrem Arbeitsplatz erlebten. Doch mit der Ausweitung der Organisation kamen auch solche Helferinnen und Helfer zum ASB, die weniger von Arbeitsunfällen bedroht waren oder die zunächst im Roten Kreuz mitwirkten. Einige von ihnen hatte man dort ausgeschlossen, weil sie die vorherrschende politische Einstellung nicht teilten, weshalb sie in eine sozialistisch orientierte Arbeiter-Samariter-Kolonne eintraten.

Dieser Gegensatz hinsichtlich der weltanschaulichen Ausrichtung von ASB und Rotem Kreuz kennzeichnete das Verhältnis zwischen den beiden Organisationen mindestens bis zum Jahre 1933 und verursachte mancherlei bisweilen bösartige Auseinandersetzungen. Diese Divergenzen resultierten aber auch aus dem Gründungsmotiv der Rotkreuzbewegung sowie ihrem über Jahrzehnte hauptsächlich praktizierten Ausbildungsschwerpunkt.

Die Rotkreuzbewegung fußt auf den humanitären Ideen des Schweizer Kaufmanns Henry Dunant (1828–1910), der, beeindruckt von dem Leid verwundeter, oftmals unversorgter Soldaten, im Anschluss an die Schlacht von Solferino (1859) sein Buch „Eine Erinnerung an Solferino" verfasste. Darin forderte er den Aufbau einer zivilen Organisation, die sich schon in Friedenszeiten auf den Sanitätsdienst im Kriegsfall vorbereiten sollte. Einige Genfer Bürger nahmen Dunants Gedanken auf, und schon 1863 fand eine internationale Konferenz statt, an deren Ende die Verabschiedung der „Konvention zur Verbesserung des Schicksals der verwundeten Soldaten der Armeen im Feld" (Erste Genfer Konvention) stand.

Hierin verpflichteten sich die zwölf Unterzeichnerstaaten, darunter das Großherzogtum Hessen und das Königreich Preußen, unter anderem, mit dem roten Kreuz gekennzeichnete Feldlazarette mitsamt dem Personal sowie helfende Landesbewohner als neutral zu respektieren und pflegebedürftige Militärs ohne Unterschied der Nationalität zu versorgen.

Die Ideen und Anregungen Dunants und seiner Mitstreiter fanden, nicht zuletzt aufgrund staatlicher Protektion, in vielen Ländern rasche Aufnahme und ihre organisatorische Umsetzung. Vor allem in Preußen erkannte man – neben dem humanitären Aspekt – den militärischen Nutzen freiwilliger Hilfsorganisationen, die im Kriegsfall für den Sanitätsdienst der Armee herangezogen werden konnten.[13]

Die Gründung des „Centralkomitee des Preußischen Vereins zur Pflege im Felde verwundeter und erkrankter Krieger" erfolgte bereits am 6. Februar 1864. Dem Komitee gehörten hochrangige Militärärzte, einige Adlige, Vertreter des Großbürgertums und hohe Beamte an. Auch in den anderen Staaten standen den Zentralvereinen auf Landesebene und den Kreis- oder Zweigvereinen in den Regionen örtliche Honoratioren oder höhere Staatsdiener vor.

Die daraus resultierende Vereinnahmung durch Staat und Militär stieß auf Kritik. Man warf Henry Dunant und später den Rotkreuzaktiven vor, mit ihrer Tätigkeit würden sie den Kriegsführenden die Sorge um die Verwundeten abnehmen und die Konfliktbereitschaft bei den Mächtigen noch steigern. Dieser Standpunkt entsprach auch der Haltung des ASB und vieler seiner Mitglieder, die jede Instrumentalisierung für den Heeressanitätsdienst anfangs entschieden ablehnten.

Jedoch gestaltete sich, je länger der Frieden dauerte, die Arbeit vieler Kolonnen im Roten Kreuz und vor allem auch im Vaterländischen Frauenverein zunehmend ziviler.[14] Auch die Rotkreuzsanitäter wurden vielfach zur Ersten-Hilfe gerufen oder leisteten bei verschiedensten Veranstaltungen Sanitätswache. Das kann nach fast 40 Friedensjahren natürlich nicht verwundern, ändert aber nichts daran, dass der militärische Aspekt weiterhin im Vordergrund stand und in den letzten Jahren vor 1914 wieder stärker an Bedeutung gewann.

Zu den Aufgaben, denen sich die Frauenvereine des Roten Kreuzes in Deutschland vor dem Ersten Weltkrieg stellen mussten, zählten auf nationaler Ebene die große Choleraepidemie in Hamburg (1892), die Bekämpfung der Tuberkulose und die immer noch sehr hohe Säuglingssterblichkeit sowie die Aktivitäten vornehmlich nach Naturkatastrophen.

Dabei kam es natürlich nur für wenige Vereine zum Einsatz vor Ort, doch es wurde im gesamten Reich gesammelt, genäht oder Aufklärung betrieben.[15] Auf der lokalen Ebene zeigte sich besonders ihr ausgeprägt soziales Engagement für Bedürftige im Rahmen der vorgegebenen gesellschaftlichen Ordnung.

Ein weiteres Motiv für die lange offen ausgetragene Abneigung zwischen den Kolonnen der Arbeitersamariter und des Roten Kreuzes lag in der unterschiedlichen, ja gegensätzlichen politischen Ausrichtung der beiden Hilfsorganisationen. Während sich der Arbeiter-Samariter-Bund als Teil der von der wilhelminischen Obrigkeit verfemten und zeitweise sogar verfolgten organisierten Arbeiterbewegung begriff, stand das Rote Kreuz, das sich erst 1921 den uns heute vertrauten Namen Deutsches Rotes Kreuz gab, auf der entgegengesetzten Seite des weltanschaulichen Spektrums. In den Freiwilligen Sanitätskolonnen des Roten Kreuzes und dem Vaterländischen Frauenverein herrschte dementsprechend eine monarchistisch-staatstragende bisweilen nationalistische Haltung vor.

Die Einschätzung, wonach sich die Rotkreuzbewegung im wilhelminischen Deutschland durch Staat und Militär vereinnahmen ließ und immer stärker durch das Heeressanitätswesen in Anspruch genommen wurde, trifft ebenso zu wie die offensichtliche Militarisierung vornehmlich der Sanitätskolonnen. Eindeutige Indizien dafür sind ihre martialisch aussehenden Uniformen, die vorherrschenden paramilitärischen Umgangsformen und die ausgeprägt hierarchischen Strukturen.[16]

Wer dort sozialdemokratische Ansichten vertrat, wurde vielerorts ausgeschlossen. Nicht zuletzt deshalb gründeten Samariter aus der Arbeiterschaft ihre eigenen Kolonnen und schließlich als reichsweite Organisation den Arbeiter-Samariter-Bund. Folglich dominierte bei den Mitgliedern der Kolonnen der Arbeitersamariter eine gänzlich andere politische Einstellung als innerhalb der Gruppierungen des Roten Kreuzes.[17]

Trotz des ideologischen Gegensatzes zeigte sich bei den ASB-Samaritern und den Rotkreuzsanitätern hinsichtlich der sozialen Zusammensetzung ihrer Kolonnen eine auffallende Parallele. Während bei den Samaritern nahezu alle Aktiven der Arbeiterschaft angehörten, bestanden die Rotkreuzkolonnen um 1900 im Reichsdurchschnitt gleichfalls zu 91,1 % aus Arbeitern, Handwerkern und kleineren Beamten.[18]

Bei einem anderen Zahlenvergleich werden die Unterschiede markant und die Dominanz des Roten Kreuzes offensichtlich, denn es entwickelte sich bis zum Ersten Weltkrieg (1914–1918) zu einer echten Massenorganisation. Bis zum Juli 1914 stieg die Mitgliederzahl auf über eine Million in rund 6.300 Vereinen.[19] Beim Arbeiter-Samariter-Bund sah dies deutlich bescheidener aus. Allerdings datiert der Beginn der Samariterbewegung einige Jahrzehnte später, und es dauerte bei ihm auch naturgemäß weit länger, bis er sich als Verband auf Reichsebene konstituieren konnte. Nicht davon zu reden, dass den Arbeitersamaritern aufgrund ihrer weltanschaulichen Einstellung natürlich die obrigkeitsstaatliche Förderung fehlte.

DIE GRÜNDUNG DES ARBEITER-SAMARITER-BUNDES UND DER ERSTE WELTKRIEG

Der Selbsthilfegedanke der Arbeiter aus der Reichshauptstadt fand mit einer gewissen Verzögerung auch in anderen Teilen Deutschlands Nachahmer.[20] Im Jahr 1901 entstand in Dresden eine „Arbeiter-Sanitäts-Kolonne", 1904 erfolgten Kolonnengründungen in Köln und Leipzig, 1906 in Meißen in Sachsen, 1907 in Elberfeld und Hamburg sowie anno 1909 in Barmen, Kassel und Nürnberg.[21]

Ob und in wie weit diese Gründungen in Verbindung zur ASB-Keimzelle in Berlin standen oder ob von dort aus sogar Hilfestellung für die neuen Kolonnen der jungen Arbeitersamariterbewegung geleistet wurde, ist aus der Literatur und den überlieferten Quellen nicht ersichtlich. Denkbar ist es jedoch, dass zunächst ein informeller Gedankenaustausch etwa bei Gewerkschaftkongressen oder Parteitagen der SPD stattfand, der sich allmählich vertiefte und zu einer engeren Kooperation führte.

Eine Passage im ersten „Der Arbeitersamariter" (DAS) von 1910 gibt einen Hinweis, dass beide Organisationen sogar konstitutiv bei der Gründung neuer Kolonnen mitwirkten. Dort heißt es entsprechend: *„Fast überall, wo Arbeiter-Samariterkolonnen gegründet wurden, geschah dies nach vorheriger Rücksprache, mit Billigung der Gewerkschaftskartelle und Parteiorganisationen."*[22] Und sowohl die SPD und als auch die Gewerkschaften unterstützten die junge Samariterorganisation noch dadurch, dass sie dem ASB die Möglichkeit gaben, in ihren Publikationen werbende Artikel zu platzieren, die recht große Resonanz fanden.[23]

Mit dem Aufbau neuer Samariterkolonnen ergaben sich die Notwendigkeit und der Wunsch, ihre Aufgaben und Ziele zu koordinieren und eine reichsweite Organisation ins Leben zu rufen. Doch die Bemühungen des Berliner Kolonnenführers Emil Stein liefen zunächst ins Leere.[24]

Erst im April 1909 trafen sich elf Delegierte von einigen der oben genannten Kolonnen zu einer Versammlung in Magdeburg und gründeten hier den „Arbeiter-Samariter-Bund".

Bereits in den ersten Statuten des neuen Bundes sind seine Tätigkeitsbereiche sowie seine die weltanschauliche Ausrichtung sehr prägnant formuliert. Dort heißt es in Paragraf 1, dass man sich *„lediglich der allgemeinen Hilfeleistung bei Unglücksfällen, der Körper- und Gesundheitspflege widmen"* wolle. Weiterhin sah der Bund seinen Zweck in der Verbreitung des Samaritergedankens *„unter der arbeitenden Klasse"* (Paragraf 2). Und die Mitgliedschaft zum Bund stand nur einer solchen Kolonne offen, die *„auf dem Boden der modernen Arbeiterbewegung steht, von einem praktischen Arzt geleitet wird und das Bundesstatut in allen Teilen anerkennt"* (§ 4).[25]

Aufgrund ihrer anti-militaristischen Grundeinstellung votierten die Delegierten gegen die Uniformierung der Kolonnenmitglieder und schrieben als Kennzeichen während des Dienstes lediglich eine Armbinde vor. Als erstes offizielles Bundesabzeichen diente ein weißes Kreuz in einem roten Feld.

Bei dem Magdeburger Treffen von 1909 wählten die Vertreter der Kolonnen den Klempner Emil Stein aus Berlin zum ersten Vorsitzenden des Arbeiter-Samariter-Bundes und bestimmten die Reichshauptstadt als Bundessitz. Weiterhin gehörten ein Kassierer, ein Schriftführer und zwei Beisitzer zum Bundesvorstand. Der Vorsitzende Stein und seine Vorstandskollegen führten den Bundesvorsitz mehrere Jahre ehrenamtlich und besaßen lange Zeit keine hauptamtlichen Mitarbeiter. Die verschiedenen Kolonnen blieben mit dem Bundesvorstand organisatorisch zunächst nur locker verbunden. Einziges Gremium zum Meinungsaustausch zwischen den örtlichen Gruppierungen und dem Bundesvorstand war der alle drei Jahre stattfindende Bundestag.

Nicht nur innerhalb der wilhelminischen Gesellschaft, auch innerhalb der verschiedenen Gruppierungen der Arbeiterbewegung besaß der ASB anfangs relativ wenig Anerkennung und somit kein allzu starkes Gewicht. Manchen erschien ein eigenständiger Sanitätsdienst aus den Reihen der Arbeiterschaft sogar als überflüssig.[26]

Nicht zuletzt um seine Außenwirkung zu verbessern, schuf sich der Bund ab Juli 1910 eine monatlich erscheinende Mitgliederzeitung: „Der Arbeiter-Samariter. Offizielles Publikations-Organ des Arbeiter-Samariter-Bundes" (DAS). Auf der Titelseite prangte oben rechts der später leicht modifizierte Leitspruch der Organisation:

„An jedem Ort, zu jeder Zeit
Sind zur ersten Hilfe wir bereit."

Zuvor gab es kurzzeitig als Beilage zu der Publikation „Gewerkschaft", dem Organ des Verbandes der Gemeinde- und Staatsarbeiter, „Die Sanitätswarte". Das Blatt erschien alle 14 Tage, jeweils freitags, als „Publikationsorgan des Arbeitersamariter-Bundes".[27]

Sinn und Zweck der eigenen Bundeszeitung war es dann, die Aufgaben der jungen Organisation eingehend zu erläutern und über die Entwicklungen in den Kolonnen zu informieren. Zudem enthielt der „Arbeiter-Samariter" nützliche Anregungen für die Vereinsarbeit und medizinische Unterweisungen. In der ersten Ausgabe wird die Hilfe bei Unfällen, vornehmlich Arbeitsunfällen, als oberstes Ziel der Organisation formuliert. Aber auch die klassenkämpferische Position der Arbeitersamariter wurde verdeutlicht und bestärkt. Das Verbandsorgan machte vornehmlich das kapitalistische Wirtschaftssystem und seine Repräsentanten, die Unternehmer, ihre *„Profit- und Ausbeutungssucht"*, für die eklatanten Missstände beim Arbeitsschutz verantwortlich. Gleichfalls zog man die Obrigkeit für die mangelhaften Zustände in den Betrieben in die Verantwortung, da verbindliche gesetzliche Vorschriften fehlten.

Also spielte bis 1910 die Sicherheit am Arbeitsplatz sowie die schnelle und kompetente Hilfe bei einem Arbeitsunfall zunächst die dominierende Rolle in den Überlegungen des ASB. Von der Bereitstellung von Sanitätswachen bei Veranstaltungen oder dem Kranken-

Die Sanitätswarte

Organ zur Vertretung der Interessen des gesamten Personals in Kranken- und Irren-Anstalten, Sanatorien, Heil-, Pflege- u. Bade-Anstalten, Massage- u. Wasserheil-Instituten, Kliniken, Seebädern usw.
Beilage zur „Gewerkschaft", Organ des Verbandes der Gemeinde- und Staatsarbeiter,
Publikations-Organ des Arbeiter-Samariterbundes.

Redaktion und Expedition: Berlin W. 57, Winterfeldtstr. 24. — Fernsprecher: Amt IV, Nr. 6488.
Redakteur: Emil Dittmer.
„Die Sanitätswarte" erscheint alle 14 Tage, Freitags.

IX. Jahrgang

Januar bis Dezember 1909.

Mit Sach-Register als Inhalts-Verzeichnis

(alphabetisch geordnet).

Berlin, 1. Juli 1910.

Motto: An jedem Ort, zu jeder Zeit
Sind zur ersten Hilfe wir bereit.

Der Arbeiter-Samariter.

Offizielles Publikations-Organ des Arbeiter-Samariter-Bundes.

1. Jahrgang. Nr. 1.

Redaktion und Expedition:
Emil Stein, Charlottenburg, Kaiser Friedrich-Straße 10.

A. S. B.

Erscheint am 1. jeden Monats. Bei Zusendung per Kreuzband Bezugspreis für Nichtmitglieder vierteljährlich 40 Pf.

Vorwärts! Aufwärts!

Wir wollen aufwärts steigen,
Es führt ein Weg zum höchsten Gut
Durch Dornen und Gestein.
Wir schlagen in den Felsen
Die Stufen uns hinein!
E. Preczang.

Lebendiger denn je wird uns die Laufbahn des Proletariers und seiner Organisationen, wird uns die Gegenwart klar und deutlich vor Augen geführt. Schritt für Schritt, Zoll für Zoll, ebnet der Proletarier seine Bahnen, die zu beschreiten das Schicksal ihm vorgeschrieben hat.

Was ist es denn, das unsere Bahnen unwegsam macht, das sich so vielen, welche diese Bahnen wandeln wollen, hindernd in den Weg stellt, das leider noch so viele vom rechten Wege abdrängt? Gestrüpp! Dornen! Gestein!

Doch immer mehr und mehr wird das dämmernde Bewußtsein zum klaren, faßlichen Begriff, daß nur durch eigene Kraft es möglich ist, diese Hindernisse auf unserer Lebensbahn zu beseitigen. Und betrachten wir uns diese Wege, die der Proletarier jahrzehntelang gegangen ist, so sehen wir diese Hindernisse hie und da am Wegesrande liegen, daneben aber leider auch so manchen braven Streiter, dem es nicht vergönnt war, auf dem Pfade weiter zu wandeln, den freizulegen er sich berufen fühlte; die allzu große Bürde, die er sich aufgeladen, drückte ihn zu Boden.

Aber unaufhaltsam rücken auf den bisher geebneten Wegen die Organisationen des Proletariers vorwärts, und unaufhaltsam folgen die Scharen derjenigen, die zwischen Dornen und Gestein seitwärts am Wege standen; und stetig aufwärts wird Stufe an Stufe in die Bahnen gelegt, die zum höchsten Ziele führen: ... und Selbständigkeit

„Die Sanitätswarte" war das erste „Publikationsorgan des Arbeitersamariter-Bundes. Sie erschien kurzzeitig als Beilage zu der Publikation „Gewerkschaft". Der „Arbeiter-Samariter" erschien von 1910 bis 1933. Sinn und Zweck der eigenen Bundeszeitung war es, die Aufgaben des ASB zu erläutern und über die Entwicklungen in den Kolonnen zu informieren. Zudem enthielt der „Arbeiter-Samariter" Anregungen für die Vereinsarbeit und medizinische Unterweisungen.

Archiv des ASB-Bundesverbandes

transport war noch keine Rede. Dennoch enthält auch der erste „Arbeiter-Samariter" Informationen und Tipps, die über den betrieblichen Rahmen hinausgehen, wie etwa Informationen und Berichte zum Umgang mit Pilzen, zur Behandlung von Furunkeln, über Kolonnenübungen oder über gelungene Herzoperationen.

Schon in der ersten Nummer des „Der Arbeiter-Samariter" wird auch der Widerpart der jungen proletarischen Organisation klar benannt und deutlich gekennzeichnet, vielleicht auch überzeichnet: das Rote Kreuz. Ihm warf man vor allem *„große Schaustellungen und Paraden in Uniform"* sowie seine Instrumentalisierung für die Zwecke des Militärs vor.[28]

Als weitere Bundespublikation kam in der ersten Hälfte der 1920er-Jahre noch das „Nachrichtenblatt" hinzu, das vornehmlich zur Information der ASB-Funktionsträger diente. Der dann ab 1925 jährlich erscheinende „Kalender" enthielt, neben Rubriken für die Monate und die Wochentage, noch heute modern anmutende Piktogramme, eine umfassende Auflistung der Funktionsträger des ASB in den Kreisen und Bezirken und anfangs sogar der einzelnen Kolonnen.

Diese Ausweitung des Medienangebots des Arbeiter-Samariter-Bundes zeitigte bald Erfolge: Bis Ende 1912 stieg die Anzahl der Kolonnen auf 72 mit 36 Unfallmeldestellen an. Zum Zeitpunkt der Bundestagung in Erfurt, im April 1914, zählte der ASB reichsweit bereits rund 6.000 Mitglieder in 108 Kolonnen.[29] Dann setzte der im August 1914 ausgebrochene Erste Weltkrieg dieser positiven Entwicklung ein vorläufiges Ende, bis dann in der Epoche der Weimarer Republik ein erheblicher Mitgliederschub erfolgte.

Infolge des Kriegsausbruchs wurde der Arbeiter-Samariter-Bund in seiner Entwicklung erheblich zurückgeworfen. Viele seiner Mitglieder waren zum Heeresdienst eingezogen worden oder sie hatten sich freiwillig zur Kriegskrankenpflege gemeldet.

Die Frage nach der Haltung zu Mobilmachung und Krieg spaltete letztendlich die deutsche Arbeiterbewegung, mit nachhaltigen Folgen auch für den Arbeiter-Samariter-Bund.

Die Einstellung des ASB beim Kriegsausbruch 1914 ähnelt sehr stark dem Standpunkt des größten Teils der SPD-Führung. Die Mehrheit der Parteispitze und der Reichstagsfraktion wähnte das Deutsche Reich in einem Verteidigungskrieg gegen das zaristische Russland und seine Verbündeten, weshalb die Sozialdemokraten im Reichstag, trotz ihrer Opposition zu den bestehenden gesellschaftlichen Zuständen, für die Bewilligung der Kriegskredite stimmten.

Die im August 1914 erschienene „Sonder-Nummer" des „Arbeiter-Samariter" drückt diese ambivalente Haltung deutlich aus. Zwar führt der „Aufruf an die deutsche Arbeiterschaft" des ASB-Vorstandes auf der Titelseite die Nöte und Opfer, die der ausgebrochene Weltkrieg hervorrufen wird, ungeschönt vor Augen. Doch ebenso wie in der offiziellen Propaganda sieht man Deutschland in der Rolle des Angegriffenen und fordert die Arbeitersamariter entgegen dem bisher vom ASB geäußerten Selbstverständnis auf, die *„freiwillige Kriegskrankenpflege in ihren Aufgaben zu unterstützen"*.[30]

Der erhoffte schnelle deutsche Sieg stellte sich jedoch nicht ein. Im Verlauf des Konfliktes wandten sich zahlreiche Mitglieder der SPD zunehmend von der kriegsbilligenden Position ihrer Partei, der so genannten „Burgfriedenspolitik", ab und gründeten die USPD. Aus Teilen ihrer Mitgliederschaft rekrutierte sich nach dem Kriegsende 1918 die KPD. Andere, die Anhänger eines reformistisch-revisionistischen Weges[31] zur Überwindung der in ihren Augen bestehenden gesellschaftlichen Ungerechtigkeiten, schlossen sich später wieder den Mehrheitssozialdemokraten (MSPD) an.

Die durch die lange Kriegsdauer verursachten Entbehrungen trafen den Arbeiter-Samariter-Bund und seine Kolonnen besonders hart. Außer den aktiven Samaritern, die zum Heeressanitätsdienst an der Front oder in Lazaretten eingezogen worden waren, fehlten aufgrund zurückgehender Beiträge dringend benötigte Einnahmen. Die Organisation sah sich nur unter größten Anstrengungen in der Lage, bestimmte Aufgaben, wie etwa das Erscheinen des „Arbeitersamariters", weiterhin zu erfüllen. Ebenfalls nur mit größtem Einsatz einzelner Samariter gelang es einigen Kolonnen, während des Kriegs einsatzfähig zu bleiben und ein – wenn auch stark reduziertes – Vereinsleben fortzuführen. In anderen Kolonnen glückte dies nicht und man musste schweren Herzens vielerorts die Arbeit einstellen.

INSTABILE REPUBLIK

Während des Ersten Weltkrieges fanden weder Reichstags- noch Landtagswahlen statt. Erst im Januar 1919 konnten die Deutschen wieder zur Urne gehen und über die Zusammensetzung ihrer politischen Vertretung votieren. Zwischenzeitlich hatten sich die gesellschaftlichen Rahmenbedingungen für Wahlen freilich tiefgreifend verändert: Die im kaiserlichen Deutschen Reich herrschenden Schichten hatten entweder abgedankt oder waren zeitweise von politischen Bildfläche verschwunden. Mittlerweile hatten die gesellschaftlichen Parias von einst, die Sozialdemokraten, befristet die Führung des Reichs übernommen, da es zunächst galt, Umsturzversuche von links und rechts abzuwehren.

Mit der Wahl zur Verfassunggebenden Deutsche Nationalversammlung im Januar 1919 sollten die Voraussetzungen geschaffen werden, damit in Deutschland an die Stelle einer konstitutionellen Monarchie mit beschränkten Rechten für die Volksvertreter nun eine parlamentarische Demokratie nach westlichem Muster treten konnte. Dank des neuen Wahlrechts konnten nun alle Männer und Frauen über 20 Jahre wählen und es galt überall das Verhältniswahlrecht.

Das katholische Zentrum und die SPD waren die einzigen Parteien, die den Zusammenbruch des Kaiserreiches überstanden hatten, alle anderen politischen Gruppierungen mussten sich nach 1918 neu formieren. Allerdings erlebte die Arbeiterbewegung ihre parteipolitische Spaltung. Ihr linker Flügel gründete zunächst die USPD, später entstand die KPD.

Bei den Wahlen zur Verfassunggebenden Nationalversammlung wurde die SPD im Januar 1919 zwar wiederum die stärkste deutsche Partei, aber mit 163 von 421 Sitzen blieb sie klar unter der angestrebten absoluten Mehrheit.

Die wirtschaftlichen Krisen und vor allem die politische Instabilität der Weimarer Republik[32] mit zahlreichen Wahlen, Aufständen, Putschversuchen, politisch motivierten Straßenkämpfen, nicht weniger als zwanzig verschiedenen Reichsregierungen unter zwölf Reichskanzlern, regelmäßigen vorzeitigen Parlamentsauflösungen waren ebenso Wasser auf die Mühlen der radikalen Kräfte wie die Bestimmungen des „Schandfriedens von Versailles“.[33]

Ebenso radikalisierte der Verlust ihrer Ersparnisse aufgrund des rasanten Geldwertverfalls von 1923 viele Menschen. Viele Inflationsgeschädigte erwiesen sich für einfache Parolen von links oder noch eher von rechts als besonders empfänglich. Diese Tendenz verstärkte sich drastisch in Folge der 1929 beginnenden Weltwirtschaftskrise mit zeitweise mehr als sechs Millionen Arbeitslosen. Aber die ökonomischen Probleme betrafen nicht nur die abhängig Beschäftigten. Geschäftsleute, Handwerksmeister, Landwirte und Unternehmer spürten einschneidende Absatz- und Auftragsrückgänge, die manchen in existenzielle Not brachten. Die politischen Auseinandersetzungen zeigten sich nun immer

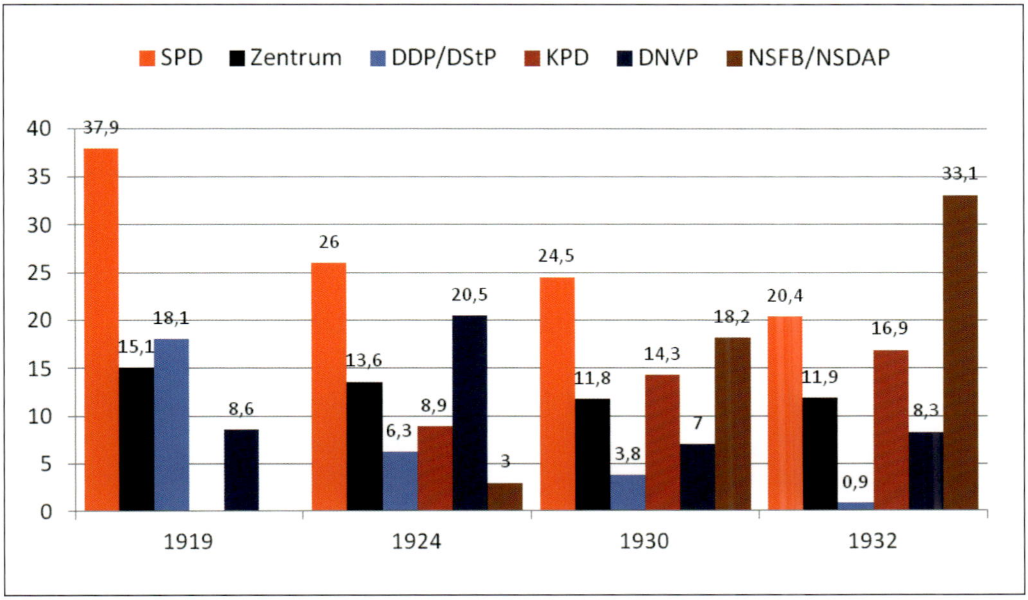

Die Wahlen im Deutschen Reich zur Verfassunggebenden Nationalversammlung vom 19.1.1919 sowie den Reichstagswahlen vom 7.12.1924, 14.9.1930 und 6.11.1932 (in %)

brutaler. Die Radikalisierung führte so weit, dass in den Sommermonaten 1932 bei Ausschreitungen reichsweit mehr als 300 Menschen getötet und 1.200 verletzt wurden.[34]

Die Juliwahlen 1932 brachten den Triumph der Nationalsozialisten, die mit 37,4 % der gültigen Stimmen als weitaus stärkste Fraktion mit 207 Abgeordneten in den Reichstag einzogen. Die Kommunisten kletterten von 13,1 auf 14,5 %. Das Zentrum verbesserte sich bescheiden von 11,8 auf 12,5 %, während alle übrigen Parteien Stimmen einbüßten. Die SPD erreichte magere 21,6 % und die DDP (seit 1930 Deutsche Staatspartei) war zu einer Splitterpartei mit einem Stimmenanteil von gerade noch 1 % zusammen geschmolzen. Damit besaßen die anti-demokratischen Gruppierungen, NSDAP und KPD, zusammen 51,9 % der gültigen Stimmen. Zählt man noch DNVP mit ihren knapp 6 % hinzu, die im Verlaufe der Weimarer Republik immer weniger mit demokratischem Gedankengut im Sinn hatte, dann entschied sich eine deutliche Mehrheit der Deutschen im Sommer 1932 gegen die parlamentarische Demokratie und stimmte für radikale Lösungen. *„Als relativ immun gegenüber den Parolen des Nationalsozialismus erwiesen sich (...) das katholische Milieu und, in geringerem Maß, der in sich gespaltene ‚marxistische' Wählerblock."*[35]

Bei dem erneuten Votum vom November 1932 verlor die NSDAP zwar markant und fiel auf 33,1 % zurück, aber gleichzeitig erzielte die KPD fast 17 % und gewann damit 100 Mandate im Parlament. Die Dominanz der anti-demokratischen Kräfte blieb also bestehen, wenn auch unter etwas modifizierten Vorzeichen. Die Parteien der „Weimarer Koalition" lagen mit ihren 193 von insgesamt 584 Sitzen im Reichstag weit unterhalb der Mehrheit. Die beiden Arbeiterparteien SPD und KPD trennten nur 3,5 % der Wählerstimmen.

Wie reagierten der Arbeiter-Samariter-Bund und vor allem seine Führung auf die Herausforderungen während der Epoche der ersten deutschen Republik von 1919 bis 1933? Und welche Auswirkungen hatten die neuen gesellschaftlichen Bedingungen in dem neuen Staatswesen auf das Selbstverständnis und die Arbeit des ASB?

SELBSTVERSTÄNDNIS UND DOPPELTE FRONTSTELLUNG

Nach dem Ende der Monarchien und der Installierung einer parlamentarischen Republik in Deutschland wähnte man sich seitens des Arbeiter-Samariter-Bundes in einer ganz neuen, günstigeren Situation. Einerseits war damit ein wichtiger Grund für die harte Frontstellung der Arbeiterschaft gegenüber der alten staatlichen Ordnung beseitigt und andererseits hoffte man nun auf eine stärkere Position der eigenen Organisation in der jungen, zunächst sozialdemokratisch geführten Republik.

Die Bundesführung gab sich anfangs der trügerischen Vorstellung hin, dass der ASB zur *„Zentralorganisation aller freien Vereinigungen, die sich der allgemeinen Hilfsleistungen bei Unglücksfällen, der Körper- und Gesundheitspflege widmen“*, aufsteigen könnte. Doch die Mitwirkung der sozialistischen Gewerkschaften (ADGB) im Deutschen Roten Kreuz und die damit verbundene Kooperation machten diese Hoffnungen bald zunichte.[36] Zumal sich das DRK aufgrund des im Versailler Vertrag (Artikel 177) festgelegten Verbots nicht mehr *„mit militärischen Dingen befassen“* durfte und sich deshalb neu orientierte.[37] Statt einer Übernahme des DRK durch den ASB musste man während der Zeit der Weimarer Republik viel mehr auch weiterhin um eine gleichrangige Behandlung mit dem Kontrahenten durch staatliche Stellen kämpfen, was natürlich bei sozialdemokratisch geführten Kommunalverwaltungen schneller gelang als bei anderen. An den alten Aversionen der beiden Verbände gegeneinander, die oft in Form heftiger Pressefehden ausgetragen wurden, änderte die neue politische Konstellation zunächst nichts.

Äußerst erfreulich hingegen war die Mitgliederentwicklung des Bundes. Während die Organisation zum Zeitpunkt des 4. Bundestages 1919 in Magdeburg lediglich 3.180 Mitglieder in 112 Kolonnen zählte, waren es Ende 1921 bereits 18.625 Mitglieder in 258 Kolonnen.[38]

Die Hochburgen des Arbeiter-Samariter-Bundes befanden sich während der Periode von 1919 bis 1933 vor allem im Ruhrgebiet und in Sachsen. Schwach vertreten war die Organisation hingegen in den ländlich strukturierten Regionen Bayerns, Mecklenburgs, Ostpreußens und Pommerns.[39]

Nach diesem rasanten Mitgliederzuwachs der frühen 1920er-Jahre stellten sich dann Rückgänge im Zuge der großen Inflation von 1923 ein, dem eine allmähliche Erholung und ein stetiger Anstieg folgten, die von den Auswirkungen der Weltwirtschaftskrise von 1929 nicht nachhaltig gebremst wurden.

Bemerkenswert ist einerseits festzuhalten, dass unter insgesamt gut 38.400 Mitgliedern des Jahres 1926 genau 744 Ärzte Dienst taten. Andererseits darf es nicht unerwähnt bleiben, dass die etwa 20% Frauen innerhalb der Mitgliederschaft in den Führungsgremien des Bundes fast keine Repräsentanz fanden.

In den Leitungspositionen dominierte also eindeutig das starke Geschlecht, um es genauer zu sagen sozialdemokratisch orientierte Männer, die 80% der Zentral- und Bezirksvertreter stellten. In den Kolonnen dürfte ihr Anteil geringer gewesen sein. *„Insgesamt aber besaß der ASB personell ein unverkennbar sozialdemokratisches Profil, da sein Funktionskorps ganz überwiegend in der politischen Ideologie, Tradition und Mentalität der SPD wurzelte und beheimatet war.“*[40] Diese Ausrichtung wird anhand folgender Zahlen noch augenfälliger: Auf dem 9. Bundestag 1929 in Köln gehörten von 89 stimmberechtigten Delegierten 73 der SPD, acht der KPD, acht keiner Partei und insgesamt 80 einer Gewerkschaft an. Auf dem 10. Bundestag 1931 in Heideberg waren von 87 stimmberechtigten Delegierten 67 in der SPD, zwei in der KPD, einer im der ISK (Internationaler Sozialistischer Kampfbund), 17 parteilos und 78 waren Gewerkschafter.[41]

Ob und wie weit sich der Arbeiter-Samariter-Bund von einer anfangs ausgeprägt klassenkämpferischen Arbeiterselbsthilfeorganisation zu einer weltanschaulich neutralen Organisation der allgemeinen Wohlfahrtspflege entwickelte, die sich – wie die SPD – immer stärker reformistisch ausrichtete und dadurch mehr und mehr in die Gesellschaft des neuen Staates integrierte, also ob sich der ASB während der Zeit der Weimarer Republik auf dem Weg von einer revolutionären Organisation zum reformistischen Verband befand oder noch stark proletarisch geprägt blieb, ist umstritten. Dies änderte aber nichts daran, dass bei den weitaus meisten Samaritern und Samariterinnen nicht die – wie stark auch immer ausgebildete – Ideologie oder die gepflegte klassenkämpferische Symbolik, wie etwa die Anrede „Genosse“, im Vordergrund ihres Selbstverständnisses standen, sondern hier dominierte fraglos der Wille zur Hilfe für den bedürftigen Nächsten.

Gemäß der Einschätzung von Franz Walter *„wurzelte der ASB auch in der Weimarer Republik weiterhin kulturell und mental im Grund der sozialistischen Arbeiterbewegung“*. Als ein Indiz dafür sieht er die weiterhin gebräuchliche Anrede „Genosse“ unter den Arbeitersamaritern.[42] Resümierend beurteilt seine Darstellung die weltanschauliche Ausrichtung des ASB während dieser Jahre folgendermaßen: *„Er gehörte gewiß zu den Organisationen des sozialistischen Milieus, die sich besonders nachdrücklich um die Integration in das grundsätzlich bejahte politische System von Weimar bemühten und dafür auch auf eine allzu dezidierte und umfassende politische Ausrichtung verzichteten. Dennoch blieb der ASB in der Lebenswelt der sozialistischen Arbeiterbewegung verhaftet und in deren Deutungssystem integriert, was zu Zeiten der weltanschaulich zerklüfteten und sozial gespaltenen Weimarer Gesellschaft die grund-*

sätzliche Entpolitisierung oder gar die Übernahme bürgerlicher Normen und Orientierungsmaßstäbe ebenso verhinderte wie eine strategisch wohlbegründete soziale Ordnung der Organisation über den Kern der industriellen Arbeiterschaft hinaus.“[43]

Alfons Labisch hingegen stellt eine Entpolitisierung des ASB fest. Bereits unmittelbar nach dem Ersten Weltkrieg sei der Grundgedanke der Organisation, über die praktische Hilfe hinaus *„auf mittelbarem oder unmittelbarem politischen Weg die Ursachen der Mißstände zu beseitigen“*, verlassen worden. Man habe sich *„für den Wettbewerb mit bestehenden Samariterorganisationen in dem vorgegebenen gesellschaftlichen und staatlichen Rahmen entschieden“.*[44]

Walter, der den Bund auch während der Zeit der ersten deutschen Republik noch stark im sozialistischen Milieu verhaftet sieht, konstatiert allerdings auch: *„Der ASB war mithin schon im Kaiserreich das, was er auch in Weimar blieb: Eine mehrheitlich ganz und gar biedere reformistische Organisation, die sich um Systemveränderung nicht kümmerte, sondern zu aller erst rasch und pragmatisch den Unfall- und Krankenopfern helfen wollte.“*[45]

Die vollständige Integration in die republikanische Gesellschaft, soweit viele Organisationen im Deutschen Reich nach 1919 überhaupt als „republikanisch“ einzustufen waren, gelang jedoch nicht. Begründet war dies keineswegs nur aufgrund der weltanschaulichen Ausrichtung der Arbeitersamariter, sondern eher durch die Widerstände auf die der ASB bei staatlichen Behörden, Kommunal- und Landespolitikern, einigen Parteien, dem DRK und den Standesorganisationen der Ärzteschaft traf. Wobei man auch ein einheitliches Selbstverständnis innerhalb des ASB nicht als gegeben voraussetzten kann. Dies war auch wegen der Fraktionsbildung in der deutschen Arbeiterbewegung seit 1914 kaum mehr möglich. Hinzu kam noch, dass man das proletarisch sozialistische Milieu ebenso pflegte wie die weltanschaulichen Gegensätze zu bürgerlichen Organisationen.[46]

Wie sich der Bund in seiner Spitze politisch nach außen präsentierte, war aber nur die eine Seite der Medaille. Die andere Seite zeigte sich im Selbstverständnis der Kolonnen vor Ort. Zahlreichen Mitgliedern des ASB, von denen sich nicht wenige zur KPD bekannten, widerstrebten die Entpolitisierung und die gemäßigte Richtung der Bundesleitung. Da diese weiterhin bei ihrer Haltung blieb, gründeten kommunistische Samariter im Juni 1921 den „Proletarischen Gesundheitsdienst“ (PGD). Freilich blieb diese Organisation nur von marginaler Relevanz, obwohl sie dem ASB-Bundesvorstand zeitweise einige Sorgen bereitete. Die Anzahl der Mitglieder des PGD wurde niemals veröffentlicht, sie dürfte nur unwesentlich über 1.000 Personen gelegen haben.[47]

Andere der KPD angehörende oder ihr zumindest nahe stehende Samariter versuchten, einzelne Kolonnen oder gar ganze Bezirke im Sinne der Weiterführung des Klassenkampfs im Sanitätswesen zu infiltrieren. Die meisten kommunistischen Samariter in den Kolonnen vor Ort stellten aber ideologische Gegensätze, soweit diese überhaupt in Relevanz vorhanden waren, hintan und machten ihren Dienst. *„So war der ASB zwar – etwa im Gegensatz zur rein sozialdemokratischen Arbeiterwohlfahrt – eine der wenigen Organisationen der Arbeiterbewegung,* *in der Mitglieder aller Arbeiterparteien vertreten waren, und die sich allen Arbeiterorganisationen in gleicher Weise zur Verfügung stellte.“*[48]

Nachdem Bemühungen, wenigstens im Bereich des Samariterwesens die Spaltung der Arbeiterbewegung in einen reformistischen und einen revolutionären Flügel abzuwenden, gescheitert waren, reagierte die Führung des ASB sehr entschlossen auf diese, in ihren Augen linken Abweichler. Die vom Bundesvorstand verfügten Ausschlüsse betrafen dabei nicht nur einzelne kommunistisch orientierte Personen, sondern expedierten oft ganze Kolonnen, Bezirks- oder Kreisvorstände aus der Organisation.[49]

Der Arbeiter-Samariter-Bund befand sich somit während der Weimarer Republik, zumindest bis sich der PGD Ende der 1920er-Jahre weitgehend selbst auflöste, in einer doppelten Frontstellung: Auf der einen Seite grenzte man sich zur Konkurrenz auf der Linken in Form des PGD und kommunistischer Zellen in der eigenen Organisation ab, und auf der anderen Seite blieb es beim Gegensatz zum traditionellen Widersacher, dem bürgerlichen Roten Kreuz.

Eine völlig andere Einschätzung erfuhr der ASB in konservativen und rechten Kreisen der Bevölkerung. Hier wertete man den Bund als nichts anderes als eine *„rote Bürgerkriegstruppe“*, dem öffentliche Zuwendungen vorzuenthalten waren.[50] Erschwerend war dabei für den Bund, wenn solche Personen ausgerechnet an wichtigen Schaltstellen staatlicher Behörden saßen. Allerdings standen die Arbeitersamariter nicht nur in heftiger Kritik seitens der politischen Rechten. Gleiches geschah von links, nämlich von den Kommunisten. Diese unterstellten dem ASB, nicht zuletzt aufgrund stattgefundener gemeinsamer Hilfseinsätze mit Rotkreuzformationen, *„Verräterei“* und eine *„reformistische Einstellung“*.[51]

Möglicherweise auch deshalb, weil das DRK in den Arbeiter-Samariter-Kolonnen mittlerweile eine starke Konkurrenz erkannte, ließ man ihnen mit Hilfe der Behörden verbieten, das geschützte Rotkreuzzeichen zu tragen. Daraufhin kehrte der Bund diese Farbgebung um und schuf sein eigenes Abzeichen. Zunächst war es bis in die 1950er-Jahre ein weißes, später ein goldenes Kreuz mit den Buchstaben ASB auf rotem Grund.[52]

Doch auch seitens des Arbeiter-Samariter-Bundes focht man manchmal lieber mit dem gröberen Säbel als mit dem feineren Florett. Noch zu Anfang der 1920er-Jahre warf der ASB-Bundesvorsitzende Stein dem Roten Kreuz rückblickend vor, es sei *„ausschließlich auf den Krieg gerichtet“* gewesen, während die Tätigkeit der Arbeitersamariter *„ausschließlich auf Friedensarbeit“* zielte.[53]

Ein anderes unverkennbares Merkmal des ASB bestand in der Pflege seiner aus der proletarischen Herkunft und Umfeld stammenden Rituale. Dazu gehörten etwa eigenes Liedgut[54], die Anrede „Genosse“ untereinander, die Bezeichnung „Arbeiter“ im Namen des Bundes, die hin und wieder mit klassenkämpferischen Floskeln durchsetzte Rhetorik und die Bindungen an das sozialistische Milieu, was sich in vielfachen Kooperationen mit Gewerkschaften, Vereinen des Arbeiter-Sportbundes und anderen proletarisch geprägten

Gruppierungen äußerte.[55] Dies vertrug sich nicht unbedingt mit der vom Bundesvorstand immer öfter herausgestrichenen weltanschaulichen Neutralität der Arbeitersamariter bei ihrer karitativen Tätigkeit. Und obwohl man auch stets seine parteipolitische Unabhängigkeit betonte, blieb dennoch die Verzahnung mit der Sozialdemokratie unzweifelhaft.

Sehr plastisch hat Franz Walter dieses Dilemma, wenn man es denn so nennen möchte, beschrieben. In seiner Studie von 1991 heißt es: *„Der ASB wurzelte in den zwanziger Jahren nach wie vor im sozialistischen Arbeitermilieu, aber mit seinen Ästen rankte er sich mehr und mehr in das staatliche System der Weimarer Republik.“*[56]

MITGLIEDERANSTIEG UND NOTWENDIGE ORGANISATIONSREFORMEN

Erstaunlich ist, dass der reichsweit agierende Arbeiter-Samariter-Bund noch 1921 keinen einzigen hauptamtlichen Angestellten bezahlte. Fünf Jahre später und mit nahezu 40.000 Mitgliedern zeigte sich ein anderes Bild. Jetzt arbeiteten bereits zwölf besoldete Angestellte und Hilfskräfte in der Geschäftsstelle des Bundes, darunter auch der Vorsitzende, der Kassierer und der Technische Leiter, die seit dem Leipziger Bundestag von 1923 das Führungstrio der Organisation bildeten, die zu diesem Zeitpunkt mehr als 560 Kolonnen zählte.[57]

Mitarbeiter der ASB-Bundesgeschäftsstelle 1933. In der vorderen Reihe Erich Dunkel (Technischer Leiter), Theodor Kretschmar (Bundesvorsitzender) und Eugen Richter (Bundeskassierer). Archiv des ASB-Bundesverbandes

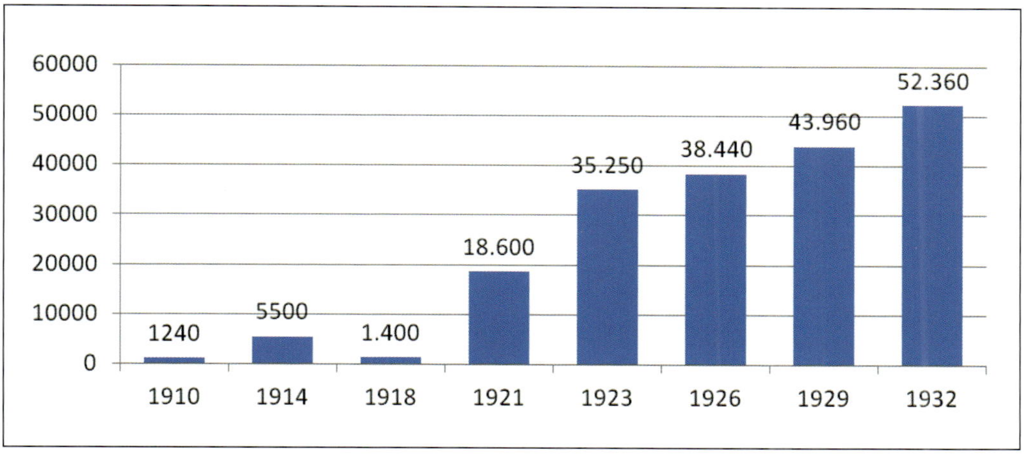

Mitgliederzahl des Arbeiter-Samariter-Bundes im Deutschen Reich, 1910–1932[60]

Bundesvorsitzender war seitdem Theodor Kretzschmar (Chemnitz)[58], der nach langen Divergenzen die Berliner Führung unter Emil Stein hauptsächlich aufgrund ihres selbstherrlichen Verhaltens abgelöst hatte. Kretzschmar und seine Vorstandskollegen Eugen Richter (Bundeskassierer) und Erich Dunkel (Bundestechniker), zu denen sich noch einige ehrenamtliche Mitglieder gesellten, entwickelten den ASB in der Folgezeit bis zur Auflösung 1933 zu einem gut durchorganisierten, zunehmend professionellen und straff geführten Verband mit neuem Sitz in der sächsischen Industriestadt Chemnitz. Dort konnte man 1928 in das neu errichtete Bundeshaus – das „Prunk- und Schmuckstück des ASB schlechthin in den Weimarer Jahren" – einziehen.[59]

Die personelle Neuaufstellung des Bundes war auch deshalb notwendig geworden, weil die Organisation ihre Tätigkeitsfelder auf zahlreiche Bereiche der allgemeinen Wohlfahrtspflege ausgeweitet hatte. Der Samariterdienst auf diesem Sektor betraf hierbei in erster Linie die Hauskrankenpflege und damit vornehmlich die Frauen im ASB. Der Bundestag 1927 in Weimar befasste sich intensiv mit der Wohlfahrtsarbeit im Verband und führte einige Verbesserungen durch.[61] Allerdings blieb hierbei manches in den Kinderschuhen stecken, weil man beispielsweise nicht in der Lage war, eine angemessene Bezahlung zu leisten.[62]

Ebenso problematisch erwies sich der Versuch, eine eigene Jugendorganisation aufzubauen.[63] Obwohl dem Verband 1929 rund 1.550 Jugendliche, darunter gut 300 Mädchen, angehörten und man die ASB-Zeitung mit einer Jugendbeilage bereicherte.[64]

Ein Grund für diese Fehlschläge war sicherlich, dass der Umfang staatlicher Zuwendungen für den ASB gering blieb. Entsprechend setzte sich sein Budget hauptsächlich aus Mitgliederbeiträgen, dem Warenbezug durch die Kolonnen bei der Zentrale in Chemnitz und aus öffentlichen Sammlungen zusammen.[65]

Arbeitersamariter aus dem In- und Ausland ziehen am Bundeshaus (Geschäftsstelle und Bundesschule) des Arbeiter-Samariter-Bundes in Chemnitz vorbei, 1928. Archiv des ASB-Bundesverbandes

Im Jahr 1925 erfolgte auf dem Berliner Bundestag eine Satzungsreform des ASB, der den Vorstand stärkte, ihm aber gleichzeitig in Form des Bundesausschusses ein einflussreiches Kontrollorgan zur Seite stellte.[66] Mit der vorgenommenen Stärkung der Bundesleitung *„durch das neue Statut wurde die gewachsene Gliederung des Bundes umgestülpt. Der föderalistische lose Zusammenschluss der Kolonnen war einer zentralistischen, hierarchisch gegliederten Organisation“* gewichen.[67]

Höchste Instanz des Bundes blieb der alle zwei Jahre stattfindende Bundestag, an dem gewählte Delegierte und die Kreisvorsitzenden teilnahmen. Hier wurden die für den Bund und seine Untergliederungen bindenden Beschlüsse gefasst.

Ein weiteres Kernstück der verabschiedeten Reformen war die neu festgesetzte Einteilung für die Kreise und Bezirke als Verbindungsebene zwischen dem Vorstand und den Kolonnen.

Die in Berlin vorgenommene Kreiseinteilung von 1925 orientierte sich an den vertrauten Landes- und Provinzgrenzen innerhalb des Deutschen Reichs. Die dort vorgenomme Regelung setzte sich schließlich auch endgültig durch. Die vorrangige Aufgabe der ASB-Leitung in den 26 Kreisen war es, für die Überzeugungen und Ziele der Hilfs- und Wohlfahrtsorganisation zu werben sowie die Schulung der Funktionäre zu fördern. Auf der nachgeordneten Stufe, den Bezirken, sollte der Gedanke der Hilfe für den bedürftigen Nächsten auf die regionale Ebene übertragen werden. Außerdem hatten sich die

Verzeichnis der Kreise

Kreis	Ort
1	Brandenburg
2	Sachsen
3	Saale
4	Thüringen
5	Rheinland (Reg.-Bez. Düsseldorf)
6	Bayern (Nord)
7	Württemberg
8	Hamburg - Lübeck - Schleswig-Holstein
9	Hessen - Frankfurt a. M.
10	Pfalz
11	Braunschweig
12	Ostpreußen
13	Pommern
14	Prov. Hessen - Kassel
15	Schlesien
16	Hessen - Offenbach a. M.
17	Baden
18	Westfalen
19	Prov. Sachsen-Anhalt
20	Mecklenburg
21	Bayern (Süd)
22	Niederlausitz
23	Harz
23a	Bremen - Oldenburg
24	Rheinland (Reg.-Bez. Köln)
25	Saargebiet

Die in Berlin vorgenommene Kreiseinteilung von 1925 orientierte sich an den vertrauten Landes- und Provinzgrenzen innerhalb des Deutschen Reichs. Archiv des ASB-Bundesverbandes

Bezirksleitungen um die Durchführung notwendiger Kurse und größerer Übungen zu kümmern.

Das Erscheinungsbild des ASB prägten in erster Linie die aktiven Samariterinnen und Samariter in den Kolonnen vor Ort. Den Sanitätsdienst durfte jedoch nur verrichten, wer den entsprechenden Kurs mit erfolgreich bestandener Prüfung abgeschlossen hatte.

Dagegen konnten die Kolonnen nur bedingt selbstständig handeln. Zwar besaßen sie einen Vorstand mit Vorsitzendem, technischem Leiter, Kassierer und oft auch Beisitzern, sie agierten aber seit dem Statut von 1925 nicht als ein rechtsfähiger eingetragener Verein.[68] Die Haftung bei eingetretenen Schäden musste der Bund übernehmen. Somit waren die Kolonnen eng an die Satzung und die Weisungen aus Chemnitz gebunden.

Mag sich der ASB aufgrund der Verbesserung seiner Struktur bis 1927 zu einer gut ausgebauten und weit verzweigten Organisation entwickelt haben, so blieb er dennoch stark von der wirtschaftlichen Entwicklung abhängig. Schon 1923, zu Zeiten der Hyperinflation, schrammte der Bund nur knapp am Bankerott vorbei. Auch die Weltwirtschaftskrise ab 1929 zeigte ihre negativen Auswirkungen auf den ASB.

Dennoch bleibt festzuhalten: Der Arbeiter-Samariter-Bund wuchs trotz einer starken Fluktuation innerhalb seiner Mitgliederschaft und aller Krisen, ob es sich um wirtschaftliche, politische oder persönliche handelte, von 3.180 Samariterinnen und Samaritern zu Beginn der Weimarer Republik bis auf mehr als 52.000 Mitglieder in rund 1.650 Kolonnen

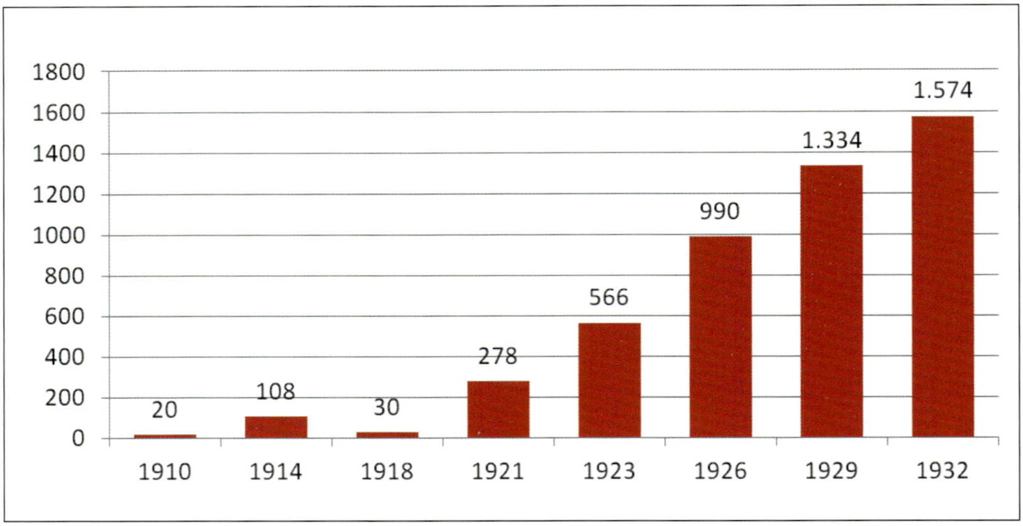

Anzahl der Kolonnen des Arbeiter-Samariter-Bundes in Deutschland, 1910–1932[69]

am Ende der ersten deutschen Demokratie an. Parallel dazu nahmen die Leistungen des Bundes bei der Unfallhilfe, der Kranken- und Kinderpflege sowie die Sanitätsdienste ständig zu.[70]

Die materielle Ausstattung aller Kolonnen bestand 1929 aus 219 Zelten, 44 Krankenautos, 620 fahrbaren Krankentragen und 28 Krankenwagen mit Pferdebespannung.[71]

Wie man sieht, steckte die Motorisierung des Krankentransportes zum Ende der 1920er-Jahre weitgehend noch in den Kinderschuhen, doch sie nahm kontinuierlich zu. Trotzdem belegen diese Zahlen unzweifelhaft, dass der ASB bis 1933 nach dem DRK zur führenden Organisation im Rettungs- und Krankentransportwesen im Deutschen Reich aufgestiegen war.

Eine Ursache dieser Erfolgsgeschichte lag sicherlich darin, dass für die Dienste der aktiven ASB-Samariter dringender Bedarf bestand und diese auch zunehmend angefordert wurden. Die steigenden Unfallzahlen auf den Straßen und an den Arbeitsplätzen, die schlechten Lebensbedingungen weiter Teile der Bevölkerung, die Folgen des verlorenen Weltkrieges und der um sich greifenden Weltwirtschaftskrise sowie die wachsende Nachfrage nach Sanitätsdiensten vornehmlich bei Veranstaltungen der Vereine und Gruppierungen der Arbeiterbewegung stellten wachsende Anforderungen an Quantität und Qualität der Kolonnen.

So leisteten Arbeiter-Samariter 1930 im Straßendienst, bei Sportveranstaltungen und Veranstaltungen der Gewerkschaften oder Arbeiterparteien und in Betrieben insgesamt in 770.000 Fällen Erste Hilfe. Samariterinnen und Samariter des ASB führten in diesem Jahr mit 19.889 Krankenpflegen fast dreimal so viele durch wie 1926. Außerdem befanden sich 1930 insgesamt 1.732 Kinder in Pflege und die Anzahl der Betriebssamariter war von 1.600 im Jahr 1923 auf 4.876 am Ende der Dekade angestiegen.[72]

Mithin hatten die Leistungen des Bundes, trotz einsetzender Weltwirtschaftskrise, auf den Gebieten der Unfallhilfe, der Kranken- und Kinderpflege ständig zugenommen.

LANGER KAMPF UM ANERKENNUNG

In den frühen 1920er-Jahren setzte eine allmähliche Aufweichung weltanschaulicher Positionen des Bundes und bindender Vorgaben für die Mitglieder ein. Gemäß der nahezu einstimmig angenommenen Beschlüsse auf dem 5. Bundestag 1921 in Braunschweig sollte der ASB von nun an *„eine unpolitische, streng neutrale, im Dienst der gesamten Menschheit stehende Samariterorganisation sein"*. Den einzelnen Kolonnen wurde deswegen jede parteipolitische Festlegung untersagt. Andernfalls drohte der Ausschluss. Diese angeordnete und angestrebte Entpolitisierung basierte nicht zuletzt auf dem Einfluss der Ärzteschaft im ASB, die mehrheitlich diese Entwicklung gefordert hatten.

Dennoch blieb das Verhältnis zu den Repräsentanten der organisierten Ärzteschaft in den frühen 1920er-Jahren gespannt. Die ärztlichen Standesorganisationen unterstellten dem ASB eine einseitig linke Ausrichtung und verhängten weiterhin Sanktionen gegen eigene Mitglieder, die sich den Arbeitersamaritern zur Verfügung stellten, was etliche Ärzte abschreckte, hier tätig zu werden.

Ein weiterer Grund für die schroffe Haltung bürgerlich-konservativer Kreise gegenüber dem ASB bestand in der von bestimmten Zeitungen verbreiteten Unterstellung, ASB-Samariter hätten sich während der Aufstände in den frühen 1920er-Jahren in Mitteldeutschland und im Ruhrgebiet als Munitions- und Waffenversorger der „Roten Armee" betätigt.

Bis in die späten 1920er-Jahre entkrampfte sich der Umgang zwischen dem Arbeiter-Samariter-Bund und den Ärzteorganisationen allerdings spürbar. Bezüglich der Ärzteschaft konstatierte der Bundesarzt Dr. Münz (Chemnitz) im Leitartikel des „Arbeitersamariter" 1926, dass sich ihr Verhältnis zum ASB gebessert habe und dass *„gewisse Schwierigkeiten"* und *„manche Vorurteile"* überwunden seien.[73]

Eine ähnliche Entspannung, wenn nicht sogar vielerorts die Anerkennung des ASB und des Leistungsvermögens seiner Kolonnen, war seitens der staatlichen und kommunalen Behörden zu erkennen.[74]

Nach jahrelangen Bemühungen gelang es dem ASB am 17. Juli 1926, von der sozialdemokratisch geführten Landesregierung in Preußen die amtliche Zulassung zum Sanitätsdienst, also die lange angestrebte Gleichstellung mit den Roten Kreuz, zu erhalten. Wenige Monate später erfolgte die Genehmigung, bei öffentlichen Sammlungen für die eigenen

Der Leitspruch der Arbeitersamariter auf einem Werbemittel der zwanziger Jahre.
Archiv des ASB-Bundesverbandes

Zwecke um Spenden zu bitten. Andere Länder folgten.[75] Bedenkenswert bleibt, dass diese Entscheidung erst mehr als siebeneinhalb Jahre nach der Ausrufung der Republik erfolgte. Von einer Bevorteilung des ASB gegenüber dem DRK nach 1918 kann also keine Rede sein, vielmehr rangen die Arbeitersamariter vielerorts weiterhin um Anerkennung und Gleichberechtigung. Jedoch schien es, dass man sich auf einem guten Weg befand.

Vielerorts wurde diese Gleichbehandlung aber nicht praktiziert, und manche Kommunen bevorteilten weiterhin das Rote Kreuz. Weshalb sich der ASB-Bundesvorstand noch auf dem deutschen Arbeiter-Samaritertag 1930 beklagte, *„daß öffentliche Gelder dem Arbeiter-Samariterbund im Verhältnis zu ähnlichen Organisationen nur spärlich zufließen“*. Obwohl die Samariterinnen und Samariter im Jahr zuvor rund 140.000 Dienste mit 300.000 Samaritern und 1.400.000 Dienststunden, einschließlich der Krankenpflegestunden verrichtet und 67.000 Transporte durchführt hatten sowie bei rund 760.000 Unfällen, darunter 565 Todesfälle, zur Stelle waren.[76]

Resümierend stellt eine Darstellung der Geschichte der Arbeiter-Samariter-Bewegung von 1991 dennoch eine positiven Entwicklung in den Vordergrund: *„Aus den proletarischen Sanitätsparias der frühen Weimarer Jahre war zum Ende des zweiten Jahrzehnts eine reputierliche Unfallhilfe und Wohlfahrtsorganisation geworden, die von den Regierungsstellen in*

Spezialfragen und bei Problemfällen konsultiert wurde und den verschiedenen staatlichen Fachausschüssen angehörte.“[77]

Festzuhalten bleibt aber ebenso, dass in weiten Teilen des Bürgertums über die gesamte Epoche der Weimarer Republik hinweg die alten Vorbehalte gegen den Arbeiter-Samariter-Bund bestehen blieben. Begünstigt wurden diese Ressentiments beispielsweise durch die Bezeichnung „Arbeiter“ im Verbandsnamen, die Anrede „Genosse“ untereinander oder die antibürgerliche Rhetorik im Bund. Dies signalisierte die Verankerung im Milieu der Arbeiterbewegung, trotz der vielfach verkündeten parteipolitischen Neutralität.[78] Dass es daneben im national-konservativen Kreisen sicherlich auch deutliche Abneigungen grundsätzlicher Natur gegen Organisationen aus den Reihen der Arbeiterschaft gab, ist gleichfalls nicht zu bestreiten.

Überhaupt zeigten sich das gesellschaftliche Kastendenken und die politische Polarisierung vor 1933 weit ausgeprägter als in den Jahren nach 1945. Wobei ökonomische Schwierigkeiten diese Gegensätze noch vehement verstärkten.

TRÜGERISCHE HOFFNUNGEN NACH DER MACHTERGREIFUNG DURCH DIE NSDAP

Die Frage, ob und inwieweit der Arbeiter-Samariter-Bund während der Phase der Weimarer Republik stark klassenkämpferisch orientiert blieb oder sich immer ausgeprägter reformistisch präsentierte, sei zunächst einmal dahin gestellt. Allein, dem Bund blieb nicht die Zeit, den Weg zu einem reformistischen Verband zu Ende gehen zu können, ob er dies wollte oder nicht. Die positive Entwicklung des ASB fand bereits Anfang der 1930er-Jahre mit dem politischen Rechtsruck im Reich und in den Ländern vielerorts ihr Ende, da nun bereits zahlreiche, den Arbeitersamaritern wohlgesonnene Sozialdemokraten ihre Positionen in Verwaltungen oder Parlamenten noch vor der Machtergreifung durch die Nationalsozialisten im Reich verloren hatten.[79]

Was war geschehen? Begünstigt durch die von den Auswirkungen der ab Oktober 1929 einsetzenden Weltwirtschaftskrise verursachte Not mit millionenfacher Arbeitslosigkeit und der Unfähigkeit der demokratischen Parteien, die Probleme einigermaßen in den Griff zu bekommen, schnellten die Wählerstimmen für die Kommunisten und hauptsächlich für die bis dahin als rechtsextreme Splitterpartei geltende NSDAP im Sommer 1930 in die Höhe.[80]

Damit gerieten auch die sozialistisch orientierten Arbeitersamariter verstärkt ins Visier der immer aggressiver sich gebärdenden NS-Presseorgane. Generell galt der ASB in den rechten Medien als *„marxistische Organisation“*. Dies gipfelte im September 1930 darin, dass ein Redakteur einer NS-Zeitung die Arbeitersamariter sogar als *„vertiertes Gesindel“*

bezeichnete, was ihm lediglich eine Geldstrafe in Höhe von 80 Reichsmark einbrachte. Vielerorts kam es zudem zu heftigen, teilweise gewaltsamen Auseinandersetzungen mit SA-Formationen.[81]

Trotz Einbußen der NSDAP bei den Novemberwahlen, ihr Stimmenanteil fiel von 37,4 auf 33,1 %, erfolgte durch den greisen Reichspräsidenten Paul von Hindenburg am 30. Januar 1933 die für viele Zeitgenossen überraschende Ernennung Hitlers zum Reichskanzler. Die nachfolgende „Machtergreifung" durch die Nationalsozialisten vollzog sich nach der Beseitigung parlamentarischer Widerstände nahezu reibungslos. Die demokratischen Grundrechte der Weimarer Verfassung wurden Stück für Stück außer Kraft gesetzt und eine totalitäre Herrschaft etabliert.

Alle Parteien außer der NSDAP wurden bis zum Sommer 1933 verboten oder hatten sich selbst aufgelöst. Sogar die deutsche Arbeiterbewegung, einstmals die größte und die am besten organisierte der Welt, leistete keinen entschlossenen und geschlossenen Widerstand. Ähnlich erging es allen anderen Verbänden, Vereinen und sonstigen Organisationen, die nicht das Wohlwollen der Nationalsozialisten genossen.

Nach kaum mehr als einem Jahr war Deutschland „gleichgeschaltet", die braune Diktatur vollendet. Die Gegnerschaft zum Nationalsozialismus, der brutalen deutschen Spielart des Faschismus, bedeutete für viele Andersdenkende Hausdurchsuchungen, Verfolgung, Inhaftierung, Folter oder Exil. Für die deutschen Juden, von denen sich die meisten seit langem als festen Bestandteil der deutschen Gesellschaft betrachteten, begann bald nach der Machtübernahme ein schrecklicher Leidensweg.

Die vollständige Machtübernahme durch die NSDAP gelang aber nicht nur mit Gewalt, sondern auch mit Verführung. Dazu veranstaltete die extreme politische Rechte zahllose Fackelzüge, Kundgebungen und Paraden, deren geordneter und disziplinierter Verlauf mithalf, dass sich die meisten Bürger über die wahren Ziele von Hitlers Politik täuschen ließen. Von dieser Zurschaustellung vaterländischer Symbole und Demonstration nationaler Einheit ließen sich viele Deutsche blenden.[82]

Wie in vielen Bereichen des demokratischen Lagers hatte auch der Vorstand des Arbeiter-Samariter-Bundes das Wesen, die Rücksichtslosigkeit und die Ziele der Nationalsozialisten gründlich unterschätzt. Noch Wochen nach der Ernennung Hitlers zum Reichskanzler glaubten Theodor Kretzschmar und seine Kollegen, man könne ihre Organisation mit dem Hinweis auf die von den Arbeitersamaritern seit langem geübte parteipolitische Neutralität und ihre der Allgemeinheit nützenden Hilfsleistungen vor Gleichschaltung und Auflösung bewahren.

Zu diesem Zweck ermahnte der Bundesvorstand die Arbeitersamariter in einem Rundschreiben an die *„Werten Genossen"* vom 23. Februar 1933 abermals zu äußerster Vorsicht und politischer Neutralität. Dies galt vor allem im Hinblick auf die anstehenden Reichstagswahlen vom 5. März.[83]

Aufmarsch von DRK, ASB, SA und anderen Formationen am 1. Mai 1933 in Windecken: Sinnbild einer trügerischen Hoffnung auf den Fortbestand der Arbeiter-Samariter-Bewegung. Privat

Ähnliche Aussagen enthält auch die letzte Nummer des „Der Arbeiter-Samariter", die im April 1933 erschien. In dem Aufruf „An die Mitglieder des Arbeiter-Samariter-Bundes" betonte die Bundesführung erneut, dass der Arbeiter-Samariter-Bund keine politische Organisation sei und boten der neuen Staatsführung die Mitarbeit auf dem Gebiet des Gesundheitswesens an.[84]

Bald ging der Bundesvorsitzende Kretzschmar sogar noch weiter. In Briefen an den neuen nationalsozialistischen Innenminister des Deutschen Reichs, Wilhelm Frick, diente ihm als besonderes Argument für die weitere Existenzberechtigung des ASB nun dessen Mitwirkung beim Katastrophen- und Luftschutz.[85] Kretzschmar war bereit, zur Erhaltung der Organisation alle bis dahin immanenten Prinzipien der Arbeiterbewegung und des Arbeiter-Samariter-Bundes zu verleugnen. Hier handelte die Führung des ASB ebenso unentschieden und selbstmörderisch wie die Führung des sozialistischen Allgemeinen Deutschen Gewerkschaftsbundes (ADGB), der seine Mitglieder zu ähnlichem Verhalten aufforderte. Die bereitwillige Teilnahme der Gewerkschafter an den von der NSDAP initiierten pompösen Aufmärschen am 1. Mai 1933 war für die Unterwürfigkeit gegenüber den neuen Machthabern sicherlich das prägnanteste Beispiel.[86]

Jedoch erwiesen sich die Hoffnungen auf einen Fortbestand der freien Gewerkschaften im nationalsozialistischen Deutschland bald ebenso als Trugschluss wie die Erwartungen auf eine Weiterexistenz des Arbeiter-Samariter-Bundes. Nachdem es bereits in den ersten Wochen nach der Machtübernahme zur Beschlagnahme von Materialien einzelner Kolonnen gekommen war, nahmen die massiven Übergriffe seitens der Nationalsozialisten gegenüber örtlichen ASB-Kolonnen bereits am 2. Mai wieder vehement zu.

Wie die Einrichtungen des sozialistischen Gewerkschaftsbundes und der anderen politisch links orientierten Gruppierungen wurden an diesem Tag auch Versammlungsräume, Wachen und Depots der ASB-Kolonnen von Polizei und SA besetzt und teilweise mit dem Einsatz oder der Androhung von Gewalt regelrecht ausgeplündert.[87]

Allerdings stellte dies nur den ersten Schritt dar, um den Arbeiter-Samariter-Bund unter die Botmäßigkeit der Nationalsozialisten zu zwingen. Weitere sollten bald folgen.

AUFLÖSUNG UND ÜBERFÜHRUNG INS DRK

Innerhalb weniger Monate organisierten die Nationalsozialisten die systematische Gleichschaltung und mit einiger Verzögerung die Zerschlagung des den neuen Machthabern weltanschaulich unliebsamen Arbeiter-Samariter-Bundes. Während dieser Phase schien es kurzfristig jedoch so, als ob es insbesondere bei dem zum „Staatskommissar für den ASB" ernannten Dr. Dommel (Berlin) Vorstellungen gäbe, einen nationalsozialistischen Arbeiter-Samariter-Bund zu etablieren.[88]

Die Zerschlagung des Arbeiter-Samariter-Bundes vollzog sich schließlich in mehreren Etappen. Zunächst erfolgte am 11. Mai die Anordnung den Bund dadurch gleichzuschalten, indem man ihn unter nationalsozialistische Leitung stellte. Entsprechend erließ Dommel neue „Richtlinien für die Reorganisation des Arbeiter-Samariter-Bundes unter Nationalsozialistischer Leitung". Darin findet sich unter Nr. 3 die Formulierung, die klarstellte, was dies besagte: *„An die Spitze einer jeden Formation sind Parteigenossen zu setzen, die mit dem Dienst vertraut sind und die dafür zu sorgen haben, dass die Gleichschaltung im Sinne der heutigen Regierung vor sich geht."* Unter Nr. 4 heißt es: *„Jede Gegenagitation und jede Störung dieses Aufbaus oder wilde Beschlagnahme sind sofort der kommissarischen Leitung zu melden. Die Beteiligung an solcher Sabotage ist für die Beteiligten mit schwerster Folge verknüpft."*[89]

Das eigentlich Ziel war dann aber spätestens ab Juli nicht alleine die Gleichschaltung des Bundes, sondern dessen Eliminierung und letztendlich die Überführung der möglichst vollständigen Ausrüstung des ASB und ihrer – im Sinne der Nationalisten – politisch einigermaßen zuverlässigen Kolonnenmitglieder ins Deutsche Rote Kreuz.[90] Dementsprechend erfolgte am 5. Juli die Anweisung des Innenministers an Hocheisen, die Überführung der noch nicht aufgelösten ASB-Kolonnen ins Rote Kreuz zu veranlassen.

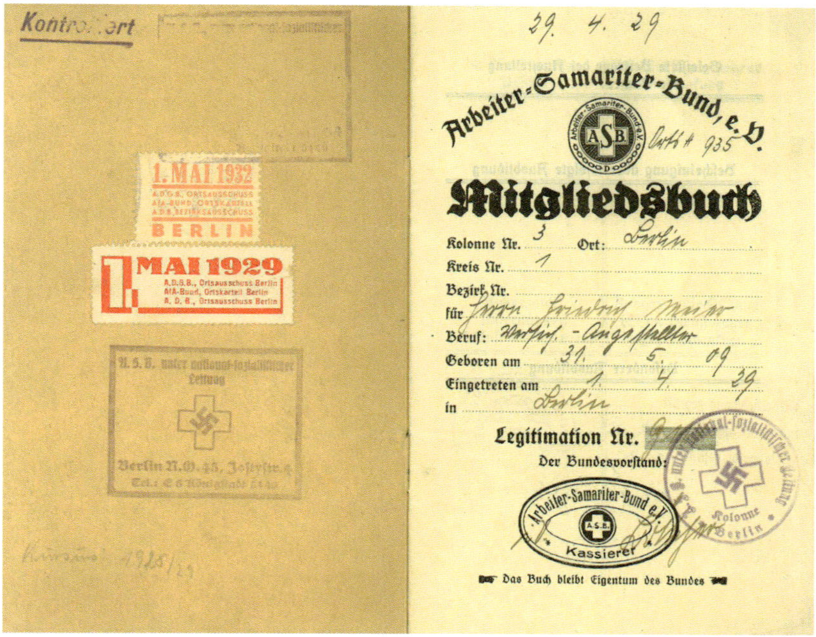

ASB-Mitgliedsbuch mit Stempel „A.S.B. unter national-sozialistischer Leitung" aus dem Jahr 1933. Archiv des ASB-Bundesverbandes

Die formale Auflösung des Arbeiter-Samariter-Bundes wurde Vertretern des Bundes am 1. August 1933 bei einer Sitzung in Berlin verkündet. Gleichfalls verlangte man, sämtlichen Besitz des ASB an das Deutsche Rote Kreuz abzuliefern.[91]

Die Überführung der ASB-Aktiven ins Rote Kreuz sollte, laut einem Schreiben eines Dr. Lohmann vom 7. August,[92] das auf eine Verfügung des Reichsinnenministers vom 15. Juli Bezug nimmt,[93] so vonstatten gehen, dass sich die zum Eintritt ins Rote Kreuz bereiten Arbeitersamariter in Listen einschreiben und dass daraufhin eine *„Prüfung der Eignung"* der Interessenten erfolgt. Später sollte ein gemeinsamer Kurs für neue und alte Rotkreuzler stattfinden, der auch Maßnahmen zur Gasabwehr beinhalten sollte. Weiterhin hatten die noch bestehenden ASB-Kolonnen unverzüglich Inventarverzeichnisse anzufertigen. Die Überführung ins DRK war dann für *„ausgangs August"* vorgesehen. Die Eingliederung sollte, so Lohmann, *„im versöhnlichen und kameradschaftlichen Geist"* vollzogen werden.[94]

Das „Ministerialblatt für die Preußische Innere Verwaltung" teilt in seiner Ausgabe Nr. 45 mit: *„Erledigung der Stelle eines Ministerialkommissars: Infolge der unter dem 1. September 1933 erfolgten Überführung des Arbeiter-Samariter-Bundes in das Deutsche Rote Kreuz wird die Bestellung des Dr. med. Dommel zum Ministerialkommissar für die Untergliederung des Arbeiter-Samariter-Bundes e.V. im Gebiet des Freistaates Preußen aufgehoben."*[95] Damit hatte die Auflösung des Arbeiter-Samariter-Bundes ihren Abschluss gefunden.

Mit der Zerschlagung durch die Nationalsozialisten und dem Übertritt vieler Arbeitersamariter ins Rote Kreuz endete im Spätsommer 1933 vorerst die Geschichte der Arbeiter-Samariter-Bewegung in Deutschland. Andere halfen allerdings im gleichen Geist ihren Mitmenschen weiter wie bisher, ohne ins DRK einzutreten. Ein großer Teil der ehemaligen Samariterinnen und Samariter ist hingegen im DRK aktiv geworden und verrichteten dort oft über Jahrzehnte hindurch ihre wichtige Arbeit im Dienst am Nächsten. Somit stammt ein nicht unbeträchtlicher Teil der Aktiven des Deutschen Roten Kreuzes aufgrund der Fährnisse der deutschen Geschichte aus den Reihen des Arbeiter-Samariter-Bundes.

Fotomontage zum 25-jährigen Kommandanten-Jubiläum zweier Mitglieder der Freiwilligen Feuerwehr Klein-Auheim 1935. War es nachlässig, unbedacht oder eine Form des stillen Widerstands gegen die NS-Diktatur? Unter den in das Bild montierten Feuerwehrgruppen ist in der oberen Reihe, links von der Treppe, auch eine Abteilung der verbotenen Arbeiter-Samariter zu sehen. Die ASB-Kolonne Klein-Auheim wurde 1928 gegründet und hat eng mit der Feuerwehr kooperiert. Heimat- und Geschichtsverein Klein-Auheim

1 Zum Verständnis der Epoche sind von den allgemeinen Darstellungen besonders zu empfehlen: K. E. Born, Von der Reichsgründung bis zum Ersten Weltkrieg, 2. Auflage, München 1976 (=Gebhardt, Handbuch der deutschen Geschichte), T. Nipperdey, Deutsche Geschichte 1866–1918, 2 Bde., München 1990–92, R. Rürup, Deutschland im 19. Jahrhundert 1815–1871, Göttingen 1984, M. Stürmer, Das ruhelose Reich. Deutschland 1866–1918, Berlin 1983, V. Ullrich, Die nervöse Großmacht 1871–1918. Aufstieg und Untergang des deutschen Kaiserreichs, Frankfurt 1999, H.-U. Wehler, Das Deutsche Kaiserreich, Göttingen 1973, und H. A. Winkler, Deutsche Geschichte vom Ende des Alten Reiches bis zum Untergang der Weimarer Republik, München 2000.

2 I. Bog, Die Industrialisierung Hessens, in: U. Schultz (Hg.), Die Geschichte Hessens, Stuttgart 1983, S. 190.

3 Zitiert nach: H.-W. Hahn, Der hessische Wirtschaftsraum im 19. Jahrhundert, in: W. Heinemeyer (Hrsg.), Das Werden Hessens, Marburg 1986, S. 389.

4 P. Marschalck, Bevölkerungsgeschichte Deutschlands im 19. und 20. Jahrhundert, Frankfurt 1984, Tabellen 1.1–1.3 und 5.1.

5 W. Kaschuba, Lebenswelt und Kultur der unterbürgerlichen Schichten im 19. und 20. Jahrhundert, München 1990, S. 34.

6 Zu den Reichsfeinden zählten die staatstragenden Kräfte des zweiten Kaiserreichs die nationalen Minderheiten (Polen, Dänen, Elsässer und Lothringer) sowie die Sozialdemokraten und die klerikalen Katholiken („Ultramontane").

7 W. Kaschuba, Lebenswelt und Kultur, S. 39.

8 F. Tennstedt, Sozialgeschichte der Sozialversicherung, in: Handbuch der Sozialmedizin, hrsg. von M. Blomke u. a., Bd. 3, Stuttgart 1976, S. 432.

9 Gustav Dietrich wurde am 2.10.1851 in Berlin geboren. Er erlernte den Beruf des Zimmermanns und war später als Zimmererpolier tätig. Zum Zeitpunkt des Unglücks in Erkner war Dietrich Beisitzer des Beerdigungsvereins der Berliner Zimmerleute. In der Berliner ASB-Kolonne nahm er lange unterschiedliche Vorstandsfunktionen wahr. Seine Mitstreiter zu dieser Zeit waren die sechs Mitglieder des Gewerkvereins der Berliner Zimmerleute: August Laubsch, Hermann Neumann, Wilhelm Nittat, Joseph Schmidt und Wilhelm Zippke, die auf eigene Kosten Unterrichtsmaterialien besorgt hatten. Gustav Dietrich starb am 19.2.1940. Vgl.: W. Müller, Mit einem Unfall fing es an! Illustrierte Geschichte des Arbeiter-Samariter-Bundes, Wiesbaden 1988, S. 9.

10 A. Labisch, Der Arbeiter-Samariter-Bund 1888–1933: Ein Beitrag zur Geschichte der Arbeitersamariterbewegung, in: Arbeiterkultur, Königstein/Ts. 1979, S. 145 ff. Siehe Dokument 1: „Einladung zum Lehrkursus über die Erste-Hilfe bei Unglücksfällen" in der Berliner Volkszeitung vom 20. November 1888.

11 Siehe Dokument 2: Der „Vorwärts" vom 6. August 1899 zum Einsatz der Arbeiter-Samariter-Kolonne beim Sängerfest am Weißensee.

12 W. Müller, Mit einem Unfall fing es an!, S. 14 f. und S. 37 ff.

13 Grundlegend zur Geschichte des Roten Kreuzes in Deutschland: D. Riesenberger, Das Deutsche Rote Kreuz. Eine Geschichte 1864–1990, Paderborn u. a. 2002. Zum Roten Kreuz auf der lokalen und regionalen Ebene: E. Bus, „An unsre Mitbürger". 125 Jahre Rotes Kreuz in Stadt und Landkreis Hanau 1869–1994, Hanau 1994, ders., „Nichts für uns, alles für das Rote Kreuz." Zur Geschichte der Rotkreuzbewegung in Stadt und Landkreis Hanau seit 1945, Hanau 2000, und ders. „Lasset uns Gutes tun und nicht müde werden!" Zur Geschichte des Roten Kreuzes im Kreis Gelnhausen. Hrsg. Deutsches Rotes Kreuz Kreisverband Gelnhausen e.V., Gelnhausen 2010.

14 Im wilhelminischen deutschen Kaiserreich bis zur Machtübernahme durch die NSDAP nannte sich die Frauenorganisation im Roten Kreuz, entsprechend dem lange vorherrschenden nationalistischen Pathos, „Vaterländischer Frauenverein" (VFV).

15 D. Riesenberger, Das Deutsche Rote Kreuz. Eine Geschichte 1864–1990, Paderborn u. a. 2002, S. 77.

16 D. Riesenberger, Für Humanität in Krieg und Frieden. Das Internationale Rote Kreuz 1863–1977, Göttingen 1992, S. 37 ff.

17 F. Walter, Der Arbeiter-Samariter-Bund, in: F. Walter / V. Denecke / K. Regien, Sozialistische Gesundheits- und Lebensreformverbände. Solidargemeinschaft und Milieu: Sozialistische Kultur- und Freizeitorganisationen in der Weimarer Republik, Band 2, herausgegeben von P. Lösche, Bonn 1991, S. 385.

18 D. Riesenberger, Das Deutsche Rote Kreuz, S. 111 ff.

19 F. Grüneisen, Das Deutsche Rote Kreuz in Vergangenheit und Gegenwart, Berlin 1939, S. 139.

20 Zum Selbstverständnis und den Aufgaben der ASB-Kolonnen siehe Dokument 3: Dr. Kretschmann aus Dresden erläutert 1905 in einem Zeitungsartikel die Aufgaben der Arbeiter-Samariter-Kolonnen. Deutlich klassenkämpferische Töne schlägt der Beitrag „Agitation" in „Der Arbeitersamariter" 7/1912 an. Siehe Dokument 13: Agitationsrede von H. Brauer auf dem ASB-Bundestag in Hamburg 1912 (Auszüge).

21 A. Labisch, Selbsthilfe zwischen Auflehnung und Anpassung. Arbeiter-Sanitätskommission und Arbeiter-Samariterbund, in: Alternative Medizin. Kritische Medizin im Argument (Argument-Sonderband: AS 77) Berlin, S. 17. Ergänzend dazu die Orte mit frühen ASB-Kolonnen: W. Müller, Mit einem Unfall fing es an!, S. 46 und 59.

22 ASB-Bundesarchiv: Der Arbeiter-Samariter (DAS) 1/1910.

23 ASB-Bundesarchiv: PNK-ALT01/1910. Protokoll des ersten Bundestages. Abgehalten in Dresden am 26., 27. und 28. März 1910, Berlin 1910, S. 4.

24 W. Müller, ASB-Chronik 1888–1984. Ein Buch über die Geschichte des ASB, Bonn 1984, S. 9.

25 ASB-Bundesarchiv: PNK-ALT01/1910. Protokoll des ersten Bundestages. Abgehalten in Dresden am 26., 27. und 28. März 1910, Berlin 1910, Anhang.

26 F. Walter, Der Arbeiter-Samariter-Bund, S. 293 und 343 f.

27 ASB-Bundesarchiv: Pzs 0001/0.1 „Die Sanitätswache" (1909–1910).

28 ASB-Bundesarchiv: DAS 1/1910.

29 W. Müller, Illustrierte Geschichte des Arbeiter-Samariter-Bundes 1888–1998, Köln 1998, S. 53 ff.

30 Siehe Dokument 4: „Aufruf an die deutsche Arbeiterschaft", Mitte August 1914.

31 Zur Jahrhundertwende entfachte der Parteitheoretiker Eduard Bernstein (1850–1932) mit seinen Thesen innerhalb der SPD die so genannte „Revisionismusdebatte". Er wandte sich dabei gegen die geltende marxistische Doktrin, wonach das kapitalistische System an seinen inneren Widersprüchen scheitern würde und die Arbeiterschaft durch einen revolutionären Akt an die Macht komme. Bernstein hingegen glaubte, die angestrebte sozialistische Umwandlung der Gesellschaft durch Reformen infolge einer demokratisch legitimierten Regierungsübernahme nach Wahlen erreichen zu können.

32 Zum Verständnis der Epoche sind von den allgemeinen Darstellungen besonders zu empfehlen: K. D. Erdmann, Die Zeit der Weltkriege, 9. Aufl., Stuttgart 1978 (Gebhardt, Handbuch der deutschen Geschichte); H. Heiber, Die Republik von Weimar, 10. Aufl., München 1977; E. Kolb, Die Weimarer Republik, München 1984; H. Möller, Die Weimarer Republik – eine unvollendete Demokratie, 7. Auflage, München 2004; H. Schulze, Weimar. Deutschland 1917–1933, Berlin 1982.

33 In diesem Vertrag vom 28.6.1919 zwischen dem Reich und dem Alliierten wurde Deutschland und seinen Verbündeten die Alleinschuld am Ersten Weltkrieg aufgebürdet und neben Gebietsabtretungen u.a. hohe Reparationen auferlegt. Deutscherseits wurde das umstrittene Vertragswerk von Politikern von SPD, Zentrum und DDP („Weimarer Koalition") „unter Protest" unterzeichnet, die damit eine Besetzung Deutschlands vermeiden und die Aufhebung der britischen Seeblockade erreichen wollten.

34 A. Kurt, Wahlen und Wähler im Wahlkreis Offenbach. Eine historisch-statistische Untersuchung zur politischen Struktur der Stadt und des Landkreises Offenbach im Wandel der letzten anderthalb Jahrhunderte, Offenbach 1966, S. 57 ff.

35 H. A. Winkler, Deutsche Geschichte vom Ende des Alten Reiches bis zum Untergang der Weimarer Republik, München 2000, S. 516.

36 A. Labisch, Selbsthilfe zwischen Auflehnung und Anpassung, S. 17 f.

Nicht nur das Verhältnis zu bürgerlichen Organisationen war gespannt, sondern auch zum ADGB (Gewerkschaftsbund). Es war so gespannt, dass der Vize-Vorsitzende des ADGB Peter Krassmann, der als Vertreter der Gewerkschaften im Leitungsgremium des Roten Kreuzes saß, dem Vorstand des ASB sogar vorschlug, sich mit dem Roten Kreuz, dem Erzwidersacher des ASB, zu verbinden. Vgl.: F. Walter, Der Arbeiter-Samariter-Bund, S. 383.

37 D. Riesenberger, Das Deutsche Rote Kreuz, S. 198 ff.

38 A. Labisch, Der Arbeiter-Samariter-Bund, S. 151 ff.

39 F. Walter, Der Arbeiter-Samariter-Bund, S. 366 f.

40 F. Walter, Der Arbeiter-Samariter-Bund, S. 368.

41 A. Labisch, Der Arbeiter-Samariter-Bund, S. 167 Anm. 12.

42 F. Walter, Der Arbeiter-Samariter-Bund, S. 303.

43 F. Walter, Der Arbeiter-Samariter-Bund, S. 307.

44 A. Labisch, Selbsthilfe zwischen Auflehnung und Anpassung, S. 18.

45 F. Walter, Der Arbeiter-Samariter-Bund, S. 408 f.

46 F. Walter, Der Arbeiter-Samariter-Bund, S. 385.

47 F. Walter, Der Arbeiter-Samariter-Bund, S. 394 und A. Labisch, Der Arbeiter-Samariter-Bund, S. 155.

48 A. Labisch, Der Arbeiter-Samariter-Bund, S. 164.

49 A. Labisch, Der Arbeiter-Samariter-Bund, S. 154 f., und F. Walter, Der Arbeiter-Samariter-Bund, S. 393 ff.

50 F. Walter, Der Arbeiter-Samariter-Bund, S. 296, und 384 ff., nennt als Beispiele dieses Agierens die Teilnahme bei den Protesten der politischen Linken für den Achtstundentag und das Eintreten für die Aufhebung von § 218.

51 ASB-Bundesarchiv: Arbeiter-Samariter-Bund e.V., Bericht über das Geschäftsjahr 1929/30, S. 26 f.

52 A. Labisch, Der Arbeiter-Samariter-Bund, S. 151.

53 Siehe Dokument 5: Wie gründet und leitet man Arbeiter-Samariter-Kolonnen, hrsg. vom Bundesvorstand des Arbeiter-Samariter-Bund e.V., Sitz Berlin,o. O., o. J., S. 4.

54 Siehe Dokument 6: Der Arbeiter-Samariter-Marsch von Paul Michel, Breslau, Melodie: „Die Arbeitsmänner".

55 F. Walter, Der Arbeiter-Samariter-Bund, S. 409.

Die Arbeitersportbewegung, ab 1919 „Arbeiter- Turn- und Sportbund", stellte während der Zeit der Weimarer Republik eine mächtige Organisation mit fast 1,5 Millionen Mitgliedern dar. Sie stand, wie der ASB, den Sozialdemokraten nah. Siehe zu dieser Thematik: H. J. Teichler / G. Hauk (Hrsg.), Illustrierte Geschichte des Arbeitersports, Berlin 1987.

56 F. Walter, Der Arbeiter-Samariter-Bund, S. 412.

57 W. Müller, Mit einem Unfall fing es an!, S. 408.

58 Theodor Kretzschmar (1873–1948) war gelernter Böttcher und schulte später zum Horizontalbohrer um. Kretzschmar trat 1897 in die SPD ein, weshalb es seinen Arbeitsplatz in einem Chemnitzer Unternehmen verlor. Erst 1906 fand er als Betriebssamariter wieder eine Anstellung in der Stadt. Kretzschmar zählt zu den Gründungsmitgliedern der Chemnitzer ASB-Kolonne, deren Vorsitzender er später wurde. Vgl.: W. Müller, Mit einem Unfall fing es an!, S. 114

59 F. Walter, Der Arbeiter-Samariter-Bund, S. 295, und 355 ff., Zitat S. 358.

60 Angaben aus: W. Müller, Mit einem Unfall fing es an!, S. 408.

61 W. Müller, ASB-Chronik, S. 27 f.

62 F. Walter, Der Arbeiter-Samariter-Bund, S. 298.

63 F. Walter, Der Arbeiter-Samariter-Bund, S. 335 ff.

64 W. Müller, ASB-Chronik, S. 33.

65 F. Walter, Der Arbeiter-Samariter-Bund, S. 370 f.

66 Siehe Dokument 7: Satzung des Arbeiter-Samariter-Bundes e.V., beschlossen auf dem 7. Bundestag zu Berlin, Ostern 1925 (Auszüge).

67 A. Labisch, Der Arbeiter-Samariter-Bund, S. 157.

68 Siehe Dokument 24: Beitrag im ASB-Nachrichtenblatt zu den Aufgaben von Vorstandsmitgliedern in ASB-Kolonnen (1926).

69 Angaben aus: W. Müller, Mit einem Unfall fing es an!, S. 408.

70 A. Labisch, Selbsthilfe zwischen Auflehnung und Anpassung, S. 21.

71 W. Müller, ASB-Chronik, S. 33.

72 A. Labisch, Der Arbeiter-Samariter-Bund, S. 162.

73 ASB-Bundesarchiv: DAS 12/1926.

74 A. Labisch, Der Arbeiter-Samariter-Bund, S. 154, und F. Walter, Der Arbeiter-Samariter-Bund, S. 328 ff.

Die Belegschaft der Klein-Auheimer Zigarrenfabrik Grünberg zu Beginn des 20. Jahrhunderts. Bis zur Mitte des 19. Jahrhunderts hielt die Industrie in den Orten am Main Einzug. Zunächst brachten noch stark auf Handarbeit angewiesene Manufakturen neue Arbeitsplätze, später fanden viele Männer und Frauen in modernen Fabriken ihr Auskommen. Heimat- und Geschichtsverein Klein-Auheim

Die Praxis der Realteilung hatte zu einer Zersplitterung des Grundbesitzes bis hin zu einer Unmenge von kleinsten Parzellen geführt. Im Kreis Offenbach lag 1895 die durchschnittliche Hofgröße bei 1,93 Hektar (ha). In Klein-Auheim war die Anzahl der Kleinst- oder Zwerghofstellen bis zu 2 ha benutzter Fläche mit fast 90 % auffallend hoch. Im Kreisdurchschnitt lag sie kurz vor der Jahrhundertwende bei 21,4 %, das Gros stellten Betriebe von 2–5 ha mit 30,7 und von 5–20 ha mit 41,3 %.[8] Der Spruch *„Viele Brüder, kleine Güter“* beschreibt deshalb sehr passend die bestehenden Verhältnisse. Zudem verschärfte die relativ geringe Fruchtbarkeit der Äcker im Vergleich zur Bonität der Böden in der Wetterau die ohnehin schon schwierige Situation.

Diese dürftigen Existenzbedingungen hatten sich seit Generationen ausgeformt und bewirkten eine ausgeprägte berufliche Flexibilität der Menschen. Hier war ein geeignetes und williges Arbeitskräftepotential vorhanden, das alleine von den Erträgen der Landwirtschaft schon lange nicht mehr leben konnte. Allerdings bestand diese „industrielle Reservearmee“ nicht nur aus Bauern. Da viele Handwerker nicht mehr mit industriell gefertigten Waren konkurrieren konnten, gingen auch zahlreiche Leineweber, Sattler, Schneider oder

Anzeige der Firma Schade & Füllgrabe im Offenbacher Abendblatt vom 4. Juli 1913.
Archiv im Haus der Stadtgeschichte Offenbach

Spengler vermehrt in die Fabriken, wo sie ein sichereres und meist besseres Einkommen finden konnten. Abgesehen von den in damals modernen Industriebetrieben Tätigen gab es noch bis weit ins 20. Jahrhundert hinein eine große Anzahl von Männern und Frauen, die in protoindustriellen Produktionsstätten wie Ziegeleien, Zigarrenmanufakturen[9], Steinbrüchen, bei der Lederverarbeitung oder in Heimarbeit ihr Brot verdienten.

Trotz einer stetigen Verbesserung der Einkommen in der Industrie lebten die Menschen hier um 1900 in bescheidenen Verhältnissen. An Luxus war in Arbeiterkreisen nicht zu denken. So verdiente ein angelernter Lederwarenarbeiter 1913 pro Woche etwa 18 Mark (M.). Eine bewährte Kraft mit jahrelanger Berufserfahrung erhielt rund 24 M. Ein Lehrmädchen in der Schuhindustrie bekam 6 Mark in der Woche.[10] Ein Bauarbeiter verdiente 1906 wöchentlich gut 22 Mark. Insgesamt bewegten sich die Arbeiterlöhne auf einem mittleren Niveau im Reichsdurchschnitt.[11] Dabei ist zu bedenken, dass die wöchentliche Arbeitszeit rund 54 Stunden betrug. Dem standen Preise beispielsweise für einen Anzug im Ausverkauf zu 28 M. und ein Paar Herrenstiefel zu 5,90 M. entgegen. Für einen Zentner Kohle zahlte man eine Mark bei Lieferung frei Haus. Ebenfalls rund eine Mark kostete ein Pfund Kotelett. Der Preis für Kartoffeln lag bei 3 M. je Zentner (50 kg). Für das Monatsabonnement einer Lokalzeitung waren zwischen 60 und 80 Pfennig aufzubringen. Landbutter kostete pro 500 g etwa 1,10 M., die gleiche Menge Nussschinken 1,50 M. Ungemein günstig war auch damals schon der Handkäse, pro Stück waren fünf Pfennig zu zahlen. Für ein schlichteres Mittagessen im Restaurant waren etwa 60 Pfennig zu entrichten. Ein kleines Bier kostete in einem durchschnittlichen Lokal 10 Pfennig.[12] In Offenbach war der Preis für Verbrauchsgüter bis auf wenige Ausnahmen (z. B. Schweinefleisch und Mischbrot) vor dem Ersten Weltkrieg höher als in vergleichbaren Orten. Im Jahr 1913 kosteten in der Ledermetropole zehn Eier im Durchschnitt 0,70 M., ein Liter Milch 0,23 M., ein Kilogramm Mischbrot 0,29 M., ein Kilogramm Schweinefleisch 1,60 M., ein Kilogramm Rindfleisch 1,40 M. Für eine drei bis vier Zimmerwohnung mussten damals bereits zwischen 300 und 450 Mark pro anno gezahlt werden.[13]

Anzeige der Firma Dunlop im Steinheimer Beobachter vom 24. Dezember 1904. Stadtarchiv Hanau

Resümierend wertet eine neuere Darstellung die sozialen Verhältnisse der Offenbacher Arbeiterschaft zu Anfang des 20. Jahrhunderts *„trotz relativ hoher Löhne und normal langer Arbeitszeit nicht als gut“*. Als Grund dafür werden vornehmlich die recht hohen Kosten für Verbrauchsgüter und Mieten sowie häufige Arbeitslosigkeit bezeichnet.[14]

Ähnliches galt, wenn auch in etwas abgemilderter Form für Oberhessen. Auch hier mussten sich viele Väter und ebenso Mütter nach neuen Möglichkeiten des Erwerbs zur Versorgung ihrer oft vielköpfigen Familien umsehen. Jedoch lagen dort die neuen Fabriken oftmals weiter weg vom Wohnort als in den Dörfern am Untermain, wo mittlerweile manche Fabriken – anfangs zumeist in Form von Heimarbeit – zu den Menschen gekommen waren.[15] Hingegen boten die fruchtbaren Lößböden der Wetterau um 1900 noch mehr Menschen ein erträgliches Auskommen als in der Region am hessischen Untermain und in der Dreieich.

Aufgrund dieser Verhältnisse mussten viele Menschen in der zweiten Hälfte des 19. Jahrhunderts, oder sie hatten es schon vorher getan, für einen Arbeitsplatz mit einem einigermaßen ausreichenden Auskommen ihre vertraute dörfliche Umgebung verlassen und in die Stadt ziehen. Als ein Magnet erwies sich dabei die frühe Industriestadt Offenbach.

HOCHBURG DER ARBEITERBEWEGUNG

Im Fall Offenbach hatte zu Beginn des 20. Jahrhunderts die Metamorphose zur modernen Industriestadt in Mittelhessen die auffälligsten Fortschritte gemacht. Gießen, Hanau und Wetzlar folgten mit einigem zeitlichen Abstand, wobei dort der Strukturwandel letztlich nicht so weit ging wie in Offenbach.

An der Silhouette der Stadt konnte, wer wollte, im Jahre 1912 genau 139 Fabrikschornsteine entdecken, die zu 114 Betrieben gehörten. Insgesamt arbeiteten damals 22.071 Beschäftigte in 526, häufig kleineren Industriebetrieben.

Führend war in Offenbach traditionsgemäß die Lederwarenindustrie. Daneben gab es auch einige bedeutende Unternehmen vor allem in den Sektoren Chemie, Metallverarbeitung und Maschinenbau. Einige Firmen wie etwa Klingspor (Schriftguss) und Gustav Böhm (Seifen) genossen Weltgeltung.[16]

Aufgrund der quantitativen Dominanz der Arbeiterschaft kann es kaum überraschen, dass sich in Offenbach bis zum Ersten Weltkrieg ein ausgeprägtes sozialistisches Milieu mit zahlreichen Arbeitervereinen ausgebildet hatte.

In vielen Lebensbereichen stellten die Sozialdemokraten den bürgerlichen Vereinen damit Parallelorganisationen entgegen. So entstanden u. a. Arbeitergesangsvereine, Arbeiterturn- und -sportvereine sowie die Arbeiterjugend. Der städtischen Bücherei trat eine Zentral-Arbeiterbibliothek gegenüber. Auch bei den Radfahrern kam es zu Doppelgründungen.

Interessant, aber nicht verwunderlich, ist in diesem Zusammenhang, dass die Gründung des Radfahrer- und Kraftfahrerbundes „Solidarität“ auf Reichsebene 1896 in einer Hochburg der Arbeiterbewegung, nämlich in Offenbach, erfolgte. Die Bundeszentrale befand sich in der Sprendlinger Straße, im dortigen Fahrradwerk „Frisch Auf“.[17] Die orga-

Gewerkschafts=Kartell Offenbach=M.

Sonntag, den 15. Juni 1913 in sämtlichen
Räumen des Gewerkschaftshauses, Austr.

Gewerkschafts=Fest

bestehend in Musik- u. Gesangsvorträgen
turn. Aufführungen, Kinderspielen u. Tanz

Mitwirkende: Musikverein Vorwärts, Arbeiter-Gesang-Verein Union
Freie Turnerschaft

Eintritt à Person 20 Pfg. Anfang 4 Uhr nachm. Der Vorstand.

Anzeige im Offenbacher Abendblatt vom 6. Juni 1913. In Offenbach stellten sozialdemokratisch geprägte Vereine in vielen Lebensbereichen den bürgerlichen Korporationen Parallelorganisationen entgegen. So entstanden beispielsweise Arbeitergesangsvereine, Arbeiterturn- und -sportvereine. Archiv im Haus der Stadtgeschichte Offenbach nisierten „Roten Husaren des Klassenkampfes", wie sie seinerzeit etwas pathetisch genannt wurden, zählten 1908 reichsweit über 100.000 und zur Mitte der 1920er-Jahre sogar mehr als 300.000 Mitglieder.[18]

Es war ebenso eine Folge der Industrialisierung und des daraus resultierenden gesellschaftlichen Wandels, dass die politische Vertretung der Arbeiterschaft, die SPD oder damals noch der „Sozialdemokratische Verein", in Offenbach eine mächtige Organisation mit 2.141 Mitgliedern darstellte.[19] Aufgrund der Sozialstruktur Offenbachs bildete die SPD die stärkste politische Kraft in der Stadt: 1914 hatten sie 34 von 42 Sitzen im Stadtparlament inne. Damit verfügten sie in den Gremien der gemeindlichen Selbstverwaltung über entscheidenden Einfluss.

Wie die gesamte deutsche Sozialdemokratie zeigten sich ebenfalls innerhalb der Offenbacher SPD sowohl revolutionäre als auch revisionistische Tendenzen. Wobei die sozialistische Bewegung in der Lederstadt mehrheitlich aber eher *„reichlich radikal"* gewesen sein dürfte.[20]

Offenbach am Main war vor 1914 sicherlich keine ruhige und beschauliche Stadt. Die von zahlreichen Aktivitäten erfüllte dynamische Industriestadt dehnte sich ständig aus. Das soziale Leben und die politischen Auseinandersetzungen bestimmten den politischen Alltag und heftige Interessengegensätze waren offensichtlich.[21]

ARBEITERBAUERN UND ARBEITERKULTUR AUF DEM LANDE

Die Industrialisierung und ihre Auswirkungen beschränkten sich allerdings nicht nur auf die Stadt Offenbach, sondern führten, freilich mit einiger zeitlicher Verzögerung, zu spürbaren Veränderungen in den Landgemeinden.

Die verbesserte Verkehrserschließung schuf eine wichtige Voraussetzung zum Strukturwandel vor Ort. Die Möglichkeit des Pendelns mit der Eisenbahn statt eines langen Fußmarsches erlaubte nun auch vielen Bewohnern der Dörfer die Aufnahme von Beschäftigungsverhältnissen in Hanauer, Offenbacher oder Frankfurter Fabriken. Der Ausbau der Bahnstrecken ermöglichte es, dass ab der Jahrhundertwende alleine aus Dietzenbach und dem Rodgau etwa 1.800 Pendler rasch und bequem zur Arbeit nach Offenbach und zurück in ihr heimisches Umfeld fahren konnten.[22]

Der relativ geringe Zeitaufwand für die Fahrten zum und vom industriellen Arbeitsplatz sowie die Verkürzung der täglichen Arbeitszeit auf zumeist neun Stunden begünstigte nicht nur die Beibehaltung des vertrauten Wohnortes, sondern ebenso die Fortführung einer bescheidenen kleinbäuerlichen Tätigkeit nach Feierabend, wobei man auf einem eigenen kleinen Acker oder einem größeren Garten Grundnahrungsmittel für den Eigenbedarf heranzog.[23] Für die „Arbeiterbauern" oder „Feierabendbauern" bedeutete diese „doppelte" oder „gespaltene Identität" für mehrere Generationen zwar einerseits natürlich

Die Bahnhofstraße in Dietzenbach um 1930. Der dörfliche Charakter des Ortes wird hier deutlich, obwohl viele Bewohner bereits in Industriebetrieben beschäftigt waren. Heimat- und Geschichtsverein Dietzenbach

eine außergewöhnliche Arbeitsbelastung, aber andererseits gewährte dies eine größere materielle Sicherheit und eine bescheidene Unabhängigkeit aufgrund ihrer kleinen Eigenwirtschaft. Diese „Feierabendbauern" bewahrten sich dadurch so viel ländliche Lebensweise wie möglich und übernahmen nur so viel städtisch-industrielle Arbeitsform wie nötig.[24]

Das System der Realteilung konnte sich mithin sowohl als Fluch als auch als Segen auswirken, denn im Unterschied zum überwiegenden Teil des städtischen Proletariats waren diese „Arbeiterbauern" in der Lage, sich mit Hilfe ihrer landwirtschaftliche Nebentätigkeit eine begrenzte Selbstversorgung zu erhalten.

Dadurch vermochten sich viele Familien im Kreis Offenbach, selbst mit Kartoffeln, Obst und Gemüse zu versorgen. Zusätzlich sicherte das gehaltene Kleinvieh Milch, Eier und Fleisch. So überrascht es kaum, dass man Ende 1933 fast 10.000 Ziegen, 25.000 Hauskaninchen und 142.000 Hühner im Kreisgebiet zählte. Apfelwein war das Volksgetränk, den man, um Kosten zu sparen, im Frühherbst selbst kelterte.[25]

Dank teilweiser Eigenversorgung und gestiegener Realeinkommen in den Jahren vor dem Ersten Weltkrieg konnten sich allmählich auch manche Arbeiterfamilien hin und wieder etwas leisten. Dennoch lebten die weitaus meisten Bewohner der Dörfer um Offenbach, Hanau, Marburg oder Gießen um 1900 in äußerst einfachen Verhältnissen. *„Es waren ja nicht nur die Fabrikarbeiter und die Tagelöhner, die unter heute kaum noch vorstellbaren*

Beispiel für eine großstädtische Kolonne die Offenbacher Entwicklung näher zu beschreiben. Die besondere Berücksichtigung der Dietzenbacher Arbeitersamariter, stellvertretend für die zahlreichen Kolonnen in kleineren Orten, ist einer einmaligen Quellenlage und einem glücklichen Umstand geschuldet.

DIE GRÜNDUNG DER OFFENBACHER KOLONNE

Die Stadt Offenbach erschien aufgrund der beschriebenen Verhältnisse geradezu prädestiniert dafür zu sein, dass hier schon früh eine Arbeiter-Samariter-Kolonne entstehen konnte. Dennoch gehört die Offenbacher Gründung nicht zu den ersten im Deutschen Reich, hingegen ist sie eine der frühesten im späteren Bundesland Hessen. Älter sind lediglich drei Kolonnen: Die Kasseler Arbeitersamariter formierten sich 1909, im damaligen Großherzogtum Hessen(-Darmstadt) war das rheinhessische Worms 1910 der erste ASB-Standort und im seinerzeit preußischen Frankfurt wurde am 9. August 1913 eine ASB-Kolonne ins Leben gerufen, im nahen Offenbach nur einige Tage danach.[32]

Die Initialzündung zur Gründung der Offenbacher Kolonne könnte ein von der Berliner Bundeszentrale verfasster Artikel gewesen sein, der in der Beilage zum „Offenbacher Abendblatt",[33] der Parteizeitung der SPD, vom 2. Juli 1913 erschien. Darin werden nicht nur der Grundgedanke des ASB vorgestellt, gesellschaftlich bedingte Missstände in den Betrieben angeprangert und kurze Handlungsanweisungen bei Unglücksfällen gegeben, sondern der Beitrag enthält auch die Aufforderung zur Gründung neuer Kolonnen. Es heißt dort: *„Sorge jeder dafür, daß in den Orten, wo Kolonnen noch nicht bestehen, solche gegründet werden."* Ausdrücklich angesprochen sind die Angehörigen der Gewerkschaften, von Parteiorganisationen sowie von Turn- und Sportvereinen.[34]

Der entscheidende Hinweis zur Gründung der Offenbacher Arbeiter-Samariter-Kolonne findet sich im „Offenbacher Abendblatt". Dort erschien am 28. August 1913, einem Donnerstag, eine Anzeige, die zur ersten Mitgliederversammlung der Kolonne am darauffolgenden Tag in die „Restauration Kaspar Spies, Ecke Schloß- u. Ziegelstraße" einlädt.

Die ankündigte Tagesordnung sah einen „Allgemeinen Bericht", die „Wahl des Vorstandes" sowie „Statutenbekanntgabe und Verschiedenes" vor. *„Beitrittsberechtigt"* waren alle *„unbescholtenen Personen"* ab 20 Jahren. Eingeladen hatten Georg Winter im Auftrag des „Arbeiter-Sportskartell" und August Forste für die „Kommission zur Erledigung der Vorarbeiten".[35]

Inwieweit es sich dabei um eine Gründungsversammlung gehandelt hat, ist nicht ganz ersichtlich.[36] Eigentlich hat ein zu gründender Verein noch keine Mitglieder und neue Statuten werden nicht einfach bekannt gegeben, sondern müssen erst entworfen, formuliert, genehmigt und verabschiedet werden. Möglicherweise erledigten einige Mitglieder

Arbeiter-Samariter-Kolonne

Offenbach a. M.

Die erste Mitglieder-Versammlung

findet am Freitag den 29. August, abends 9 Uhr, in der Restauration Kaspar Spies, Ecke Schloß- u. Ziegelstr. statt.

Tagesordnung:

1. Allgemeiner Bericht.
2. Wahl des Vorstandes.
3. Statutenbekanntgabe und Verschiedenes.

Beitrittsberechtigt sind **alle** 20 Jahre alten unbescholtenen Personen.

Arbeiter-Sportskartell: J. A.: Georg Winter.

Die Kommission zur Erledigung der Vorarbeiten:

1770 J. A.: August Forste.

Aufruf zur ersten Mitgliederversammlung der ASB-Kolonne Offenbach im Offenbacher Abendblatt vom 28. August 1913. Archiv im Haus der Stadtgeschichte Offenbach

der „Kommission" bis zum 29. August 1913 wesentliche Vorarbeiten, damit für die neue Kolonne sofort ein passender organisatorischer Rahmen vorhanden war. Ein weiterer hervorzuhebender Aspekt ist, dass das lokale „Arbeiter-Sportskartell" hierbei konstruktiv auftrat. Dies legt die Vermutung nahe, dass man dringend Sanitäter für die diversen Veranstaltungen der Arbeitersportler benötigte und diese nicht aus den Reihen des aus weltanschaulichen Überzeugungen ungeliebten Roten Kreuzes kommen sollten.

Dafür spricht auch die Tatsache, wonach die Kolonne nicht nur dem Arbeiter-Samariter-Bund angeschlossen war, sondern ebenso dem Arbeiter-Sportkartell Offenbach angehörte. Weiter heißt es in einem Artikel zur ersten Mitgliederversammlung, *„welche gut besucht war"*, im „Abendblatt": *„Alle Politik ist ausgeschlossen; es kann deshalb jeder unbescholtene 20 Jahre alte Mensch, ohne Unterschied seiner politischen Anschauung, in die Kolonne eintreten. Einschreibgeld und Monatsbeitrag sind so minimal gehalten, daß es jedem Manne, der Lust und Liebe zur Samaritersache hat, möglich ist, Mitglied zu werden."* Doch der Ursprungsgedanke der Arbeitersamariter wird auch nicht vergessen. Gegen Ende des Artikels heißt es nämlich: *„Da es das Bestreben der Kolonne ist, möglichst in jeder Fabrik, auf jeder Arbeitsstätte, einen bezw. mehrere ausgebildete Samariter zu haben, die bei eventuellen Unglücksfällen die erforderliche Hilfe den Verletzten leisten können, so darf man hoffen, daß man auch in den Unternehmerkreisen der Kolonne gut gegenüberstehen wird."*

Der Artikel verzichtet auf jegliches klassenkämpferisches Vokabular und kommt sogar ohne Seitenhiebe auf die Sanitätskolonnen des Roten Kreuzes aus. Mehr noch, der Beitrag schließt Politik in der Kolonne gänzlich aus und fordert auch die Unternehmer zur Kooperation auf. Dennoch sind die Interessenten und damit die eigentliche Zielgruppe des ASB benannt: die *„Arbeiterbevölkerung Offenbachs"*. Die Führung der Kolonne richtete sich vorrangig an diese soziale Schicht, wenn es um Mitwirkung und Unterstützung ging.[37]

Als die wichtigsten Initiatoren der Gründung sind die Namen von sieben Personen überliefert: Oswald,[38] Mayer, Steinhäuser, Volpert Kreckel, Wurmberger, Nürnberger und Philipp Krell.[39] Laut einem Artikel von 1928 waren es dann insgesamt *„47 zielbewusste Männer"*, die die Kolonne aus der Taufe hoben.[40]

Hingegen heißt es in einer Nachbetrachtung von 1993 zur Gründung des Offenbacher ASB, es hätten sich eine Frau und sechs Männer zusammengetan, um eine Kolonne ins Leben zu rufen.[41] Möglicherweise beruhen diese unterschiedlichen Zahlenangaben darauf, dass zwei Veranstaltungen gemeint waren. Insoweit können bei der ersten Mitgliederversammlung vom 29. August 1913 durchaus 47 Personen anwesend gewesen sein, während die zu siebt tagende „Kommission" die organisatorischen Vorarbeiten leistete. Außerdem liegt es nahe, dass es dabei um die oben Genannten gehandelt haben dürfte. Bei der einzigen Frau in diesem Gremium handelte es sich mit großer Sicherheit um Margarethe („Gretel") Steinhäuser (1874–1955). Sie war bis zu ihrem Tod eine führende Repräsentantin der Offenbacher SPD und gehörte von 1919 bis 1927 sowie von 1930 bis 1931 dem Landtag des Volkstaats Hessen an.[42]

Die fast zeitgleich gegründeten Kolonnen in Frankfurt und Offenbach wirkten anfangs gut miteinander zusammen. Entsprechend heißt es in einem kleinen Artikel im „Der Arbeitersamariter" vom Oktober 1913 seitens der Frankfurter Genossen: *„Ein freundschaftliches Verhältnis besteht mit der ebenfalls neugegründeten Kolonne Offenbach a. M."*[43]

Das Hauptbetätigungsfeld der Arbeiter-Samariter-Kolonnen bildete die Erste Hilfe bei Unfällen und Erkrankungen sowie die Stellung von Sanitätswachen bei Sport- oder anderen Veranstaltungen. Um dabei mitwirken zu dürfen, musste jedes ASB-Mitglied einen Kursus besuchen und eine Prüfung bestehen, die von den jeweiligen Kolonnenärzten abgenommen wurde. Als Fähigkeiten und Kenntnisse verlangten die Mediziner von den Prüflingen das Wissen um die Anatomie des menschlichen Körpers, und die Entstehung und Ursachen von Krankheiten. Außerdem mussten sie in der Lage sein, Verletzte zu verbinden, sachgerecht zu transportieren und umzubetten. Zum Jahresprogramm der ASB-Kolonnen gehörten natürlich kleinere und auch groß angelegte Übungen, Geselligkeiten sowie Mitgliederversammlungen und Vorstandssitzungen.

Zu den frühen Aktivitäten der Offenbacher Kolonne zählten die Sanitätsdienste bei den Ferienspaziergängen mit Kindern, die noch – soweit möglich – während des bald beginnenden Krieges stattfanden.[44] Wahrscheinlich hatten sie nicht nur den Zweck, die Kinder

Ferienspaziergänge mit Kindern zählten bereits im Juli 1914 zu den frühen Aktivitäten der Offenbacher ASB-Kolonne.
Archiv des ASB-Bundesverbandes

aus den Hinterhöfen mit der Natur vertraut zu machen, sondern man wollte mit Hilfe von Luft und Sonne rachitischen Erkrankungen vorbeugen.

Mit dem Abschluss des ersten Lehrgangs und der Prüfung der 36 Teilnehmer, darunter drei Frauen, dauerte es in Offenbach bis zum 24. Mai 1914. Als Prüfungsort diente die Friedensschule in der Bachstraße. Als Prüfer amtierte der Kolonnenarzt Dr. Ludwig Mayer.[45] Im theoretischen Teil standen Fragen zur Beschaffenheit des Körpers im Vordergrund. Zum Verlauf der praktischen Prüfung ist zu lesen: „*Eifrig und geschickt wurde ans Werk gegangen, als jede Gruppe den Auftrag erhielt, die verschiedenen gedachten Verletzungen nach ihrer Beschaffenheit zu behandeln. (...) In ein paar Minuten war der geräumige Turnsaal in ein Lazarett verwandelt; da lagen die Verwundeten auf Bahren und saßen auf Stühlen.*“[46]

Bis Jahresanfang 1914 hatten die frisch ausgebildeten Arbeitersamariterinnen und -samariter schon „*in 95 Fällen Erste Hilfe geleistet, davon war achtmal Transport ins Krankenhaus fällig. Bei fünf Festlichkeiten wurden Wachen gestellt, dabei waren 41 Unfälle zu verzeichnen. In der Neujahrsnacht wurden 11 Verbände angelegt. Einnahmen und Ausgaben schließen mit 445,10 Mark ab. Die Mitgliederzahl beträgt 102.*“[47]

Die erfreuliche Entwicklung der Offenbacher Kolonne lässt sich vornehmlich an ihrem Mitgliederzuwachs ablesen. Zwar fiel die Mitgliederzahl bis Ende Mai 1914 noch auf 89 Samariterinnen und Samariter, um aber bis zum 1. Juli wieder auf 105 anzusteigen. Am 2. Juli fand eine Mitgliederversammlung im Saalbau statt, und ein neuer Kurs war ebenfalls geplant.[48] Am 1. August 1914 zählte die Offenbacher Arbeiter-Samariter-Kolonne 119 männliche und 16 weibliche Aktive.[49] Die neue Kolonne schien sich in Offenbach etabliert zu haben.

Aber es sollte ganz anders kommen, denn diese positive Entwicklung fand bald ihr abruptes Ende. Anfang August 1914 mündete die Krise, die durch die Ermordung des österreichisch-ungarischen Thronfolgers Franz Ferdinand am 28. Juni in Sarajewo entstanden war, in den Ersten Weltkrieg.

Ob der am 7. Juli begonnene Kurs in der Friedensschule in der Bachstraße noch zum Abschluss geführt wurde, ist nicht bekannt.[50] Ebenso wenig wissen wir etwas darüber, wie die Offenbacher Arbeitersamariter die „Burgfriedenspolitik" der SPD beim Kriegsausbruch beurteilten. Klar ist jedoch, dass der Krieg schwerwiegende Auswirkungen auf das Vereinsleben der Kolonne brachte.

Unmittelbar nach Beginn der Feindseligkeiten wurden zunächst 36 Offenbacher Arbeitersamariter zum Militärdienst einberufen, oder sie meldeten sich freiwillig. Aufgrund dieses personellen Aderlasses stellte die Kolonne ihre Tätigkeiten vorerst ein. Die Wiederaufnahme der Sanitätsarbeit ab dem Februar 1915 währte dann nur eine kurze Dauer. Gleiches galt für die Übungsstunden, die zwischenzeitlich aus Kostengründen nicht mehr in der Turnhalle der Friedensschule, sondern in der Restauration „Zum Rheingold", in der Karlstraße 47, stattgefunden hatten.[51]

Nachdem aber bis Herbst 1916 erneut Kolonnenmitglieder einrücken mussten und kein Kolonnenarzt mehr zur Verfügung stand, konnten weder Übungsstunden gehalten noch Sanitätsdienste gestellt werden. Diese Zwangspause sollte bis über das Kriegsende hinaus andauern. Am 1. Januar 1917 gehörten nur noch 27 zahlende Mitglieder der ASB-Kolonne Offenbach an, 54 Samariter befanden sich bei der Truppe und zwölf verrichteten Heeressanitätsdienst.[52] Bereits in dem ersten Kriegsjahr waren zwei Offenbacher Arbeitersamariter gefallen und acht verwundet.[53] Bis Kriegsende 1918 musste die Kolonne insgesamt sieben Gefallene beklagen.[54]

Ähnlich erging es der ASB-Kolonne im nahen Obertshausen. Die sieben Arbeitersamariter der Kolonne aus diesem Ort rückten sämtlich ein: fünf zum Heeresdienst und zwei zum Sanitätsdienst. Bis Ende 1915 hatte ein Samariter an der Front sein Leben gelassen, zwei weitere hatten eine Verwundung erlitten.[55]

Doch diese Opfer sollten umsonst gewesen sein. Im Herbst 1918 waren die Kräfte des Kaiserreichs erschöpft und die Deutschen mussten bei den Alliierten um einen Waffenstillstand ersuchen. In vielen Teilen des Landes kündigten sich neue, umwälzende Ereignisse an.

VOM GROSSHERZOGTUM ZUM VOLKSSTAAT, VOM KÖNIGREICH ZUM FREISTAAT

Als Ergebnis der militärischen Niederlage und der Beseitigung der Monarchien im Deutschen Reich erfolgten bald auch in Hessen weitreichende Veränderungen. Der Arbeiter- und Soldatenrat setzte Großherzog Ernst Ludwig ab. Ministerpräsident (ab 1920 Staatspräsident) des nunmehrigen „Volksstaates Hessen“ wurde der Sozialdemokrat Carl Ulrich aus Offenbach. An den territorialen Verhältnissen änderte sich aber hier ebenso wenig wie in anderen Teilen des Reiches, sieht man von den im Vertrag von Versailles festgelegten Gebietsabtrennungen ab, weshalb auch die Kreise Hanau und Gelnhausen weiterhin preußisch blieben. Freilich nannte man sich dort jetzt nicht mehr „Königreich“ sondern „Freistaat“ Preußen.

In den ersten Monaten nach dem Waffenstillstand vom 11. November 1918 dominierte im Alltag der meisten Menschen aber nicht das Problem der politischen Zugehörigkeit oder der Staatsform, vielmehr bestimmte der Kampf ums Überleben alle anderen Überlegungen. Waren die Lebensmittelzuteilungen schon in den Kriegsjahren immer dürftiger geworden, so erreichten sie nun ihren Tiefststand. Hungern und Plündern, so gut es ging, standen auf der Tagesordnung. Die „Arbeiter- und Bauernräte“ oder ein „Volksrat“, wie er sich in Offenbach nannte, leiteten unmittelbar nach Kriegsende vorübergehend die Geschicke. Sie taten ihr Möglichstes, konnten aber die Not kaum lindern.[56] In den Landgemeinden sah die Situation aufgrund der teilweisen Selbstversorgung der Bevölkerung etwas besser aus.

Abseits dieser elementaren Fragen sahen sich die verschiedenen politischen Strömungen gezwungen, sich den veränderten Gegebenheiten anzupassen. Das katholische Zentrum und die SPD waren die einzigen Parteien, die den Zusammenbruch der alten Ordnung überstanden hatten. Alle anderen politischen Gruppierungen mussten sich nach 1918 neu formieren. Allerdings erlebte die Arbeiterbewegung ihre parteipolitische Spaltung. Ihr linker Flügel gründete zunächst die USPD, später entstand die KPD, die gerade in den Kreisen Offenbach und Hanau eine ansehnliche Stärke erreichen und mancherorts die Sozialdemokraten bei Wahlen sogar überholen sollte.

Bei der Abstimmung zur Verfassunggebenden Nationalversammlung im Januar 1919 dominierte im Kreis Offenbach die SPD. Hier erhielten die Sozialdemokraten 57,3 % gegenüber lediglich 38 im Reich. In Oberhessen blieb die SPD hingegen deutlich unter 50 %.[57] Im Kreis Hanau besaßen die Sozialdemokraten gerade in der Frühzeit der Republik ebenfalls eine starke Bastion, während in der Stadt Hanau die Kommunisten die SPD bald überflügeln konnten. Die bürgerliche linksliberale Deutsche Demokratische Partei (DDP) war in der Grimmstadt anfangs noch signifikant stärker als das Zentrum und die Deutschnationale Volkspartei (DNVP).

	19.1.1919	6.6.1920	7.12.1924	20.5.1928	14.9.1930	31.7.1932	6.11.1932
SPD	44,25	30,34	35,55	32,27	28,88	26,18	23,30
DNVP	6,63	14,04	7,69	3,46	1,59	1,86	3,02
DVP	11,22	15,99	11,78	11,26	6,67	1,50	2,95
DDP	19,00	10,78	8,68	6,29	5,20	0,57	0,74
Zentrum	17,96	16,12	15,84	15,99	13,95	14,84	13,96
USPD	1,93	12,22	0,14	–	–	–	–
KPD	–	0,51	5,37	8,73	11,33	10,18	13,72
NSDAP	–	–	1,31	1,89	18,46	43,06	40,23

Ergebnisse der wichtigeren Parteien im Volksstaat Hessen bei den Wahlen zur Verfassunggebenden Nationalversammlung vom 19. Januar 1919, den Reichstagswahlen vom 6. Juni 1920, 7. Dezember 1924, 20. Mai 1928, 14. September 1930 sowie 31. Juli und 6. November 1932 in Prozenten[58]

Das Votum zur Verfassunggebenden Volkskammer des Volkstaats Hessen, ebenfalls im Januar 1919, bestätigte die SPD mit 44,5 % zwar als die mit Abstand stärkste Partei, sie blieb damit aber erheblich unter der erhofften absoluten Mehrheit. Die Deutsche Demokratische Partei und das Zentrum erhielten 18,9 beziehungsweise 17,6 %. Die rechts von der Regierungskoalition (SPD, Zentrum, Fortschritt/DDP) stehende Deutsche Volkspartei (DVP) erlangte gut 10 % und die Deutschnationale Volkspartei 5,4 % der abgegebenen gültigen Stimmen.[59] Damit war der Schritt von einer revolutionären zu einer geordneten Phase des Übergangs zum demokratisch-parlamentarischen Staatswesen weitgehend vollzogen. Wie wirkte sich nun diese neue politische und gesellschaftliche Konstellation auf die Arbeiter-Samariter-Bewegung aus?

IN VIELEN ORTEN ARBEITERSAMARITER

Die Arbeiter-Samariter-Bewegung erlebte in der Zeit der Weimarer Republik von 1919 bis 1932 einen enormen Aufschwung. Bestanden bis zum Ersten Weltkrieg nur drei Kolonnen im Bereich des heutigen Regionalverbandes Mittelhessen, so waren es zu Beginn des Jahres 1933 bereits 58. Im gesamten Deutschen Reich existierten 1932 mehr als 1.650 Kolonnen mit mehr als 52.000 Mitgliedern.

Als Hochburg der hessischen Arbeiter-Samariter-Bewegung darf man dabei den Kreis Offenbach ansehen. Daneben bestand in und um Hanau sowie um Gießen eine Häufung von ASB-Kolonnen.[60] Der Schwerpunkt lag jedoch eindeutig südlich des Mains. Dort existierten damals in insgesamt 28 Orten Kolonnen der Arbeitersamariter, die im Notfall ihren Mitmenschen mit Rat und Tat halfen, und zwar in Bieber, Dietesheim, Dietzenbach, Dreieichenhain, Dudenhofen, Egelsbach, Froschhausen, Hausen, Hainhausen, Heusenstamm,

Jügesheim, Klein-Auheim, Klein-Krotzenburg, Lämmerspiel, Langen, Mainflingen, Mühlheim, Neu-Isenburg, Nieder-Roden, Obertshausen, Ober-Roden, Offenthal, Rumpenheim, Seligenstadt, Sprendlingen (?)[61], Steinheim, Weiskirchen und natürlich in Offenbach.

Fast alle dieser Kolonnen wurden zwischen 1919 und 1932 gegründet. Im Kreis Offenbach entstanden lediglich die Kolonnen in Offenbach, Obertshausen und Lämmerspiel schon vor dem Ersten Weltkrieg, wobei die beiden Letztgenannten während des vierjährigen Konflikts aufgelöst werden mussten und erst Jahre später ihre Wiedergründung erlebten.

Die Gründung einer ASB-Kolonne wurde reichsweit im nächsten „Der Arbeitersamariter" (DAS) und ab Mitte der 1920er-Jahre im „Nachrichtenblatt" angezeigt. Die neue Kolonne erhielt dabei eine Nummer zugeteilt, die nicht nur vom Gründungsdatum, sondern auch von der Kreiszugehörigkeit abhängig war. Beispielsweise hatte die 1922 ins Leben gerufene Kolonne Butzbach die Nummer 344, die Windecker Kolonne (9. Kreis) von 1925 hatte 795, die 1926 gegründete Kolonne Klein-Karben bekam 828 und die 1929 gegründete Seligenstädter Kolonne 933. Die im Sommer 1928 ins Leben gerufene Kolonne Klein-Auheim im 16. Kreis die Nummer 971. Die bereits 1927 gegründete Kolonne Ostheim (9. Kreis) bekam hingegen die Nummer 1041.

Die jüngste Arbeiter-Samariter-Kolonne des 16. Kreises und die als drittletzte in der Zeit der Weimarer Republik ins Leben gerufene entstand kurz vor Jahresende 1932 in Altenstadt[62], ein Ort in Oberhessen im damaligen Kreis Büdingen. Sie hatte die Kennnummer 1668.[63]

Die Teilnehmer des ersten Funktionärskurses des 16. Kreises des Arbeiter-Samariter-Bundes in Offenbach im Juli 1926.
Archiv des ASB-Bundesverbandes

Übersicht zu den Kolonnen, die bis 1933 in Mittelhessen bestanden[64]

Ort	Jahr der Gründung(en)	Mitglieder 1929/30[65]
Altenstadt	1933 (Ende 1932)	
Bad Nauheim	1929	16
Bad Orb	1926	39
Bad Vilbel	1921	29
Bieber	1926	24
Bischofsheim	1921	15
Büdesheim	1928	22
Büdingen	1930	
Butzbach	1922	
Dietesheim	1921	14
Dietzenbach	1921	26
Dörnigheim	1920/1930	24
Dreieichenhain	1925	
Dudenhofen	1929	15
Egelsbach	1920	44
Friedberg	1930	
Froschhausen	1928/1930	
Garbenteich	1930	26
Gießen	1924	26
Großauheim	1926	21
Großen-Linden	1927	11
Hainhausen	1927	6
Hanau	1921	70
Hausen (Gießen)	1928	9
Hausen (Offenbach)	1926	14
Heuchelheim	1926	21
Heusenstamm	1924	25
Hüttengesäß	1932	25
Jügesheim	1929	27
Kilianstädten	1931	
Klein-Auheim	1928	21
Klein-Karben	1926	22
Klein-Krotzenburg	1932	

Krofdorf	1925	16
Lämmerspiel	1914/1926	18
Langen	1926	38
Langendiebach	1926	14
Lollar	1927	13
Mainflingen	1929	
Marburg	1923	
Mühlheim	1921	19
Neu-Isenburg	1920	70
Niederdorfelden	1931	
Nieder-Roden	1929	10
Ober-Roden	1930	12
Obertshausen	1914/1926	13
Offenbach	1913	157
Offenthal	1930	
Ostheim	1927	
Roth bei Gelnhausen	1924	15
Rumpenheim	1921	
Schwalheim	1929	16
Seligenstadt	1929	33
Steinheim	1924	
Watzenborn	1928	14
Weiskirchen	1925	11
Wieseck	1926	34
Windecken	1925	24

Die meisten Arbeiter-Samariter-Kolonnen verrichteten ihren Dienst in kleineren Orten. Natürlich bestanden die mitgliederstärksten Gruppen in den Industriestädten Offenbach (157) und Hanau sowie in Neu-Isenburg (je 70 Mitglieder). In den kleineren Kommunen bestanden die ASB-Gruppierungen oftmals aus weniger als 20 Aktiven. Die Kolonne in Hausen bei Gießen zählte 1930 sogar nur neun und in Hainhausen fand lediglich ein halbes Dutzend Personen den Weg zum ASB.[66] Hingegen gilt es festzuhalten, dass angesichts der hohen Zahl von Kolonnen im mittelhessischen Raum der ASB in der Nähe regionaler industrieller Zentren mit einem hohen Arbeiteranteil an der Bevölkerung flächendeckend präsent war.

Der Enthusiasmus der Arbeitersamariter und -samariterinnen dieser Jahre verdient nicht nur deshalb eine besondere Würdigung, weil sie einen großen Teil ihrer Freizeit für den Dienst am Nächsten aufbrachten, sondern sie mussten für ihre ehrenamtliche Tätigkeit zudem noch ein finanzielles Opfer aufbringen. Dies bestand nicht nur in der Entrichtung eines Mitgliedsbeitrages, sondern sie beteiligten sich häufig auch an den Anschaffungskosten für die Dienstkleidung und so mancher aktive Arbeitersamariter kaufte von seinem Geld das notwendige Verbandsmaterial.[67]

DER 9. UND 16. KREIS DES ASB IN HESSEN

Die Kolonnen bildeten die unterste Ebene des Arbeiter-Samariter Bundes, darüber standen die Bezirke und schließlich die Kreise. Die Kreise waren die Organisationseinheit des ASB unterhalb der Bundesebene auf der Stufe der Länder oder in Preußen auf derjenigen der Regierungsbezirke.

Über die Kreiseinteilung und Kreiszugehörigkeit der einzelnen Samariterkolonnen herrschte lange ziemlicher Wirrwarr. Eine Kreiseinteilung, die sich zumeist den staatlichen Grenzen der Bundesländer oder der Provinzen in Preußen anpasste, setzte sich erst ab Mitte der 1920er-Jahre weitgehend durch. Zunächst orientierten sich viele ASB-Kolonnen offensichtlich eher an Überlegungen geografischer Zweckmäßigkeit oder auch persönlicher Verbindungen bezüglich der Zugehörigkeit zu einem Kreis.

Dies traf auch auf die meisten ASB-Kolonnen im Kreis Hanau zu, weshalb in dieser Hinsicht keine Einheitlichkeit herrschte. Während sich nämlich einige Kolonnen an den staatlichen Grenzen orientierten und sich dem „preußischen" 9. Kreis anschlossen, hatten sich andere mit ihrer Zugehörigkeit zum „hessischen" 16. Kreis darüber hinweg gesetzt. Letztendlich war es dann so, dass beispielsweise die Windecker und Ostheimer Kolonne zum 9., die Dörnigheimer oder Großauheimer aber, wie die meisten anderen Kolonnen, zum 16. Kreis zählte, obwohl alle Orte im Kreis Hanau und damit in Preußen lagen.

Die ersten Kolonnen im späteren Regionalverband Mittelhessen, also Offenbach, Obertshausen und Lämmerspiel, bildeten noch 1919 zusammen mit den Frankfurter Arbeitersamaritern den 10. Kreis. Wenig später firmierten sie unter 9. Kreis, bevor dann ab 1921 die wenigen Kolonnen in Offenbach und näherer Umgebung zum 16. Kreis gehörten.[68]

Zum Zeitpunkt der neuen, nun verbindlicheren und dauerhafteren Einteilung von 1925 zählte der 16. Kreis bereits 42 Kolonnen mit 1.865 Sanitäterinnen und Sanitätern, 1927 verfügte man über 55 Kolonnen, im Jahre 1928 gehörten dann 72 Kolonnen mit 1.920 Aktiven dem Kreis an, und 1930 waren es 80 Kolonnen mit 2.184 Mitgliedern.[69] Insgesamt gab es im Bereich des 16. Kreises während der Zeit der Weimarer Republik von 1919 bis 1933 genau 131 Kolonnen, jedoch niemals gleichzeitig.[70]

Zum Zweck der Kreise heißt es im „Arbeiter-Samariter" Nr. 10 von 1911: *„Engerer Zusammenschluß der Kolonnen, um das Samariterwesen besser zu fördern; Förderung der*

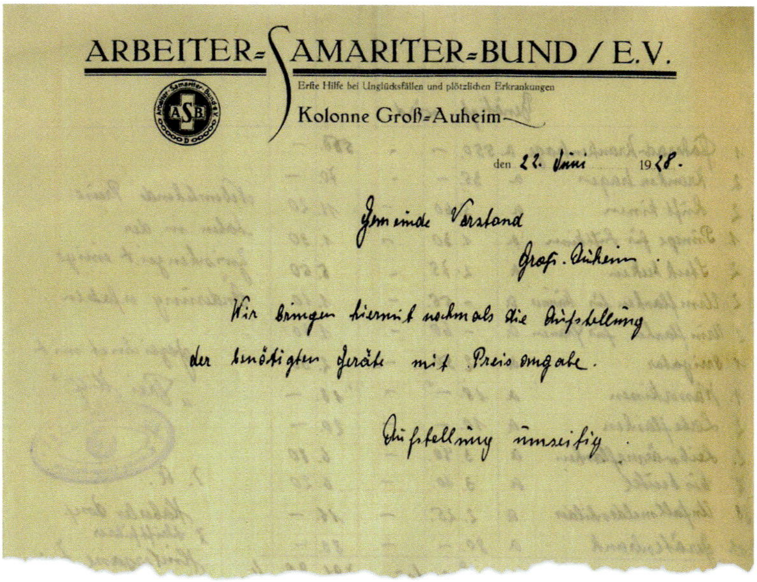
ARBEITER-SAMARITER-BUND / E.V.
Erste Hilfe bei Unglücksfällen und plötzlichen Erkrankungen
Kolonne Groß-Auheim
den 22. Juni 1928.
Gemeinde Vorstand
Groß-Auheim.
Wir bringen hiermit nochmals die Aufstellung der benötigten Geräte mit Preisangabe.
Aufstellung umseitig.

Briefkopf der Arbeiter-Samariter-Kolonne Groß-auheim vom Sommer 1928.
Stadtarchiv Hanau

einheitlichen Ausbildung; ferner sollen Erfahrungen ausgetauscht und gemeinsame Interessen besprochen werden; die Agitation durch Wort und Schrift soll gepflegt werden; Anregungen zu geben durch Neugründungen in Orten, wo Kolonnen des A.-S.-B. nicht bestehen, solche aber existenzfähig erscheinen. Kurz gesagt: der Kreisverband übernimmt einen Teil der Arbeit des Bundesvorstandes, da er sich naturgemäß in einem kleineren Kreise mehr um die zum großen Teil noch jungen Kolonnen und die Agitation bemühen kann, wie der Bundesvorstand.“[71]

POSITIVE WAHRNEHMUNG

Bevor der ASB im Volksstaat Hessen bezüglich seines Mitgliederstandes prosperieren konnte, dauerte es einige Zeit. Nur ein Dutzend der späteren 58 Kolonnen im Bereich Mittelhessen bestand bereits zum Beginn des Krisenjahres 1923. Zu diesen alten ASB-Gruppen gehörten außer der Kolonne Offenbach noch die in Bischofsheim, Butzbach, Dietesheim, Dietzenbach, Dörnigheim, Egelsbach, Hanau, Mühlheim, Neu-Isenburg, Rumpenheim und Vilbel. Danach ebbte diese erste bescheidene Gründungswelle deutlich ab.

Allerdings ist es nur zu verständlich, dass man während der Periode der Hyperinflation kaum eine Kolonnengründung erwog.[72] Dennoch stellte man auf der Kreiskonferenz des 16. Kreises im Januar 1923, zu der sich *„zahlreiche Delegierte und Gäste zur ernsten Beratung“* in Vilbel getroffen hatten, befriedigt fest, *„dass die Arbeiterschaft Interesse für die Arbeiter-Samariter Sache hat“.*[73]

Natürlich fiel der Gedanke der Arbeiter-Samariter-Bewegung nicht in allen Gesellschaftskreisen auf fruchtbaren Boden. Die Marburger Arbeitersamariter beklagten sich Ende 1923 bitterlich darüber, wie negativ sich die wirtschaftlichen Zustände auf das Kolonnenleben ausgewirkt hatten. Sie sahen sich nicht in der Lage, die inflationäre Kostensteigerung für Unterrichtsmaterialen und Verbandstoff alleine zu tragen, auch deshalb, weil ein Teil der Aktiven erwerbslos oder in Kurzarbeit war, aber ebenso wegen der in der Universitätsstadt vorherrschenden politischen Gesinnung. Weiter heißt es: *„Die Arztfrage ist ebenfalls sehr brennend. Ein Teil der Aerzte lehnt es ab, den Kursus zu leiten, ein anderer fühlt sich nicht fähig. Der Kreisarzt stellte uns sogar die Forderung, dass wir uns mit dem Roten Kreuz vereinigen sollen. Dieses Ansinnen wurde von uns abgelehnt. (...) In der reaktionären Hochburg wird uns nur Kampf, aber keine Unterstützung zuteil werden. Darum helft uns, so gut Ihr könnt. Wir sind euch auch für die kleinste Unterstützung dankbar.“*[74]

Eine „Gründungwelle“ mit 15 neuen Kolonnen alleine in den Jahren 1925 und 1926 setzte folglich erst ein, nachdem sich die junge Republik wirtschaftlich und politisch wieder konsolidiert hatte und die Menschen optimistischer in die Zukunft sahen.

Dass man gerade zu dieser Zeit viele einsatzbereite Aktive dringend benötigte, zeigte sich bald. Im Sommer 1925 stellte der ASB den gesamten Sanitätsdienst während der Ersten Internationalen Arbeiterolympiade in Frankfurt am Main, die vom 24. bis 28. Juli dauerte. Die sanitätstechnische Organisation und Durchführung dieser Mammutveranstaltung mit Tausenden von Teilnehmern und Zehntausenden, ja Hunderttausenden von Besuchern betraf natürlich vornehmlich die Kreise in der Nähe der Mainmetropole.[75]

Der 9. Kreis bot insgesamt 254 Helferinnen und Helfer bei diesem proletarischen Großereignis auf. Mit 190 Samariterinnen und Samaritern vermochte der 16. Kreis, etwa jeden sechsten ASB-Sanitäter zu stellen. Dabei führten die ASB-Aktiven 4.415 Hilfeleistungen durch und zwar bei 2.303 Unfällen, 1.355 Erkrankungen und in Form von 757 Massagen. Bei der Arbeiterolympiade verrichteten die Frauen zumeist den Innen- und die Männer den Außendienst.

Jedoch wirft es kein vorteilhaftes Licht auf die Disziplin der Samariter, dass 55 angemeldete nicht, dafür aber 60 unangemeldete zum Dienst am neuen Frankfurter Waldstadion oder den anderen Sportstätten erschienen.[76] Den Organisatoren des Sanitätsdienstes dürften derartige Ungewissheiten oftmals die Schweißperlen auf die Stirn getrieben haben. Dennoch bestanden der Arbeiter-Samariter-Bund und seine aktiven Helferinnen und Helfer diese sicherlich größte logistische Herausforderung vor 1933 und ernteten dafür viel Anerkennung.

Wie unterschiedlich die Arbeit der Arbeitersamariter von Seiten der Kommunen wahrgenommen und behandelt wurden, belegt beispielhaft der Schriftwechsel zwischen dem ASB-Kreisleiter Volpert Kreckel (Offenbach) und dem Gießener Oberbürgermeister Dr. Karl Keller.

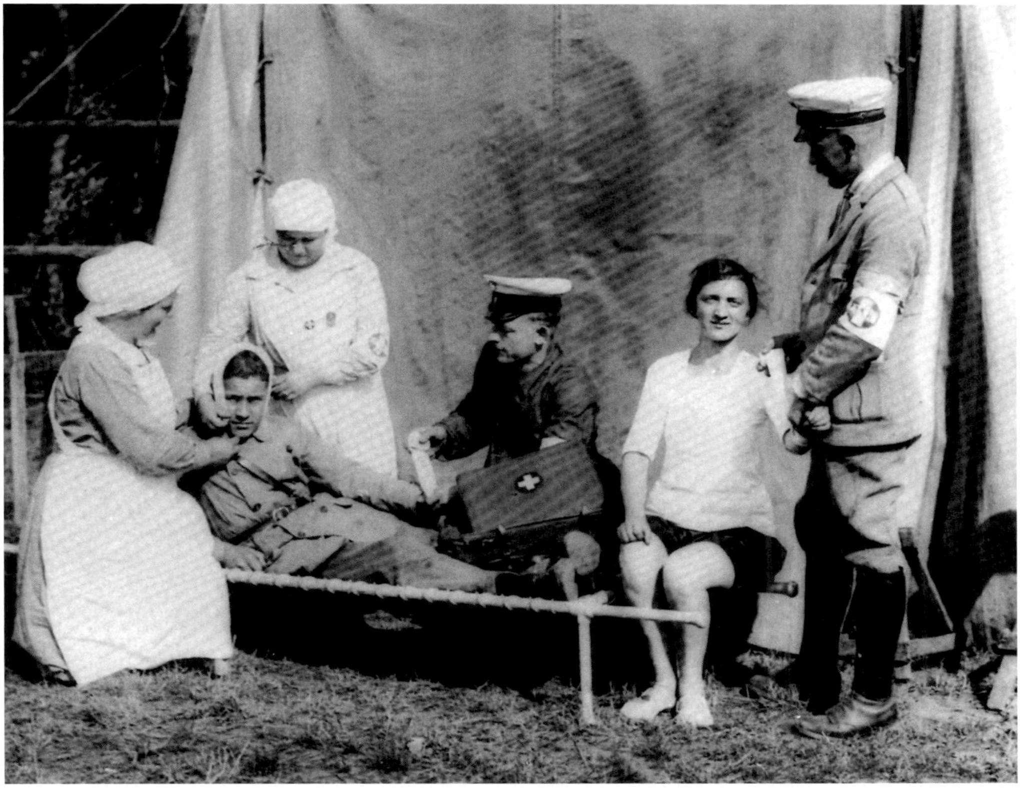

Vorbereitung für die Internationale Arbeiter-Olympiade in Frankfurt am Main 1925. Offenbacher Arbeitersamariterinnen und -samariter üben an zwei Verletzten das Anlegen von Verbänden. Archiv des ASB-Bundesverbandes

Vorausgegangen war ein Antrag des Gießener Stadtverordneten Mann vom 11. Mai 1926. Darin forderte er im Kommunalparlament eine Unterstützung von 1.500 RM für den ASB, im Ablehnungsfall sei 1.000 RM zu gewähren. Beides wurde abgewiesen.

Am 15. November 1926 schrieb Kreisleiter Kreckel einen recht energischen und bestimmten Brief an die *„wohllöbliche Stadtverwaltung und Stadtverordnetenversammlung"*, worin er die Gleichbehandlung des ASB mit dem DRK in Gießen forderte. Weiterhin verwies er darauf, dass die Arbeitersamariter in Offenbach, Mainz und Worms jährlich 200 Reichsmark sowie unentgeltlich Räume für ihre Gerätschaften und ihre Schulungen bereit gestellt bekamen. Gleiches bittet Kreisleiter Kreckel auch für die Arbeitersamariter in Gießen. Am Ende vergleicht er die bescheidene Situation des örtlichen ASB mit den Verhältnissen der dortigen Freiwilligen Sanitätskolonne vom Roten Kreuz, die von der Stadt weit besser behandelt würde und *„einen ganzen Bau zur Verfügung gestellt"* bekommen habe.

Doch Kreckels Einlassungen fruchteten nicht. Aus dem Entwurf eines Schreibens von Oberbürgermeister Keller an seinen Darmstädter Kollegen vom September 1927 ist zu entnehmen, dass der ASB in Gießen auch weiterhin keine finanzielle Förderung und keine Räumlichkeit erhielt, trotz neuer Anfragen in den Jahren 1927 und 1929. Für die Freiwillige Sanitätskolonne zahlte die Kommune dagegen *„einen jährlichen Zuschuß einschl. Versicherungsprämie in Höhe von 1.500 RM“*. Eine Begründung für diese unterschiedliche Verfahrensweise ist aus dem letzten Abschnitt herauszulesen. Dort heißt es: *„Die Rote Kreuz Sanitätskolonne unterhält eine ständige Wache, die mit einem Krankenauto und sonstigen kleineren Transportmitteln ausgerüstet ist. Sie ersetzt hierdurch den Dienst einer ständigen städtischen Wache.“*[77] Und um dieses Krankenauto beziehungsweise seine Benutzung sollte wenig später erneut eine Auseinandersetzung entbrennen.

QUALITATIVE VERBESSERUNGEN UND GESTIEGENE LEISTUNGSBILANZ

Mit dem Zuwachs an Mitgliedern, neuen technischen und besseren finanziellen Möglichkeiten nach der Überwindung der ersten Krisenjahre der Weimarer Republik verbesserte sich allmählich die Ausstattung mancher Kolonnen.

So bestand das Gesamtinventar des 16. Kreises mit seinen 29 Kolonnen in sieben Bezirken, laut einer Aufstellung des Kreisleiters Volpert Kreckel aus Offenbach, zu Anfang 1926 aus:

- einem „Krankenautomobil“
- zwei Krankenwagen mit Pferdebespannung
- zehn Räderbahren
- 105 Tragbahren
- 17 Verbandstornistern
- 139 größeren Verbandtaschen
- 63 Verbandskasten
- drei Sauerstoffapparaten und
- vier Zelten

Insgesamt betrug der Wert dieses Inventars rund 35.000 Reichsmark (RM). Im Jahr 1925 wurden 832 Wachen gestellt. Dazu kamen noch 6.927 behandelte Unfälle, davon 2.261 in Betrieben, 589 ausgeführte Transporte. Zwei Kolonnen übten Krankenpflege aus und von sechs wurden Pflegemittel unentgeltlich verliehen. Neun Kolonnen erhielten von Gemeinden eine Unterstützung in Höhe von insgesamt 1.288 RM, sechs Kolonnen von Sportvereinen im Wert von 260 RM und vier Kolonnen von Gewerkschaften den Betrag von 175 RM. Der Konsumverein spendete 50 RM.

Zwei Jahre später zeigten sich sowohl der Materialbestand als auch die Hilfeleistungen des ASB im Volksstaat Hessen und angrenzenden Orten als erheblich angewachsen und verbessert. Für 1928 listete Kreckel auf:

- zwei „Krankenautomobile“
- zwei Krankenwagen mit Bespannung
- 25 fahrbare Krankentragen
- 181 Tragbahren
- 132 große Verbandkästen
- 469 größere Verbandtaschen
- 12 Wiederbelebungsapparate und
- 181 Labeflaschen

Insgesamt betrug der Wert dieses Inventars bei 58 gemeldeten von 72 bestehenden Kolonnen im 16. Kreis 54.818 RM. Laut dem an gleicher Stelle veröffentlichten „Tätigkeits-Bericht“ wurden im Berichtszeitraum 6.347 Wachen gestellt, darunter 253 bei öffentlichen Geselligkeiten und 3.267 bei Sportveranstaltungen. Dazu kamen noch 500 Dienste in der Krankenpflege und 3.204 sonstige Einsätze, wie etwa Übungen. Insgesamt behandelten die Arbeitersamariterinnen und -samariter 18.800 leichtere und schwerere Unfälle. Die Gesamtzahl der gewiss zuallermeist ehrenamtlich verrichteten Dienststunden belief sich auf 28.720.[78]

Im darauf folgenden Jahr 1929 bekannten sich im 16. Kreis genau 1.960 Männer und 546 Frauen zum ASB. Dazu kamen 64 „Kursusärzte“ in 1929 und 55 in 1930, davon waren 16 beziehungsweise 21 Mediziner ASB-Mitglieder. Im 9. Kreis, der die preußische Provinzen Hessen und Nassau umfasste, waren es 1.074 Männer und lediglich 174 Frauen. Die Anzahl der „Kursusärzte“ stieg hier von 22 auf 26, die der Ärzte mit Mitgliedschaft verdoppelte sich von fünf auf zehn. Im 16. Kreis gehörten 1929 noch 107 Betriebssamariter zum ASB, 1930 aber schon 140. Die Gruppe der „Pflegerinnen“ wuchs von 23 auf 64. Im preußischen 9. ASB-Kreis sank die Anzahl der Betriebssamariter von 22 auf nunmehr elf, während hier 1930 genau 23 „Pflegerinnen“ arbeiteten, im Jahr zuvor taten dies nur vier.[79]

Wenn auch in einigen Bereichen Rückschritte aufgrund weniger Aktiver zu verzeichnen waren, so zeigten die Kreise 9 und 16 des Arbeiter-Samariter-Bundes insgesamt, trotz personeller Fluktuation, eine durchaus positive Bilanz vor den dann in Folge der Weltwirtschaftskrise erneut auftretenden Krisenjahren der Weimarer Republik.

Eine statistische Kategorie sollte hier jedoch besondere Beachtung finden – die Krankentransporte. Die hessischen Arbeitersamariter des 16. Kreises führten 1928 etwa 3.000 derartige Beförderungen durch, gegenüber 1.308 in 1926 und 2.200 in 1927.[80]

KOMMUNEN UND ARBEITERSAMARITER

Abgesehen davon, dass diese Transporte in nicht annähernd so gut ausgestatteten Krankentransportwagen stattfanden, wie sie heute bei allen Hilfsorganisationen in unserem Land Usus sind, so wurden sie früher auch nur zu einem geringen Teil motorisiert durch-

Anfang März 1928 trat der Vorstand der Arbeiter-Samariter-Kolonne mit der Bitte um die Gewährung eines Darlehens für den „Gelegenheitskauf" eines „Sanitätsautos" in Höhe von 2.000 Reichsmark an die Stadt Gießen heran. Als Gründe für ihr Anliegen führten der Vorsitzende und der Kolonnenführer die ihrer Ansicht nach im Vergleich zu hohen Gebühren der städtischen Fahrzeuge und die vielen unbezahlten Transporte für die „Stadtarmen" an.[86]

Die städtische Verwaltung lehnte das Ansinnen des ASB ab und begründete dies damit, dass weder die Tarife in Gießen zu hoch seien, noch dass die Notwendigkeit für ein weiteres Krankentransportfahrzeug bestehe. Entsprechend formulierte man einen Antrag an den Finanzausschuss, den dieser der Stadtverordnetenversammlung vorlegen sollte.[87] Nachdem die Stadtverordneten im Sinne der Verwaltung entschieden hatten, erfolgte im Juni die abschlägige Benachrichtigung der ASB-Kolonne.[88]

Worin lag diese Bevorzugung des Roten Kreuz gegenüber dem ASB in Gießen begründet? Sicherlich unterschied sich die Universitätsstadt mit ihren knapp 35.000 Einwohnern zur Mitte der 1920er-Jahre hinsichtlich ihrer Wirtschafts- und Sozialstruktur merklich von der Hanaus oder gar Offenbachs. Während man die beiden Kommunen am Main eindeutig als Industriestädte charakterisieren kann, so trifft dies für Gießen nicht im gleichen Umfang zu. Die Stadt bildete das oberhessische Zentrum für Verwaltung, Handel und Gewerbe. Ein ausgewiesener Industriestandort war Gießen erst in zweiter Linie. Zudem lebte ein nicht unbeträchtlicher Teil der in der Stadt beschäftigten Industriearbeiterschaft in den Orten der Umgebung, was auch die Häufung von ASB-Kolonnen in ihrem Umland erklärt.

Gießen selbst war hingegen bürgerlich geprägt. Entsprechendes äußerte sich beim Wahlverhalten der Bevölkerung, weshalb hier die bürgerlich-konservativen Parteien gegenüber SPD und KPD eindeutig dominierten. Bis zum Einbruch der Nationalsozialisten erreichten diese Gruppierungen bei Reichstagswahlen im Schnitt um die 60 %. Die Arbeiterparteien lagen bei etwa 30 %, wobei die SPD die KPD klar übertrumpfte. Ab 1930 zog die NSDAP viele Wähler des bürgerlichen Lagers weitgehend auf ihre Seite, sodass sie hier bald weit über dem hessischen Durchschnitt liegende Ergebnisse erzielen konnte.

Auch im Stadtparlament errangen bürgerliche Vereinigungen stets die Mehrheit, in der Regel mit über 50 häufig sogar mit über 55 % der Stimmen. Folglich orientierten sich die meisten Mandatsträger an den Interessen der bürgerlichen Schichten. Anträge aus den Reihen der Arbeiterparteien hatten folglich kaum oder selten Realisierungschancen.

Gießens Oberbürgermeister war seit 1914 der linksliberale Karl Keller. Sein Amt übte *„er variabel und nach beiden Seiten kompromißbereit"* aus. Ein Umstand, weshalb er sich vermutlich über die Machtergreifung der Nationalsozialisten hinaus bis 1934 in dieser Position zu halten vermochte.[89]

Lesestube der Arbeiter-Samariter-Kolonne Bergen-Enkheim um 1930. Archiv des ASB-Bundesverbandes

In Hanau entschied man anders, obwohl dort mit Dr. Kurt Blaum ebenfalls ein Linksliberaler die Geschicke der Stadt als Oberbürgermeister lenkte. In der Grimmstadt erhielten 1928 sowohl die Sanitätskolonne vom Roten Kreuz als auch die örtlichen Arbeitersamariter von der Stadt eine Bürgschaft für ein Darlehen in Höhe von jeweils 2.000 Reichsmark gestellt, damit sie sich Krankentransportwagen anschaffen konnten.[90]

In den kleinen Kolonnen auf dem Lande dachte zu dieser Zeit wohl kaum ein Arbeitersamariter an den motorisierten Krankentransport und entsprechende Ansprüche und Wünsche an die Kommunen. Wie beschaulich unpolitisch und kleinbürgerlich traditionell es bei einer Kolonne des von seinen weltanschaulichen Gegnern als „marxistisch" gescholtenen ASB in einer Kleinstadt, in diesem konkreten Fall in Windecken, einer Kleinstadt im Kreis Hanau am südlichen Rande der Wetterau mit knapp 2.000 Einwohnern um 1930, zugehen konnte, davon gibt ein kurzer Bericht im „Arbeitersamariter" einen Eindruck. Dort ist zu lesen: *„Am Sonntag den 27. Dezember 1925 veranstaltete die Kolonne Windecken im engeren Familienkreis eine Weihnachtsfeier, verbunden mit Bescherung für die Kinder der Mitglieder. Nachdem der Vorsitzende, Genosse Wirth, alle anwesenden Freunde und Genossen mit warmen Worten begrüßt hatte, sprach der technische Leiter, Genosse Herbert, zur Einleitung der Kinderbescherung einen Weihnachtsprolog, der mit freudigem Beifall aufgenommen wurde. Die Veranstaltung verlief in schönster Harmonie für alle Anwesenden. Allen Mitgliedern, die mit* *ihrer Mühe und Arbeit zur Verschönerung des Festes beigetragen haben, sowie unserem Kolonnenarzt, Hr. Dr. med. R. Schneider, für seine aufopfernde Tätigkeit, sei hierdurch herzlichst gedankt.“*

Trotz dieser weihnachtlichen Beschaulichkeit hatte sich die erst wenige Monate zuvor aus der Taufe gehobene ASB-Kolonne Windecken sanitätstechnisch und einsatzmäßig rasch zusammen gefunden. Denn schon wenige Tage nach der Feier zeigten sich die Arbeitersamariter der Kleinstadt als so eingespielt, dass sie bei einem Feuer in der Silvesternacht schneller zur Brandstelle eilten als die örtliche Feuerwehr.[91]

Dies änderte aber nichts daran, dass kommunale und staatliche Behörden auch zu Zeiten der Weimarer Republik ein mehr oder weniger wachsames Auge auf die Aktivitäten des ASB warfen. So berichtete der Landrat des Kreises Hanau, der Sozialdemokrat Eugen Kaiser, am 8. Februar 1926 aufgrund einer kurz zuvor ergangenen Rundverfügung an die Regierung in Kassel: *„Nach den angestellten Ermittlungen haben die hiesigen beiden Arbeiter-Samariter-Kolonnen (Windecken und Bergen-Fechenheim), welche dem Arbeiter-Samariterbund – E.V. – in Chemnitz angeschlossen sind, bisher eine völlig neutrale Wohlfahrtstätigkeit entfaltet. Es ist nicht bekannt geworden, dass sie sich in politischer Hinsicht in linksradikaler Weise betätigt haben.“*[92]

Kaisers Beurteilung belegt natürlich einerseits die Anerkennung des karitativen Wirkens der Kolonnen, macht andererseits aber auch deutlich, dass man den Arbeitersamaritern nicht ganz traute – auch seitens einiger Sozialdemokraten nicht. In Hanau und Umgebung schien man der Arbeiter-Samariter-Bewegung offensichtlich wohl gesonnen gewesen zu sein, aber von Kassel und vornehmlich von Berlin aus hatte man noch Vorbehalte, die sich jedoch bald merklich abschwächten.

STAATLICHE ANERKENNUNG UND GLEICHSTELLUNG MIT DEM DRK

Möglicherweise haben derartige positive Stellungnahmen aus der Provinz einen spürbaren Gesinnungswandel bei staatlichen Stellen zugunsten des ASB bewirkt oder zumindest befördert.[93]

Darauf lässt ein Schreiben des Preußischen Ministers für Volkswohlfahrt Heinrich Hirtsiefer (Zentrum) an die Regierungspräsidenten und Oberpräsidenten vom Juli 1926 schließen. Hieraus geht hervor, dass der Minister Berichte zu den Tätigkeiten der Arbeiter-Samariter einholen ließ. Im Ergebnis enthielten diese Auskünfte wohl eine weitgehend positive Bewertung. Der Minister beschied deshalb dem Arbeiter-Samariter-Bund, dass er *„bei Unglücksfällen und plötzlicher Erkrankung verschiedentlich eine gemeinnützige Tätigkeit entfaltet hat“*. Folglich sei diese Arbeit *„als gemeinnützig anzusehen“* und nicht *„zu erschweren“*. Außerdem solle man den ASB, genauso wie das DRK, bei öffentlichen Veranstaltungen, Notständen oder Unruhen heranziehen. Letzteres bedeutete praktisch nichts Anderes als die lange angestrebte Gleichstellung mit dem Roten Kreuz.[94]

Im Volksstaat Hessen kam man allmählich zu dem gleichen Ergebnis. Im Geschäftsbericht 1927 des 16. Kreises des ASB wird deshalb zufrieden registriert: *„So können wir Feststellung machen, dass uns von Seiten des gesamten hessischen Ministeriums eine jährliche Unterstützung in bar, wovon wir Ausrüstungsstücke für unsere Kolonne beschaffen, zugeht. Auch eine Provinzialbehörde hat uns eine ansehnliche Summe in diesem Jahr zur Verfügung gestellt. Ferner erhalten wir die Unterstützung von einzelnen Kreisämtern in kleinen Jahresraten. Des Weiteren haben wir Abkommen mit den Ortskrankenkassen (Offenbach am Main und Frankfurt am Main) getroffen.“*[95]

Dennoch gestaltete sich die Wahrnehmung des ASB nicht ganz so vorteilhaft wie es der Geschäftsbericht 1927 darstellt. Schon ein Jahr später klagte man seitens des Vorstands des 16. Kreises dann auch darüber, *„daß einzelne Kreisämter der Tätigkeit des Arbeiter-Samariter-Bundes immer noch skeptisch gegenüberstehen“*. Dies veranlasste den sozialdemokratischen hessischen Innenminister Wilhelm Leuschner (1890–1944) am 15. März 1928, auf sein „Ausschreiben“ vom 8. Januar 1926 hinzuweisen, worin er den Kreisämtern vorgab, den ASB-Kolonnen *„keine Schwierigkeiten in den Weg zu legen“*. Indessen schränkte er ein, sie *„bei öffentlichen Veranstaltungen irgendwelcher Art, öffentlichen Notständen und inneren Unruhen neben den Kolonnen des Roten Kreuzes mit heranzuziehen und bei dem Bereitschaftsdienst zu verwenden, muß dem pflichtgemäßen Ermessen der die notwendigen Sicherheitsmaßnahmen anordnenden Polizeibehörde überlassen bleiben“*.[96] Wurde es etwa unsicherer, wenn der ASB und nicht das DRK Dienst tat? Ganz schlüssig erscheint dieser Vorbehalt Leuschners nicht. Aber jedenfalls forderte der Innenminister seine nachgeordneten Behörden auf, den Arbeitersamaritern keine unnötigen Probleme zu bereiten. Als ministerielle Anweisung zur Gleichbehandlung des ASB mit dem Roten Kreuz ist dieses Schreiben hingegen kaum zu interpretieren, doch es war ein weiterer Schritt in diese Richtung.

Unzweideutig verlangt ein vom sozialdemokratischen hessischen Staatspräsidenten Bernhard Adelung (1876–1943) gezeichnetes Schreiben vom 26. April 1930 die volle Gleichstellung mit dem DRK. Darin beurteilt Adelung die ASB-Kolonnen als *„durchweg einwandfrei“*, er würdigt ihre Ausrüstung und ihren Ausbildungsstand und anerkennt, dass sie *„mithin in politischer Beziehung zu Bedenken keinen Anlaß gaben“*. Den untergeordneten hessischen Behörden wurde deshalb empfohlen, den ASB ebenso zu behandeln wie das DRK.[97]

Diese erst 1930 formulierte Bewertung und Empfehlung war im Volksstaat, wenn wohl auch nicht von jeder Behörde, so doch schon lange vorher gewonnene Einsicht und geübte Praxis, was sich für den ASB sogar in barer Münze auszahlte.

Neben dem zunächst einmal quantitativen Aspekt des Mitglieder- und Kolonnenzuwachses gewann der ASB in unserer Region somit auch an Ansehen bei der Politik in den Ländern und anderen Institutionen.

Doch das änderte nichts daran, dass die finanzielle Situation der meisten Kolonnen äußerst angespannt blieb. Dann brachte der Rechtsruck in der deutschen Gesellschaft spätestens seit den Reichstagswahlen vom Juli 1930 dem ASB weitere Benachteiligungen. Folglich beklagte der Bundesvorstand auf dem deutschen Arbeiter-Samaritertag 1930, *„daß öffentliche Gelder dem Arbeiter-Samariterbund im Verhältnis zu ähnlichen Organisationen nur spärlich zufließen“*.[98]

DIE ASB-KOLONNE OFFENBACH ZWISCHEN 1919 UND 1929

Herausforderungen beim Neubeginn

Offenbach mit seinen gut 80.000 Einwohnern war während der Weimarer Republik der Vorort der Arbeitersamariter im Volksstaat Hessen. Nicht nur deshalb, weil die Stadt als Hochburg der Arbeiterbewegung geradezu prädestiniert für diese Rolle erschien, sondern in erster Linie weil hier die größte ASB-Kolonne wirkte und weil hier die Führung des 16. Kreises des Arbeiter-Samariter-Bundes saß.

Trotz der politisch labilen Verhältnisse hatte die Offenbacher Kolonne schon rasch nach dem Waffenstillstand vom 11. November 1918 ihre Arbeit wieder aufnehmen können. Nachdem die meisten der Samariter von den Fronten oder aus der Kriegsgefangenschaft zurück gekommen waren, begannen 14 männliche und 16 weibliche Teilnehmer bereits im Januar 1919 mit den ersten Übungsstunden.[99] Das Beitrittsgeld und der Mitgliedsbeitrag betrugen jeweils eine Mark.[100]

Die bis dahin wohl größte Herausforderung für die gerade im Neuaufbau nach dem Krieg begriffene Samariterkolonne Offenbach ereignete sich am Karfreitag 1919 („Karfreitagputsch“). Der Hergang dieser Ereignisse ist bis zum heutigen Tage nicht völlig geklärt. Aber offensichtlich hatte eine Gruppe von Spartakisten, Vorläufer der Kommunisten, einen Putsch geplant, um mit dem Sturz des ihnen nicht radikal genug erscheinenden Volksrats selbst die Macht in der Stadt an sich zu reißen. Zur Durchführung des Vorhabens zog eine Menge vor das jetzige Offenbacher Finanzamtsgebäude in der Bieberer Straße, wo sich damals eine Kaserne befand, um sich Waffen zu besorgen. Plötzlich kam es zu einem Schusswechsel mit dem Militär. Am Ende des Scharmützels waren 17 Todesopfer und zahlreiche Verwundete zu beklagen.[101] Die örtlichen Arbeitersamariter kamen zum Einsatz. *„Während der traurigen Vorkommnisse am Karfreitage waren unsere Mitglieder in angestrengter Tätigkeit und leisteten den Verletzten erste Hilfe“*, heißt es dazu rückblickend in einem Bericht im ASB-Bundesorgan „DAS“ von Anfang 1920.[102]

Trotz dieser schrecklichen Vorkommnisse ging es mit dem Offenbacher ASB zügig bergauf. Bereits im Frühjahr 1920 verzeichnete die Kolonne mit 168 Personen einen bemerkenswert hohen Mitgliederstand. Insgesamt bot die Bilanz des abgelaufenen Jahres 1920 Anlass zu optimistischen Perspektiven. So zählte man 75 Kursteilnehmer, wovon 45 eine

Die Volksmenge in der Bieberer Straße während des „Karfreitagsputschs" 1919.
Archiv im Haus der Stadtgeschichte Offenbach

Prüfung ablegten. Außerdem zeigte die Kolonne öffentliche Präsenz. Im Stadtgebiet von Offenbach befanden sich seinerzeit sieben Verbandstellen, und die Arbeitersamariter wurden zu 832 Hilfeleistungen sowie zu 450 Wachen herangezogen. Überdies fanden zwei größere Übungen mit benachbarten Kolonnen statt.[103]

Zu den „Dienstleistungen" der Arbeitersamariter und wohl hauptsächlich der Arbeitersamariterinnen gehörten auch weiterhin die in der Industriestadt praktizierten Ferienspaziergänge mit Schulkindern, damit diese den oft noch ungesunden Wohnverhältnissen der Mietskasernen entfliehen und in der Natur Sonne und bessere Luft „tanken" konnten.[104]

Für diese unterschiedlichen Einsätze musste Verbandmaterial für 1.700 Mark und Geräte für 850 Mark angeschafft werden. Die Einnahmen der Kolonnen beliefen sich auf rund 7.000 Mark, heißt es in einem Bericht im „Arbeiter-Samariter". Dort ist auch von *„ins Unermeßliche gestiegenen Preisen"* für Sanitätsmaterial die Rede, die alleine durch die Erhöhung der Eintrittsgelder und der Kursgebühren nicht wettgemacht werden konnten. Die bevorstehende Hyperinflation kündigte sich schon 1921 an. Die Offenbacher Arbeitersamariter erhielten deshalb von der Stadt, den Gewerkschaften sowie den Sport- und Gesangvereinen finanzielle Hilfen.[105]

Die Dramatik dieser inflationären Entwicklung bereits in den Jahren 1921 und 1922 lässt sich auch an den Löhnen und Lebensmittelpreisen in Offenbach ablesen. Verdiente ein Friseur zu Anfang des Jahres 1920 etwa 70 Mark (M.) pro Woche, so waren es im September 1922 schon 1.400 Mark. Bei einem Transportarbeiter stieg der Lohn im gleichen Zeitraum von etwa 139 auf 3.349 Mark, bei einem Maurer von 150 auf etwa 3.600 M. und bei einem Bäcker von 130 auf 4.360 Mark. Eine ähnliche Tendenz spiegelt sich auch bei Lebensmitteln. Dort zahlte man im Februar 1921 für ein Kilogramm Brot etwa 2,60 Mark, im September 1922 hingegen 1.465 Mark. Ein Kilogramm Kartoffeln kostete Ende 1921 noch 1,20, im September 1922 aber 560 Mark. Der Preis für ein Kilogramm Fleisch stieg während der gleichen Periode von rund 40 auf 840 Mark.[106] Doch diese an sich schon immensen Zuwachsraten bedeuteten nur die Ouvertüre für das, was 1923 folgte und was die Existenz so mancher Samariterkolonne gefährden sollte.

Neues Selbstbewusstsein der Arbeitersamariter

Neben dieser sehenswerten Leistungsbilanz hatte die Kolonne, sicherlich begünstigt durch die neuen politischen Verhältnisse nach 1918, spürbar an öffentlichem Renommee gewonnen. Dies lässt sich alleine schon daran erkennen, dass zum Abschluss einer ihrer Kurse im Juli 1919 nicht nur ein Vertreter des Gewerkschaftskartells die von Dr. Ludwig Mayer durchgeführte Prüfung von 30 Lehrgangsteilnehmern in der Friedensschule besuchte, sondern dass sich ebenfalls mehrere Stadtverordnete sowie der sozialdemokratische Oberbürgermeister Dr. Max Granzin (1873–1940) zu diesem Anlass eingefunden hatten. Außerdem erreichten die Arbeitersamariter in Offenbach die finanzielle Gleichstellung mit dem Roten Kreuz. Beide Organisationen erhielten für ihre lokale Gliederung jeweils 600 Mark aus der Stadtkasse.[107] Mehr noch, mit der Durchführung eines Erste-Hilfe-Kurses bei Unglücksfällen für 48 kommunale Bedienstete hatte die Offenbacher Stadtverordnetenversammlung den ASB betraut.[108]

Die nächste Prüfung des Jahres, im November 1919, mag Dr. Mayer noch abgenommen haben, doch danach musste er seine Mitwirkung beim ASB wegen *„beruflicher Überhäufung mit Arbeit und anderweitiger Tätigkeit“* beenden. Sein Nachfolger wurde Dr. Johannes Nancke (1887–1956).[109]

Mit welchen anspruchsvollen Feierlichkeiten der Abschluss eines Kurses begangen werden sollte, davon berichtete das sozialdemokratische „Offenbacher Abendblatt“ im Vorfeld. Darin wird angekündigt, dass die Prüfung am 16. November 1919 *„in üblicher Weise“* stattfindet und um 10 Uhr in der Friedensschule *„bei Anwesenheit einer Anzahl besonders geladener Gäste“* beginnt. Und weiter ist zu lesen: *„Nachmittags ist eine Festlichkeit im Saalbau vorgesehen, die ein gut zusammengestelltes Programm aufzuweisen hat. Zur Unter-*

Übung der Arbeitersamariter der Offenbacher Kolonne mit Verletzten auf Tragen im Jahr 1924.
Archiv des ASB-Bundesverbandes

haltung wird geboten: Konzert vom Offenbacher Musikverein, Gesang, Zittervorträge des Offenbacher Zitterkranz, Theater der freien Volksbühne, Kinderreigen, zum ersten Mal vorgeführt bei dem Blumenfest des Gärtner- und Gartenarbeiterverbandes, Tombola und lebende Bilder die Samariter in ihrer Tätigkeit darstellen. Zum Schlusse ist noch Ball. Um die Einrichtung der Kolonne vorzuführen, ist im Saale über der Bühne eine Ausstellung geplant. Diese enthält das gesamte Lehrmaterial und Ausrüstung der Kolonne. Hier ist Gelegenheit geboten, sich von deren Bereitschaft zu überzeugen. In Anbetracht des wohltätigen Zweckes der Arbeiter-Samariter-Kolonne ist ihr ein guter Besuch zu wünschen."[110]

In diesem Programm spiegelt sich deutlich das neue Selbstbewusstsein der Offenbacher Kolonne, und es ist recht bemerkenswert, was schon kurz nach dem langen entbehrungsreichen Krieg wieder auf die Beine gestellt werden konnte. Außerdem beteiligten sich noch andere Arbeitervereine mit ihren Darbietungen an der Feier. Somit darf man die festlichen, unterhaltsamen und informativen Veranstaltungen anlässlich des Abschlusses der Prüfungen der Offenbacher Samariterkolonne als eindrucksvollen Ausdruck der lokalen Arbeiterkultur betrachten.

Es kann somit kaum überraschen, wenn das „Abendblatt" 1923 das zehnjährige Bestehen der Offenbacher Kolonne mit hehren Worten würdigte und die *„opferbereite, intensive Tätigkeit der Mitglieder"* sowie die *„zielsichere Leitung und vor allem auch durch guten ärztlichen Unterricht"* lobte, wodurch *„diesem proletarischen Werke der Barmherzigkeit"* gedient werden konnte. Weniger pathetisch, dafür aber konkreter wird die Zeitung, wenn sie die *„sehr gute Ausrüstung“* der Kolonne hervorhebt und *„ca. 300 ausgebildete, männliche und weibliche Sanitäter“* nennt, die in der Stadt 27 Verbandsstellen in Gang halten. Weiter fährt das Blatt fort, dass *„fast kein Tag mehr vergeht, an dem nicht von Familien oder in Fabriken die Hilfe der Arbeiter-Samariter, des sogenannten weißen Kreuzes, in Anspruch genommen wird“.* Allerdings bedauert der Artikel ebenso, dass große Teile der Arbeiterschaft dem Wirken der Kolonne *„noch lange nicht die erforderliche Achtung zollen“.*

Trotz dieser Einschränkung konnte sich das Erreichte sehen lassen, und das Jubiläum war natürlich ein hinreichender Grund zu einer Familienfeier mit Tanz in „Webers Felsenkeller“.[111]

Arbeiter-Olympiade und Jubiläumsfeier

Die Arbeiter-Olympiade im nahen Frankfurt bedeutete für die Offenbacher Samariterinnen und Samariter eine immense Herausforderung. Bei diesem Fest des Arbeitersports befanden sich die Aktiven der Offenbacher Kolonne im Juli 1925 an insgesamt acht Tagen im Großeinsatz.[112]

Aber auch zu „normalen“ Jahren konnten sich ihre Leistungen sehen lassen. In einem „Führer durch die Kultur-Ausstellung im Stadtgarten“, der anlässlich der Sozialistischen Kulturwoche vom 24. September bis 2. Oktober 1927 herausgegeben wurde, sind einige statistische Angaben zur Offenbacher Kolonne enthalten. So zählte der ASB zu diesem Zeitpunkt 182 Mitglieder, und der Inventarwert der Kolonne wurde mit *„ungefähr Mk. 10.000“* beziffert. Weiter heißt es: *„Im Jahre 1926 behandelte die Kolonne 1.936 Unfälle. Hiervon im öffentlichen Leben 1.465, in Betrieben 471. Der Arzt wurde in 120 Fällen zugezogen. Transporte wurden 25 ausgeführt. Wachen bei Vereinen wurden 987 gestellt, im öffentlichen Leben waren es 478. In den Betrieben betätigten sich 10 Samariter.“*[113]

Anlässlich des 15-jährigen Bestehens der Arbeiter-Samariter-Kolonne Offenbach im Jahr 1928 bilanzierte das „Abendblatt“ ihr Wirken wiederum positiv. Man erfährt, dass die Helferinnen und Helfer im Zeitraum von 1913 bis 1928 in 30.000 Fällen vor Ort Erste Hilfe geleistet hatten, davon waren 2.500 Unfälle schwerer Natur. Außerdem wurden von den Samariterinnen und Samariter bis dahin 5.000 Transporte von Kranken oder Verletzten durchgeführt.[114]

Die Jubiläumsfeier von 1928 fiel in eines der „guten Jahre“ der Weimarer Republik und wurde entsprechend mit einer Geselligkeit und einem Leistungsnachweis begangen. Im „Offenbacher Abendblatt“ vom 27. August 1928 ist dazu zu lesen: *„Es fand ein Kommers und zwar auf der Rosenhöhe statt. Die Geburtstagsrede hielt Dr. Nancke. Anwesend waren, als Gratulanten, der Bezirksleiter Vierheller, die freien Turner und das Gewerkschaftskartell. Es war*

Ausstellung der Arbeitersamariter auf der Sozialistischen Kulturwoche 1927 in Offenbach. Man erkennt eine männliche Puppe in Dienstkleidung, Plakate, Schautafeln, medizinische Hilfsmittel und einen Verletzten auf einer Trage.
Archiv des ASB-Bundesverbandes

wohl so etwas wie ein Bunter Abend mit Wettstreiten der freien Turner sowie der Sänger und des Musikvereins Offenbach, der auch zum Tanz aufspielte. Am nächsten Tag, dem Sonntag, fand dann eine Übung statt, bei dem ein Zugunglück simuliert wurde und es fand noch eine zweite Alarmierung statt, die Szenerie gab vor, dass in einem Offenbacher Lederwerk eine Explosion stattgefunden hatte. Die dritte Übung simuliert einen Unfall auf dem Main. An dieser dritten Übung nahmen von den Arbeiter-Samaritern 51 Männer und 14 Frauen teil."[115]

Zu den Bedingungen der Tätigkeit der Offenbacher Arbeitersamariter während der Epoche der ersten deutschen Demokratie heißt es in einer Darstellung von 1978: *„Viele Samariter und Samariterinnen mußten damals ihren Dienst bei Übungen und sonstigen Veranstaltungen mit dem Fahrrad versehen. Montags und freitags waren die Übungsstunden in der Bachschule. Während der Aufbauzeit in den 20er-Jahren hat sich die Stadt- und Landtagsabgeordnete Gretel Steinhäuser große Dienste erworben. Die Aufgaben der Kolonne wuchsen von Jahr zu Jahr. Die Zahl der Mitglieder und Aktiven stieg laufend an. Hier wurden unter der Techn. Leitung viele Verbandsstellen in Offenbach für die Bevölkerung eingerichtet."*[116]

Die Offenbacher Arbeitersamariter konnten sich im Laufe der 1920er-Jahre im Leben der Stadt einen festen und weitgehend respektierten Platz erwerben. Auch von Seiten der Polizei, die über das Ende der Monarchie hinaus weiterhin den Auftrag zur Observation ausführte, erfolgten keinerlei negativen Bemerkungen hinsichtlich einer politischen Betätigung des örtlichen ASB. Die Kolonnenmitglieder waren diesbezüglich *„noch nicht in Erscheinung getreten"*, heißt es in einer polizeilichen Mitteilung. Zwar soll es zwischenzeitlich *„von kommunistischer Seite und zwar durch den sogenannten ‚Proletarischen Gesundheitsdienst' versucht worden"* sein, die Offenbacher Kolonne *„in das kommunistische Lager herüberzuziehen. Der Versuch sei aber an der Aufmerksamkeit des Vorstandes und der Mitglieder, die die Gefahr rechtzeitig erkannt hätten, gescheitert"*.[117]

Gegensätze und personelle Veränderungen

Gegensätzliche politische Ansichten zwischen kommunistisch und sozialdemokratisch eingestellten Kolonnenmitgliedern spielten innerhalb der Arbeiter-Samariter-Kolonne Offenbach offensichtlich keine gravierende Rolle. Jedenfalls fanden sich dafür keine Belege.

Hingegen blieben die Gegensätze insbesondere zum Deutschen Roten Kreuz auch über das Ende der Monarchien hinaus bestehen. Wie tief die ideologischen Gräben gegenüber dem Offenbacher Rotkreuzaktiven seitens des ASB eingeschätzt wurden, wird aus einer Passage im „Arbeitersamariter" vom September 1919 deutlich. Dort heißt es: *„Wie in anderen Städten, so machen sich auch hier beim Roten Kreuz Differenzen bemerkbar. Eine größere Anzahl der Mannschaften trat aus und gründete neue Kolonnen. Versuche, sie für uns zu gewinnen, waren erfolglos. Nach Ausspruch, sind wir ihnen zu radikal. Obwohl Arbeiter wissen sie nicht, wohin sie gehören. Vielleicht wird sie die Zukunft eines Besseren belehren."*[118]

Neben diesen äußeren Einflüssen prägten in ihren Anfangsjahren häufige personelle Veränderungen im Vorsitz die Situation der Kolonne. Die Gründung der Offenbacher Arbeitersamariter im August 1913 geschah unter maßgeblicher Beteiligung von August Forste. Allerdings folgte ihm bereits Anfang 1914 F. Steinwaller als Vorsitzender, und im Sommer des gleichen Jahres trat dann Theodor Nürnberger an dessen Stelle.[119] Dieser wiederum übte das Amt im Wechsel mit Philipp Nürnberger bis zur Mitte der 1920er-Jahre aus.

Philipp Nürnberger wurde am 28. Juli 1867 in Freienseen, Kreis Schotten, geboren. Er war gelernter Schlosser und später Beamter der Ortskrankenkasse. Nürnberger wohnte in der Friedhofstraße 7.[120] Sein Nachfolger war Josef Dach, der die ASB-Kolonne Offenbach bis zur Auflösung durch die Nationalsozialisten 1933 leitete.[121]

Nürnberger stand vermutlich Philipp Prell als Technischer Leiter zur Seite.[122] Der 1885 in Niedernhausen bei Dieburg geborene Philipp Prell stellte so etwas wie den „typischen" Arbeitersamariter dar. Er gehörte nicht nur als Gründungsmitglied und Aktiver bis 1933 und nach 1945 über viele Jahre dem Offenbacher ASB an, sondern war über Jahrzehnte hinweg gleichfalls Mitglied der SPD und der Gewerkschaft.[123]

Offenbach war, wie schon erwähnt, der Vorort der ASB-Bewegung im 16. Kreis des Bundes. Einerseits nahm man diese führende Position ein, weil hier die zahlenmäßig größte und vielleicht auch aktivste Kolonne des Volksstaats Hessen ansässig war, andererseits aber auch, weil das Führungspersonal des ASB-Kreises aus der Lederstadt stammte und gleichfalls auf Bundesebene über Einfluss verfügte. Kreisvorsitzender war seit der Mitte der 1920er-Jahre Volpert Kreckel, der damals in der Bachstraße 5 wohnte. Als Kassierer fungierte Heinrich Fenn (Hebestraße 7) und als Technischer Leiter Albert Salzmann (Geleitstraße 13).[124]

Kreckel trat vermutlich 1925 direkt die Nachfolge des auf tragische Weise im Samariterdienst ums Leben gekommenen Kreisleiters Franz Josef Streb aus Neu-Isenburg an. Streb war am 27. Juli 1925 während der Arbeiter-Olympiade in Frankfurt bei einem Motorradunfall verunglückt. In einem Nachruf bezeichnete ihn der Bundesvorstand als *„einen eifrigen und vorbildlichen Funktionär und idealen Samariter“.*[125]

In letzten „guten Jahr“ der Republik 1928 erhielten die linken Parteien im Kreis erneut mehr als die Hälfte der abgegebenen gültigen Stimmen. Anderes als im Landkreis lag die KPD in der Stadt Offenbach mit 32,1 % deutlich vor der SPD, die nur 27,2 % gewann. Der Wähleranteil der beiden Arbeiterparteien von rund 60 % bestätigte die damals gern gebrauchte, freilich nicht differenzierende Bezeichnung vom „Roten Offenbach“. Die NSDAP kam mit ihren 0,7 % seinerzeit noch nicht über den Status einer Splitterpartei hinaus.[126] Doch dabei sollte es nicht bleiben.

Die starke Position der Arbeiterparteien und damit auch des ASB in und um Offenbach änderte freilich nichts daran, dass es ihnen nach der Machtübernahme durch die Nationalsozialisten genauso erging wie ihren Gesinnungsgenossen in den anderen Teilen des Deutschen Reichs.

ARBEITERSAMARITER AUF DEM LAND: DAS BEISPIEL DIETZENBACH

Arbeiterwohnsitzgemeinde mit starkem bäuerlichen Gepräge

Der rund 15 Kilometer südlich von Offenbach gelegene Ort Dietzenbach war während der Epoche der Weimarer Republik eine Arbeiterwohnsitzgemeinde mit einer sehr regen Samariterkolonne.

In unserem Zusammenhang ist dieser Ort aber deswegen von besonderem Interesse, weil sich wissentlich als einziges seiner Art lediglich das Protokollbuch der Dietzenbacher Arbeiter-Samariter-Kolonne aus der Zeit vor der Machtübernahme durch die Nationalsozialisten bis zum heutigen Tage erhalten hat. Es befindet sich – sorgsam verwahrt – im Archiv des ASB-Bundesverbandes.[127] Die Niederschriften reichen vom 30. September 1914 bis zum

Die Obst- und Gemüsehandlung des Philipp Th. Gaubatz in der Dietzenbacher Bahnhofstraße um 1930.
Heimat- und Geschichtsverein Dietzenbach

8. Februar 1933. Wegen seiner Einmaligkeit stellt dieses Protokollbuch eine Quelle von erheblicher Relevanz dar. Sein Inhalt vermag, das Wirken einer ASB-Kolonne im ländlichen Bereich weitgehend nachzuzeichnen, wenn man sich für manche Sachverhalte oder Sitzungen auch eine etwas ausführlichere Niederschrift gewünscht hätte.[128]

Doch zunächst ist es erst einmal wichtig, einen Blick auf das Dietzenbach der 1920er-Jahre zu werfen, wo sich seinerzeit wohl kaum einer der Einwohner vorstellen konnte, dass sein Dorf, in dem damals der Ortsdiener die Mitteilungen der Gemeindeverwaltung noch mit Hilfe der Ortsschelle verkündete und der Geruch des zahlreich gehaltenden Nutzviehs alle anderen Duftnoten überlagerte,[129] jemals zu den Höhen einer Kreisstadt mit nahezu 35.000 Einwohnern emporsteigen würde.

Vor drei bis vier Generationen zeigte man sich in Dietzenbach noch weit bescheidener. Zur Mitte der 1920er-Jahre zählte der Ort gut 3.000 Einwohner. Es gab hier elf Gastwirtschaften, sechs Metzgereien, sieben Bäckereien, vier Wagnereien, vier Schneider- und ebenso viele Schreinermeister, drei Schmieden sowie eine Brennholzschneiderei mit fahrbarer Bandsäge.[130]

In der durchweg protestantischen Gemeinde[131] ging noch eine ganze Reihe von Landwirten und noch mehr Feierabendbauern ihrer traditionellen und oft mühevollen Tätigkeit auf Wiesen und Äckern nach, während die Bäuerin das Vieh versorgte und die Kinder die Ziegen hüteten. Dietzenbach war während der Zeit vor dem Zweiten Weltkrieg zumindest nach außen ein Bauerndorf, obwohl der Haupterwerb der meisten Familienväter in einer Tätigkeit als Fabrik- oder Bauarbeiter in den nahen Großstädten bestand. Im Jahre 1933

Der Kaufladen des Dietzenbacher „Konsum-Vereins" in den zwanziger Jahren. Heimat- und Geschichtsverein Dietzenbach

existierten im Dorf noch 129 landwirtschaftliche Betriebe mit einer Größe von mehr als zwei Hektar (ha), 302 Nebenerwerbsbauern bewirtschafteten mit ihren Familien zwischen 0,25 und zwei Hektar und 246 Ortsbewohner besaßen ein oder mehrere Stücke Land von zusammen bis zu 0,25 ha. In den Ställen des Ortes standen Ende 1933 noch 148 Pferde, 650 Rinder, 836 Schweine und 606 Ziegen, die als „Kuh des kleinen Mannes" die oftmals zahlreichen Kinder mit Milch versorgten.

Angesichts dieser Zahlen wird klar, dass die weitaus meisten der 817 Haushalte bis in die 1930er-Jahre mehr oder weniger intensiv mit der traditionellen bäuerlichen Lebensweise verbunden geblieben waren.[132]

Weitere Möglichkeiten des Broterwerbs erwiesen sich in Dietzenbach selbst als äußerst rar. Hier existierten lediglich einige kleinere Handwerksbetriebe sowie ein Sägewerk, ein Steinmetzbetrieb und eine Großmetzgerei, wobei lediglich Letztere über den Rahmen eines kleinen Familienbetriebs herausragte.[133]

Zusammenfassend lässt sich festhalten: Dietzenbach mutierte im Zuge der Industrialisierung zu einer Arbeiterwohnsitzgemeinde mit einem ausgeprägt starken und noch überall wahrnehmbaren bäuerlichen Einschlag. Diese Bestandsaufnahme gilt mindestens bis zum Zweiten Weltkrieg für die allermeisten Orte im Rodgau, am Main, in der Dreieich und mit einiger Verzögerung auch für die Dörfer in der Wetterau.

Unabhängig von dem vertrauten Äußeren hatte die Moderne, oder zumindest einige untrügliche Anzeichen davon, bis zur Jahrhundertwende in Dietzenbach Einzug gehalten. Immerhin besaß man eine Postagentur, eine „Oeffentliche Sprechstelle" und seit 1898 eine Bahnstation, die eine einigermaßen bequeme Verbindung in die Kreisstadt gewährleistete.

Für die medizinische Versorgung der Bevölkerung war lange Zeit alleine der Arzt Dr. Gustav Heumann, wohnhaft in der Darmstädter Straße 95, verantwortlich.[134]

Die Wandlung vom reinen Bauerndorf zur Arbeiterwohnsitzgemeinde brachte auch Veränderungen im politischen Bewusstsein der Bevölkerung. So entstand 1898 ein Ortsverein der Sozialdemokratischen Partei. Zu seinen Gründern gehörten Heinrich Kiefer und Philipp Berz. Namen, die dann auch in der Frühphase der ASB-Kolonne als Revisor beziehungsweise Zweiter Kolonnenführer (Zweiter Technischer Leiter) wieder auftauchen sollten.

Feindliche Stimmung zwischen beiden Arbeiterparteien

Doch zurück zur Politik im Dorf, wo die SPD bald eine große Anhängerschaft fand. Allerdings erhielten die Sozialdemokraten seit dem Frühjahr 1919 mit der örtlichen KPD eine zunehmend stärker werdende Konkurrenz. Zu den Gründern der lokalen KP gehörte auch ein Philipp Berz.[135]

Freilich ist es im Falle Dietzenbach schwierig, trotz der gleichen Vor- und Zunamen Personen eindeutig zu identifizieren, da hier einige Familiennamen ebenso außergewöhnlich häufig waren wie bestimmte männliche Vornamen. So führt das Einwohnerverzeichnis für Stadt und Landkreis Offenbach von 1927 alleine in Dietzenbach sechsmal einen Philipp Gaubatz, zehnmal einen Heinrich Fenchel und gar zwölfmal einen Philipp Knecht auf. Auch die Familiennamen Berz, Kiefer, Lehr oder Wolf sind darin zahlreich vertreten.

Bei den Reichstagswahlen vom 31. Juli 1932 lagen KPD und SPD mit 708 und 703 Stimmen fast gleichauf, die NSDAP folgte mit 479 Stimmen. Das Zentrum spielte in diesem evangelischen Dorf nie eine Rolle, es hatte lediglich neun Wähler.[136]

Im Gemeindeparlament dominierte dann bis 1933 der Gegensatz zwischen den beiden Arbeiterparteien oftmals stärker die politische Auseinandersetzung als inhaltliche Diskrepanzen zu den bürgerlichen Gruppierungen. Dies führte auch dazu, dass nicht ein „Linker" das „rote" Dietzenbach als Bürgermeister repräsentierte, sondern der zum „bürgerlichen Lager" zu zählende Karl Krapp hatte das Amt inne.[137] Die knappen Protokolle der Gemeindevertretersitzungen während der Zeit der ersten deutschen Republik spiegeln diese Kontroversen aber kaum. Vielmehr dominierten darin die Beratungen über zahlreiche Gesuche (Unterstützungsanträge verarmter Einwohner, Wünsche der Vereine, Anliegen der Gemeindebediensteten, Notstandsarbeiten usw.), die Verteilung von Holz aus dem

Gemeindewald, Ankauf und Unterbringung des Faselviehs und kommunale Investitionen den Alltag der kommunalen Parlamentarier.[138] Zu Beginn der 1930er-Jahre finden die Gegensätze zwischen Kommunisten und Sozialdemokraten aber auch dort ihren Ausdruck. Einen Höhenpunkt erreichte die *„unversöhnliche und gehässige Feindschaft“* der beiden Linksparteien im Sommer 1932, als es im Gemeindeparlament zu beleidigenden Äußerungen kam, die das sozialdemokratische „Offenbacher Abendblatt“ vom 7. Juli 1932 alleine den Kommunisten unterstellte, während es diese gleichzeitig als *„Hetzer“* und *„Maulhelden“* titulierte.[139]

Ein Grund für die aggressive Stimmung zwischen den beiden Arbeiterparteien ist darin zu sehen, dass die Nationalsozialisten vor der Machtübernahme im Dietzenbacher politischen Alltag praktisch nicht präsent und deshalb auch nicht zu packen waren. SPD und KPD bekämpften sich gegenseitig und ließen ihren gefährlichsten politischen Gegner nahezu unbeachtet. Noch am 7. Februar 1933 stand deshalb die Auseinandersetzung mit den Kommunisten ganz oben auf der Tagesordnung einer SPD-Jahresversammlung, während der neue Reichskanzler Adolf Hitler in Berlin die Weichen für die Zerschlagung der Demokratie und der beiden sozialistischen Parteien stellte.

In Dietzenbach bekam man die Folgen der Entscheidung in Berlin spätestens Anfang Mai zu spüren, als rund *„80 Polizisten eine Großrazzia“* zumeist bei den Familien einschlägig bekannter Kommunisten durchführten. Bald danach kam es zu Verhaftungen und Verschleppungen Oppositioneller ins Konzentrationslager im rheinhessischen Osthofen bei Worms.

Bis zur Machtübernahme saßen niemals Nationalsozialisten im Dietzenbacher Gemeinderat, ab dem 13. Mai 1933 bestand dieses Gremium nur noch aus NSDAP-Vertretern. Und am 2. Juni erfolgte die Vereidigung des neuen kommissarischen Bürgermeisters Eduard Großmann aus Mainz, den die neuen Machthaber erst wenige Wochen zuvor im „roten“ Dietzenbach eingesetzt hatten.[140]

Der tiefe Graben, der die beiden Linksparteien in der Periode der Weimarer Republik trennte, spiegelte sich auch in den Dietzenbacher Arbeitervereinen klar wieder.

Im Dorf gab es eine ganze Reihe sozialistischer Korporationen wie die Freien Turner, den Arbeiterkraftsportverein, den Arbeiterradsportverein „Solidarität“, den Arbeitersängerverein „Vorwärts“, den Arbeitermusikverein „Bruderkette“, die Naturfreunde und den Konsumverein. Alle diese Gruppierungen zählten lange Zeit ganz selbstverständlich sowohl Kommunisten als auch Sozialdemokraten zu ihren Mitgliedern.

Wie problematisch der Umgang zwischen den Anhängern der beiden Arbeiterparteien untereinander war, zeigte sich dann 1930 in augenfälliger Weise. Seinerzeit kam es wegen der umstrittenen Eigentumsverhältnisse der von 1922 bis 1924 in Eigeninitiative erbauten Turnhalle zu einer heftigen Konfrontation, in deren Folge sich die lokale Arbeitersportbewegung zerstritt und schließlich spaltete. Die Konsequenz war, dass die von den Kommunisten dominierte „Rote Sportunion Dietzenbach“ ins Leben gerufen wurde, der sich ein großer Teil der aktiven Sportler anschloss.[141]

In den Kontext der Arbeitervereine gehörte in Dietzenbach wie überall in Deutschland die Arbeiter-Samariter-Bewegung. Wie die örtliche Kolonne vor diesem politischen Hintergrund agierte, worin ihre Probleme bestanden und ob die geschilderten Gegensätze auch dort ausgetragen wurden, soll im Folgenden dargestellt werden.

Protokollbuch gibt Antworten und wirft Fragen auf

Die Gründung der Arbeiter-Samariter-Kolonne Dietzenbach erfolgte im Juni 1921. Sie gehörte, nachdem die Frage der Zuordnung der Kolonnen im ASB 1925 auf dem Berliner Bundestag geklärt worden war, gemeinsam mit Kolonnen der Umgebung zum 3. Bezirk im 16. Kreis, der fast ausschließlich Kolonnen aus Orten des Volksstaats Hessen umfasste. Doch bei dieser so schlicht erscheinenden Aussage wirft das Protokollbuch der Kolonne gleich bei der ersten Niederschrift eine grundsätzliche Frage auf.[142]

Vorab muss nämlich überprüft werden, ob dieses Protokollbuch ursprünglich überhaupt für die Vereinseinträge einer ASB-Kolonne angeschafft worden war. Diese Skepsis wird noch dadurch genährt, weil die Einträge im „Prottokollbuch der freiwill. Sanitäts-Kolonne zu Dietzenbach“ mit dem 30. September 1914 beginnen, während die Gründung der Arbeiter-Samariter-Kolonne erst im Sommer 1921 erfolgte. Noch größer werden die Zweifel, wenn man den ersten Eintrag zur „Gründungs-Versammlung“ im Rathaus, an der 32 Personen teilnahmen, aufmerksam weiterliest.

Laut dem von Karl Fenchel mit schöner und gut lesbarer Handschrift verfassten ersten Protokoll wurde die Wahl des Vorstandes 1914 per Akklamation vorgenommen. Am Schluss des Eintrages zur Gründungsversammlung löst sich dann die anfängliche Irritation auf. Über den Antrag des „Kam. Vierheller“, wonach man sich *„doch ohne weiteres Ueberlegens“* dem Roten Kreuz anschließen solle, *„wurde noch lange hin und her debattiert, bis wir endlich zu dem freudigen Resultat kamen, sich einstimmig dem Roten Kreuz anzuschließen, was für unseren neu gegründeten Verein sehr zu beglückwünschen sei“.*[143]

Die Gründung einer Rotkreuz-Gruppierung müsste hier nicht sonderlich interessieren, wenn es nicht relevante personelle Kontinuitäten zur späteren ASB-Kolonne gegeben hätte und man deshalb oder womöglich auch aus Sparsamkeit das Protokollbuch von 1914 weiterführte.

Doch zunächst zurück zur Sanitätskolonne vom Roten Kreuz. Ihr war offensichtlich keine lange Lebensdauer beschieden. Das Protokollbuch enthält nur zwei weitere Einträge und zwar den vom 29. Oktober und den vom 3. November 1914. Vermutlich musste die Rotkreuzkolonne aufgrund von Krieg und der Einberufung einiger ihrer Aktiven zum Heeresdienst ihre Tätigkeit bald einstellen.

Zu den Männern, die für die personelle Kontinuität zur ASB-Kolonne standen, gehörte in erster Linie der Buchdrucker Jean oder Johann Vierheller, der bereits 1914 als Zweiter Kolonnenführer (Zweiter Technischer Leiter) fungierte, ab 1921 jahrelang Vorsitzender der Arbeiter-Samariter-Kolonne war und auch im 16. Kreis eine wichtige Rolle spielte. Vierheller wohnte in der Rathenaustraße 33.[144] Ähnlich verhält es sich mit Jakob Gaubatz, der zunächst 1914 und ab 1921 wieder als Zeugwart amtierte, sowie mit Jean Erb, der anfangs das Amt des Schriftführers und dann kurzzeitig die Funktion des Kolonnenführers (Technischer Leiter) ausübte.[145]

Es bleibt offen, aus welchen Motiven die drei Genannten 1921 zum ASB stießen oder ob sie die Gründung der Arbeiter-Samariter-Kolonne sogar initiierten. Laut der ehemaligen Dietzenbacher ASB-Vorsitzenden Margarete Fenchel entstand die Arbeiter-Samariter-Kolonne aufgrund der Teilung der Sanitätskolonne.[146] Demnach hatten Erb, Gaubatz und Vierheller die Auswahl, unter wessen Zeichen sie den Dienst am Nächsten verrichten wollten. Sieben Jahre zuvor war diese Wahlmöglichkeit wahrscheinlich nicht gegeben. Auch hatte sich die politische Großwetterlage nach dem Erfahrungen des verlorenen Ersten Weltkriegs und der Ausrufung der Republik scheinbar grundlegend geändert und damit eventuell auch persönliche weltanschauliche Einstellungen, wie es bei Vierheller der Fall gewesen sein könnte, der ja 1914 vehement für den Eintritt ins Rote Kreuz plädierte. Andere sahen nun die Chance gegeben, außerhalb des von ihnen als sehr konservativ oder gar reaktionär eingestuften Roten Kreuzes Sanitätsdienst zu leisten.

Diese personelle Kontinuität war womöglich auch ursächlich dafür, dass man 1929 ein Stiftungsfest zum 15-jährigen Bestehen der Kolonne mit einem Festzug durch die Ortsstraßen, Gartenfest, Preisschießen, Kinderspiel und abendlichem Tanz feierte.[147]

Dennoch beginnt das eigentliche Protokollbuch der Arbeitersamariter erst auf Seite 12 mit dem Eintrag zur Versammlung vom 26. Juni 1921 und nicht bereits im September 1914.[148] Folglich heißt es nun auch nicht mehr „Kamerad“ sondern „Genosse“. Zudem endeten die Mitglieder- und Generalversammlungen immer ordnungsgemäß mit einem „Frei Hilf“. In den frühen Jahren der Kolonne fanden diese Treffen zumeist in der Gastwirtschaft „Harmonie“, später in der „Linde“, vereinzelt auch im Rathaussaal oder in der alten Schule statt. Für die Übungsabende stand ein Nebenraum im Rathaus bereit. Später bemühte man sich um einen Schulraum.[149]

Auffällig ist im Protokollbuch die große zeitliche Lücke zwischen den Einträgen vom 4. März 1926 und dem 20. Januar 1929. Ein Grund dafür wird nirgends genannt. Jedoch führte Christian Kiefer ab 1929 erstmals das Protokoll. Außerdem sind die Seiten 58 und 59 leer, während 119 bis 129 schlichtweg fehlen.

Die handschriftlichen Aufzeichnungen vermitteln trotz dieser beträchtlichen Lücken einen guten Einblick in den Samariteralltag der Dietzenbacher Kolonne, obwohl die Bemerkungen meist sehr knapp gehalten und manche Zusammenhänge nicht oder kaum

Mitglieder der Arbeiter-Samariter-Kolonne Dietzenbach um 1930. Als zweiter von rechts ist Peter Knecht zu erkennen. Er war der letzte Vorsitzende der Kolonne vor dem Verbot durch die Nationalsozialisten.
Heimat- und Geschichtsverein Dietzenbach

nachzuvollziehen sind. Auch leiden manche Passagen an sprachlichen Mängeln, weshalb sie beim ersten Lesen hin und wieder unverständlich bleiben.

Trotz dieser Einschränkungen bleibt festzuhalten: Das Protokollbuch der Arbeiter-Samariter-Kolonne Dietzenbach notiert nahezu kontinuierlich auf 120 handgeschriebenen Seiten die Ergebnisse der jährlichen General- oder Jahresversammlungen, der zumeist vierteljährlich stattfindenden Mitgliedertreffen und ab 1929 der häufig anberaumten Vorstandssitzungen. Es listet aber nicht nur die Aktivitäten der Kolonne auf, sondern es benennt auch die Namen ihrer Funktionsträger sowie zahlreicher einzelner Samariter und Samariterinnen. Anhand der Auswertung dieser Niederschriften können deshalb exemplarisch für viele andere ASB-Kolonnen die Tätigkeitsbereiche aufgezeigt sowie die Einsätze und das Vereinsleben der Arbeitersamariter gerade auf dem Land mit all ihren Schwierigkeiten und Erfolgen weitgehend nachvollzogen werden. Es reflektiert aber nur selten und dann meist nur ansatzweise unterschiedliche Standpunkte und wodurch sie hervorgerufen oder wodurch sie geklärt wurden. Möglicherweise ließ der jeweilige Protokollant derartige Diskrepanzen, mit einem mehr oder weniger politischen Hintergrund, unerwähnt.

Politische Konfrontation in der Dietzenbacher Kolonne?

Mit dem ersten Protokoll, das wirklich die Tätigkeiten der Dietzenbacher ASB-Kolonne meint, tauchen wieder neue Fragen auf, da am 26. Juni 1921 Personen in bestimmten Funktionen genannt werden, ohne dass ein Eintrag über ihre zuvor erfolgte Wahl informiert. Mehr noch, die junge Kolonne sollte schon vier Wochen später eine Kreisübung ausrichten, zu deren Vorbereitung eigens der ASB-Kreisvorstand in Dietzenbach erschienen war.

In Anbetracht dieser Herausforderung muss die Kolonne sicherlich schon einige Zeit vorher handlungsfähig gewesen sein, sonst hätte man ihr wohl kaum diese Aufgabe zugedacht. Und anscheinend hatten bis Ende Juni bereits Wahlen stattgefunden, denn Jean Vierheller unterzeichnete das Protokoll in seiner Funktion als Vorsitzender und Max Herbert tat das Gleiche als Schriftführer.

In den nächsten Jahren fanden dann allerdings Vorstandswahlen statt und ihr Ergebnis ist natürlich in der Niederschrift der jeweiligen Generalversammlung festgehalten.

Die zu vergebenden Positionen innerhalb der Kolonne waren die des Ersten und des Zweiten Vorsitzenden, des Ersten und des Zweiten Technischen Leiters, des Rechners oder Kassierers, des Materialverwalters, des Unterkassierers und des Schriftführers. Das Amt des Zweiten Vorsitzenden ist im Protokoll der Generalversammlung vom 20. Januar 1929 zwar namentlich besetzt, aber durchgestrichen. Die gewählten Personen waren in der oben vorgegebenen Reihenfolge: Jean Vierheller, Jakob Altmannsberger (durchgestrichen), Martin Herbert, Heinrich Kiefer, Martin Wolf, Jakob Gaubatz, Philipp Knecht und Christian Kiefer.[150] Immerhin gehörte damit etwa jeder dritte Samariter dem Vorstand an. Eine Frau war während der Zeit vom 1921 bis 1933 nie in einer derartigen Funktion.

Die Vorstandswahlen fanden fast immer offen durch Akklamation statt und verliefen meist harmonisch, doch es gab auch Kampfabstimmungen. Besonders hervorzuheben ist in dieser Hinsicht das Votum zum Vereinsvorsitzenden am 18. Januar 1930. Nachdem der bisherige Vorsitzende Jean Vierheller der Kolonne bescheinigte, dass sie im vorangegangenen Jahr *„gut gearbeitet hat und gut in Ordnung ist"*, kam es beim Punkt 5 der Tagesordnung „Vorstandswahlen" zum Eklat. Der Technische Leiter Peter Knecht kritisierte die Arbeit Vierhellers, dem er vorwarf, *„in letzter Zeit seiner Pflicht nicht ganz und voll nachgekommen"* zu sein. Deshalb schlug er Heinrich Werner zum neuen Vorsitzenden vor. Bei der Abstimmung erhielt Vierheller sieben, Werner hingegen 16 Stimmen. Vierheller zeigte sich von dieser Entscheidung dermaßen schockiert, dass er zunächst *„in Aufregung"* seinen Austritt aus der Kolonne erklärte, dieses aber noch während der Sitzung widerrief.[151]

Es geht aus den Aufzeichnungen nicht hervor, was Knecht konkret am Verhalten Vierheller bemängelte. Doch ganz offensichtlich traf er damit die Mehrheitsmeinung in der Kolonne. Ob hierbei auch politische Aversionen eine Rolle gespielt haben, wie dies

Der Sozialdemokrat Martin Wolf prägte als Kassierer von 1921 bis 1933 maßgeblich die Dietzenbacher ASB-Kolonne (spätere Aufnahme).
Heimat- und Geschichtsverein Dietzenbach

zeitweise innerhalb anderer ASB-Kolonnen im Reich der Fall war, lässt sich anhand des Eintrags nicht feststellen.

Bei den beiden in den Niederschriften vermerkten Auseinandersetzungen um die Person Martin Wolf darf man schon eher einen politischen Hintergrund vermuten, wenn auch hierbei manches spekulativ bleiben muss.

Martin Wolf wurde am 10. September 1885 in Dietzenbach geboren, war gelernter Schnittmacher und ein Exponent der örtlichen Sozialdemokratie. Er saß seit dem 4. Januar 1923 in der Gemeindevertretung[152] und Anfang 1920 kandidierte *„Martin Wolf der IV, Schlosser in Dietzenbach"*, auf Position 18 der SPD-Liste für den Kreistag.[153] Er führte spätestens seit der Mitte der 1920er-Jahre ein Fahrradgeschäft in der Karlstraße 14, wo man außerdem – eventuell erstmals im Dorf – moderne Elektrogeräte wie Radios erwerben konnte.[154]

Nach Kriegsende fungierte er ab dem 5. November 1945 bis zum 23. März 1946 als kommissarisch eingesetzter und dann für zwei Jahre als gewählter Bürgermeister in seinem Heimatort.[155]

Hinsichtlich seiner Rolle innerhalb der Dietzenbacher Arbeiter-Samariter-Kolonne ist festzuhalten: Martin Wolf amtierte von 1921 bis 1933 als Kassierer. Im Laufe dieser Jahre wuchs sein Einfluss innerhalb der Kolonne stetig, was vielleicht schon daran ersichtlich ist, dass ab 1929 die Vorstandssitzungen in seiner Wohnung stattfanden und dass er in den letzten Jahren immer einer der zwei Delegierten war, die die Dietzenbacher Kolonne zum jeweiligen Kreistag der regionalen ASB-Versammlung im Volksstaat Hessen entsandte.

Die zwei überlieferten Konfrontationen, in deren Mittelpunkt Martin Wolf IV. stand, ereigneten sich 1921. Im August kritisierte Fritz Kolb das Verhalten Wolfs bei einer Mitgliederversammlung *„scharf"*, da er in Abwesenheit des Vorsitzenden Vierheller nicht die Leitung der Sitzung abgegeben habe, sondern damit noch fortfuhr, obwohl der verspätet eingetroffene Vizevorsitzende schon längst anwesend war. Nach diesem Vorwurf erhielt Wolf keine Entlastung für seine Rechnungsführung.[156]

Die andere Kontroverse entzündete sich an der Frage, ob zu einem Kommerz im Anschluss an eine Prüfung eines Kurses der Kolonne alle oder lediglich die Arbeitersportvereine eingeladen werden sollten. Martin Wolf sprach sich dabei auch für die Berücksichtigung der bürgerlichen Gruppierungen aus. Philipp Berz widersprach Wolfs Ansinnen. Über den Ausgang des Streits gibt das Protokollbuch keine Auskunft. Es heißt dann weiter: *„Zur Ausarbeitung der Feier werden außer dem Vorstand noch die Genossen Philipp Berz, Fritz Kolb, Peter Knecht, Christian Kiefer und die Genossinnen Elise Baum und Katharina Lehr bestimmt."*[157] Möglicherweise deutet dies auf eine Entscheidung gegen Wolfs Vorschlag hin.

Philipp Berz, vermutlich handelt es sich um den oben bereits genannten Mitbegründer der Dietzenbacher KPD, taucht danach nicht mehr als Funktionsträger der Kolonne in den Niederschriften auf. Lediglich im Kontext mit einem Treffen mit Vertretern von Sportvereinen im Dezember 1931 wird er als Delegierter des „Roten Sport" erwähnt.[158] Fritz Kolb übte bis März 1926 die Position des Schriftführers aus, er wird danach nicht mehr genannt und es finden sich dann für fast drei Jahre keine Einträge im Protokollbuch. Ist es in dem Zeitraum von 1926 bis 1929 eventuell zu einem „Machtkampf" zwischen den Sozialdemokraten und Kommunisten in der Kolonne gekommen? Und sollten diese Divergenzen innerhalb der Kolonne nicht überliefert werden?

Inwieweit politisch motivierte Konflikte und dadurch begründete persönliche Aversionen in das Leben der Kolonnen vor 1933 hineinspielten, muss nach wie vor offen bleiben. Die angeführten Beispiele darf man allenfalls als Hinweise dafür deuten, aber sie sollten nicht als stichhaltige Belege dafür interpretiert werden, dass man die virulenten Gegensätze zwischen SPD und KPD auch in der lokalen ASB-Gruppierung austrug. Jedoch ist es ebenso denkbar, dass bis zur Mitte der 1920er-Jahre innerhalb der Kolonne ein manchmal offener, manchmal verdeckter „Machtkampf" zwischen Kommunisten und Sozialdemokraten tobte, den die Gemäßigten um Martin Wolf schließlich für sich entschieden hatten, was die entschiedenen Linken mit ihrem Austritt quittierten.

Zum Roten Kreuz findet sich, sieht man von der Gründung im Jahr 1914 ab, im Protokollbuch kein einziger Hinweis und sei es auch nur in einem Nebensatz. Offensichtlich kam die Dietzenbacher Arbeiter-Samariter-Kolonne mit der anderen Hilfsorganisation kaum oder gar nicht in Kontakt. In ihrem Heimatort war sie sowieso konkurrenzlos, da hier – zumindest gegen Ende der Weimarer Republik – weder eine Freiwillige Sanitätskolonne vom Roten Kreuz noch der Vaterländische Frauenverein existierten.[159]

Dauerproblem Disziplin und Dienstbekleidung

Auf den ersten Blick unpolitisch ging es bei zwei anderen Problemen zu, die nur vordergründig nichts miteinander zu tun haben.

Zunächst einige Bemerkungen zum Erscheinungsbild der Dietzenbacher Arbeitersamariter: Bereits im August 1921, also wenige Wochen nach der Gründung der ASB-Kolonne, bemängelte der Zweite Vorsitzende Jakob Altmannsberger das *„bunte Antreten zu öffentlichen Übungen und zu Samariterdiensten"*. Er schlug deshalb vor, *„eine Kleiderkasse anzulegen, um so allmählich zu einheitlicher Kleidung zu gelangen."* Der Vorschlag, Angebote für sechs bis acht Mützen einzuholen, stieß allerdings vorerst auf Ablehnung.[160] Wenige Wochen später wies der Vorstand darauf hin, dass die Samariter und Samariterinnen bei Wachen stets Armbinden zu tragen haben.[161] Einige Monate später klärte der Vorstand die „Mützenfrage", worüber das Protokollbuch keine näheren Details mitteilt.[162]

Übrigens kommt das Wort „Uniform" in den Notizen nicht vor, sondern man wählt die Begriffe „Dienstrock" und „Diensthose". Beides findet aber erst in den 1930er-Jahren im Protokollbuch Erwähnung. Zu dieser Zeit hat wohl eine ganze Reihe von Samaritern schon einen Dienstrock besessen. Nach welchen Kriterien diese angeschafft und verteilt wurden, ist nicht ersichtlich. Jedenfalls heißt es dann im Protokoll einer Vorstandssitzung vom 10. Februar 1930: *„Dienstrock kann nur einer erreichen, wenn er eine Prüfung bestanden hat und tätig ein Jahr im Dienst war."*[163] Kurz vorher wurde auf einer Generalversammlung im gleichen Zusammenhang unangenehm vermerkt, dass einige Mitglieder ihren Dienstrock beim privaten Spaziergang tragen würden. Dies sei freilich nicht statthaft, weil diese der Kolonnen gehörten und folglich nur bei dienstlichen Anlässen zu tragen seien.[164] Dieses Verhalten belegt aber auch, dass die Dietzenbacher Samariter stolz darauf waren, dem ASB anzugehören, und dies wollten sie damit nach außen gegenüber ihren Mitbürgern demonstrieren.

Martin Wolf erschien die Kennzeichnung mittels Mütze und Dienstrock hingegen als nicht ausreichend, weshalb *„jeder Samariter auf dem Dienstrock ein Abzeichen vom Bund tragen"* sollte. Das Aufnähen könnten dann, so Wolf, die Samariterinnen während der nächsten Übungsstunde erledigen.[165]

Das Problem der Dienstkleidung blieb noch weiter virulent. Laut Vorstandsbeschluss der Sitzung vom 21. Januar 1932 sollten die Mitglieder zur nächsten Versammlung, gemeint war sicherlich die nächste Jahresversammlung am 24., *„die Kleidungsstücke, welche der Kolonne angehören"* mitbringen oder schicken. Außerdem beabsichtigte der Vorstand, dass sich die Mitglieder schriftlich verpflichteten, bei einem Austritt alles Kolonneneigentum *„im sauberen Zustande, ohne jegliche Rückvergütung"* abzuliefern.[166] Bei dieser Jahresversammlung wurde dann Peter Knecht einstimmig zum neuen und vorläufig letzten Ersten Vorsitzenden der Arbeiter-Samariter-Kolonne Dietzenbach gewählt.[167]

Inwieweit die Beschlüsse des Vorstands die Dienstkleidung betreffend bei der Jahresversammlung kontrovers diskutiert wurden, ist nicht ersichtlich. Das Protokoll reißt bei dem vorletzten Tagesordnungspunkt „Vorstandswahl" plötzlich ab. Die nachfolgenden Seiten 119 bis 126 fehlen. Deshalb sind keine Vermerke zum Punkt „Kolonnenangelegenheiten" überliefert. Möglicherweise kam es wegen der Vorgaben des Vorstands zu einem heftigeren Disput unter den Mitgliedern, der zwar im Protokollbuch ursprünglich schriftlich festgehalten, aber später wieder entfernt wurde.

Hinsichtlich der Frage nach der „Uniformierung" stand die Dietzenbacher Kolonne im ASB aber keinesfalls allein. Vielmehr beschäftigte dieses Problem den gesamten Bund, denn viele ausgeprägt pazifistisch eingestellten Arbeitersamariter lehnten ein optisch einheitliches Auftreten deshalb ab, weil es in ihren Augen zu militärisch wirken könnte.[168] Von daher war der Umgang mit dieser Frage wiederum recht politisch.

Der nächste Eintrag auf Seite 127 bezieht sich auf eine „Gemeinschaftliche Sitzung mit Turmgmd. und Turngesellschaft am 15.3.32 im alten Schulhaus". Das leidige Thema einer schriftlichen Verpflichtungserklärung der Mitglieder ist in den Niederschriften nicht mehr erwähnt. Gleiches gilt jedoch nicht für die „Diensthosen". Bezüglich dieser Hosen stellte der Technische Leiter Heinrich Kiefer im Juni 1931 den Antrag, *„es soll jeder der Wache steht, eine Hose haben"*, weil die alten *„jetzt alle schlecht"* seien. Hinsichtlich der Bezahlung gab es unterschiedliche Meinungen. Der stets sparsame Rechnungsführer Wolf wollte die Samariter mit heranziehen.[169] Wegen der Hosen zeigte sich der Vorstand später allerdings großzügiger und beauftragte einen Schneider in Niederroden mit ihrer Anfertigung.[170]

In Sachen Disziplin innerhalb der Kolonne gab es von einzelnen Vorstandsmitgliedern im Laufe der Jahre wiederholt kritische Äußerungen. Die erste Ermahnung erfolgte bereits am 17. August 1921 als sowohl die mangelhafte Beteiligung an einem Festzug der Freiwilligen Feuerwehr als auch das Verhalten der Mitglieder während der Übungsstunden gerügt wurden. Letzteres führte dazu, dass der Kolonnenarzt Dr. Gustav Heumann diese *„bis auf Weiteres ausfallen"* lassen wollte. Gleiches traf für den schwachen Besuch einer Versammlung am 1. März 1925 zu, an der lediglich elf von 24 wahlberechtigten Mitgliedern teilnahmen.[171] Auch die Anwesenheit bei den Übungsstunden und etlichen Mitgliederversammlungen in anderen Jahren ließ zu wünschen.[172] Selbst Vorstandssitzungen konnten zu keinem Ergebnis führen, weil wichtige Funktionsträger vor allem bei Terminen in den Jahren 1929 und 1930 fehlten.[173]

Bei der Klage über zu geringe Teilnahme sollte man aber stets bedenken, dass es sich bei der Dietzenbacher Kolonne um einen kleinen Verein handelte, der bei seiner Gründung 1921 genau 15, 1927 gerade einmal 24[174] und 1930 lediglich 26 Mitglieder zählte.[175]

Besonders streng bemängelte der Technische Leiter bei der letzten Jahreshauptversammlung die geringe Präsenz bei Übungsstunden. Am 8. Januar 1933 bemerkte Heinrich Kiefer, dass *„eine große Faulheit unter den Mitgliedern entstanden"* sei. Am Schluss seiner

Ausführungen gab er der Hoffnung Ausdruck, wonach sich dies im gerade begonnenen Jahr bessern werde.[176] Doch es blieb keine Zeit zur Besserung, denn nur wenige Monate später betrieben die Nationalsozialisten die Auflösung der ASB-Kolonnen.

Was die unzureichende Anwesenheit der Mitglieder betrifft, ist außerdem zu berücksichtigen, dass viele der Arbeitersamariter sicherlich noch eine kleine Landwirtschaft betrieben oder zumindest einen größeren Garten besessen haben, deren Bearbeitung Zeit erforderte, die für das ehrenamtliche Engagement fehlte. Freilich waren diese Ernteerträge gerade während der 1929 einsetzenden Weltwirtschaftskrise oft von elementarer Bedeutung für die Arbeiterfamilien. Angesichts ihrer schlechten oder bedrohten ökonomischen Situation kümmerte sich mancher Samariter verständlicherweise erst einmal um das Lebensnotwendige für seine unmittelbaren Angehörigen, bevor er an den Dienst am Nächsten und an die Übungsstunden der Kolonne dachte. Außerdem ist nicht auszuschließen, dass einige arbeitslose Samariter nicht erschienen, weil sie Ausgaben scheuten, die mit dem Dienst beim ASB verbunden sein könnten.

In welchen beklagenswerten Verhältnissen einer der Dietzenbacher Arbeitersamariter lebte, verdeutlicht der Eintrag vom 16. Dezember 1932. Danach gewährte der Vorstand einem kranken Genossen eine Unterstützung in Höhe von sechs Reichsmark zum Kauf von Lebensmitteln.[177]

Dennoch litt das Leistungsvermögen der Kolonne bei Einsätzen und Übungen selbstverständlich unter der mangelhaften Teilnahme an den Übungsstunden. Dieses Problem wurde bei Treffen der Kolonnenmitglieder mehrfach unumwunden angesprochen.[178] Womöglich widersprüchlich – wenn sich nicht jemand feiner Ironie bemächtigt hatte, die selbst der Protokollführer entweder nicht bemerkte oder nicht richtig wiedergab – verlief dabei die Mitgliederversammlung am 17. August 1930 in der Gastwirtschaft „Zur Linde“. Während Heinrich Kiefer *„immer noch viele Fehler“* bei Wachen kritisierte, gab Martin Wolf *„der Kolonne eine gute Anerkennung über die Glanzleistungen bei der Übung in Dudenhofen“.* Jean Vierheller machte die Samariterinnen und Samariter hingegen darauf aufmerksam, dass sie bei dieser Übung viele Fehler gemacht hätten. Vor allem bemängelte er, dass man beim Transport von Verletzten nicht Schritt halten konnte. Seine Ausführungen gipfelten in den Worten. *„Das wäre bald nicht mehr mit anzusehen gewesen (...) Diese Fehler müssten bei der Übung unbedingt abgestellt werden.“*[179]

Wenige Monate später klangen die Beurteilungen auf der Jahresversammlung hingegen schon deutlich versöhnlicher und positiver. Der Vorsitzende Heinrich Werner fand alles *„noch in guter Ordnung“*. Rechnungsführer Martin Wolf forderte seine Genossen auf, in vertrauter Weise weiterzumachen.[180]

Mit dem Leistungsvermögen der Dietzenbacher Arbeitersamariter kann es auch deswegen nicht immer so schlecht bestellt gewesen sein, weil sie ja immerhin in der Lage waren, Starthilfe bei der Gründung einer ASB-Kolonne in Schaafheim zu leisten.[181]

Außerdem war die Kolonne erster Ansprechpartner sowohl für die örtlichen Arbeitervereine wie für die bürgerlichen Sportklubs, sobald es um die Stellung von Sanitätspersonal ging. Auch wenn es bei der Bezahlung manchmal zu heftigen Reibereien kam.

Ein zusätzliches Indiz für das gute Ansehen der Dietzenbacher Kolonne darf auch darin gesehen werden, dass Jean Vierheller als Vorsitzender und Martin Herbert als Kassierer des 3. Bezirkes im 16. Kreis des ASB für mehrere Jahre wichtige überörtliche Funktionen wahrnahmen.[182]

Hingegen scheint es in den letzten Jahren vor der Auflösung durch die Nationalsozialisten vermehrt zu Disziplinlosigkeiten gekommen zu sein, während andere Aktivitäten der Kolonne, die beispielsweise der Geselligkeit oder zusätzlichen Einnahmen dienen sollten, seltener wurden. Leider bietet hierbei das Protokollbuch aufgrund dürftiger Mitteilungen mehr Raum zur Spekulation als zur Information.

Einnahmen und Ausgaben

Martin Wolf amtierte, solange die ASB-Kolonne Dietzenbach existierte, als ihr Rechnungsführer. Wolf legte Wert darauf, nicht nur einen ausgeglichenen Kassenbericht bei der jeweils anstehenden Generalversammlung vorzulegen, sondern seine Ausführungen schlossen stets mit einem Überschuss ab. Leider informieren die Aufzeichnungen im Protokollbuch lediglich darüber wie hoch Einnahmen und Ausgaben waren. Sie geben nicht detaillierter an, wie sich diese Positionen zusammensetzten.

Den besten Jahresabschluss erzielte man 1922 mit 1.442,05 Mark[183], nur war damals der Geldwertverfall schon deutlich spürbar. Zwei Jahre später wurde die überaus schwache Mark nach der Hyperinflation vom Herbst 1923 im Rahmen einer Währungsreform durch die Rentenmark und schließlich die relativ stabile Reichsmark (RM) ersetzt. Im Januar 1929 betrug der Kassenbestand entsprechend „nur“ 217,26 RM.

Martin Wolf hielt das Geld der Kolonne auch während der Weltwirtschaftskrise beisammen: 1930 beliefen sich die Ausgaben auf 369 RM, die Einnahmen hingegen auf 771 RM. Ähnliche Zahlen verkündete er für das abgelaufene Jahr 1931. Seinen letzten Kassenbericht gab Wolf am 8. Januar 1933 ab. Der Protokollant hat diesmal keine genauen Zahlen festgehalten. In der Niederschrift ist stattdessen von *„einem guten Überschuss“* die Rede.[184]

Die Einnahmen der Kolonne setzten sich zunächst aus den Beiträgen der Mitglieder zusammen. Diese hatte man gemäß Beschluss der Generalversammlung vom 8. Januar 1924 gestaffelt: Vollarbeiter entrichteten 50 Pfennig pro Monat, Kurzarbeiter und weibliche Mitglieder 25 Pfennig. Erwerbslose blieben von Beitragszahlungen frei. Gleichzeitig gewährten die Kolonnenmitglieder dem Unterkassierer als Vergütung für 1923 zu Ostern ein Paar Stiefel.[185]

Sodann erzielte man Erlöse durch die Stellung von Sanitätswachen für die örtlichen Vereine, bei Haussammlungen und bei den Blumentagen, bei Vereinsveranstaltungen wie den Kommersen nach Prüfungen, Theaterabenden oder Maskenbällen.[186] Dazu kamen noch Kursgebühren. Ob die Ortskasse Offenbach oder andere Institutionen Zuschüsse gewährten, ist aus den Notizen im Protokollbuch nicht zu ersehen.

Bezüglich der Ausgaben erwähnt das Protokollbuch Abgaben an den ASB-Kreis und kleinere Beträge für die Auslagen von Delegierten oder Übungsteilnehmern. So erhielt beispielsweise Jean Vierheller 1924 als Delegierter des Kreistages in Sprendlingen eine Aufwandsentschädigung von zwei Mark.[187]

Bedeutender dürften indessen die Aufwendungen für das Sanitätsmaterial gewesen sein. Zuerst einmal galt es jedoch, Tragbahren zu beschaffen. Diese erstand man zum Preis von 15 Mark pro Stück von der *„Frankfurter Bundeskolonne"*.[188] Tragen sind für eine Sanitätskolonne unbedingt notwendig. Dass man diese Anschaffung 1921 tätigen musste, lässt darauf schließen, dass die ASB-Kolonne vermutlich kaum etwas von den Beständen der im September 1914 gegründeten Sanitätskolonne übernommen hatte oder kaum noch etwas vorhanden war. Hinsichtlich der Ausstattung bestand offensichtlich keine Kontinuität von 1914 bis 1921.

Bei Einkäufen hat die Dietzenbacher ASB-Kolonne auch bei Handwerkern in der Umgebung geordert. Dies galt nicht nur für die Dienstkleidung, sondern gleichfalls für das Sanitätsmaterial. So fertigte etwa der Schreinermeister Wülls 1924 vier Verbandkästen, die *„der Kolonne gütigst überlassen wurden"*. Überhaupt zeigte sich die Kolonne hinsichtlich ihrer Ausrüstung nach der Zeit der Großen Inflation in schlechtem Zustand, weshalb umfangreiche Neuanschaffungen nötig erschienen.[189]

Knapp fünf Jahre später sah es wesentlich günstiger aus, weshalb der Vorsitzende Vierheller mahnte, nichts mehr zu bestellen, *„ohne dass die Hälfte von dem Mann bezahlt ist"*.[190] Augenscheinlich ging das Engagement der Kolonnenmitglieder so weit, dass sie sogar die Kosten für Verbandmaterial mittrugen.

Für die Vollständigkeit und den ordnungsgemäßen Zustand der Ausrüstung sorgte seit den späten 1920er-Jahren der Materialverwalter Jakob Gaubatz. In seinem Bericht zur Generalversammlung am 20. Januar 1929 heißt es im Protokollbuch: *„Genosse Gaubatz gab dann vom Bestand der Kolonne an Verbandsmaterial, Becken, Verbandskästen usw. bekannt. Wie hier raus ersehen, verfügt die Kolonne noch über ein ganz ansehnliches Lager von Verbandsmaterial."* Doch dies genügte manchem Samariter noch nicht. Deshalb wurde der Antrag gestellt, einen Sauerstoffapparat und ein „Verhütungsmittel" zu kaufen.[191] Was unter dem zweiten Wunsch gemeint war, ist ebenso unklar wie der Ausgang der Sache, denn diese Vorschläge wurden an den Vorstand verwiesen. Über Sauerstoffapparat und „Verhütungsmittel" finden sich dann keine weiteren Erwähnungen im Protokollbuch.

Wünsche zur Verbesserung ihrer Ausrüstung stellte die Kolonne auch an die Dietzenbacher Gemeindevertreter. Verbunden mit einem Dank für geleistete Zuschüsse bat der ASB-Vorsitzende Johann Vierheller in einem Brief vom 16. März 1928 an die „Hessische Bürgermeisterei“, *„um bei einem evtl. vorkommenden Falle gerüstet zu sein“* und wenn es *„die Mittel erlauben“*, die Gemeinde um den Kauf eines Sauerstoffapparates.[192] Offensichtlich haben die Gemeindevertreter diesem Anliegen nicht entsprochen, sonst hätte der Antrag zu Anfang 1929 nicht wieder auf der Tagesordnung der Kolonne gestanden.

Ansonsten zeigten sich die Dietzenbacher Gemeindeoberen den Gesuchen der Arbeitersamariter gegenüber recht großzügig. Zumindest 1921 und 1927, aber wahrscheinlich noch öfter, erhielten die Arbeitersamariter Zuschüsse für ihre Anschaffungen.[193] Dafür leisteten die Kolonnenmitglieder im Gegenzug wichtige Hilfsdienste im Ort (s. u.), sowohl für einzelne bedürftige Personen als auch für Vereine.

Überhaupt finden sich für eine Samariterkolonne relativ wenige Hinweise auf die Ausrüstung der Kolonnenmitglieder, sieht man von der fortwährenden Diskussion um die Dienstkleidung aus der Zeit unmittelbar nach 1923 ab. Entweder war es ansonsten kein allzu wichtiges Thema, weil sich das Notwendige jederzeit besorgen ließ oder weil man nennenswerte Anschaffungen sehr selten vornahm. Diese Interpretationsmöglichkeiten lässt auch der letzte Inventarbericht von Jakob Gaubatz anlässlich der Generalversammlung vom 8. Januar 1933 zu. Darin teilte er mit, dass die ASB-Kolonne im vorausgegangenen Jahr 1932 nichts Neues an *„Gegenständen und sonstigem Material“* angeschafft habe.[194] Allerdings dürfte es nach dem vorher Gesagten und unter Berücksichtigung der großen wirtschaftlichen Probleme der frühen 1930er-Jahre eher so gewesen sein, dass der Kolonnenvorstand jede Investition erst einmal reiflich abwog.

Da man zumal auch keine großen Ansprüche hatte, bewertete man Anfang 1933 die Kassensituation und den Materialbestand der ASB-Kolonne Dietzenbach als zufriedenstellend, wenn nicht sogar als gut. Doch bald sollten andere ihren Nutzen daraus ziehen.

Zahlreiche Hilfeleistungen

Sinn und Zweck der Tätigkeit von Sanitätern oder Samaritern ist es, Bedürftigen zu helfen. Leider sind im Protokollbuch nicht für jedes Jahr exakte Zahlenangaben zu den von der Dietzenbacher Samariterkolonne erbrachten Hilfsdiensten und Sanitätswachen notiert. Entsprechend ist im ersten Jahresbericht des Vorsitzenden Jean Vierheller vom 1. November 1922 lediglich von der *„Beteiligung bei den Wachen“* und von *„verschiedenen einzelnen Unfällen bei Wachen“* die Rede. Hinsichtlich der Orte der Einsätze ist jedoch Konkreteres zu erfahren. Vierheller nannte *„Wachen in Urberach, Dreieichenhain, dem hiesigen Sportplatze“*, und er verwies auf einen Unglücksfall im Wald, als einem Holzhauer von zwei Mitgliedern der

Samariterkolonne, entsprechend der Gründungsidee des ASB, am Arbeitsplatz rasche Hilfe geleistet werden konnte.[195]

Die Anzahl der Wachen und Unfälle, bei denen die Dietzenbacher Samariterinnen und Samariter zum Einsatz kamen, stieg in den nächsten Jahren zunächst kontinuierlich. Für 1924 sind 14 Wachen vermerkt, und 80 Mal wurden die Samariter-Genossen zur Ersten-Hilfe gerufen. Vier Jahre später behandelten sie bereits 135 Unfallopfer, wovon die meisten bei Sportveranstaltungen zu Schaden kamen. Ihren Höhepunkt erreichte die Samaritertätigkeit 1929, als man bei 74 Anlässen Sanitätswachen stellte und bei 170 Unfällen bedürftigen Personen zu Hilfe kam.[196]

Zeitlich dazwischen lag ein sportliches Großereignis, das den ganzen Einsatz vieler ASB-Kolonnen aus dem gesamten Deutschen Reich und vor allem aus unserer Region erforderte: die Arbeiterolympiade in Frankfurt am Main vom 24. bis 28. Juli 1925. Dafür wurde im Vorfeld eine gemeinsame Übung der ASB-Kreise 9 und 16 in Neu-Isenburg vereinbart.[197]

Das Dankschreiben des Vorsitzenden Vierheller vom 16. März 1928 an den Dietzenbacher Gemeindevorstand enthält, neben der Bitte um den Kauf eines Sauerstoffapparats, recht detaillierte Angaben zu den Tätigkeiten der 20 männlichen und vier weiblichen Kolonnenmitglieder im Vorjahr. Demzufolge hatte die Kolonne Massagekurse durchgeführt und bei 153 angemeldeten und zahlreichen nicht registrierten Fällen Erste Hilfe geleistet. Außerdem waren die Dietzenbacher Arbeitersamariterinnen und -samariter während der Krankheit der Ortsschwester helfend eingesprungen. Zu Übungsstunden fanden sie sich außerhalb der Erntezeit wöchentlich in der Schule oder im Rathaus zusammen. Die Einschränkung belegt die Einschätzung, dass zahlreiche Kolonnenmitglieder neben Beruf und ASB-Dienst noch eine kleine Landwirtschaft betrieben, die zeitweise Vorrang genoss.

Ebenso interessant ist die Bemerkung, wonach die Kolonne zumindest bis 1927 keine Unterstützung seitens der Vereine bekam, eine solche bis dahin auch nicht verlangt hatte und zunächst auch zukünftig nicht verlangen wollte.[198] Doch bei diesem Vorsatz ist es nicht geblieben.

Im Jahr 1930 ging die Anzahl der Wachen auf 54 zurück, aber die der Unfälle wuchs auf 208. Für 1931 ist nur die Häufigkeit der Sanitätswachen überliefert, sie stiegen wieder auf 70 an.[199]

Indes gab es hinsichtlich der Wachen bei Sportvereinen gerade im Jahre 1931 eine monatelange heftige Auseinandersetzung, weshalb sich die ASB-Bezirks- und sogar die Kreisleitung einschalteten. Ob es sich dabei vorrangig um die Höhe der Bezahlung für die Samariter handelte, die sich je nach Stand der Diskussion zwischen 10 und 30 Reichsmark bewegte, oder ob noch persönliche Aversionen mitspielten, muss aufgrund der nicht ganz eindeutigen Formulierungen in den Niederschriften offen bleiben. Jedenfalls ergaben sich die Probleme für die Arbeiter-Samariter-Kolonne weniger mit den bürgerlichen Vereinen und auch nicht mit dem „Roten Sport", sondern sie eskalierten mit den „Freien Turnern" beziehungsweise mit einem ihrer führenden Mitglieder.

Am Ende, nachdem sogar der Vorsitzende der Kolonne vermutlich wegen dieser Streitigkeiten zurückgetreten war, einigte man sich auf die Durchführung von Benefizfußballspielen, die Einnahmen von mindestens 20 RM zugunsten der Samariter und ihrer Aufgaben einbringen sollten.[200]

Geselligkeit und Frauen

Auf der letzten Quartalversammlung am 18. Dezember 1921 vereinbarte man beispielsweise einen Familienausflug.[201] Über seinen Verlauf gibt das Protokollbuch aber ebenso wenig Auskunft wie über andere derartige Touren.

Außer diesen Fußballspielen kannte die Arbeiter-Samariter-Kolonne noch weitere Veranstaltungen, die der Geselligkeit und damit dem Zusammenhalt der Gruppe oder dem Wohle der Vereinskasse dienen sollten.

Auch kulturellen Bedürfnissen gegenüber zeigte man sich seitens der Arbeiter-Samariter-Kolonne aufgeschlossen. Dafür sah man einen Theaterabend der Freien Volksbühne Heusenstamm vor.[202] Ob es noch andere vergleichbare Veranstaltungen gab, muss offen bleiben. Ansonsten begingen die Kolonnenmitglieder und ihre Angehörigen *„familiäre Feiern"*, Maskenbälle und bei bestimmten Anlässen Vergnügungen mit Tanz und Tombola, wie etwa im Sommer 1929 zum vermeintlichen 15-jährigen Bestehen der Kolonne.[203] Zu einem *„gemütlichen Beisammensein"* im Gasthof „Zur Linde" kam es öfter nach dem Abschluss von Prüfungen, die weiterhin unter Leitung von Dr. Gustav Heumann standen und wozu im März 1930, wie in den Jahren zuvor, auch der Dietzenbacher Gemeindevorstand eingeladen worden war.[204]

Es fällt auf, dass das Protokollbuch für die Jahre danach bis 1933 keine Hinweise mehr auf gesellige Zusammenkünfte der Kolonne enthält. Dies kann natürlich dadurch begründet sein, dass der Schriftführer dies schlicht und einfach nicht notierte, aber es können dafür auch andere Ursachen zu Grunde gelegen haben. Wie oben gesehen, ließ das Engagement mancher Kolonnenmitglieder – eventuell aufgrund ihrer schlechten wirtschaftlichen Situation – in diesen Jahren nach. Ob das Aufkommen der NSDAP seit dem Sommer 1930 auch im Kreis Offenbach dabei eine Rolle spielte und sich deshalb manche Samariter vom linken ASB abwandten, ist allerdings nur eine ganz vage Vermutung.

Keineswegs vage hingegen ist der Befund, dass zumindest die quantitative Rolle der Frauen innerhalb der Kolonne mit den Jahren gewachsen ist. Erstmals am 13. August 1929 wurden sie im Protokoll einer Mitgliederversammlung als „weibliche Mitglieder" gesondert gezählt. Damals waren zwölf Männer und drei Frauen anwesend. Die Mitgliederversammlung am 17. August des folgenden Jahres fand bei Anwesenheit von jeweils 13 Samariterinnen und Samaritern statt.[205] Dieses Verhältnis war freilich eine große Ausnahme, bei späteren Treffen zeigte sich der Anteil der Samariterinnen als deutlich geringer als der ihrer männlichen Kollegen.

Vorstandspositionen haben Dietzenbacher Samariterinnen bis 1933 niemals eingenommen, dies blieb den Männern vorbehalten. Lediglich zur Vorbereitung einer Feier nach beendeter Prüfung, so hält es die Niederschrift einer Quartalsversammlung vom 18. Dezember 1921 fest, wurden „die Genossinnen Elise Baum und Katharina Lehr bestimmt".[206]

Dafür gewährte man den Samariterinnen in anderer Hinsicht einen Vorteil. Ihr Mitgliedsbeitrag betrug nur die Hälfte dessen, was ihre Samaritergenossen zu zahlen hatten.[207]

Einem traurigen und dennoch feierlichen Anlass gilt der letzte Eintrag im Protokollbuch der Dietzenbacher Samariterkolonne. Er datiert vom 8. Februar 1933, wenige Tage nachdem Hitler zum Reichskanzler ernannt worden war. Inhalt der Aufzeichnung der Mitgliederversammlung im alten Schulhaus, bei der eine weibliche und elf männliche Genossen anwesend waren, sind zwei Tagesordnungspunkte: zum einen die Heranziehung eines Arztes zur nächsten Übungsstunde und zum anderen die „Besprechung und Verhalt bei Beerdigung von unserem Genossen Wilhelm Neubecker". Als Träger des Sarges des verstorbenen Samariters wurden Heinrich Werner, Jakob Gaubatz, Philipp Knecht und Christian Kiefer *„bestimmt"*.[208]

Dass die letzten Bemerkungen im Dietzenbacher Protokollbuch die Mitwirkung von Kolonnenmitgliedern bei der Beerdigung eines ASB-Genossen betreffen, kann man als ein ungewolltes Menetekel dafür deuten, was der Arbeiter-Samariter-Bewegung während der nächsten Monate in Deutschland widerfahren sollte.

Entsprechend heißt es in der „Chronik der Kreisstadt Dietzenbach" zum 25. September 1933: *„Nach Auflösung der Arbeiter-Samariter-Gruppe wird Ph. Göckel II. vom Führer des Hess. Roten Kreuzes mit der Bildung einer Sanitätslerngruppe beauftragt."*[209]

Die vielen Aktivitäten, Sanitätsdienste und Hilfeleistungen der Dietzenbacher Kolonne des Arbeiter-Samariter-Bundes in den Jahren von 1921 bis 1933 belegen, trotz einiger Schwierigkeiten und zeitweise wohl vorhandener interner Querelen, dass ihre stete Einsatzbereitschaft in dieser gewiss nicht einfachen Periode der deutschen Geschichte gewährleistet war.

Dabei ist zu bedenken, dass viele Samariter und Samariterinnen nicht nur an ihrem Arbeitsplatz das notwendige Geld für sich und ihre Familien verdienen mussten, sondern viele von ihnen in ihrer Freizeit neben der Samaritertätigkeit eine kleine Landwirtschaft zur Produktion nötiger Grundnahrungsmittel betrieben.

ASB-KOLONNEN IN DER WETTERAU

ASB-Kolonne Bad Vilbel zwischen Gründung und Verbot

Zu den Ersten, die nach dem dramatischen Rückgang der ASB-Bewegung aufgrund des Ersten Weltkrieges während der Frühphase der Weimarer Republik in unserer Region eine Arbeiter-Samariter-Kolonne ins Leben riefen, gehörten die Samariterinnen und Samariter in Vilbel.

In der um 1920 knapp 5.500 Einwohner zählenden Kleinstadt Vilbel, wie der Ort damals noch ohne das schmückende „Bad" hieß, besaß die Arbeiterbewegung bereits um die Jahrhundertwende eine starke Bastion. Bei den Kommunalwahlen von 1904 erreichten die Sozialdemokraten die Mehrheit. Ähnlich war es bei den Voten zum Deutschen Reichstag – und im Grunde blieb es, trotz der Anfeindungen von links und rechts, bis 1933 bei diesem Wahlverhalten.[210]

In der Frühphase der Arbeiterbewegung hatten sich vor allem die Vilbeler Bauhandwerker politisch als sehr regsam gezeigt. Im Laufe der Zeit schuf sich die Arbeiterschaft hier ein Netz proletarisch geprägter Vereine und Organisationen.[211] Dazu gehörte seit dem 5. März 1921 auch die Kolonne der örtlichen Arbeitersamariter.

Anfang März 1921 erschien eine Anzeige im „Vilbeler Anzeiger". Darin wurde zu einer *„öffentlichen Versammlung"* mit Referat im Gasthaus „Zum kühlen Grunde" eingeladen.[212] Zum Ablauf der Gründungsveranstaltung ist nichts überliefert. Hingegen sind die Namen des sicherlich bei dieser Gelegenheit gewählten Vorstandes bekannt. Es handelte sich um Philipp Seibold, Wilhelm Breither und Jakob Ochs, alle wohnhaft in der Frankfurter Straße, sowie um Adam Seibold in der Seestraße. Als Kolonnenarzt fungierte Dr. Szametz. Von Anfang an gehörten auch Frauen zur Kolonne, wenn auch nicht zum Vorstand.

Die Vilbeler Samariterinnen und Samariter gingen schnell ans Werk. So fanden an jedem Mittwochabend Übungsstunden statt. Schon im Mai 1921 richteten die Kolonnenmitglieder den ersten Blumentag aus, der mit „Abmarsch mit Musik", „Volksspielen der Arbeiter-Jugend" und Tanz im Saal der Wirtschaft „Zum Pfau" fast den Charakter eines Volksfestes annahm. Die Samariterfrauen zeigten sich beim Sammeln als besonders eifrig. Beim Blumentag im Juli 1922 waren sechs der acht eingesetzten Spendensammler weiblichen Geschlechts.[213]

Erkennbar waren die Aktiven dabei nicht alleine an ihren Sammelbüchsen, sondern auch ihre Mützen und Armbinden mit weißem Kreuz auf rotem Feld wiesen sie als Arbeitersamariter aus. Allerdings handelte es sich bei dem Vilbeler ASB nicht um einen reinen Männerklub, da in einem Artikel aus dem Januar 1923 auch ein *„Fräulein Lösch"* als Samariterin genannt ist.[214]

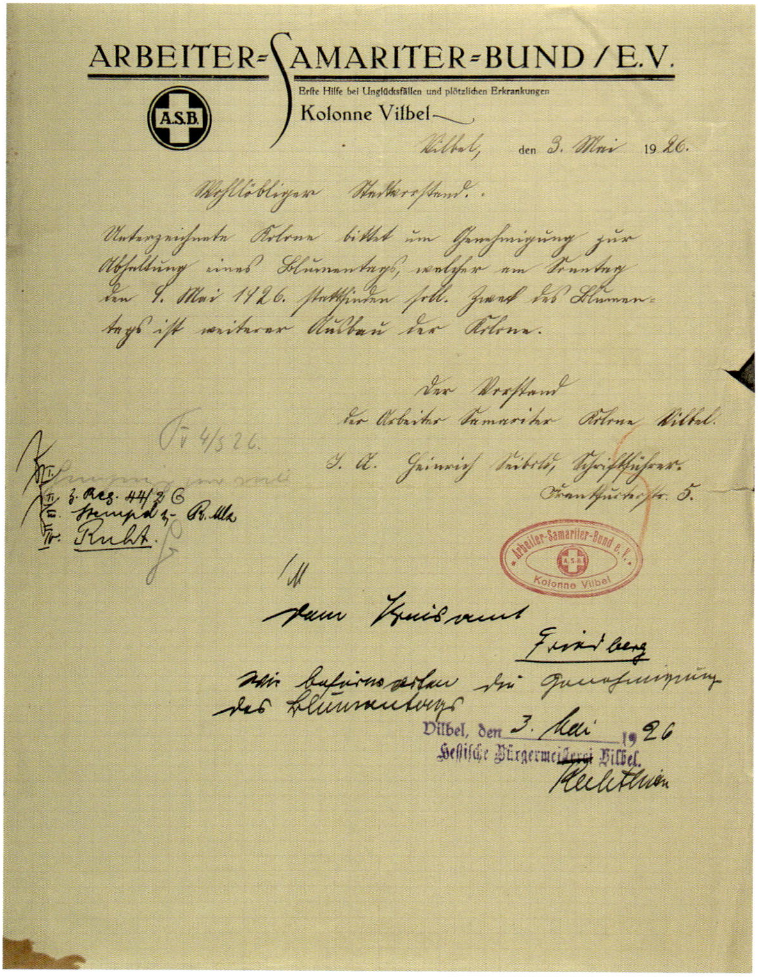
ARBEITER-SAMARITER-BUND / E.V.

Erste Hilfe bei Unglücksfällen und plötzlichen Erkrankungen

A.S.B.

Kolonne Vilbel

Vilbel, den 3. Mai 1926.

Wohllöblicher Stadtvorstand.

Unterzeichnete Kolonne bittet um Genehmigung zur Abhaltung eines Blumentags, welcher am Sonntag den 9. Mai 1926 stattfinden soll. Zweck des Blumentags ist weiterer Ausbau der Kolonne.

Der Vorstand der Arbeiter Samariter Kolonne Vilbel.

I. A. Heinrich …, Schriftführer.

Frankfurterstr. 5.

Arbeiter-Samariter-Bund e.V. A.S.B. Kolonne Vilbel

Dem Kreisamt Friedberg

wir befürworten die Genehmigung des Blumentags

Vilbel, den 3. Mai 1926

Hessische Bürgermeisterei Vilbel.

Schreiben des Schriftführers der Vilbeler Arbeitersamariter an die Stadtverwaltung vom Mai 1926 mit der Bitte um die Genehmigung einen „Blumentag" durchführen zu dürfen.
Stadtarchiv Bad Vilbel

Schon ab Oktober 1921 hatte die Kolonne Kurse zur Ersten Hilfe und Krankenpflege organisiert. Eine erste Herausforderung für die Kolonne bedeutete eine große Übung des 16. Kreises des ASB am 8. Juli 1923 in Vilbel mit abschließendem Tanz und Tombola im „Pfau". Der Eintritt von 500 Mark zu dieser Veranstaltung verweist auf die beginnende Hyperinflation[215], die die junge Kolonne vor große finanzielle Probleme stellen sollte, die sie aber meisterte.

Nach der Währungsreform von 1924 stabilisierte sich das Vereinsleben wieder. Der Kolonnenarzt Dr. Szametz und der Apotheker Dr. O. Kraft hielten Vorträge und der Gesangverein „Union" begleitete den erfolgreichen Abschluss von Prüfungen mit seinen Darbietungen. Ab Mitte der 1920er-Jahre erfolgte ein Wechsel in der Vereinsspitze, die seither Daniel Völler repräsentierte.

Im damals noch recht beschaulichen Vilbel wurden Hilfeleistungen bei Unfällen, Krankentransporte sowie Sanitäts- und Nachtwachen rasch wichtiger als Lehrkurse und Übungen. Die Kolonnenmitglieder halfen 1925 bei 51 Unfällen, führten 66 Krankentransporte durch, stellten acht Nacht- und 34 Sanitätswachen und halfen bei zwei Brandbekämpfungen. Vier Jahre später, im Jahr 1929, wurden von den 24 ausgebildeten Samaritern und Samariterinnen bereits 1.426 Wachstunden geleistet, 851 Unfallverletzte sachkundig versorgt und 183 Sanitätswachen gestellt.[216] Von Einsätzen bei Betriebsunfällen ist nicht die Rede. Ein Indiz dafür, dass sich die Aktiven des ASB vor allem in kleineren Kommunen immer mehr von der Ursprungsidee der Arbeitersamariter entfernten und sich zu einem allgemeinen Sanitätsdienst entwickelten, sogar mit der Übernahme von Krankenpflegeaufgaben noch darüber hinaus gingen.

Auch während der Zeit der Weimarer Republik stand die Vilbeler Kolonne unter polizeilicher Beobachtung. Nun hatte dies aber nicht mehr den Charakter einer obrigkeitsstaatlichen Überwachung wie sie im Kaiserreich bei anderen sozialistischen Grupperingen Gang und Gäbe war. Recht wohlwollend haben deshalb auch der Oberwachtmeister Wenzel 1924[217] und der Gendarmerieinspektor Ohl in ihren Berichten die Kolonne beurteilt. Ohl schrieb am 2. Februar 1926 an das Kreisamt in Friedberg: *„In Vilbel besteht z. Zt. eine aus 35 bis 40 Mitgliedern zählende Arbeiter-Samariter Kolonne. Diese Kolonne betätigt sich bei allen vorkommenden Unglücksfällen. Alljährlich findet ein Kursus statt. Der diesjährige beginnt am 4. d. M. unter der Leitung des prakt. Arztes Herrn Dr. Szametz von Vilbel. Die Kolonne ist im Besitze einer Desinfektionsanlage, die der Einwohnerschaft von Vilbel kostenlos zur Verfügung steht. Die Mitglieder der Kolonne gehören größtenteils der M.S.P.D. an und hat deren Tätigkeit bisher zu Bedenken keinen Anlaß gegeben.“*[218]

Das erste Depot der Kolonne befand sich in der Wohnung eines Vorstandsmitglieds. Dort stand der *„neue Wagen“* der Kolonne, der angeschafft werden musste, da die alte fahrbare Trage *„nicht mehr gebrauchsfähig war, nicht richtig gegen Luftzug abgeschlossen werden konnte und der Kranke beim Transport zweimal umgebettet werden mußte, wobei derselbe stark weiteren Erkältungen ausgesetzt war“*. Zur besseren Unterbringung der neuen fahrbaren Trage bewilligte der Gemeinderat im September 1925 einen Raum im Spritzenhaus II und einen Zuschuss von 50 Reichsmark (RM).[219]

Doch dieses Domizil erwies sich schon knapp ein Jahr später als zu klein für die Neuanschaffungen an medizinischen Hilfsmitteln. Kolonnenführer Heinrich Seibold bat deshalb die Stadt Vilbel um die Bereitstellung eines geeigneteren Raumes.[220] Das kommunale Wirtschaftsamt bot als Notlösung eine 3,30 x 2,30 Meter große frühere Küche an, da ein gewünschtes geräumigeres Zimmer dringend *„als Freibank und für Quäkerlebensmittel“* zur Kinderspeisung benötigt wurde.[221] Damit mussten die Kolonnenmitglieder zunächst zufrieden sein, zumal der Gemeinderat von Vilbel den Samaritern jährlich eine *„finanzielle Beihilfe“* in Höhe von 100 RM gewährte und der Kolonne mehrfach bei außergewöhnlichen Belastungen mit weiteren Zuschüssen aushalf.

Insgesamt scheint das Verhältnis zwischen dem örtlichen ASB und den kommunalen Vertretern in Vilbel gut gewesen zu sein, nicht nur wegen der zugestandenen finanziellen Hilfen, sondern wohl ebenso, weil die Gemeinderatsmitglieder anlässlich von Prüfungen häufig bei den Arbeitersamaritern zu Gast waren.

Die Vilbeler Samariterinnen und Samariter ersuchten gleichfalls beim Kreiswohlfahrtsamt in Friedberg um Unterstützung nach: Am 15. Mai 1930 bat man um 40 RM. Zum Ausgang dieses Ansuchens ist nichts überliefert. Im folgenden Jahr richtete die „Ortsgruppe" Friedberg des ASB ein ähnliches Ansinnen an den Kreis. Im Bescheid vom 24. März 1931 heißt es abschlägig: *„Der Kreis Friedberg zahlt bereits einen Jahresbeitrag von 100 RM an den Arbeiter-Samariterbund Gau Offenbach. Der Kreisausschuß hat es bisher abgelehnt, an einzelne Ortsgruppen Zuschüsse zu gewähren."*[222] Entsprechend wird dann wohl auch das Vilbeler Anliegen beschieden worden sein.

Aber die Tage des Arbeiter-Samariter-Bundes in Bad Vilbel und im Deutschen Reich waren gezählt. Am 30. Januar 1933 ernannte der greise Reichspräsident Hindenburg den NSDAP-Führer Hitler zum Reichskanzler.

Inwieweit die Vilbeler ASB-Genossen weiterhin in einem „Arbeiter-Samariter-Bund unter nationalsozialistischer Leitung" und dann im Roten Kreuz mitwirkten, ist noch zu untersuchen.

Bescheidene Bedingungen in Schwalheim

Noch deutlich dürftiger als in der Kurstadt zeigten sich die Bedingungen für die Arbeitersamariter in Schwalheim, das 1930 knapp 1.000 Bewohner zählte und heute zu Bad Nauheim gehört.

Näheres über diese Kolonne erfährt man aus zwei erhalten Fragebögen von Anfang 1932. Anhand dieser Angaben erkundigte sich die Zentrale des ASB über die Verhältnisse in ihren Kolonnen. Ein Fragebogen mit zwölf Fragen betraf den Bereich „Geschäft und Kasse", der andere „Technik".[223]

Die erhaltenden statistischen Angaben der Kolonne Schwalheim belegen, wie überaus bescheiden die Arbeitsbedingungen für die wenigen Arbeitersamariter und -samariterinnen der ASB-Kolonne Nr. 1268 im 1. Bezirk des 16. Kreises während der Endphase der Weimarer Republik waren.[224]

Man erfährt aus dem von dem Vorsitzenden Georg Findling und dem Kassierer Karl Götze ausgefüllten Vordrucken, dass die erst drei Jahre zuvor gegründete Kolonne aus drei Frauen, vier Männern und sieben (?) Mädchen[225] zwischen 14 und 18 Jahren bestand. Ihre materielle Ausstattung besaß einen Wert von lediglich etwa 200 Reichsmark. Dazu gehörten eine Tragbahre, eine Verbandtasche System „Chemnitz", ein Verbandschrank

Arbeiter-Samariter-Bund, e. V.

Arbeiter-Samariter-Bund e.V.

ASB

Ausweiskarte Nr.

Gültig ab 1930

Ausgestellt von Kolonne:

für

geboren 4. März 1914

Wohnung:

Stand:

Unterschrift des Arztes (Stempel) Unterschrift des Vorsitzenden

Die Nummer dieses Ausweises muß mit der Nummer der Armbinde übereinstimmen.

Kolonne Schwalheim

Eigenhändige Unterschrift des Inhabers.

Heinrich Reitz

Mißbrauch dieses Ausweises wird strafrechtlich verfolgt.

Diese Karte bleibt Eigentum des Bundes und ist nach Austritt oder Ausschluß an den Vorstand zurückzugeben.

ASB-Ausweis des Schwalheimer Arbeitersamariters Heinrich Reitz von 1930. Hessisches Staatsarchiv Darmstadt

und ein Buch. Man hatte außerdem zwei Verbandkästen. Der Kassenbestand belief sich auf 3,67 RM.

Die Einnahmen der Schwalheimer Kolonne kamen größtenteils durch Sammlungen zustande (145,90 RM). Durch Materialverkauf erzielte man 62,10 RM und die Mitgliederbeiträge summierten sich auf 44,45 RM. Spenden von Parteien oder Sportvereinen sind nicht angegeben. Für Instrumente und Medikamente zahlte die Kolonne 1932 genau 100,02 RM, für Beiträge 31,30 RM und an Abgaben an die Bundesleitung des ASB 58 RM. Die Aufwendungen für Sitzungsgelder und Verwaltung waren mit 9,50 beziehungsweise 13,07 RM recht gering.

Was sich unter den sonstigen Kosten in Höhe von 49,38 RM verbirgt, wird aus dem Fragebogen nicht ersichtlich. Es irritieren die „Dienstausgaben" für Krankenkassen in Höhe von 32 RM. Ebenso merkwürdig erscheint es, dass keinerlei Einnahmen von den Sportvereinen verzeichnet sind, hingegen sind sie bei den Dienstausgaben der Kolonne mit zwölf Reichsmark aufgeführt.

Die Frage nach der Anerkennung der Kolonne wird in den Rubriken „Behörden" und „Vereine" positiv, bei „Parteien" und „Gewerkschaften" jedoch nicht beantwortet. Zum elften und vorletzten Punkt „Schwierigkeiten" sind ebenfalls keine Eintragungen vorgenommen worden. Als „ständigen Arzt" führt man Dr. Oppenheimer aus Friedberg an.[226]

Die eigentlichen Samaritertätigkeiten sind im Vordruck „Technik" nachgefragt. Daraus geht hervor, dass die Schwalheimer Samariterinnen und Samariter bei 32 Übungsabenden anwesend waren, vier Übungen durchführten, an drei Funktionärskursen teilnahmen sowie bei 18 Sport- und einer Parteiveranstaltung 96 Dienststunden ableisteten. Insgesamt rief man die Schwalheimer Samariter zu 130 öffentlichen Hilfeleistungen, wobei 115mal Wunden versorgt werden mussten und 20mal ein Arzt zu Hilfe gerufen wurde. Von den festgehaltenen Arbeitsunfällen ereigneten sich 16 im Baugewerbe, 14 in der Landwirtschaft und zwölf in metallverarbeitenden Unternehmen. Bei den fünf angegebenen „Einzelhelferstellen" handelte es sich wahrscheinlich um die Wohnungen einzelner Samariter und Samariterinnen.

MODERNE ARBEITERSAMARITER UND „SEXUALAUFKLÄRER" IN HANAU

Der Arbeiter-Samariter-Bund verfügte in Hanau gegen Ende der Weimarer Republik mit 70 aktiven Samariterinnen und Samaritern über eine der mitgliederstärksten Kolonnen in Bereich des heutigen Regionalverbands Mittelhessen. Lediglich der ASB-Offenbach zählte mehr Aktive, und in Neu-Isenburg taten – zeitweise zumindest – gleichviel Arbeitersamariterinnen und -samariter ihren Dienst am Nächsten.[227]

Die Gründung des Hanauer ASB erfolgte im September 1921.[228] Geführt wurde die Hanauer Kolonne zur Mitte der 1920er-Jahre und vermutlich noch darüber hinaus von Wilhelm Battenhausen, Jahnstraße 1. Den Vorsitz hatte August Laue, Gärtnerstraße, inne. Schriftführer war Friedel Daus, Karlstraße, und Andreas Witzgall, Mühlstraße, nahm die Aufgabe des Kassierers wahr. Als Kolonnenarzt fungierte der junge Mediziner Dr. Walter Knauf, wohnhaft in der Lamboystraße 6. Die Tageswache befand sich am Johanneskirchplatz und die Transportleitung in der Lützowstraße 6 (heute Dartforder Straße).[229] Eventuell darf man eine Formulierung in der „Hanauer Volksstimme" als einen Beleg für die in der Kolonne herrschende gute oder strenge Disziplin werten, wo es Anfang 1927 zu einer vorgesehenen außerordentlichen Generalversammlung heißt: *„Es ist Pflicht der Mitglieder, pünktlich zu erscheinen."*[230]

Die Hanauer Arbeitersamariter erfuhren seitens der Kommune die gewünschte Anerkennung. Dementsprechend erhielten sie auch die notwendige Unterstützung, um in der damals nahezu 40.000 Einwohner zählenden Industriestadt an Main und Kinzig neben der Freiwilligen Sanitätskolonne vom Roten Kreuz den motorisierten Krankentransport ausüben zu können. Aus einem Zeitungsartikel geht hervor, dass die Stadt 1928 eine Bürgschaft für ein Darlehen des ASB in Höhe von 2.000 Reichsmark übernahm, damit sich die Kolonne einen Krankentransportwagen anschaffen konnte.[231]

Damit zählten die Hanauer Samariter zu den wenigen ASB-Kolonnen, die noch während der 1920er-Jahre den Krankentransport mittels Motorkraft zu bewältigen vermochten.

Doch nicht alleine der neue fahrbare Untersatz verweist auf das Besondere der Hanauer Kolonne, es war vielmehr ihr junger Kolonnenarzt Dr. Walter Knauf. Der Mediziner wohnte und praktizierte im Hanauer Lamboyviertel,[232] einem Quartier am östlichen Rand der Stadt, wo insbesondere Arbeiterfamilien lebten und wo sich nicht zuletzt aufgrund der Nähe zu den Kasernen seit der Jahrhundertwende die Prostitution ausgebreitet hatte. Häufig vorkommende Geschlechtskrankheiten und zahlreiche ungewollte Schwangerschaften dürften hier die Folge gewesen sein.

Nach dem Ende des Ersten Weltkriegs änderte sich einiges im „Lamboy". Aufgrund der Bestimmungen des Versailler Vertrages lag Hanau seither in der entmilitarisierten Zone. Das Militär verschwand aus der Stadt. In dem Kasernenviertel ließen sich nun vorübergehend Industrieunternehmen nieder. Außerdem fanden hier Elsässer und Lothringer ein neues Domizil, die nach 1918 nicht mehr in ihrer alten Heimat bleiben konnten oder wollten. Manches allerdings änderte sich kaum oder nur wenig. Gesetzeswidrige Schwangerschaftsabbrüche, von denen damals wohl die meisten unter unzureichender medizinischer Betreuung durchgeführt wurden, wurden hier vermutlich weiterhin häufig vorgenommen.

Dr. Walter Knauf, geboren 1898 in einem Ort bei Neuwied, kannte diese Problematik aus eigener Anschauung sicherlich bestens. Im „Der Arbeiter-Samariter" veröffentlichte er ab 1924 einige Beiträge unter dem Obertitel „Sexualpathologie und ihre Bedeutung im jetzigen Rechtsleben". Darin beschäftigte er sich nicht nur mit krankhaften oder im damaligen Verständnis krankhaften Erscheinungen des Geschlechtslebens (z. B. Homosexualität, Sadismus, Masochismus oder Hypererotismus) und ihre strafrechtliche Relevanz, sondern er gab auch aufklärerische Ratschläge und einige Hinweise zur Sexualmedizin und -hygiene. Diese Beiträge erschienen später gesammelt im Verlag des Arbeiter-Samariter-Bundes in Chemnitz.

Sicherlich nahm Knauf bei einigen Aspekten des Sexuallebens eine heute überholte Position ein. Aber es darf als sein Verdienst gelten, dass er Dinge eines damals vielfach noch tabuisierten Lebensbereichs klar benannte, aufklärte und mit einigen abstrusen Vorurteilen aufräumte. So schrieb er beispielsweise: *„Was nun die Folgen der Onanie anbelangt, so sind sie im allgemeinen übertrieben worden bzw. werden es noch heute. Daß aus ihr Gehirnerweichung, Rückenmarkschwindsucht stammen könnte, gehört in das Reich der Fabel, ebenso daß überhaupt organische Erkrankungen durch sie auftreten können."*[233] Dr. med. Walter Knauf starb 1954 im Alter von 56 Jahren in Hanau.[234]

Inwieweit diese Artikel Dr. Knaufs die Führung des Arbeiter-Samariter-Bundes beeinflussten, lässt sich nicht mehr feststellen. Hingegen ist jedoch ganz eindeutig, dass man sich seitens der ASB-Bundesleitung dieser Problematik annahm, ihre sozialen Ursachen sowohl erkannte als auch benannte und grundlegende Reformen verlangte. So richtete der Bund in Chemnitz eine Ehe- und Sexualberatungsstelle ein und plante weitere.

Hanauer Arbeitersamariterinnen und -samariter um 1930. Privat

Auf der 10. ASB-Bundestagung 1931 in Heidelberg stand demzufolge ein Bericht von Dr. Gygiel mit dem Titel „Ist die Einrichtung von Ehe- und Sexualberatungsstellen im Arbeiter-Samariter-Bund notwendig?“ auf der Tagesordnung. Im Anschluss daran wurde von den Delegierten einstimmig eine Resolution gegen die Beibehaltung der Paragrafen 184 (Pornografie) und 218 (Schwangerschaftsabbruch) verabschiedet. Sie lautet: *„Der Bundestag des Arbeiter-Samariter-Bundes e. V. stellt sich in die Front der Volksbewegung gegen die §§ 218 und 184. Er sieht in einer planmäßigen Geburtenregelung eine grundlegende Schutzmaßnahme gegen die Abtreibung. Er stellt sich auf den Boden der Mannheimer Beschlüsse des sozialistischen Aerztebundes und erwartet im Sinne dieser Beschlüsse die Aufhebung dieses volkshygienisch unhaltbaren Paragraphen.“*[235]

Bei der Diskussion im Vorfeld der Verabschiedung kamen einige Ärzte und eine Ärztin zu Wort. Ein Redebeitrag von Dr. Walter Knauf aus Hanau gehörte jedoch nicht dazu.

ARBEITERSAMARITER UND ROTES KREUZ

Gespanntes Verhältnis

Angesichts der Tatsache, dass nach der Auflösung des Arbeiter-Samariter-Bundes viele seiner ehemaligen Aktiven ins Rote Kreuz eingetreten sind sowie der langjährigen Konkurrenz, ja Feindseligkeit beider Organisationen zueinander, lohnt hier ein genauerer Blick sowohl auf die Bundes- als auf die regionale Ebene.

Das Verhältnis zwischen dem Deutschen Roten Kreuz und dem Arbeiter-Samariter-Bund auf Reichsebene war von Anfang an gespannt und blieb es, wenn auch modifiziert, über das Jahr 1918 hinaus. Beide Seiten pflegten die bestehenden Aversionen und schürten sie immer wieder durch verbale Nickligkeiten. Dabei pflegten nicht nur Sanitäter, Formationen oder Amtsträger des bis zum Ende des Kaiserreichs staatstragenden und obrigkeitshörigen Roten Kreuzes die alten Abneigungen und Vorurteile, indem sie die Konkurrenzorganisation als „rein politisch“ oder „marxistisch“ werteten, sondern auch von Seiten des ASB ließ man seinen Animositäten hin und wieder freien Lauf.

Fassbar wird dies bereits in der ersten Ausgabe des „Der Arbeiter-Samariter“. Im Bundesorgan des ASB wird dem *„bürgerlichen Klassenvertreter“* zwar der Wille zur Hilfe am Nächsten nicht abgesprochen, aber gleichzeitig sein zur Schau getragener *„Hurrapatriotismus“* heftig kritisiert. Und anklagend fragt das Blatt weiter: *„Was nützt es dem Arbeiter, sich für den Kriegsfall auszubilden? Das kann er als Feind des Brudermordes getrost den bürgerlichen Elementen überlassen, die für dieses schauerliche Spiel Interesse hegen.“* Für den ASB kam, laut „Der Arbeiter-Samariter“, die Vorbereitung auf den Sanitätsdienst im Krieg nicht in Frage, sein Hauptaufgabenfeld sah der in den Betrieben und auf Baustellen.

Bezüglich einer anderen Ursache für die Antipathie gegenüber dem Roten Kreuz findet das Bundesorgan ebenfalls deutliche Worte. Es ist darin davon die Rede, dass man dort *„politisch und gewerkschaftlich organisierte Arbeiter nicht mehr als Menschen zweiter Klasse angesehen wissen wollte“*, die wegen ihrer weltanschaulichen Einstellung, *„ja selbst wegen Mitgliedschaft in einem Arbeiterturnverein aus dem Roten Kreuz ausgeschlossen wurden“*. Freilich, so konstatiert der „DAS“ unumwunden, brachte dieser Umstand dem ASB einen nicht unbeträchtlichen Zulauf an neuen ausgebildeten Mitgliedern.[236]

Eine leichte Entspannung im Verhältnis zum Deutschen Roten Kreuz trat nach dem verlorenen Weltkrieg und dem Ende der Monarchien in Deutschland ein. Vereinzelt kam es sogar zu gemeinsamem Handeln von Kolonnen beider Organisationen. Außerdem erkannte das DRK den ASB in einem internen Gutachten sogar als einzige Organisation an, die im Bereich Rettungsdienst und Krankentransport *„eine allgemeine Bedeutung erlangt hat“*.[237]

Trotz dieser Wertschätzung standen die schroffe Frontstellung gegenüber dem Roten Kreuz und das Agieren des ASB als Teil der sozialistischen Arbeiterbewegung zumindest in den frühen 1920er-Jahren und in manchen Kommunen darüber hinaus der Gleichbehandlung mit dem DRK durch öffentliche Stellen entgegen. Mithin blieben die Aversionen zwischen ASB und Rotem Kreuz – wenn auch vielleicht zeitweise mit abnehmender Vehemenz – bis 1933 bestehen.

Auch das vom Bundesvorstand zu Anfang der 1920er-Jahre herausgegebene Handbuch mit dem Titel „Wie gründet und leitet man Arbeiter-Samariter-Kolonnen?" hebt die wirklichen oder vermeintlichen Unterscheide entsprechend markant und undifferenziert hervor. Es sollte damit klar werden, wer der Gute und wer der Böse im Spiel ist. In der Broschüre ist von einer im Roten Kreuz vorhandenen *„militaristischen und nationalistischen Geistesrichtung"* die Rede und ebenso davon, dass das DRK *„in der Mehrzahl von mehr oder minder bestellten Würdenträgern beherrscht"* wird, *„die auf Äußerlichkeiten, wie Parademarsch, Litzen und Medaillen großen Wert legen"*. Die eigene Arbeiter-Samariter-Bewegung wähnte man dagegen auf der Seite des Fortschritts und Friedens, die trotz der *„rücksichtslosesten Unterdrückungsversuche (...) zu der heutigen Stärke"* angewachsen sei.[238]

Im Zuge der Weltwirtschaftkrise ab 1929 und der daraus entstandenen politischen Polarisierung verschärften sich die Gegensätze zwischen beiden Organisationen wieder.

„Kampf" und Kooperation in den Regionen

Auch in den Regionen und auf der Ebene der Kolonnen traten die traditionellen Gegensätze zwischen ASB und DRK mal unterschwellig und mal offen, mehr oder weniger heftig zu Tage.

Der Vorstand der hessischen Arbeitersamariter nahm die Konferenz des 16. Kreises am 16. Januar 1923 in Vilbel zum Anlass, um das in seinen Augen feindselige Verhalten des Deutschen Roten Kreuzes publik zu machen. Als Motiv für das Auftreten der Konkurrenzorganisation vermutete man, dass dabei Neid über die positive Entwicklung des ASB eine wichtige Rolle gespielt hätte. In einem Bericht im „Arbeitersamariter" ist Entsprechendes zu lesen. Es heißt dort: *„Es war auch durchaus zu ersehen, daß das ‚Rote Kreuz' an verschiedenen Orten beginnt, uns sein Interessen zuzuwenden. Aber nicht im friedlichen und neutralen Sinne, sondern im Sinne des Kampfes und der Macht."*[239]

Die Stellungnahme des Ersten Vorsitzenden der Freiwilligen Sanitätskolonne vom Roten Kreuz in Gießen zum Wunsch des ASB auf Mitbenutzung des städtischen Krankenwagens bekräftigt diese Einschätzung. Abgesehen davon, dass der Rotkreuzfunktionär den Arbeitersamaritern ihre fachliche Qualifikation absprechen wollte, wurde hierbei auch der hinlänglich bekannte Vorwurf erhoben, wonach es sich beim ASB *„um eine rein parteipoli-*

Die Arbeiter-Samariter-Kolonne Klein-Karben um 1930. Archiv des ASB-Bundesverbandes

tisch eingestellte Organisation" handele.[240] Als ob die staatstragende und erzkonservative Einstellung des Roten Kreuzes zumindest bis 1918 nicht mindestens als ebenso eindeutige politische Positionierung zu werten gewesen wäre wie die des ASB auf der entgegengesetzten Seite des weltanschaulichen Spektrums?

Aber eventuell war in Gießen die Gegnerschaft seitens des Roten Kreuzes auch deshalb so ausgeprägt, weil die Position der Arbeitersamariter in Oberhessen nicht so stark war wie in und um Hanau und vor allem in der Stadt und im Landkreis Offenbach, weshalb man den ASB nicht als ebenbürtig ansah und entsprechend weniger respektierte.

In der Hanauer Gegend bestanden in zahlreichen Orten DRK- oder ASB-Gruppierungen, wobei die Frauen des Roten Kreuzes im „Vaterländischen Frauenverein" eine völlig selbstständige Organisation besaßen. In einer Reihe von Kommunen existierten sogar sowohl eine Sanitäts- als auch eine Samariterkolonne nebeneinander. Außer in Hanau war dies bis 1933 in Bischofsheim, Dörnigheim, Großauheim, Hüttengesäß, Langendiebach, Niederdorfelden und Windecken der Fall.[241] Im Altkreis Hanau dürfte das Rote Kreuz zahlenmäßig wohl etwas stärker vertreten gewesen sein, aber die Arbeitersamariter besaßen hier ebenfalls eine starke Bastion.

Im ländlich strukturierten Kreis Gelnhausen dominierte hingegen eindeutig das DRK. Hier bestanden sieben Freiwillige Sanitätskolonnen und einige Gruppen des Vaterländischen Frauenvereins, während Kolonnen de Arbeiter-Samariter-Bundes lediglich in Bad Orb und Roth Dienst taten.[242]

Gänzlich anders verhielt es sich in und um Offenbach. In der Industriestadt am Main und in den Arbeiterwohnsitzgemeinden in ihrem Umland überwog der ASB ganz klar gegenüber dem DRK. Im Kreis Offenbach existierten Ende 1932 nur acht Freiwillige Sanitätskolonnen vom Roten Kreuz (Buchschlag, Dietesheim, Egelsbach, Götzenhain, Klein-Steinheim, Langen, Mühlheim und Offenbach),[243] hingegen aber 28 Kolonnen der Arbeitersamariter.

In Orten mit alleiniger Präsenz einer Samariterkolonne bestand mithin keine oder kaum eine Konkurrenzsituation zu den Freiwilligen Sanitätskolonnen vom Roten Kreuz, so dass sich hier keine Aussagen zum Verhältnis beider Kolonnen zueinander machen lassen. Folglich findet sich im Protokollbuch Dietzenbach auch kein diesbezüglicher Eintrag.

Der Ausdruck „Kampf" zur Beschreibung der Beziehung zwischen dem DRK und dem ASB, den der Kreisvorstand auf seiner Versammlung im Januar 1923 in Vilbel benutzte, ist deshalb wohl auch nicht immer auf das ländliche Milieu zu übertragen, sondern gilt eher für die regionale oder städtische Ebene, wo man sich gegenseitig beäugte und Mängel des Anderen gerne herausstellte, aber gleichfalls Möglichkeiten der Kooperation erwog.

Eine gute Chance für eine derartige Agitation bot sich dem Offenbacher ASB im Sommer 1928 anlässlich des Jubiläums der Kolonne. Recht selbstbewusst heißt es dann in einem – sicherlich vom dortigen Kolonnenvorstand „inspirierten" – Artikel des „Offenbacher Abendblatt" zur Anzahl der teilnehmenden ASB-Aktiven an einer Großübung zum 15-jährigen Bestehen: *„Sie durften also, wenn man die Übung des Roten Kreuzes am vergangenen Samstag mit der Polizei am Kilometerstein 17 der Eisenbahnstrecke Mühlheim/Hanau vergleicht, mehr erprobte Helfer auf die Beine bringen. Die Hauptsache wäre ja, dass endlich, wie längst in Frankfurt der Fall, beide Samariter Organisationen im Dienste der Allgemeinheit Hand in Hand arbeiten. Was dort möglich ist, muss auch in Offenbach möglich sein!"*[244]

Also, man fühlte sich seitens der Offenbacher Arbeitersamariter den Rotkreuzlern sowohl quantitativ als auch qualitativ überlegen, hoffte andererseits jedoch auf ein gedeihliches Zusammenwirken zum Wohl der Bedürftigen. Weltanschauliche Animositäten dürften somit 1928 beim Offenbacher ASB nicht mehr sehr ausgeprägt gewesen sein, sonst hätte man, trotz einer gewissen Schadenfreude über die mangelhafte Übungsteilnahme beim Rivalen, kaum eine solche Hoffnung ausgedrückt.

Eine gedeihliche Zusammenarbeit zwischen DRK und ASB schien seinerzeit also in der Ledermetropole erwogen worden zu sein. In Windecken und möglicherweise noch in anderen kleineren Orten war man da schon etwas weiter. Dort teilten sich die ASB-Kolonne und das örtliche Rote Kreuz die Bewältigung der anfallenden Aufgaben. Zu Reibereien sei es dabei, laut der Aussage eines Zeitzeugen, nicht gekommen.[245] Da in diesen überschaubaren Milieus jeder jeden kannte, wusste man, wer „miteinander konnte". Die Zusammenarbeit klappte dann auch über alle ideologischen Gegensätze hinweg, soweit die hier überhaupt jemals besonders ausgeprägt gewesen waren.

Leider liegen keine weiteren Informationen zum Verhältnis der beiden Kolonnen in der Kleinstadt vor. Möglicherweise zeigten sich die Aversionen dort umso ausgeprägter, wo man sich weniger kannte, wie in den größeren Städten. Über alle ideologischen Gegensätze hinweg war Arbeitersamaritern und Rotkreuzlern doch gemeinsam, den bedürftigen Nächsten zu helfen. Und je mehr man diese Einstellung beim örtlichen Rivalen anerkannte, desto größer erwies sich offensichtlich die gegenseitige Anerkennung und desto entspannter ging man miteinander um – bis hin zu einer kooperativen Zusammenarbeit.

Den Begriff „Kampf" im Verhältnis zwischen ASB und DRK benutzte nicht der Vorstand des 16. Kreises des ASB, sondern auch der Bundesarzt Dr. Münz (Chemnitz). Im Leitartikel des „Arbeitersamariter" vom Dezember 1926 äußerte er unter dem Titel „Aerzte, Behörden und Arbeiter-Samariter" zum Verhältnis beider Hilfsdienste, dass *„bei dem Kampfe gegen den ASB das deutsche Rote Kreuz als treibende Kraft eine nicht unwesentliche Rolle gespielt hat"*.[246]

Auch in der Region hielt man sich an die Vorgaben der Bundesleitung und mahnte gleichzeitig zur Zurückhaltung. Im vom Offenbacher Abendblatt wiedergegebenen Geschäftsbericht für das Jahr 1927 ist dazu zu lesen: *„Unsere Stellung zum R.K. ist durch unseren Bund als Zentralorgan vorgeschrieben, drum bitten wir alle unsere Kolonnen, wo Reibungspunkte bestehen, sie der Kreisleitung mitzuteilen, damit die evtl. Mängel an den Bundesvorstand weitergeleitet werden. Auf alle Fälle wollen wir aber dafür sorgen, dass wir von den Behörden nicht als Unruhestifter angesehen werden können."*[247]

Die Gegensätze zwischen beiden Organisationen verschärften sich im Zuge der Weltwirtschaftkrise und der daraus resultierenden politischen Radikalisierung erneut. Als Reaktion auf einen Artikel im „Arbeitersamariter" über ein Grubenunglück in Hermsdorf erschien im „Nachrichtenblatt des Deutschen Roten Kreuzes" am 1. November 1930 der Beitrag eines Rotkreuzarztes, der in einem Auszug im von der Bundesleitung verfassten „Bericht über das Geschäftsjahr 1929/30" wiedergegeben wurde. Darin wirft der Arzt dem Schreiber des Artikel im „DAS" eine *„blinde Parteigehässigkeit"* und einen „lügenhaften Bericht" vor. Seitens des ASB wies man diese Vorwürfe *„als ganz ungeheuerliche Entgleisung"* zurück. Man wertete den Artikel als Beleg für die weiterhin vorhandene ASB-feindliche *„Einstellung einiger prominenter Führer des Roten Kreuzes"*. Zum politischen Standort der eigenen Organisation gegenüber dem DRK heißt es abschließend: *„Wie oft sollen wir denn immer wieder darauf hinweisen, daß der Arbeiter-Samariter-Bund parteipolitisch nicht weiter links eingestellt ist, als das Rote Kreuz nach rechts. Man sollte doch auf der Gegenseite endlich mit dem Gerede der neutralen Einstellung aufhören, da genügend Beweise vom Gegenteil* *vorliegen. Die neutrale Einstellung kann sich doch lediglich auf die Hilfeleistung selbst erstrecken, indem keinerlei Unterschiede zwischen den Verunglückten gemacht werden dürfen. Jede Organisation hat ihre bestimmte Einstellung, und es wäre schlimm um sie bestellt, wenn es anders wäre.“*

Doch stand der ASB nicht nur von rechts in der Kritik, Gleiches geschah seitens der Kommunisten. Diese unterstellten dem ASB nicht zuletzt aufgrund gemeinsamer Hilfseinsätze mit Rotkreuzformationen *„Verräterei“* und eine *„reformistische Einstellung“.*[248]

DAS ENDE VON DEMOKRATIE UND ASB-KOLONNEN IN HESSEN

Der Aufstieg der NSDAP im Land

Die Weimarer Republik war insbesondere in den ersten Jahren ihrer Existenz von Instabilität, politisch motivierten Straßenschlachten und zunehmender Radikalisierung geprägt. Die Jahre zwischen 1925 und 1928 werden mit einigem Recht als die „guten Jahre“ der Republik bezeichnet. Die neue Währung, die Reichsmark, hatte die Inflation beendet und Stabilität ermöglicht. Die Wirtschaft erholte sich, sodass weitgehende Vollbeschäftigung herrschte. Das politische System schien sich gefestigt zu haben.[249]

Diese positive Entwicklung der ersten deutschen Demokratie wurde durch die mit dem New Yorker Börsenkrach vom 24. Oktober 1929 einsetzende Weltwirtschaftkrise fast abrupt beendet. Arbeitslosigkeit, Not und Elend waren die unmittelbaren Folgen, in den Städten noch mehr als auf dem Land. *„Ein erheblicher Teil der Bevölkerung bezog deshalb den Lebensunterhalt aus den äußerst knapp bemessenen öffentlichen Unterstützungsgeldern. Viele Menschen glaubten zunehmend den Parolen der Demagogen von rechts und links, die ihre ‚einfachen‘ Lösungen anpriesen.“*[250]

Bis zu den Wahlen vom Sommer 1930 wussten die Nationalsozialisten in Hessen aus der politischen und wirtschaftlichen Lage keinen Nutzen zu ziehen und blieben in weiten Teilen des Landes eine Splittergruppe.

Weit größere Sorgen bereitete den demokratischen Parteien, insbesondere der SPD, in den Orten um Offenbach und Hanau vorerst noch das Anwachsen der Kommunisten. Denn die KPD nährte sich quasi vom sozialdemokratischen Wählerpotential und schaffte es sogar, die SPD in manchen Städten und Gemeinden bei einzelnen Wahlgängen zu überholen. Der Thälmann-Partei gelang es erstmals bei der Reichstagswahl von 1924, einen respektablen Stimmenanteil auf sich zu verbuchen. Während die Sozialdemokraten hohe Verluste zu verzeichnen hatten und nur noch 33,9 % erhielten, erzielte die KPD 18,8 %. Die NSDAP war zu diesem Zeitpunkt mit 0,7 % eine völlig unbedeutende rechtsradikale völkische Gruppierung. Bei den Reichstagswahlen von 1928 konnte sich die SPD im Kreis Offenbach wieder erholen und erreichte gut 39 % gegenüber 14,5 % der Kommunisten.[251]

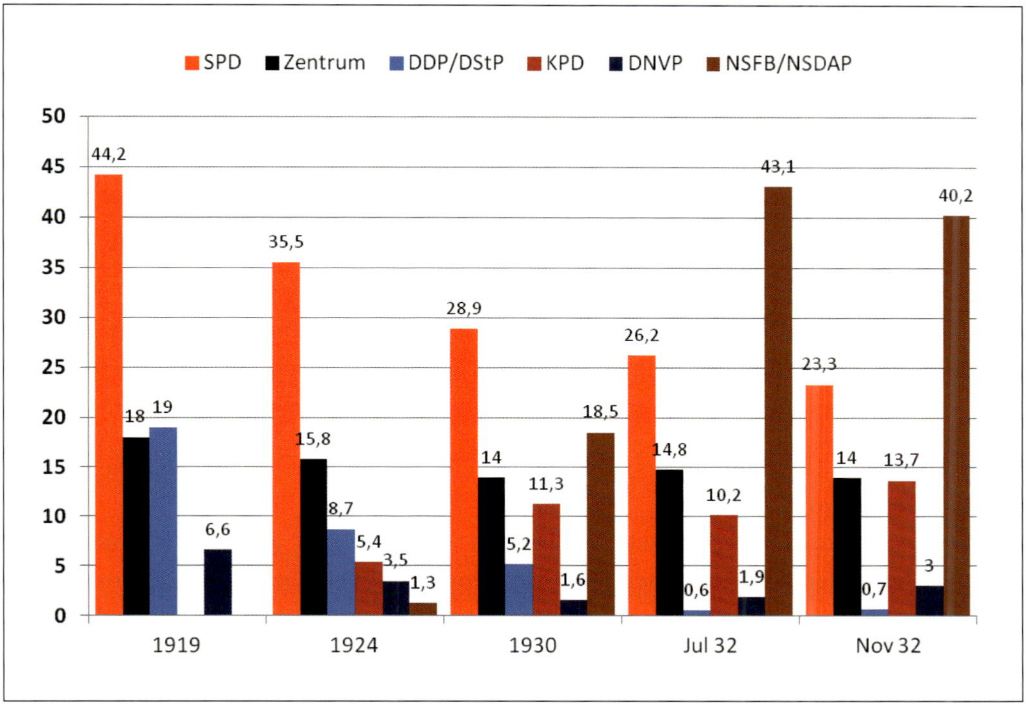

Die Wahlen im Volksstaat Hessen zur Verfassunggebenden Nationalversammlung vom 19.1.1919 sowie den Reichstagswahlen vom 7.12.1924, 14.9.1930, 31.7. und 6.11.1932 (in %)[253]

Das vorerst schlechte Abschneiden der Hitler-Partei lag wesentlich darin begründet, dass der Kreis Offenbach *„von der gesellschaftlich-politischen Struktur, der Tradition, der wirtschaftlichen Situation und der Mentalität der Bevölkerung“* in keinerlei Weise *„dazu vorherbestimmt erschien, Mutterboden für eine nationalsozialistische Bewegung zu werden“*. Ganz im Gegenteil, die Region gehörte zu den frühen Hochburgen der sozialdemokratischen Bewegung und des politischen Katholizismus, der vor allem im östlichen Kreisgebiet eine große Anhängerschaft hatte. Die Parteien der Rechten besaßen hier zunächst keine Basis.[252]

Im Juli 1930 änderte sich das Bild schlagartig. Die NSDAP vervielfachte ihren Wähleranteil reichsweit von 2,6% auf 18,2% und avancierte über Nacht zur zweitstärksten deutschen Partei. Verlierer waren dabei vor allem die Sozialdemokraten und die gemäßigten bürgerlichen Parteien.

Der Kreis Offenbach zeigte jedoch ein etwas differenziertes Bild im Vergleich zum Reichsdurchschnitt: Hier erlangte die NSDAP 1930 lediglich 10,6%, die KPD 21%, das Zentrum 16,1,% die DVP 5,5%, die Deutsche Staatspartei (vormals DDP) 3,6% und die SPD 33,3%. Der Rest entfiel auf einige Splittergruppen. Selbst bei der für die demokratischen Parteien so niederschmetternden Abstimmung vom 31. Juli 1932 erlangten hier die

Vereine und Gruppierungen natürlich bestrebt, die guten Sportler oder Sänger aus den verbotenen Gemeinschaften in ihre Gliederungen aufzunehmen.

Auflösung und Zerschlagung des ASB im Volksstaat

Aufgrund ihrer eindeutigen anti-faschistischen Ausrichtung erfolgte das Verbot der „Roten Husaren“ am 17. Mai 1933, nur wenige Monate nach dem Beginn der Kanzlerschaft Hitlers. In der Begründung heißt es: *„Der Arbeiter-Rad- und Kraftfahrerbund ‚Solidarität' mit Sitz in Offenbach am Main ist eine Sportorganisation mit sozialdemokratischer Weltanschauung. Die Auflösung des Bundes und die Beschlagnahme des Vermögens ist auszusprechen im Interesse der Aufrechterhaltung der öffentlichen Ordnung und Sicherheit und zum Schutz von Volk und Staat.“*[259] Andere Organisationen, die den neuen Machthabern ebenfalls missliebig erschienen, ereilte ein ähnliches Schicksal.

In Bezug auf den Arbeiter-Samariter-Bund herrschte bei den neuen Machthabern jedoch zunächst einmal eine gewisse Unentschlossenheit. Wie lässt es sich sonst erklärten, dass der Staatskommissar für das Polizeiwesen im Volksstaat Hessen, vermutlich nach wilden Übergriffen auf die Kassen und Materialbestände von Samariterkolonnen, in einem Schreiben vom 16. Mai 1933 an die Kreisämter, Polizeiämter und Zentralpolizeistellen, darauf hinwies, *„daß der Arbeiter-Samariter-Bund weder verboten noch aufgelöst ist“* und deshalb *„Eingriffe in das Vermögen des Bundes“* nicht erlaubt sind?[260] Oder sollte nur Sorge dafür getragen werden, dass die Materialien und Einrichtungen des ASB vollständig und unversehrt in andere Hände übergehen konnten?

Jedenfalls erfolgte erst am 3. August die Anweisung des Stellvertreters des Beauftragten für die Verwaltung des Arbeiter-Samariterbundes in Hessen, wonach der Besitz der Kolonne Altenstadt, der bis dahin bei den Arbeitersamaritern Heinrich Kling und Philipp Schneider lagerte, sicherzustellen sei. Laut einer Aufstellung eines Büdinger Gendameriemeisters wurden dann am 5. August folgende Gegenstände der Altenstädter Kolonne beschlagnahmt:

- eine Tragbahre
- ein Verbandskasten
- eine Chemnitztasche
- acht Verbandspäckchen
- vier Protokollbücher
- eine Mappe mit Schriftverkehr
- eine Mappe mit unterschiedlichem Inhalt
- ein Stempel
- ein Kassenbuch und Belege

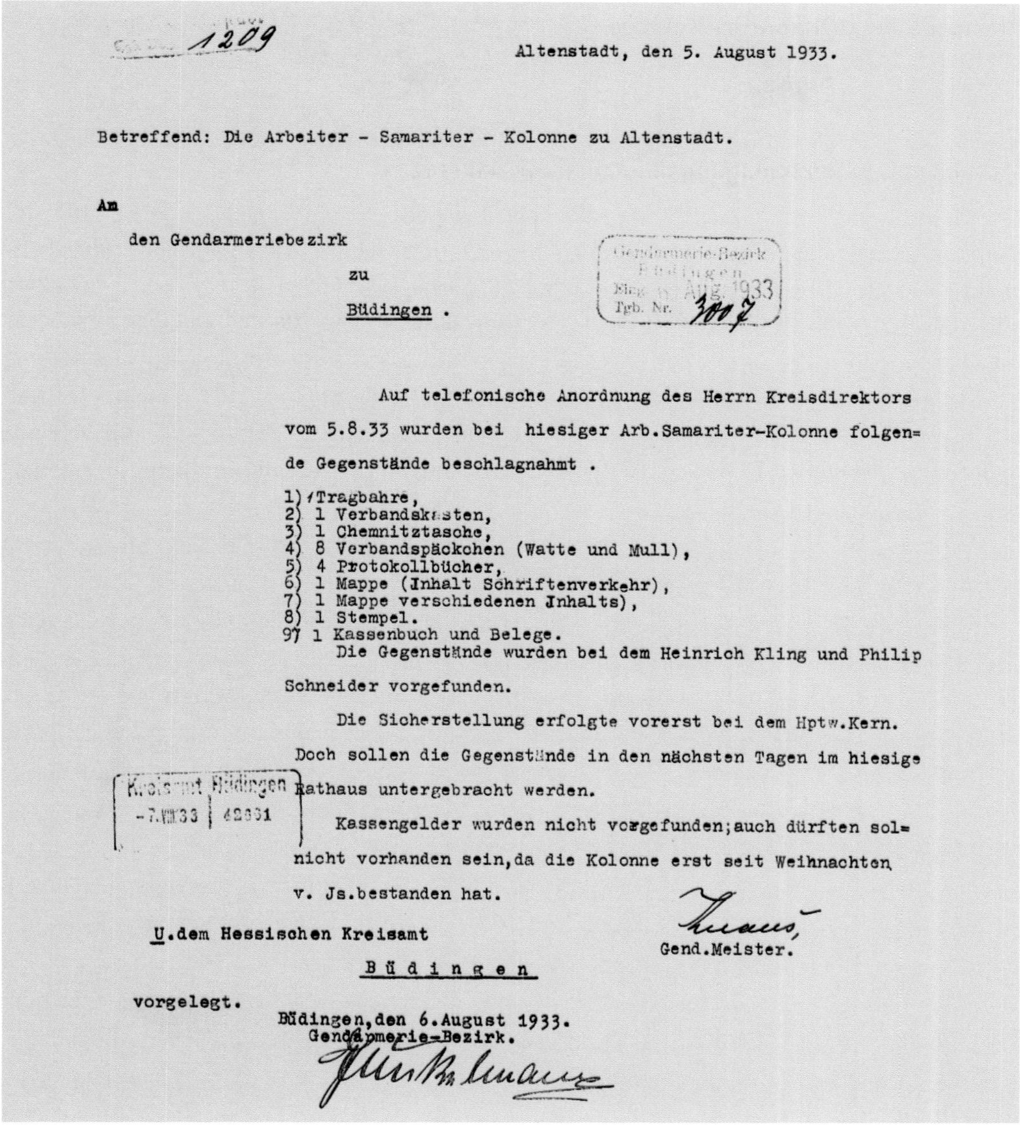

1209

Altenstadt, den 5. August 1933.

Betreffend: Die Arbeiter - Samariter - Kolonne zu Altenstadt.

An

den Gendarmeriebezirk

zu

Büdingen.

Gendarmerie-Bezirk Büdingen Eing. Aug. 1933 Tgb. Nr. 3007

Auf telefonische Anordnung des Herrn Kreisdirektors vom 5.8.33 wurden bei hiesiger Arb.Samariter-Kolonne folgende Gegenstände beschlagnahmt.

1) 1 Tragbahre,
2) 1 Verbandskasten,
3) 1 Chemnitztasche,
4) 8 Verbandspäckchen (Watte und Mull),
5) 4 Protokollbücher,
6) 1 Mappe (Inhalt Schriftenverkehr),
7) 1 Mappe verschiedenen Inhalts),
8) 1 Stempel.
9) 1 Kassenbuch und Belege.

Die Gegenstände wurden bei dem Heinrich Kling und Philip Schneider vorgefunden.

Die Sicherstellung erfolgte vorerst bei dem Hptw.Kern. Doch sollen die Gegenstände in den nächsten Tagen im hiesige Rathaus untergebracht werden.

Kreisamt Büdingen -7.VIII.33 42831

Kassengelder wurden nicht vorgefunden; auch dürften sol- nicht vorhanden sein, da die Kolonne erst seit Weihnachten v. Js. bestanden hat.

Gend.Meister.

U. dem Hessischen Kreisamt

Büdingen

vorgelegt.

Büdingen, den 6. August 1933.
Gendarmerie-Bezirk.

Meldung eines Büdinger Gendameriemeisters bezüglich der Sicherstellung des Besitzes der ASB-Kolonne Altenstadt von 5. August 1933.
Hessisches Staatsarchiv Darmstadt

Zum Schluss der Mitteilung des Polizisten heißt es: „*Kassengelder wurden nicht vorgefunden, auch dürften solche nicht vorhanden sein, da die Kolonne erst seit Weihnachten v. Js. bestanden hat.*“[261] Dies ist die letzte erhalten gebliebene Information zur jüngsten Arbeiter-Samariter-Kolonne im 16. Kreis, die kaum länger als acht Monate existierte und wohl nur wenige Wochen ungestört ihrer Tätigkeit nachgehen konnte.

Das Ende der Offenbacher Kolonne

Der Arbeitsamtsbezirk Offenbach, der für die Stadt und den Landkreis ohne die Gemeinden im Westen zuständig war, zählte 1930 bereits 13.000 Arbeitslose, andere waren zur lohnmindernden Kurzarbeit gezwungen.[262]

Die nun einsetzende politische Radikalisierung nutzte vornehmlich den rechtsradikalen Nationalsozialisten. Allerdings hatten sie in Stadt und vielen Gemeinden des Landkreises weniger Erfolg als in anderen Regionen. Selbst bei den Reichstagswahlen vom 31. Juli 1932 blieb die NSDAP noch weit unterhalb der Mehrheit und erhielt in der Stadt Offenbach 14.611, die SPD hingegen 18.550 und die KPD 6.991 von 50.778 gültigen Stimmen.[263]

Die überall praktizierte rabiate Vorgehensweise der neuen Machthaber gegenüber Andersdenkenden traf natürlich auch den Arbeiter-Samariter-Bund in Offenbach. Dort wurden das gesamte Material und das Heim am Linsenberg beschlagnahmt sowie einige Mitglieder verhört oder festgenommen.[264] Allerdings war dieses Heim offensichtlich von der Offenbacher Kolonne lediglich genutzt worden, da weder die Grundbücher noch die Adressbücher den ASB als Eigentümer ausweisen.[265]

Recht auffällige Diskrepanzen bestehen sowohl bezüglich des Eigentums der Kolonne, als auch hinsichtlich ihrer Mitgliederzahl für die Zeit vor der Auflösung durch die Nationalsozialisten. Während die Festschrift des Jahres 1988 von *„1.700 davon 400 im Sinne des ASB“* Tätigen für 1925 spricht,[266] werden in zeitgenössischen Veröffentlichungen für das Frühjahr 1920 genau 168[267], für 1927 dann 182[268] und für 1930 lediglich 157 aktive Samariterinnen und Samariter angegeben.[269] Im Jahr 1953 bezifferte der damalige Vorsitzende Friedrich Hamburger den Mitgliederstand der Kolonne für 1933 auf 460 Personen, wobei hierbei nicht zwischen aktiven und lediglich fördernden Mitgliedern unterschieden wird.

Was das Eigentum der Kolonne im Jahr 1933 betrifft, liegen leider keine zeitnahen Angaben vor. Friedrich Hamburger bezifferte 1953 das von den Nationalsozialisten beschlagnahmte oder ins Rote Kreuz überführte Vermögen der Offenbacher Kolonne, wozu er alle Rettungswachen und Hilfsstationen mit den dazugehörenden Gerätschaften, Kranken- und Transportwagen zählte, auf zehn Millionen Mark.[270] Eine Selbstdarstellung des Offenbacher ASB in einer Publikation von 1927 weist ihren damaligen Inventarwert mit *„ungefähr Mk. 10.000.–“* aus.[271]

Arbeitersamariter in Roth und Bad Orb

Wie der Prozess der Auflösung der ASB-Kolonnen und die Überführung vieler ihrer Mitglieder ins Deutsche Rote Kreuz in einer ländlichen Region verlief, darüber unterrichtet ein umfangreicher Bestand an Dokumenten, der jahrzehntelang beim DRK-Ortsverein

Bad Orb lagerte. Er hat sich wahrscheinlich nur deshalb erhalten, weil im September 1933 nicht einzelne ehemalige Arbeitersamariter ins Rote Kreuz eingetreten sind, sondern weil die gesamte Bad Orber ASB-Kolonne in eine Sanitätskolonne des DRK „umgewidmet" wurde. Heute befinden sich die Unterlagen im Archiv des DRK Kreisverband Gelnhausen. Außerdem ist eine digitalisierte Kopie im ASB-Bundesarchiv vorhanden.

Doch zunächst einige Anmerkungen zu den Arbeiter-Samariter-Kolonnen im Kreis Gelnhausen während der Epoche der Weimarer Republik. Im damals noch stark land- und waldwirtschaftlich geprägten Kreis Gelnhausen bestanden während der Ära der Weimarer Republik lediglich zwei Arbeiter-Samariter-Kolonnen, eine in Roth bei Gelnhausen und die andere in Bad Orb im Spessart.

Einen Hinweis auf das Bestehen einer ASB-Kolonne in Roth gibt ein Schreiben des „Kommissars für den ASB unter nationalsozialistischer Leitung für Hessen-Nassau" vom 29. August 1933. Außerdem berichten Zeitungsartikel und Einträge im Protokollbuch der Gelnhäuser Rotkreuz-Kolonne von ihrer Existenz. Leider beziehen sich diese Angaben nur auf die Zeit nach der Machtergreifung. In einer Jubiläumsbroschüre der Bereitschaft Roth aus dem Jahr 1982 wird die Gründung dieser ASB-Kolonne für das Jahr 1924 angegeben.[272] Im Oktober 1933 haben sich dann sieben Arbeitersamariter und vier Arbeitersamariterinnen aus Roth *„unterschriftlich verpflichtet"*, ins Deutsche Rote Kreuz einzutreten.[273]

Mehr Informationen liegen hingegen über die Arbeiter-Samariter-Kolonne im damals aufstrebenden Kurort Bad Orb vor. Diese Angaben enthält zunächst einmal ein Vorgang im Hessischen Staatsarchiv Marburg. Aus einer Notiz vom 9. August 1926 geht hervor, dass der damalige Bad Orber Bürgermeister Eduard Schreiber ursprünglich eine Sanitätskolonne unter der Obhut des Roten Kreuzes ins Leben rufen wollte. Aus diesem Grund wandte er sich an den Vorsitzenden des Zweigvereins vom Roten Kreuz im Kreis Gelnhausen, Landrat Conrad Delius, mit der Bitte, ihn bei der Gründung einer Sanitätskolonne in Bad Orb finanziell zu unterstützen.

In einem Schreiben vom 10. August an den Zweigvereinsvorsitzenden gibt sich der Bürgermeister recht optimistisch hinsichtlich der Schaffung einer Sanitätskolonne unter dem Zeichen des DRK und betont darin, dass die Kommune bereits *„eine vollständig neu hergerichtete fahrbare Krankenbahre"* besitze. Für *„die Beschaffung der übrigen Ausrüstungsstücke sowie für die Uniformierung"* fragt er sodann nochmals um eine Beihilfe an.

Doch danach fuhr Bad Orbs Bürgermeister Schreiber in Urlaub und fast schon entschuldigend heißt es nach seiner Rückkehr am 22. Dezember 1926 in einem Brief an Delius: *„Ich hatte Aussicht auf Erfolg, in Verbindung mit der freiwilligen Feuerwehr Bad Orb eine Sanitätskolonne vom Roten Kreuz zu gründen. In der Zeit meines diesjährigen Herbsturlaubes haben sich nun dieselben Leute mit mehreren anderen zur Gründung einer Arbeiter-Samariter-Kolonne zusammen getan und die Gründung vollzogen."*[274]

Was war zwischenzeitlich in der jungen Kurstadt geschehen? Am 7. November 1926 trafen sich 22 Männer *„auf Anregung des Lagerarbeiters Josef Schneeweis in der Gastwirtschaft Kuhl zu einem Referat über Ziel und Zweck der Arbeiter-Samariter“*. Hilfestellung bei der Gründung ihrer Kolonne erhielten die Orber Samariter aus Frankfurt von der Leitung des 9. Kreises des Arbeiter-Samariter-Bundes und zwar in Person des aus Frankfurt angereisten Referenten Jost. Seine Ausführungen trafen auf äußerst positiven Widerhall, sodass noch am gleichen Abend eine ASB-Kolonne gegründet wurde. Damit hatte man in Bad Orb vollendete Tatsachen geschaffen. Für die Gründung einer Sanitätskolonne vom Deutschen Roten Kreuz bestand nun keine Notwendigkeit mehr.

Inwieweit politische oder weltanschauliche Motive bei der Entscheidung sich dem Arbeitersamariterbund anzuschließen vorlagen, muss offen bleiben. Anhaltspunkte für derartige Überlegungen sind in den Unterlagen jedenfalls nicht zu finden.

Bei der Jahreshauptversammlung im Juli 1927 wurden Philipp Prähler zum Vorsitzenden und Josef Schneeweis zum Kolonnenführer gewählt. Kolonnenarzt war Dr. Carl Stock, als Kassierer fungierte Philipp Huth und als Schriftführer Johann Schüßler.

Der mehr oder weniger eiligen Kolonnengründung war eine dem Image einer Kurstadt schadende Typhusepidemie vorausgegangen. Dabei hatte es sich gezeigt, dass das knappe Personal des örtlichen Hospitals nicht in der Lage war, den Krankentransport alleine zu bewältigen.[275]

Doch die junge ASB-Kolonne kam bald bei einem Anlass zum Einsatz, wozu die Bewegung in Berlin ursprünglich ins Leben gerufen worden war. Zu einem für diese Region damals typischen Unfall am Arbeitsplatz rief man die Bad Orber ASB-Samariter bereits Ende November 1927. Ein Waldarbeiter hatte beim Holzfällen in der Nähe von Salmünster einen Unterschenkelhalsbruch erlitten. Um die Erste Hilfe zu leisten und um den Verletzten zu bergen, mussten die Samariter zunächst einen *„beschwerlichen Waldweg von 1 ½ Stunden zurücklegen“*.[276] Dieser Vorgang zeigt, dass der ASB nicht nur in den damals prosperierenden und modernen Arbeitsfeldern wie Bauhandwerk und Fabriktätigkeit seine Wirksamkeit entfaltete, sondern auch zur Hilfeleistung bei Unglücken in sehr traditionellen Berufsbereichen gerufen wurde.

Weitere interessante Informationen zum Bad Orber Samariterwesen enthält ein orangefarbener Schnellhefter, worauf zwei dicke rote Streifen zu einem Kreuz aufgeklebt sind.[277] Vermutlich sollte dadurch der Rest des Textes, der sicherlich auf die Arbeiter-Samariter-Kolonne Bad Orb verweist, verdeckt werden. Gut zu erkennen oder zu erschließen sind das Wort in deutscher Schreibschrift *„Schriftverkehr“* und die Jahreszahl *„1932“*. Man benötigt weder viel Fantasie noch außergewöhnliche historische Kenntnisse, um zu folgern, dass die beiden roten Klebestreifen erst nach der Machtübernahme durch die Nationalsozialisten im Januar 1933 angebracht wurden. Der Schnellhefter befand sich bislang in Besitz der DRK-Ortsvereinigung Bad Orb und wird seit 2010 beim DRK Kreisverband Gelnhausen archiviert.

Ein orangefarbener Schnellhefter enthält interessante Informationen zum Bad Orber Sanitätswesen und ist ein beredtes historisches Zeugnis. Die zu einem Kreuz aufgeklebten roten Streifen sollten vermutlich den Rest des Textes verbergen, der sicherlich auf die Arbeiter-Samariter-Kolonne Bad Orb verweist. Gut zu erkennen oder zu erschließen sind das Wort in deutscher Schreibschrift „Schriftverkehr" und die Jahreszahl „1933", wobei wohl die „2" überschrieben wurde. Vollständig könnte es heißen: „Schriftverkehr und Mitteilungen mit den Mitgliedern des A.S.B. Bad Orb 1933".

Archiv DRK Kreisverband Gelnhausen

In dem Hefter sind vornehmlich der Schriftwechsel der Kolonne, Auflistungen und vertragliche Vereinbarungen mit der Stadt Bad Orb enthalten. Interessant über den Bad Orber Rahmen hinaus sind Schreiben überregionaler Stellen des DRK und der NSDAP, die die Auflösung der Arbeiter-Samariter-Kolonnen und den Eintritt ehemaliger ASB-Kolonnenmitglieder ins Rote Kreuz betreffen. Das älteste Schriftstück datiert vom 7. Juli 1927, das jüngste vom 20. März 1935. Auffallend ist, dass für die Zeit zwischen dem November 1927 und dem August 1933 lediglich ein Vorgang vom 10. Oktober 1931 überliefert ist. Dabei handelt es sich um einen Nachtrag zu einem Übereinkommen zwischen der Stadt, der Feuerwehr und der örtlichen Arbeiter-Samariter-Kolonne vom 7. Juli 1927.

Die „Vereinbarung über zu treffende Sanitätsmaßnahmen für Erste Hilfe bei Unglücksfällen, bei Unruhen und Katastrophen, Kranken- und Totentransporten im Stadtbezirke Bad Orb“ zwischen der Polizeiverwaltung, der Hospitalverwaltung, der freiwilligen Feuerwehr und der ASB-Kolonne, die am 18. August 1927 gestempelt und unterzeichnet wurde, listet die Aufgaben, Rechte und Pflichten der beteiligten Vertragsparteien auf. Eine weitere durch Magistratsbeschluss vom 4. August genehmigte Vereinbarung enthält die Tarife für die Inanspruchnahme von Leistungen der Arbeiter-Samariter.

Diese Leistungen waren der Kranken- und der Totentransport in- und außerhalb des Bereichs der Stadt Bad Orb. Der Krankentransport mit zwei Mann innerhalb der Stadtgrenzen kostete tagsüber drei und nachts 4,50 RM, die Benutzung der „Transportbahre“ zusätzlich eine RM. Deutlich höher waren die Tarife für die Verbringung Verstorbener vom Sterbeort zum städtischen Leichenhaus. Hierbei waren mindestens sechs Reichsmark zu zahlen und nachts entsprechend neun.[278] Für Krankentransporte über Bad Orb hinaus galt keine Pauschale, dafür wurde der tatsächliche zeitliche und materielle Aufwand berechnet.

In den Jahren bis 1933 standen neben den Krankentransporten, Hilfeleistungen und Leichenüberführungen vornehmlich Fortbildungsveranstaltungen im Mittelpunkt der Vereinsarbeit der Arbeitersamariter.[279] Der Hefter enthält eine Mitgliederliste von Ende September 1933, die bis auf ein passives Mitglied, die gleichen Personen aufführt wie ein Verzeichnis, das vier Monate später angefertigt wurde.

Diese Bad Orber Aufstellung vom 24. Januar 1934 enthält neben den Namen der Samariter (28 aktive, sechs passive) auch ihre Berufe. Danach zeigt sich die Orber Kolonne In ihrer sozialen Zusammensetzung als eindeutig proletarisch geprägt. Zur ehemaligen Arbeiter-Samariter-Kolonne und nunmehrigen Sanitätskolonne vom Roten Kreuz Bad Orb gehörten sechs Waldarbeiter, je vier Arbeiter und Maurer, drei Bademeister, je zwei Schuster und Metzger sowie je ein Fabrikarbeiter, Tagelöhner, Schriftsetzer, Parkarbeiter, Lagerarbeiter und Schlosser. Bei sechs Namen fehlte eine Berufsangabe und hinter einem Namen steht *„Autovermietung“*.[280]

Die Bad Orber Helfer unterschieden sich hinsichtlich ihrer beruflichen Zusammensetzung nicht von den meisten „alten“ Rotkreuzkolonnen im Kreis Gelnhausen, die eben-

Die Mitglieder der kurz zuvor gegründeten Arbeiter-Samariter-Kolonne Bad Orb im Jahr 1927 mit Tragen und Sanitätskoffern. Archiv DRK Kreisverband Gelnhausen

falls zum größten Teil aus Arbeitern und Handwerkern bestanden. Allerdings handelte es sich bei den Mitgliedern der Gelnhäuser Rotkreuzkolonne häufig um Handwerksmeister. Und die Auflistung verdeutlicht auch die Unterschiede zu den Berufen der Mitglieder in den ASB-Kolonnen in und um Offenbach, wo der Anteil der Industriearbeiter höher war als in der ländlichen Spessartregion.

Weichenstellung für Übertritt

Zu den Organisationen, die im Laufe weniger Monate nach Beginn der Kanzlerschaft Hitlers durch die Nationalsozialisten aufgelöst wurden, gehört der Arbeiter-Samariter-Bund. Doch für eine kurze Zwischenzeit wählten die neuen Machthaber für den Arbeiter-Samariter-Bund einen anderen Modus. Im Vorfeld der Eingliederung ins DRK hatte man die verschiedenen Gliederungen des ASB zunächst unter Kuratel der NSDAP gestellt. Deshalb wirkten sie unter der Bezeichnung „Arbeiter-Samariter-Bund unter nationalsozialistischer Leitung" vorläufig weiter.

Wie anscheinend friedlich, ja sogar einvernehmlich die Übernahme der Arbeitersamariter ins Rote Kreuz vorbereitet wurde, dies soll das Protokoll der Sitzung des 1. Bezirkes des 9. Kreises (Hessen-Nassau) des ASB unter nationalsozialistischer Leitung vom 7. August 1933 belegen. Damals trafen in der Gastwirtschaft „Zum Goldenen Löwen" in Frankfurt-Rödelheim

Vertreter der Frankfurter Arbeitersamariter und der Leitung des ASB in Hessen-Nassau, des dortigen DRK und der Staatspolizei mit dem Kommissar für den ASB unter nationalsozialistischer Leitung in Hessen-Nassau, Dr. Soehngen (Wiesbaden), zusammen, um über die Modalitäten der Überführung von ASB-Mitgliedern ins Rote Kreuz zu beraten. Als Protokollant der Unterredung fungierte Wilhelm Dreyer, ein Mitarbeiter Soehngens und Leiter der Geschäftsstelle in der Kleyerstraße in Frankfurt. Gegengezeichnet wurde die Niederschrift von Soehngen. Beide gehörten sicherlich der NSDAP an. Möglicherweise wollten sie die Situation mit dem Inhalt des Protokolls harmonischer darstellen als sie wirklich war. Aber dies ist nur eine Vermutung, wofür einige Passagen zu einer diesbezüglichen Interpretation Anlass bieten können.

In dem Protokoll sind Teilnehmer an dem Treffen namentlich erwähnt. Es handelte sich um die Kolonnenvorsitzenden Menke (Frankfurt-Bonames), Rühl (Frankfurt-Nied), Treutlein (Griesheim), Wolf (Frankfurt-Fechenheim)und Zeller (Frankfurt-Höchst) sowie den Leiter des 9. Kreises, Eschenbrenner. Es fehlten Vertreter aus den Stadtteilen Sindlingen und Oberrad, wo ebenfalls ASB-Kolonnen bestanden.[281]

Von den Anwesenden war vermutlich lediglich Gottfried Treutlein aus Griesheim bereits vor 1933 Vorsitzender der dortigen ASB-Kolonne gewesen. Laut einer Notiz im „Kalender 1926“ übte er diese Aufgabe schon im Jahr 1925 aus. Ein Heinrich Zeller fungierte in der ersten Nachkriegszeit als Vorsitzender der Kolonne in Frankfurt-Höchst.[282] Dies lässt die Annahme zu, dass der eine oder andere Kolonnenvorsitzende bis zum August 1933 möglicherweise schon ausgetauscht wurde oder selbst aufgrund der neuen politischen Verhältnisse zuvor zurückgetreten war.

Die Zusammenkunft sollte wohl vornehmlich die Frankfurter Verhältnisse und die anstehenden Probleme in Zusammenhang mit der Überführung ins DRK klären, aber damit gleichfalls als wegweisend für den gesamten 9. Kreis dienen.

Aufgrund dieser Konstellation berührten die Ergebnisse dieses Treffens die Kolonnen im 16. Kreis des ASB (Volksstaat Hessen) zunächst einmal nicht. Außerdem ist Frankfurt nicht Teil des heutigen Regionalverbandes Mittelhessen des Arbeiter-Samariter-Bundes. Jedoch gehörten einige Kolonnen in den Altkreisen Hanau und Gelnhausen aufgrund ihrer Zugehörigkeit zum Freistaat Preußen zu diesem 9. Kreis, und sicherlich wurde hier manches beispielhaft so praktiziert, wie es auch in anderen Regionen nach der Machtübernahme durch die Nationalsozialisten üblich war oder gewünscht wurde. Und natürlich gelangte eine Kopie dieses Protokolls nicht zufällig in den Bad Orber Bestand.

Entsprechendes geht aus einem Schreiben des Bad Orber ASB-Vorsitzenden Philipp Prähler an den DRK-Kreisverein Gelnhausen vom 18. August 1933 hervor. Darin beruft er sich auf eine am 7. August in Frankfurt am Main abgehaltene Sitzung, wo man die *„Richtlinien“* für den zum 1. September geplanten Übertritt ins DRK festgelegt habe.[283]

Bemerkenswert ist es zunächst ebenfalls, dass die Rotkreuzler unter Führung eines *„Oberbürgermstr. Gründer“* nicht von Beginn an anwesend waren und erst später hinzukamen. Bei dem Genannten handelte es sich um Willo Gründer (geb. 1877). Gründer war aber nicht Oberbürgermeister einer Stadt in Hessen-Nassau, sondern er amtierte von 1919 bis 1931 als Stadtoberhaupt von Forst in der Lausitz. In den 1930er-Jahren war er Vorsitzender des Kreisvereins vom Roten Kreuz in Frankfurt am Main.[284] Doch nun weiter zum Inhalt der Niederschrift.

Eschenbrenner, der *„Führer des 9. Kreises“* des ASB, eröffnete die Sitzung. Sodann berichtete Dr. Soehngen über den Stand der geplanten Überführung des ASB ins DRK. Er erläuterte, dass die Weiterarbeit des ASB aufgrund der Beschlagnahme des Materials der Kolonnen durch die SA (Sturmabteilung) unmöglich sei.[285] Nach Soehngens Ansicht habe der Staatskommissar für Preußen, Dr. Dommel, einen *„erbitterten Kampf für das Weiterbestehen des A.S.B. unter nat.-soz. Leitung“* geführt. Hingegen machte sich Soehngen den Wunsch Hitlers zu eigen, lediglich eine Hilfsorganisation weiter bestehen zu lassen. Dieses sei – nicht zuletzt aufgrund seiner internationalen Reputation – das Rote Kreuz, wo es aber nun auch zu gravierenden Veränderungen komme. Mit der neuen DRK-Führung und der Übernahme des Sanitätswesens der SA werde dort ein neuer Geist einziehen.

Welche Einstellung manche Nationalsozialisten gegenüber dem DRK besaßen, dafür legen die leider nicht datierten „Richtlinien für die Verschmelzung des Arbeiter Samariter Bundes unter nationalsozialistischer Leitung in die gemeinsame Deutsche Samariter Formation“ von Dr. Dommel, Staatskommissar für den ASB unter nationalsozialistischer Leitung, beredtes Zeugnis ab. Er bezeichnete darin das Rote Kreuz als *„eine reaktionäre Organisation“*, die dringend im nationalsozialistischen Sinne durch *„frisches Blut“* umgestaltet werden sollte. Dommel sprich von *„meinen A.S.B.-ern“* und hofft auf ein baldiges *„kameradschaftliches Verhältnis“*. Und am Schluss heißt es: *„Ich baue auf die bekannte Vernunft und Disziplin meiner A.S.B.-er, die ich während meiner Tätigkeit als Staatskommissar besonders an ihnen schätzen gelernt habe. Für die mir erwiesene treue Gefolgschaft danke ich allen aufs herzlichste. Ich werde mich mit meiner ganzen Person für den A.S.B. unter nationalsozialistischer Leitung bei der Gleichschaltung einsetzen.“*[286]

Wie sind dieser fast freundschaftliche Ton gegenüber den Arbeitersamaritern und die despektierlichen Bemerkungen in Richtung Rotes Kreuz von Dr. Dommel zu verstehen? Vermutlich stand Dommel der „linken“ SA in der NS-Bewegung nah, die 1933 noch großen Einfluss besaß und aufgrund ihrer weitgehend proletarischen Anhängerschaft deutliche Ressentiments gegenüber dem bürgerlich-konservativen und teilweise noch aristokratisch geprägten Roten Kreuz pflegte. Freilich schwand der Einfluss der proletarisch geprägten SA in der NS-Bewegung bald. Höhepunkt dabei war die Exekution der SA-Führung durch ausgewählte SS-Leute im oberbayerischen Bad Wiessee im Sommer 1934. Diese Aktion mit der irreführenden Bezeichnung „Röhm-Putsch“ erfolgte natürlich auf Hitlers Veranlassung. Die Ausschaltung der SA-Führung, die die nationalsozialistische Machtergreifung zu einer tiefgreifenden Umgestaltung der deutschen Gesellschaft bis hin zur Übernahme der Wehrhoheit von der Reichswehr fortsetzen wollte, lag nicht im Kalkül Hitlers, der sich vorerst mit den alten Eliten zu arrangieren versuchte („Tag von Potsdam").

Und zu diesen alten Eliten gehörte auch die großbürgerlich und aristokratisch dominierte DRK-Führung. Zudem brachte das Rote Kreuz den neuen Machthabern noch seine internationale Reputation und weltweiten Verbindungen mit ein.

Folglich erhoffte sich der DRK-Präsident Joachim von Winterfeldt-Menkin eine nahtlose *„Überführung der ASB-Kolonnen in das Rote Kreuz"*. Er erwartete von den alten Rotkreuzlern, dass sie *„allen früheren Streit begraben sein lassen und den ASB-Leuten ohne Vorurteil und mit kameradschaftlichem Geist entgegenkommen"*.[287]

Laut den „Richtlinien für die Verschmelzung" vollzog sich die Eingliederung der ehemaligen Arbeitersamariter ins Rote Kreuz dann vielerorts anscheinend recht unproblematisch. Danach mussten sich die ehemaligen ASB-Kolonnenmitglieder lediglich in eine Liste eintragen. Sie wurden sodann *„als vollwertige Mitglieder sofort übernommen"* und arbeiteten mit *„ihrem Material"* dort weiter.[288]

Doch weiter zum Protokoll des Frankfurter Treffens, wo Soehngen selbst eine rasche Überführung des ASB ins DRK favorisierte, *„da die Aufregungen, die mit dem augenblicklichen Zustand zutage getreten seien, für die Mitglieder und Funktionäre des ASB nicht mehr länger tragbar seien"*. Die Übernahme durch das Rote Kreuz sei deshalb beschlossene Sache. Er erwarte den Übertritt aller ASB-Aktiven und *„keinerlei Schwierigkeiten von seiten des Roten Kreuzes"*. Zukünftig solle der *„Gedanke der Volksgemeinschaft"* vorherrschen *„und auch die ASB-Kameraden sollten allen früheren Groll vergessen"*.

Die Antwort auf die Frage, ob auch die ASBler anfällig für NS-Parolen wie „Volksgemeinschaft" oder „Nationale Opferbereitschaft" waren, muss vorerst noch ebenso offen bleiben wie die, ob in manchen ASB-Kolonnen unmittelbar nach der Machtergreifung durch die NSDAP ein Führungswechsel stattfand. Jedenfalls lässt die Kooperationsbereitschaft mancher ASB-Vertreter vor der Eingliederung ins DRK diese Vermutung zu.

Die Grundlage des Übertritts *„geeigneter"* Arbeitersamariter ins Rote Kreuz bestimmte eine „Amtliche Mitteilung" des Reichsinnenministers vom 15. Juli 1933, der die „Überführung des Arbeiter-Samariter-Bundes in das Kolonnenwesen" regelte. Dieser Vorgang sollte bis zum 1. September 1933 abgeschlossen sein.[289]

Einige in Rödelheim anwesende Arbeitersamariter äußerten allerdings Befürchtungen wegen zu erwartender Probleme mit den Sanitätern des Roten Kreuzes aufgrund alter Ressentiments, weshalb es schon in der Vergangenheit mehrfach persönliche Auseinandersetzungen gegeben habe.

Nach der Ankunft von Vertretern des DRK wurden zunächst von diesen geäußerte vermeintliche finanzielle Schwierigkeiten der Samariterkolonnen und Fragen des ASB-Sanitätsmaterials bei der vorgesehenen Übernahme thematisiert. Dieser Vermutung widersprach Eschenbrenner und hob dagegen die gute finanzielle Situation des Frankfurter ASB hervor.

Doch bald kam es zu einem Disput über die politische Einordnung des Arbeiter-Samariter-Bundes. Gründer bezeichnete ihn als *„sozialdemokratische Organisation"*, was Widerspruch seitens Eschenbrenner hervorrief, der den ASB den *„Freien Gewerkschaften"* zurechnete, *„im Uebrigen aber auch von diesen völlig unabhängig"* gewesen wäre.

Bezüglich der raschen Schaffung einer Einheitsorganisation führte Eschenbrenner, gemäß der Niederschrift, wörtlich aus: *„Die Mitglieder werden sich auch hier dem Willen des Führers unterstellen, genau so, wie sie bisher die Richtlinien des Herrn Staatskommissars befolgt haben."* Offensichtlich hielt der bisherige ASB-Bezirksleiter alle Arbeitersamariter als im nationalsozialistischen Sinn für *„geeignet"* für einen Eintritt ins DRK.

Ein ASB-Vertreter aus Fechenheim machte darauf aufmerksam, dass für dieses Vorhaben ein positives Votum der Mitgliederversammlungen notwendig sei und bat um Unterstützung der Staatspolizei, um bei der Überführung *„allen etwaigen Schwierigkeiten von vornherein an aus dem Wege zu gehen"*. Wollte er damit etwaige Gegner der Überführung einschüchtern oder hoffte er auf Hilfe gegenüber störrischen alten Rotkreuzsanitätern?

Die Frage der Form des Übertritts der Arbeitersamariter ins Rote Kreuz sollte, so Soehngen, den einzelnen Kolonnen überlassen bleiben. Mit einem Appell an die 22 Anwesenden *„allen früheren Hader zu vergessen"* schloss er die Versammlung.

Im Volksstaat Hessen fungierte der Darmstädter Arzt Dr. Hermann Scherer auf Anweisung des Staatskommissars für das Polizeiwesen vom 14. Juni 1933 an als „Beauftragter für die Verwaltung des Arbeiter-Samariter-Bundes". Vermutlich übte er hier die gleiche Aufgabe aus und setzte sicherlich die gleichen Direktiven um wie Dr. Soehngen in Hessen-Nassau.

In dem Schreiben wird Georg Wirth, Offenbach, Sennefelderstraße 77, als bisheriger Leiter des ASB im Volksstaat Hessen genannt. Weiter bewertet der Staatskommissar für das Polizeiwesen den Arbeiter-Samariter-Bund *„als marxistische Organisation, in der ohne geeignete Überwachung staatsfeindliche Bestrebungen zu befürchten sind"*. Als rechtliche Grundlage für die Unterstellung unter einen *„Beauftragten"* beruft er sich auf den Paragraphen 1 der „Verordnung des Reichspräsidenten zum Schutze von Volk und Staat vom 28. Februar 1933".[290]

VOM ARBEITER-SAMARITER-BUND INS DEUTSCHE ROTE KREUZ

Wie sich der Übertritt einer ASB-Kolonne ins DRK vollzog – oder passender im Passiv – vollzogen wurde, davon legen wiederum einige im Hefter Bad Orb überlieferte Schriftstücke beredt Zeugnis ab. Im Vorfeld der Übernahme durch das Deutsche Rote Kreuz verlangte man von den Bad Orber Arbeitersamaritern eine Auflistung zum Material- und Kassenbestand der Kolonne. Philipp Prähler, bis 1933 Vorsitzender der Kolonne, schickte die entsprechende Übersicht mit Datum vom 16. August 1933 an Wilhelm Dreyer in die Frankfurter Geschäftsstelle. Daraus geht hervor, dass die Orber ASB-Kolonne über recht bescheidene Geldmittel in Höhe von 83,90 RM verfügte sowie zwei Räderbahren, einen Sauerstoffapparat, vier große Verbandkästen, vier kleine Verbandkästen, eine Petromaxlampe, einen großen Schrank, Tisch, Regal, drei Koltern, vier Ledertraggurte, drei geflochtene Tragegurte, zwei Tragebahren, eine Schreibmaschine, ein Buch, Verbandmaterial und einige kleinere Utensilien ihr Eigen nannte. Prähler fügte noch hinzu: *„Die Bestände sind vor einiger Zeit polizeilich aufgenommen worden. Gelegentlich einer mündlichen Besprechung mit Herrn Bürgermeister Weiler erfuhr ich, daß die Sachen als beschlagnahmt gelten und gewissermaßen leihweise uns überlassen wären. Von Seiten der NSDAP oder der SA wurden uns bis heute keinerlei Schwierigkeiten bereitet, sodaß wir bis heute ungehindert unsern Dienst ausüben können.“*[291] Offensichtlich verfuhr die SA mit dem Bad Orber ASB-Eigentum nicht so rigoros wie anderorts, sodass die Samariter weiterhin ihrer Tätigkeit nachgehen konnten.

Dieser ununterbrochene Sanitätsdienst erwies sich in der Kurstadt auch als unbedingt notwendig, denn die Arbeitersamariter wurden noch im Jahr des Verbots ihrer Organisation vielmals gebraucht. Sie leisteten 1933 in 42 Fällen Erste Hilfe und unternahmen 24 Kranken- und fünf Leichentransporte. Außerdem hielten sie zehn Übungsabende sowie vier Übungen und Wachen ab.[292]

Allerdings änderte dies nichts an der beschlossenen Auflösung der Samariterkolonne und dem vorgesehenen Eintritt vieler ASB-Aktiver ins Rote Kreuz.

Auf einem Briefbogen der ASB-Kolonne Bad Orb, auf dem handschriftliche Bemerkungen sowohl Philipp Prählers als auch des NS-Bürgermeisters Hans Weiler zu lesen sind, heißt es vermutlich mit Bezug auf Prähler: *„Meldet die Ortsgruppe bei dem Roten Kreuz Gelnhausen an. 18/8.33 Weiler“*. Was noch am gleichen Tag mit dem Satz erfolgte: *„Wir gestatten uns hiermit, die Kolonne Bad Orb bei der Kreisleitung zur Eingliederung anzumelden und bitten um Mitteilung, was wir weiterhin veranlassen sollen.“*[293]

Ende August 1933 erfolgte die genannte Nachricht von Dreyer über die Anmeldung der ASB-Kolonnen Bad Orb und Roth an den DRK-Kreisverein. Befremdlich erscheint in dieser Mitteilung, dass Dreyer die Anschrift des Kreisvereins in Gelnhausen nicht bekannt war. Er verwies deshalb an Prof. Dr. Ewald Kersten, von dem weitere Hinweise zu erwarten seien.[294]

In Bad Orb wurde August Dickert, ein pensionierter Postsekretär und *„Genosse der NSDAP“*, vom NS-Bürgermeister Weiler Mitte September zum *„Kommissar für die örtliche Kolonne bestimmt“*.[295] Dickerts Aufgabe bestand vornehmlich darin, die Überführung der ASB-Kolonne zu kontrollieren und im Sinne der neuen Machthaber zu organisieren.

Da die Bad Orber Kolonne bis zum 15. September ohne Nachricht vom Kreisverein Gelnhausen des DRK geblieben war, fragte Philipp Prähler dort nochmals nach, *„welche Schritte unternommen werden müssen“*. Die Verzögerung seitens des Kreisvereins dürfte

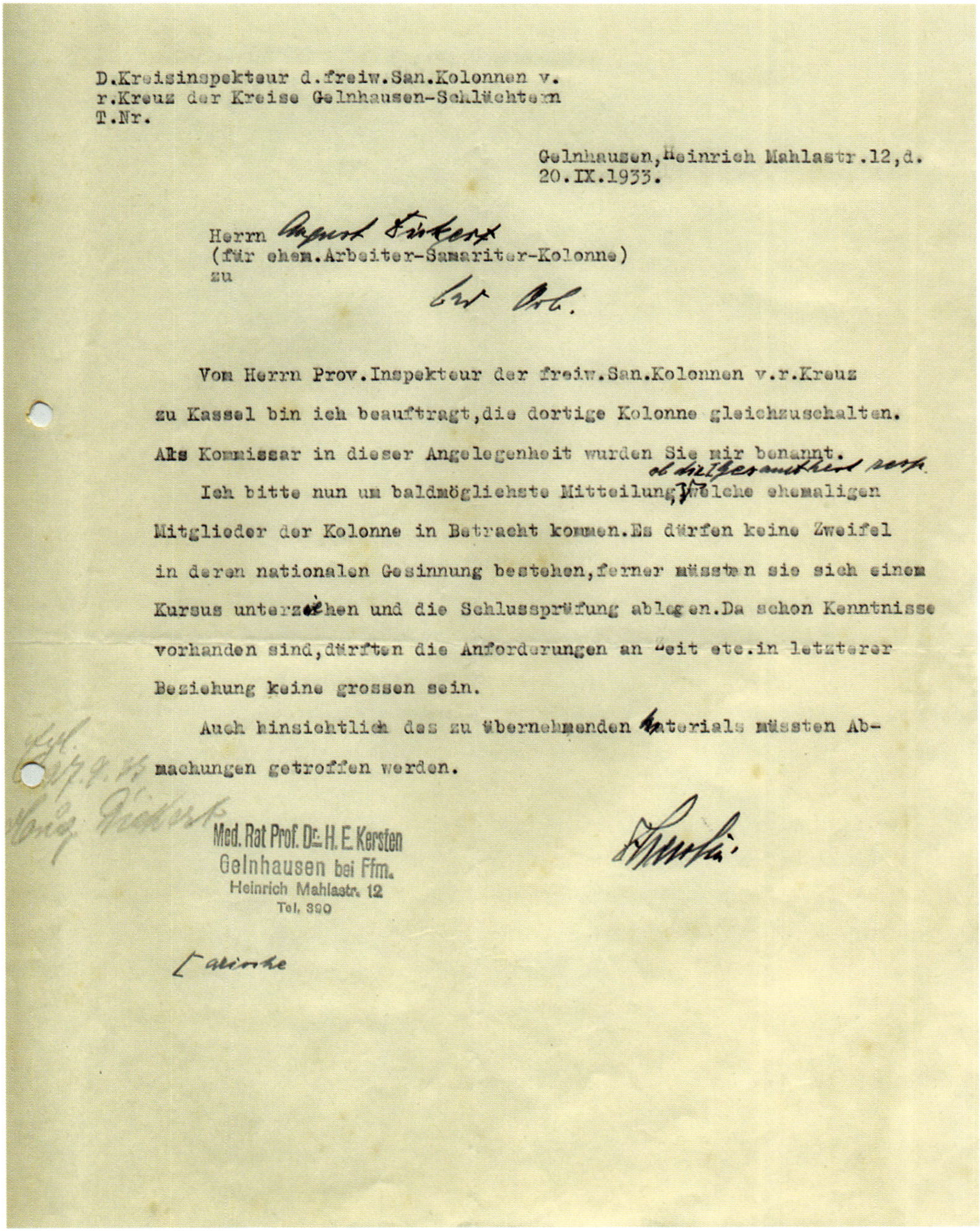

D.Kreisinspekteur d.freiw.San.Kolonnen v.
r.Kreuz der Kreise Gelnhausen-Schlüchtern
T.Nr.

Gelnhausen, Heinrich Mahlastr.12, d.
20.IX.1933.

Herrn August Dickert
(für ehem.Arbeiter-Samariter-Kolonne)
zu

Vom Herrn Prov.Inspekteur der freiw.San.Kolonnen v.r.Kreuz zu Kassel bin ich beauftragt, die dortige Kolonne gleichzuschalten. Als Kommissar in dieser Angelegenheit wurden Sie mir benannt.

Ich bitte nun um baldmöglichste Mitteilung, welche ehemaligen Mitglieder der Kolonne in Betracht kommen. Es dürfen keine Zweifel in deren nationalen Gesinnung bestehen, ferner müssten sie sich einem Kursus unterziehen und die Schlussprüfung ablegen. Da schon Kenntnisse vorhanden sind, dürften die Anforderungen an Zeit etc. in letzterer Beziehung keine grossen sein.

Auch hinsichtlich des zu übernehmenden Materials müssten Abmachungen getroffen werden.

Med. Rat Prof. Dr. H. E. Kersten
Gelnhausen bei Ffm.
Heinrich Mahlastr. 12
Tel. 390

Schreiben des Medizinalrats Prof. Dr. Kersten in seiner Funktion als „Kreisinspekteur der freiwilligen Sanitätskolonnen vom Roten Kreuz der Kreise Gelnhausen-Schlüchtern" an August Dickert, ein pensionierter Postsekretär, der die Überführung der ASB-Kolonne kontrollieren und im Sinne der neuen Machthaber organisieren sollte.

Archiv DRK Kreisverband Gelnhausen

politische Gründe gehabt haben. Entsprechend mahnte man von Gelnhausen aus am 19. gegenüber Dickert an, *„dass bei der Auswahl der zu übernehmenden Mitglieder der Arbeiter-Samariter-Kolonne mit der äußersten Vorsicht und Gründlichkeit vorgegangen wird, damit ungeeignete und unzuverlässige Personen von vornherein ausgeschlossen bleiben"*.

Noch etwas deutlicher formulierte Medizinalrat Prof. Dr. Kersten in seiner Funktion als „Kreisinspekteur der freiwilligen Sanitätskolonnen vom Roten Kreuz der Kreise Gelnhausen-Schlüchtern" die Situation. Er forderte in einem Schreiben an Dickert, dass *„keine Zweifel in deren nationaler Gesinnung"* der Aufnahmewilligen bestehen dürfen. Außerdem verlangte er, dass die eintrittsbereiten Samariter *„sich einem Kurs unterziehen und die Schlussprüfung ablegen"*.[296]

Wir wissen nicht, ob sich die Bad Orber Kolonnenmitglieder in eine Liste eingetragen haben, um die Mitgliedschaft im DRK zu erlangen. Dafür fehlt in den Unterlagen jeglicher Hinweis. Bei den ehemaligen Mitgliedern des ASB in Roth war dies aber der Fall. Außerdem scheint es, trotz der einfachen Übernahme durch das Deutsche Rote Kreuz, zu einer personellen Fluktuation innerhalb der Orber Kolonne gekommen zu sein.

So zählte, laut einer Meldung vom 9. April 1934 an den Provinzialmännerverein des Roten Kreuzes in Hessen-Nassau, die nunmehrige Freiwillige Sanitätskolonne vom Roten Kreuz Bad Orb 41 Aktive. Am 20. April wurde die Gründung einer Jugendgruppe mit 25 Personen, davon elf über 18 Jahren, gemeldet. Konkreteres enthält der „Jahresbericht für Zeit vom 1.4.33–31.3.34". Darin erfahren wir, dass August Dickert als Vorsitzender amtierte, Dr. Carl Stock als Kolonnenarzt und Josef Schneeweis als Kolonnenführer. Weiter ist die Rede von 34 Mitgliedern, darunter 30 aktiven Männern und Jungen. Davon waren wiederum zehn im Alter von 18 bis 25 Jahren und 14 zwischen 25 und 35. Anhand dieser Angaben lässt sich nicht feststellen, wie viele der alten ASBler dann im April 1934 in der Sanitätskolonne vom Roten Kreuz Bad Orb aktiv waren. Doch wenn die Kolonne trotz der Zugänge im April 1934 weniger Mitgliedern hatte als im September 1933, dann haben offensichtlich bei weitem nicht alle alten Arbeitersamariter den Weg ins DRK gefunden.

Das Rote Kreuz im Kreis Gelnhausen und auch darüber hinaus war auf die neuen Aktiven aus den Reihen des Arbeiter-Samariter-Bundes nicht besonders gut vorbereitet. So besaßen die Bad Orber Kolonnenmitglieder bis April 1934 keinen Rotkreuzausweis und bis März 1935 auch keine ausreichende Uniformierung. Wann dieser Mangel beendet wurde, kann nicht geklärt werden, denn die schriftliche Überlieferung reißt Ende März 1935 ab und setzt erst wieder gegen Ende des Jahres 1944 ein.

Anders als in Bad Orb ist für Roth belegt, wie viele ehemalige Arbeitersamariter ins DRK übergetreten sind. Offen bleibt hingegen, ob sie geschlossen eintraten. Ein Artikel vom 31. Oktober 1933 berichtet detailliert von der *„Überführung der der Arb.-Sam. Kolonne Roth in die Freiwillige Sanitätskolonne Gelnhausen u. Gleichschaltung der Letzteren"*.

Danach spielte sich der Vorgang im Depot der Gelnhäuser Rotkreuzkolonne ab. Die Samariter aus Roth wurden dort von Prof. Dr. Kersten, dem Beauftragten des Provinzvereins, begrüßt, der *„in ausführlicher Weise die Gründe für die Gleichschaltung und die weiterhin zu ergreifenden Maßnahmen“* darlegte. Daraufhin verpflichteten sich die Sanitäter aus Roth mit ihrer Unterschrift, *„ihre Kräfte für den neuen Dienst einsetzen zu wollen“*. Sie wurden zunächst der Freiwilligen Sanitätskolonne Gelnhausen eingegliedert, da ihre Gruppe nicht über die notwendige Anzahl von 15 Aktiven verfügte. Das Material der ehemaligen ASB-Kolonne verblieb dagegen in Roth.[297]

Wie eng das Rote Kreuz und der Arbeiter-Samariter-Bund aufgrund der Widrigkeiten der deutschen Geschichte oftmals personell miteinander verwoben waren, zeigt sich gerade am Beispiel des nun mehrfach genannten Philipp Prähler. Er gehörte der ASB-Kolonne Bad Orb von ihrer Gründung 1926 bis zu ihrer Auflösung durch die Nationalsozialisten an und übte von 1927 bis 1933 dort den Vorsitz aus. Später war Prähler jahrelang Bereitschaftsführer der DRK-Bereitschaft Bad Orb und bis zum seinem Tod 1961 für mehrere Jahre sogar Kreisgeschäftsführer beim DRK Kreisverband Gelnhausen. Philipp Prähler hatte diese Anstellung allerdings nur unter der Bedingung angenommen, dass er weiterhin als Bereitschaftsführer in Bad Orb fungieren konnte.[298]

Ähnlich verhielt es sich mit Georg Wolf (1919–2005) aus Windecken. Er bekam vom Elternhaus seine Prägung für den Samariterdienst und wirkte bereits in ganz jungen Jahren beim örtlichen ASB mit. Aufgrund des Verbots durch die Nationalsozialisten schloss er sich dem DRK an. Nach 1945 wurde Georg Wolf für Jahrzehnte quasi „zum Gesicht“ des Roten Kreuzes in Windecken und später in Nidderau.

In einem Zeitzeugengespräch, das der Autor zu Anfang 1994 mit ihm führte, glaubte Wolf sich zu erinnern, dass der Arbeiter-Samariter-Bund (ASB) in Windecken um 1924 gegründet wurde und bis 1933 in der Kleinstadt sehr aktiv war. Zu Reibereien zwischen DRK und ASB sei es dabei nicht gekommen, sondern man teilte sich die Bewältigung der vorhandenen Aufgaben. Georg Wolf wusste weiter zu berichten, dass in Windecken nahezu alle ASB-Kolonnenmitglieder nach der Machtergreifung der Nazis ins dortige Rote Kreuz eingetreten sind. Dies habe den positiven Nebeneffekt gehabt, dass sämtliche Gerätschaften und Ausrüstungsgegenstände in den Besitz der Ortsgemeinschaft Windecken des DRK übergingen und nicht beschlagnahmt wurden.[299]

In den anderen Kolonnen des 9. Kreises und des 16. Kreises im Volksstaat Hessen dürften die Vorgänge, die schließlich zur Zerschlagung der Arbeiter-Samariter-Kolonnen und zur Eingliederung vieler ihrer ehemaligen Aktiven ins Rote Kreuz geführt haben, sicherlich ganz ähnlich verlaufen sein wie in Roth oder im Spessartkurort Bad Orb, wo man sich an dem am 7. August 1933 in Frankfurt-Rödelheim vereinbarten Verfahren orientierte. Und sicherlich hat die Sorge um den Verbleib von Ausrüstung und Material den Übertritt erleichtert, wie die Bemerkungen von Georg Wolf nahelegen.

Diese Ereignisse haben u. a. auch dazu geführt, dass sich eine ganze Reihe von Ortsvereinen des DRK, darunter Bad Orb, Roth und Klein-Auheim, auf „falsche“, „gestohlene“ oder – vielleicht besser – „geliehene“ Gründungsdaten beziehen, da die Hilfsorganisation in ihrem Ort nicht als Freiwillige Sanitätskolonne vom Roten Kreuz oder Gruppe des Vaterländischen Frauenvereins ins Leben gerufen wurde, sondern ihre Tätigkeit ursprünglich als eine Kolonne des Arbeiter-Samariter-Bundes aufgenommen und bis 1933 ausgeübt hatte.

Verfolgung einzelner ASB-Mitglieder

Alleine die Mitgliedschaft oder die Besetzung einer leitenden Position in einer Kolonne der Arbeitersamariter dürfte den Nationalsozialisten 1933 nur selten als Vorwand gedient haben, um ihnen politisch missliebige Personen zu verfolgen. Da jedoch eine Reihe von ASBlern auch noch in anderen Arbeiterorganisationen tätig war, befanden sie sich dadurch mehrfach in Konfrontation mit den neuen Machthabern. Mithin resultierte ihre Verhaftung, Internierung oder Verurteilung aus anderen Gründen als ihrer Hilfstätigkeit im ASB. Jedoch sind diese staatlichen Unterdrückungsmaßnahmen ein deutliches Indiz für eine entschiedene antifaschistische Haltung zahlreicher ASB-Mitglieder.

Leider liegen keine Mitgliederlisten der ASB-Kolonnen aus dem Bereich Mittelhessen vor, nur von den Kolonnen in Offenbach und Dietzenbach sind die Namen einer Reihe von Mitgliedern überliefert. Aufgrund von Hinweisen in der Literatur und nach Angaben aus dem Hessischen Hauptstaatsarchiv in Wiesbaden vom 23. September 2011 ergibt sich bezüglich der 33 namentlich bekannten Dietzenbacher Arbeitersamariter folgendes Bild:

Der 1896 geborene Sattler Philipp Berz, geboren am 9. August 1896 in Dietzenbach, war ab 1933 ebenfalls Verfolgungen ausgesetzt und wurde 1941 in einer „Hochverratssache“ von einem Kasseler Gericht zu einem Jahr Gefängnis verurteilt.[300]

Zu Heinrich Heberer, geboren am 17. September 1895 in Heusenstamm, existiert im Hauptstaatsarchiv eine Entschädigungsakte, woraus zu schließen ist, dass auch er ab 1933 von den neuen Machthabern verfolgt wurde oder andere Benachteiligungen erfuhr.

Gleiches trifft auf den ehemaligen Technischen Leiter Philipp Knecht, geboren am 13. Mai 1903 in Dietzenbach, zu.

Zum Arbeitersamariter Christian Späth befinden sich in Wiesbaden sowohl eine Entschädigungsakte als auch eine Gefangenenakte im Bestand.[301]

Der langjährige Kassierer der Dietzenbacher Kolonne Martin Wolf, geboren am 10.09.1885 in Dietzenbach, wurde nach der Machtergreifung von den Nationalsozialisten verfolgt und saß 14 Wochen im Konzentrationslager Dachau.[302]

Zu den neun aufgeführten Arbeitersamaritern aus Offenbach konnte im Hessischen Hauptstaatsarchiv Wiesbaden lediglich in einem Fall eine Entschädigungsakte ermittelt werden. Es handelt sich um den am 19. August 1888 in Bürgel geborenen Friedrich Wilhelm Hamburger, ein Wagenführer bei der Offenbacher Straßenbahn, der 1933 aus politischen Gründen entlassen worden war.[303]

Margarethe („Gretel") Steinhäuser stand während der nationalsozialistischen Diktatur unter Polizeiüberwachung. Sie durfte ihren Wohnort Offenbach nicht mehr verlassen und hatte sich zweimal täglich bei der Polizei zu melden.[304]

Im Hessischen Hauptstaatsarchiv Wiesbaden befindet sich ebenfalls die Entschädigungsakte von Dr. med Lajos L. Samets (früher: Dr. med. Ludwig Szametz), geboren am 17. Februar 1882 in Tisza-Palkonya/Ungarn, gestorben am 18. Januar 1971 in Massena, New York/USA, der von 1912 bis 1936 als praktischer Arzt in Bad Vilbel tätig war.[305]

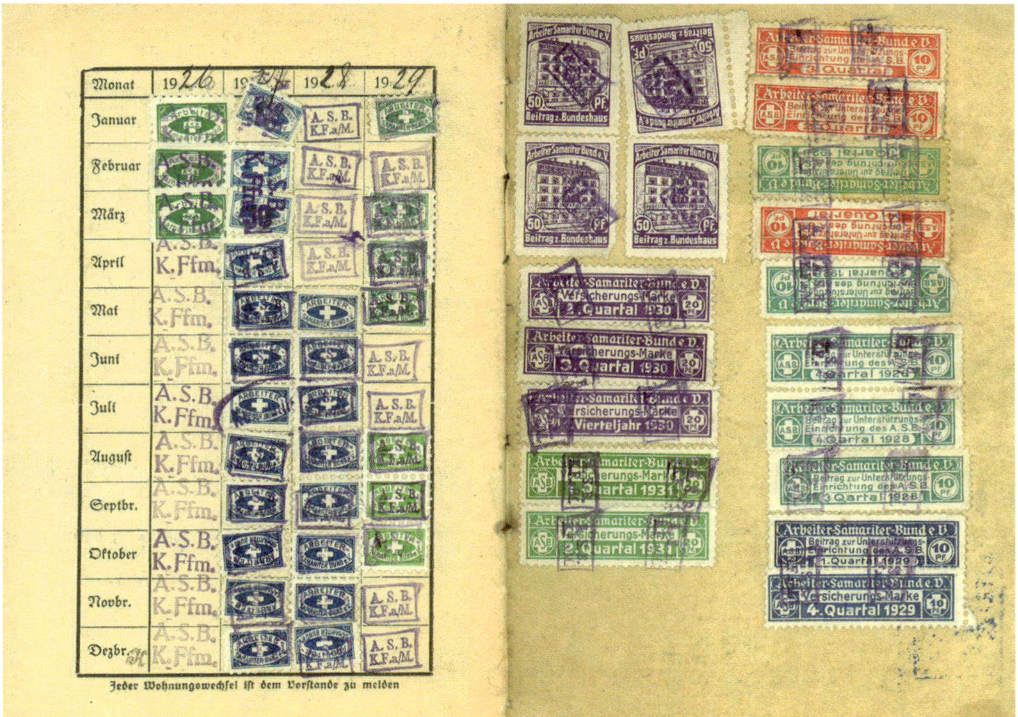

Beitragsmarken im Ausweis des Arbeitersamariters Hermann Goltzsche aus dem Jahr 1929.

Archiv des ASB-Bundesverbandes

1 Hessisches Statistisches Landesamt, Historisches Gemeindeverzeichnis für Hessen, Heft 1: Die Bevölkerung der Gemeinden 1834 bis 1967; o. O., o. J. (Wiesbaden 1968), S. 8, 10, 28, 30, 36 und 84.

2 Sehr materialreich zur wirtschaftlichen und sozialen Situation sowie zur Kommunalpolitik der SPD in Offenbach vor 1914: R. G. Huber, Sozialer Wandel und politische Konflikte in einer südhessischen Industriestadt. Kommunalpolitik der SPD in Offenbach 1898–1914, Darmstadt/Marburg 1985.

3 Hessisches Statistisches Landesamt, Historisches Gemeindeverzeichnis für Hessen, Heft 1, S. 12 f., 28 f., 36 f., 76 f. und 83 f.

4 Grundlegend für die Orte des Kreises Offenbach: K. F. Bohler, Die Entwicklung der Sozialstruktur im ehemaligen Realteilungsgebiet der südöstlichen Rhein-Main-Ebene, in: Ders., Regionale Gesellschaftsentwicklung und Schichtungsmuster in Deutschland. Frankfurt am Main u. a. 1995, S. 199 ff.

5 H.-W. Hahn, Der hessische Wirtschaftsraum im 19. Jahrhundert, in: Walter Heinemeyer (Hrsg.), Das Werden Hessens, Marburg 1986, S. 390.

6 Für den Kreis Offenbach brachten vor allem die Main-Neckar-Bahn schon seit 1846, die Strecke Hanau–Babenhausen (1881) und die Rodgaubahn (1896) mit der Nebenstrecke nach Dietzenbach (1898) Erleichterungen für die Pendler. Vgl.: A. Kurt, Wahlen und Wähler im Wahlkreis Offenbach. Eine historisch-statistische Untersuchung zur politischen Struktur der Stadt und des Landkreises Offenbach im Wandel der letzten anderthalb Jahrhunderte, Offenbach 1966, S. 23.

7 K. F. Bohler, Die Entwicklung der Sozialstruktur, S. 203 f. und 230.

8 Statistisches Handbuch für das Großherzogtum Hessen. Hrsg. von der Großherzoglich Hessischen Zentralstelle für die Landesstatistik, Darmstadt 1903, S. 53.

9 Im Landkreis Offenbach bestanden 1894 insgesamt 25 Tabakfabriken, ihre Anzahl erreichte 1898 mit 38 Unternehmen den Höchststand und fiel auf 32 im Jahre 1900 zurück. In diesen Jahren arbeiteten 2.221, 2.408 bzw. 2.242 Menschen in diesem Industriezweig. Dabei kamen auf einen männlichen Arbeiter durchschnittlich drei Arbeiterinnen. Eine vergleichbar wichtige Rolle spielten die Zigarrenmanufakturen in und um Hanau. Vgl.: K. Cramer, Entstehung und Entwicklung des Hanauer Tabakbaus und der Hanauer Tabakindustrie (Diss.), Frankfurt 1925, S. 179 ff.

10 Die Angaben sind wiedergegeben nach: O. Schlander, Offenbach am Vorabend des Ersten Weltkrieges, Offenbach 1979, S. 69.

11 R. G. Huber, Sozialer Wandel, S. 50 f.

12 Die Angaben sind wiedergegeben nach: O. Schlander, Offenbach am Vorabend, S. 70.

13 R. G. Huber, Sozialer Wandel, S. 298 (Anhang).

14 R. G. Huber, Sozialer Wandel, S. 53 und 61.

15 Ein Beispiel dafür ist Klein-Auheim, wo zu Beginn des 20. Jahrhunderts die „Hessische Gummiwaren-Fabrik" (Gummi Peter) und die „Fahrrad- und Metallwerke L. Bauer" ihren Betrieb aufnahmen.

16 O. Schlander, Offenbach am Vorabend, S. 62 f.

17 A. Mirkes / K. Schild, Zeugnisse: Offenbach 1933–1945. Verfolgung und Widerstand in Stadt und Landkreis Offenbach, Köln 1988, S. 28.

18 G. Beier, Arbeiterbewegung in Hessen. Zur Geschichte der hessischen Arbeiterbewegung durch einhundertfünfzig Jahre, 1834–1984, Neuauflage, Frankfurt 1985, S. 275 f.

19 O. Schlander, Offenbach am Vorabend, S. 34.

20 O. Schlander, Offenbach am Vorabend, S. 35.

21 O. Schlander, Zwischen Monarchie und Diktatur. Offenbach 1918–1933, hrsg. vom Offenbacher Geschichtsverein, Offenbach 1992, S. 9.

22 K. F. Bohler, Die Entwicklung der Sozialstruktur, S. 234.

23 K. F. Bohler, Die Entwicklung der Sozialstruktur, S. 255 f.

24 K. F. Bohler, Die Entwicklung der Sozialstruktur, S. 236.

25 A. Kurt, Am Main, im Rodgau und in der Dreieich. Stadt und Kreis Offenbach in der Geschichte, Offenbach 1998, S. 200 f.

26 A. Kurt, Wahlen und Wähler im Wahlkreis Offenbach, S. 20.

27 Typisch für die politische Zweiteilung der Bevölkerung im östlichen Kreisgebiet zeigten sich die Verhältnisse in Klein-Auheim. Die Nationalliberalen, DVP oder NSDAP bekamen hier nie einen Fuß auf den Boden. Zunächst dominierte in Klein-Auheim das katholische Zentrum. Nachdem der Ort zu einem Industrieort mutiert war, kamen zunächst die SPD und später die KPD stark auf. Bei den Reichstagswahlen vom 14.9.1930 erhielten die Kommunisten sogar 737 (34,8 %), das Zentrum 657 (31 %) und die Sozialdemokraten 433 Stimmen (20,4 %). Für die NSDAP votierten nur 70 Klein-Auheimer. Bei dem Votum vom 31.7.1932 fielen auf die SPD 681 Stimmen (30,3 %), auf das Zentrum 776 (34,5 %) und die KPD 537 (23,9 %). Die NS-Bewegung bekam hier lediglich 210 Stimmen (9,3 %). Vgl.: E. Bus, „Die Einwohner daselben arbeiten sehr fleißig ..." Ortschronik zur Geschichte Klein-Auheims anlässlich des 1.200. Jahrestages der urkundlichen Ersterwähnung 2006, Hanau 2005, S. 384 ff.

28 A. Kurt, Wahlen und Wähler, S. 47. Offenbach gehörte damals noch zum Kreis und wurde erst 1938 kreisfrei. Wenn jedoch im Folgenden vom „Kreis" die Rede ist, dann sind lediglich die Kreisorte und nicht Offenbach gemeint.

29 Carl Ulrich (1853–1933), gelernter Schlosser und Setzer, stammte aus Braunschweig. Ab 1875 übernahm er die Redaktionsleitung von sozialistischen Zeitungen in Offenbach. Gleichzeitig leitete er die Stadt- und Kreisorganisation der Sozialdemokraten und machte Offenbach zum Zentrum der Arbeiterbewegung in Hessen. Ulrich wurde mehrfach verhaftet und einige Male zu Haftstrafen verurteilt. Nach der Revolution von 1918 avancierte er zunächst zum Ministerpräsidenten, später zum hessischen Staatspräsidenten. Er trat 1928 von diesem Amt zurück. Vgl.: G. Beier, Arbeiterbewegung in Hessen. Zur Geschichte der hessischen Arbeiterbewegung, S. 587 f.

30 Zur Hanauer Arbeiterbewegung: W. Heitzenröder, Die Arbeiterbewegung in Hanau und Umgebung, 1848 bis 1878, Hanau 2002, und J. Pakh, Das rote Hanau. Arbeit und Kapital 1830–1949, Hanau 2007.

31 A. Kurt / O. Schlander, Der Kreis Offenbach und das Dritte Reich. Leben und Politik, Verfolgung und Widerstand im Kreisgebiet in den Jahren von 1930 bis 1945, Dreieich 1991, S. 26.

32 W. Müller, Mit einem Unfall fing es an! ! Illustrierte Geschichte des Arbeiter-Samariter-Bundes, Wiesbaden 1988, S. 61, 63 und 81.

33 Das „Offenbacher Abendblatt" wurde 1874 gegründet und musste bald nach der Machtübernahme der Nationalsozialisten 1933 sein Erscheinen einstellen. Carl Ulrich hat das Blatt viele Jahre als Chefredakteur, als Herausgeber und zuletzt als Verlagsgeschäftsführer geleitet.

34 Stadtarchiv Offenbach: Offenbacher Abendblatt vom 2.7.1913.

35 Stadtarchiv Offenbach: Offenbacher Abendblatt vom 28.8.1913.

36 Das „Offenbacher Abendblatt" vom 24.8.1928 nennt in einem Artikel anlässlich des 15-jährigen Jubiläums der Kolonne die Restauration „Zum goldenen Hirsch" als Gründungsort.

37 Stadtarchiv Offenbach: Offenbacher Abendblatt vom 2.9.1913. Als Kontaktadresse wird hierbei „August Forster, Biebererstraße 88, Hinterhaus, 1. Stock" genannt, während er im Artikel vom 28.8. „Forste" geschrieben wird.

38 ASB-Bundesarchiv: BZA-0 Offenbach (Offenbach-Post vom 1.11.1975).

39 Arbeiter-Samariter-Bund Hessen e. V., Chronik 1913–1978, Ortsverband Offenbach, o. O., o. J.

40 Stadtarchiv Offenbach: Offenbacher Abendblatt vom 24.8.1928.

41 ASB-Bundesarchiv: BZA-0 Offenbach (Offenbach-Post vom 8.11.1993).

42 Zur Biografie Gretel Steinhäusers: I. Langer, Zwölf vergessene Frauen. Die weiblichen Abgeordneten im Parlament des Volksstaates Hessen, ihre politische Arbeit – ihr Alltag – ihr Leben, Frankfurt am Main 1989, S. 45 ff., und W. Reuter, Zwölf Offenbacher Sozialdemokraten, 1870 bis 1970, Offenbach 2004, S. 65 ff.

43 ASB-Bundesarchiv: Der Arbeitersamariter (DAS) 10/1913.

44 ASB-Bundesarchiv: DAS 4/1916.

45 Laut dem Einwohnerverzeichnis für Stadt und Landkreis Offenbach, 3. Teil, von 1927, wohnte Dr. Ludwig Mayer in Offenbach, Bahnhofstraße 18.

46 ASB-Bundesarchiv: DAS 7/1914.

47 ASB-Bundesarchiv: DAS 3/1914. Siehe Dokument 14: Das Offenbacher Abendblatt 1914 über die junge ASB-Kolonne in ihrer Stadt.

48 ASB-Bundesarchiv: DAS 4/1916.

49 ASB-Bundesarchiv: DAS 4/1915.

50 Stadtarchiv Offenbach: Offenbacher Abendblatt vom 30.6.1914.

51 ASB-Bundesarchiv: DAS 4/1916.

52 ASB-Bundesarchiv: DAS 4/1917.

53 ASB-Bundesarchiv: DAS 4/1915.

54 Stadtarchiv Offenbach: Offenbacher Abendblatt vom 20.8.1923.

55 ASB-Bundesarchiv: DAS 4/1915.

56 O. Schlander, Zwischen Monarchie und Diktatur, S. 20 ff.

57 www.gonschior.de. 2001, Wahlen in der Weimarer Republik, abgerufen am 9. August 2011.

58 G. Flämig, Hanau im Dritten Reich, Band 1 (1930–1934) Wie es dazu kam – Die Machtergreifung, 2. Auflage, Hanau 1988, S. 38. Landkreis Hanau: SPD 14.914 Stimmen, USPD 6.721, Zentrum 2.425, DDP 3.482, DNVP 2.193; Stadt Hanau: SPD 7.026, USPD 6.089, Zentrum 1.704, DDP 5.690, DNVP 491.

59 E. G. Franz, Volksstaat Hessen 1918–1945, in: Handbuch der hessischen Geschichte, hrsg. von W. Heinemeyer, 2. Teilband des 4. Bandes, Marburg 2003, S. 889 ff.

60 Siehe Dokument 15: Bericht des Kreisleiters Volpert Kreckel während des 8. Kreistages des 16. Kreises des Arbeiter-Samariter-Bundes am 16. Januar 1926 in Egelsbach (Auszüge).

61 Vermutlich handelt es sich hierbei um das Sprendlingen bei Bingen. Da der Ort in Rheinhessen liegt, das bis 1933 Teil des Volksstaates Hessen war, zählten die dortigen Kolonnen auch zum 16. Kreis. Eine Verwechslung ist deshalb nicht auszuschließen, obwohl das Sprendlingen bei Offenbach als Arbeiterwohnsitzgemeinde hierbei eher in Betracht kommen dürfte. Dagegen ist in einem Schreiben der Landesorganisation Rheinland-Pfalz an die ASB-Zentrale in Hannover vom 19.12.1957 davon die Rede, dass es bereits vor 1933 im rheinhessischen Sprendlingen eine ASB-Kolonne gegeben habe, vgl.: ASB-Bundesarchiv: 00-HE 008.

62 HStA Darmstadt: G 15 Büdingen Q 136 Überwachung des Arbeiter-Samariterbundes, 1924–1933. Hier ist die Angabe des Polizisten vor Ort übernommen. Der „DAS“ datiert die Gründung in den Januar 1933.

63 ASB-Bundesarchiv: Nachrichtenblatt 3/1933.

64 Die Angaben über die Existenz einer Kolonne in den jeweiligen Orten wurden im ASB-Bundesarchiv in Köln zusammen getragen und in Einzelfällen vom Autor ergänzt.

65 „Nachrichtenblatt“ 2 und 3/1930 enthalten zwei Auflistungen „Aufstellung zum Warenumsatz und Mitgliederzahlen“ für die Kreise 9 und 16. Fehlende Angaben zum Mitgliederstand können sich daraus erklären, dass die Kolonne zum Zeitpunkt der Erhebung noch nicht oder nicht mehr bestand.

66 ASB-Bundesarchiv: Nachrichtenblatt 3/1930.

67 W. Müller, ASB-Chronik 1888–1984. Ein Buch über die Geschichte des ASB, Köln 1984, S. 29 f.

68 ASB-Bundesarchiv: R 0089.

69 ASB-Bundesarchiv: DAS 11/1925, S. 149, HStAD: H 1567/20 Geschäftsbericht über das Jahr 1927. Arbeiter-Samariter-Bund e.V. 16. Kreis (Freistaat Hessen), S. 18 f., ASB-Bundesarchiv: DAS 6/1929, S. 71, und ASB-Bundesarchiv: Nachrichtenblatt 3/30.

70 ASB-Bundesarchiv: ASB-Dokumentation vom 07.06.2010.

71 ASB-Bundesarchiv: R 0089.

72 An einem konkreten Beispiel aus dem „Lokal-Anzeiger für die Mainorte Klein-Steinheim. Groß-Steinheim, Klein-Auheim usw.“ vom 4.12.1923 lässt sich vielleicht die Dimension der Hyperinflation besser verstehen.

Danach kosteten Anfang Dezember 1923 in einem Hanauer Schuhladen in der Krämerstraße ein Paar „Herren-Halbschuhe, schwarz, Rahmenarbeit" sage und schreibe 17 Billionen Mark (17.000.000.000.000). Damenhalbschuhe waren schon für 11 bis 13 Billionen zu bekommen und obendrein gab es noch 10% Rabatt.

73 ASB-Bundesarchiv: DAS 4/1923.

74 ASB-Bundesarchiv: DAS 11 und 12/1923, S. 64.

75 Siehe Dokument 16: Artikel zur Kreistechnikertagung am 22. Februar 1925 bezüglich der Vorbereitung des Arbeiter-Samariter-Bundes auf die Erste Internationale Arbeiter-Olympiade in Frankfurt (Auszüge).

76 ASB-Bundesarchiv: DAS 12/1925, S. 161. Zum personellen Aufwand des ASB ist dort ausgeführt: „Im Dienst standen außer 56 Aerzten bzw. Aerztinnen, 1.136 und zwar 312 weibliche und 824 männliche, Mitglieder. Diese waren in 16. Männer- und 10 Frauenkolonnen eingeteilt, die jede von einer Kolonnenführerin bzw. von einem Kolonnenführer geleitet wurde. Die Frauenkolonnen waren durchschnittlich 30, die Männerkolonnen 50 Mitglieder stark. Die Männerkolonnen wurden vorwiegend zum Außendienst und die Frauenkolonnen im Innendienst verwandt."

77 Stadtarchiv Gießen: L 1343 Gesundheitswesen, „Rotes Kreuz", Rettungswehr, Arbeiter-Samariterbund, Krankenautomobile 1904/28. Schreiben vom 15.11.1926, 5.9.1927 und 21.8.1929 sowie die Vorlagen vom 21.12.1927 und 3.9.1929.

78 HStAD: H 1567/20 Geschäftsbericht über das Jahr 1928. Arbeiter-Samariter-Bund e.V. 16. Kreis (Freistaat Hessen), S. 12. Siehe auch Dokument 17: Bericht über die Bezirksübung des 1. Bezirks im 16. Kreis, Dezember 1928.

79 ASB-Bundesarchiv: Arbeiter-Samariter-Bund e.V., Bericht über das Geschäftsjahr 1929/30, S. 106.

80 HStAD: H 1567/20 Geschäftsberichte 1926, 1927 und 1928.

81 Stadtarchiv Gießen: L 1343 Mitbenutzung des städt. Krankenautos d.d. Arbeitersamariterkolonne, 1926. Schreiben vom 29.1.1926.

82 Stadtarchiv Gießen: L 1343 Mitbenutzung des städt. Krankenautos d.d. Arbeitersamariterkolonne, 1926. Vermerk vom 9.2. und Schreiben vom 15.2.1926.

83 Stadtarchiv Gießen: L 1343 Mitbenutzung des städt. Krankenautos d.d. Arbeitersamariterkolonne, 1926. Schreiben des Gießener ASB-Vorstandes an das Stadtbauamt vom 22.3.1926.

84 Stadtarchiv Gießen: L 1343 Mitbenutzung des städt. Krankenautos d.d. Arbeitersamariterkolonne, 1926. Verfügung vom 29.3.1926.

85 Stadtarchiv Gießen: L 1343 Gesuch der Arbeiter-Samariter-Kolonne um Gewährung eines Darlehens zur Beschaffung eines Sanitätskraftwagens, 1928. Auflistung des Tiefbauamtes an den OB vom 19.4.1928.

86 Stadtarchiv Gießen: L 1343 Gesuch der Arbeiter-Samariter-Kolonne um Gewährung eines Darlehens zur Beschaffung eines Sanitätskraftwagens, 1928. Schreiben vom 6.3.1928. Im Vergleich zu anderen Städten erwiesen sich die Tarife in Gießen in der Tat als recht günstig. Dort kostete ein innerstädtischer Krankentransport inklusive Begleiter 4 RM, nach außerhalb wurden pro Kilometer 0,75 RM angerechnet. Für Fahrten außerhalb der Arbeitszeit und sonntags galten höhere Tarife. Laut einer Aufstellung des Amtes für Feuerlösch- und Rettungswesen vom 14.5.1928 stellte man in Offenbach für einen innerstädtischen Transport 6 RM für Krankenkassen und Fürsorgeverbände und ansonsten 10 RM in Rechnung. Für Auswärtsfahren galten für die ersten 5 km 10 RM und für jeden weiteren gefahrenen Kilometer 1,20 RM. Eine Fahrt nach Weiskirchen (22 km) kostete somit 34 RM, was aber nicht als kostendeckend bewertet wurde.

87 Stadtarchiv Gießen: L 1343 Gesuch der Arbeiter-Samariter-Kolonne um Gewährung eines Darlehens zur Beschaffung eines Sanitätskraftwagens, 1928. Notiz Tiefbauamt an OB vom 13.3.1928 und Hand-Akten vom 24.4.1928.

88 Stadtarchiv Gießen: L 1343 Gesuch der Arbeiter-Samariter-Kolonne um Gewährung eines Darlehens zur Beschaffung eines Sanitätskraftwagens, 1928. Briefentwurf vom 27.6.1928.

89 W. Speitkamp, Modernisierung in der Krise: 1918 bis 1945, in: 800 Jahre Gießener Geschichte, 1197–1997, hrsg. im Auftrag des Magistrats der Universitätsstadt Gießen von L. Brake und H. Brinkmann , Gießen 1997, S. 215 ff., insbesondere S. 222 ff.

90 Stadtarchiv Hanau: Hanauer Anzeiger vom 25.6.1928.

91 ASB-Bundesarchiv: DAS 2/1926.

92 Hessisches Staatsarchiv Marburg (HStAM): 165 Preußische Regierung Kassel, Abt. I, Bd. 2, 5931. Schreiben vom 8.2.1926.

93 Siehe Dokument 18: Das Hessische Ministerium des Inneren an das Kreisamt in Friedberg zur Anerkennung des ASB am 1. Mai 1924.

94 HStAM: 165 Preußische Regierung Kassel, Abt. I, Bd. 2, 5931. Schreiben vom 17.7.1926.

95 HStAD: H 1567/20 Geschäftsbericht über das Jahr 1927. Arbeiter-Samariter-Bund e.V. 16. Kreis (Freistaat Hessen), S. 5.

96 HStAD: G 15 Büdingen, Q 136 Überwachung des Arbeiter-Samariterbundes, 1924–1933.

97 HStAD: G 15 Büdingen Q 136.

98 Stadtarchiv Offenbach: Offenbacher Abendblatt vom 1.8.1930.

99 ASB-Bundesarchiv: DAS 2/1920. Siehe Dokument 19: Zum Neuanfang der Kolonne Offenbach 1919 (Auszug).

100 ASB-Bundesarchiv: DAS 1/1920.

101 O. Schlander, Zwischen Monarchie und Diktatur, S. 33.

102 Siehe Dokument 20: Der Vorsitzende zur Tätigkeit der Offenbacher ASB-Kolonne im Jahre 1919.

103 ASB-Bundesarchiv: DAS 4/1921.

104 ASB-Bundesarchiv: DAS 1/1920.

105 ASB-Bundesarchiv: DAS 4/1921.

106 Statistischer Vierteljahresbericht der Stadt Offenbach am Main I/2007, 85 Jahre Statistische Vierteljahresberichte – ein Rückblick; S. 7 ff.

107 ASB-Bundesarchiv: DAS 9/1919.

108 ASB-Bundesarchiv: DAS 1/1920.

109 ASB-Bundesarchiv: DAS 2/1920. Der Berliner Dr. Nancke kam 1919 nach Offenbach, wo er lange Jahre als Kolonnenarzt des ASB tätig war. In einer Arbeit zur Zwangssterilisation in Offenbach heißt es zu Dr. Nancke: „Dr. Nancke setzte sich auf menschlicher Ebene und in Abweichung von strikt rassenhygienischen-gesetzestreuen Vorgaben für einen seiner Patienten ein und bat das Gericht, auf die Sterilisation zu verzichten." In einem anderen Fall sprach er sich für die Sterilisation aus und einem weiteren dagegen. Vgl.: J. Hennig, Zwangssterilisation in Offenbach am Main 1934–1944, Frankfurt 2000, S. 133.

110 Stadtarchiv Offenbach: Offenbacher Abendblatt vom 3.11.1919.

111 Stadtarchiv Offenbach: Offenbacher Abendblatt vom 20. 8.1923. Siehe Dokument 21: Zeitungsartikel zum zehnjährigen Bestehen der Arbeiter-Samariter-Kolonne in Offenbach, 20. August 1923.

112 Arbeiter-Samariter-Bund Hessen e. V., Chronik 1913–1978, Ortsverband Offenbach.

113 Führer durch die Kultur-Ausstellung im Stadtgarten, Offenbach 1927, S. 45.

114 Stadtarchiv Offenbach: Offenbacher Abendblatt vom 24.8.1928.

115 Stadtarchiv Offenbach: Offenbacher Abendblatt vom 27.8.1928.

116 Arbeiter-Samariter-Bund Hessen e. V., Chronik 1913–1978, Ortsverband Offenbach.

117 Siehe Dokument 22: Das Hessische Polizeiamt Offenbach zum örtlichen Arbeiter-Samariter-Bund am 2. Juli 1924.

118 ASB-Bundesarchiv: DAS 9/1919.

119 ASB-Bundesarchiv: DAS 10/1913, 2/1914 und 8/1914. Die Adresse von Theodor Nürnberger ist für 1914 mit Bleichstraße 38 und für 1919 mit Friedhofstraße 7 angegeben (DAS 4/1919).

120 HStAD: G 15 Friedberg R 239, Überwachung des Arbeiter-Samariterbundes, 1924–1931. Schreiben des Polizeiamtes Offenbach vom 2.7.1924.

121 ASB-Bundesarchiv: DAS 7/1914 und Kalender 1926 und 1927.

122 Arbeiter-Samariter-Bund Ortsverband Offenbach (Hrsg.), Festschrift zum 75jährigen Jubiläum, o. O., o. J. (1988), S. 52.

123 ASB-Bundesarchiv: BZA-0 Offenbach (Offenbach-Post vom 1.11.1975). Die gleiche Zeitung hat anlässlich der der Goldenen Hochzeit von Maria und Philipp Prell, im November 1957, seinen Eintritt in die Offenbacher Kolonne mit dem Jahr 1919 angegeben.

124 ASB-Bundesarchiv: Kalender 1929–1931.

125 ASB-Bundesarchiv: DAS 9/1925.

126 A. Kurt, Am Main, Im Rodgau und in der Dreieich, S. 186.

127 Nach Auskunft von Helmut Trebus (Dietzenbach) vom 7.9.2011 veranlasste Margarete Fenchel, die letzte ASB-Vorsitzende, bei der Auflösung der Dietzenbacher Kolonne zur Mitte der 1970er-Jahre, alle Unterlagen und damit auch das Protokollbuch zum Landesverband Hessen nach Frankfurt zu geben. Von dort gelangte es dann nach Köln ins Bundesarchiv des ASB.

128 Das Protokollbuch der Arbeiter-Samariter-Kolonne Dietzenbach ist vollständig als Dokument 23 im Anhang abgedruckt. Die in den Anmerkungen angegebene Seitenzahl entspricht der Paginierung im Original.

129 Dieses Verfahren wird mehrfach in den Protokollen der Gemeindevertretung erwähnt. Vgl.: Stadtarchiv Dietzenbach: Stadtverordnetenversammlungsprotokolle (St VV-Protokolle, Jan. 1913–Dez. 1925).

130 Stadtarchiv Offenbach: Einwohnerverzeichnis für Stadt und Landkreis Offenbach 1927. Teil C: Dietzenbach.

131 Im Jahr 1899 zählte man im Ort 1789 Evangelische, acht Katholiken und 39 Juden. Vgl.: K. F. Bohler, Die Entwicklung der Sozialstruktur, S. 202.

132 A. Kurt, Am Main, im Rodgau und in der Dreieich, S. 199 f.

133 Magistrat der Stadt Dietzenbach (Hrsg.), 775 Jahre Dietzenbach. Heimat- und Geschichtsbuch, bearb. v. G. Rathert und D. Kindel,o. O., o. J., S. 253.

134 Stadtarchiv Offenbach: Einwohnerverzeichnis für Stadt und Landkreis Offenbach 1927. Teil C: Dietzenbach.

135 L. Weilmünster, Aus eigener Kraft. Beiträge zur Geschichte der Arbeiter-, Sport- und Kulturbewegung in Dietzenbach, Dietzenbach 1980, S. 57 ff.

136 Angaben übernommen aus: A. Kurt, Wahlen und Wähler, S. 80.

137 Magistrat der Stadt Dietzenbach (Hrsg.), 775 Jahre Dietzenbach, S. 253.

138 Stadtarchiv Dietzenbach: St VV-Protokolle, Jan. 1913–Dez. 1925 und Jan. 1926-Sept. 1932. Bei Faselvieh handelte es sich um Vatertiere, die zur Zucht des Nutzviehs (Rinder, Schweine, Ziegen) dienten. Am 9.12.1921 beschlossen die Gemeindevertreter, zu diesem Zweck fünf Ziegenböcke anzukaufen. Dies ist ein deutlicher Hinweis auf den hohen Bestand an Ziegen im Dorf.

139 Magistrat der Stadt Dietzenbach (Hrsg.), 775 Jahre Dietzenbach, S. 253.

140 Magistrat der Stadt Dietzenbach (Hrsg.), 775 Jahre Dietzenbach, S. 256 ff.

141 L. Weilmünster, Aus eigener Kraft, S. 22 ff. Streitpunkt war die Vorgabe des Bundes, dass derartige Objekte nicht Eigentum der Vereine vor Ort, sondern der Bundesorganisation sein sollten.

142 Das Protokollbuch ist vorgeprägt paginiert, sodass sich die aus dem Protokollbuch zitierten Passagen nach dieser Seitenzählung richten.

143 ASB-Bundesarchiv: Protokollbuch Dietzenbach, S. 3.

144 Stadtarchiv Offenbach: Adressbuch 1931 für Stadt und Landkreis Offenbach am Main.

145 Siehe Dokument 24: Beitrag im ASB-Nachrichtenblatt zu den Aufgaben von Vorstandsmitgliedern in ASB-Kolonnen (1926).

146 L. Weilmünster, Aus eigener Kraft, S. 50.

147 ASB-Bundesarchiv: Protokollbuch Dietzenbach, S. 65, Eintrag vom 28.5.1929.

148 Im „Arbeitersamariter" 10/1921 wird der September 1921 als Gründungsmonat der ASB-Kolonne genannt.

149 ASB-Bundesarchiv: Protokollbuch Dietzenbach, S. 39 und 50, Einträge vom 4.2.1923 und 21.12.1924.

150 ASB-Bundesarchiv: Protokollbuch Dietzenbach, S. 61 f.

151 ASB-Bundesarchiv: Protokollbuch Dietzenbach, S. 84 ff.

152 Stadtarchiv Dietzenbach: II 8/2 und St VV-Protokolle, Jan. 1913–Dez. 1925.

153 Stadtarchiv Offenbach: Offenbacher Abendblatt vom 22.1.1920. Da er hier als „Schlosser" geführt wird, hat er möglicherweise umgelernt.

154 Magistrat der Stadt Dietzenbach (Hrsg.), 775 Jahre Dietzenbach, S. 248.

155 Stadtarchiv Dietzenbach: II 8/2 und Magistrat der Stadt Dietzenbach (Hrsg.), 775 Jahre Dietzenbach, S. 299 ff.

156 ASB-Bundesarchiv: Protokollbuch Dietzenbach, S. 15 f., Eintrag vom 17.8.1921.

157 ASB-Bundesarchiv: Protokollbuch Dietzenbach, S. 22 f., Eintrag vom 18.12.1921.

158 ASB-Bundesarchiv: Protokollbuch Dietzenbach, S. 113., Eintrag vom 22.12.1931.

159 125 Jahre unter dem Zeichen des Roten Kreuzes in Stadt und Kreis Offenbach, 1866–1991, hrsg. vom DRK-Kreisverband Offenbach, 1991, S. 64.

160 ASB-Bundesarchiv: Protokollbuch Dietzenbach, S. 16 f., Eintrag vom 17.8.1921.

161 ASB-Bundesarchiv: Protokollbuch Dietzenbach, S. 19, Eintrag vom 18.9.1921.

162 ASB-Bundesarchiv: Protokollbuch Dietzenbach, S. 30, Eintrag vom 5.3.1922.

163 ASB-Bundesarchiv: Protokollbuch Dietzenbach, S. 89.

164 ASB-Bundesarchiv: Protokollbuch Dietzenbach, S. 84 f., Eintrag vom 18.1.1930.

165 ASB-Bundesarchiv: Protokollbuch Dietzenbach, S. 100, Eintrag vom 18.1.1931. Der Sinn des Eintrags ist wegen Formulierungsschwächen möglicherweise missverständlich. Der ganze Satz lautet: „Genosse Martin Wolf beantragte, es ist Pflicht, dass jeder Samariter auf dem Dienstrock ein Abzeichen vom Bund tragen soll, und muss in der nächsten Übungsstunde dass unsere Samariterinnen auf den linken Rücken genäht werden, dann führte er noch an, dass alle Beiträge restlos eingegangen sind."

166 ASB-Bundesarchiv: Protokollbuch Dietzenbach, S. 115, Eintrag vom 21.1.1932.

167 ASB-Bundesarchiv: Protokollbuch Dietzenbach, S. 118.

168 F. Walter, Der Arbeiter-Samariter-Bund, in: Ders. / V. Denecke / K. Regien, Sozialistische Gesundheits- und Lebensreformverbände. Solidargemeinschaft und Milieu: Sozialistische Kultur- und Freizeitorganisationen in der Weimarer Republik, Band 2, herausgegeben von Peter Lösche, Bonn 1991, S. 314 f.

169 ASB-Bundesarchiv: Protokollbuch Dietzenbach, S. 103.

170 ASB-Bundesarchiv: Protokollbuch Dietzenbach, S. 133 ff. ,Einträge vom 30.5. und 14.7.1932.

171 ASB-Bundesarchiv: Protokollbuch Dietzenbach, S. 16 und 57.

172 ASB-Bundesarchiv: Protokollbuch Dietzenbach, S. 105, Eintrag vom 6.8.1931.

173 ASB-Bundesarchiv: Protokollbuch Dietzenbach, S. 79 ff., Einträge vom 4. und 18.10.1929 sowie vom 6.1.1930.

174 Stadtarchiv Dietzenbach: II 279/5, Schreiben vom 16.3.1928.

175 ASB-Bundesarchiv: DAS 1/1922 und Nachrichtenblatt 3/1930.

176 ASB-Bundesarchiv: Protokollbuch Dietzenbach, S. 139.

177 ASB-Bundesarchiv: Protokollbuch Dietzenbach, S. 136.

178 ASB-Bundesarchiv: Protokollbuch Dietzenbach, S. 78 f. und 105, Einträge vom 21.9.1929 und 8.1.1933.

179 ASB-Bundesarchiv: Protokollbuch Dietzenbach, S. 95 f.

180 ASB-Bundesarchiv: Protokollbuch Dietzenbach, S. 99, Eintrag vom 18.1.1931.

181 ASB-Bundesarchiv: Protokollbuch Dietzenbach, S. 69 f., Eintrag vom 4.7.1929.

182 Hessisches Staatsarchiv Darmstadt (HStAD): H 1567/20 und G 15 Groß-Gerau 01. ASB-Geschäftsberichte 1927 und 1928 des 16. Kreises (Freistaat Hessen).

183 ASB-Bundesarchiv: Protokollbuch Dietzenbach, S. 39, Eintrag vom 4.2.1923.

184 ASB-Bundesarchiv: Protokollbuch Dietzenbach, S. 62, 85, 99, 117 und 139, Einträge vom 20.1.1929, 18.1.1930, 18.1.1931 und 24.1.1932.

185 ASB-Bundesarchiv: Protokollbuch Dietzenbach, S. 43, Eintrag vom 8.1.1924.

186 ASB-Bundesarchiv: Protokollbuch Dietzenbach, S. 69 f., Eintrag vom

187 ASB-Bundesarchiv: Protokollbuch Dietzenbach, S. 43, Eintrag vom 8.1.1924.

188 ASB-Bundesarchiv: Protokollbuch Dietzenbach, S. 19, Eintrag vom 18.9.1921.

189 ASB-Bundesarchiv: Protokollbuch Dietzenbach, S. 47 f. ,Eintrag vom 21.12.1924.

190 ASB-Bundesarchiv: Protokollbuch Dietzenbach, S. 61, Eintrag vom 4.7.1929.

191 ASB-Bundesarchiv: Protokollbuch Dietzenbach, S. 64, Eintrag vom 20.1.1929.

192 Stadtarchiv Dietzenbach: II 279/5, Schreiben vom 16.3.1928.

193 Stadtarchiv Dietzenbach: St VV-Protokolle Jan. 1913–Dez. 1925, Eintrag vom 19.8.1921, und II 279/5, Schreiben vom 16.3.1928.

194 ASB-Bundesarchiv: Protokollbuch Dietzenbach, S. 139 f.

195 ASB-Bundesarchiv: Protokollbuch Dietzenbach, S. 21 und 25, Einträge vom 18.12.1921 und 1.11.1922.

196 ASB-Bundesarchiv: Protokollbuch Dietzenbach, S. 52, 62 und 85, Einträge vom 24.1.1925, 20.1.1929 und 18.1.1930.

197 ASB-Bundesarchiv: Protokollbuch Dietzenbach, S. 44, Eintrag vom 22.5.1924.

198 Stadtarchiv Dietzenbach: II 279/5, Schreiben vom 16.3.1928.

199 ASB-Bundesarchiv: Protokollbuch Dietzenbach, S. 99 und 117, Einträge vom 18.1.1931 und 24.1.1932.

200 ASB-Bundesarchiv: Protokollbuch Dietzenbach, S. 101 f., 107 ff. und 129 ff., Einträge vom 2.2., 20.7., 13.9., 20.12. und 22.12.1931 sowie 20.3. und 16.12.1932.

201 ASB-Bundesarchiv: Protokollbuch Dietzenbach, S. 21.

202 ASB-Bundesarchiv: Protokollbuch Dietzenbach, S. 25, Eintrag vom 1.11.1922.

203 ASB-Bundesarchiv: Protokollbuch Dietzenbach, S. 28, 55 und 75, Einträge vom 1.2.1922, 24.1.1925 und 5.8.1929.

204 ASB-Bundesarchiv: Protokollbuch Dietzenbach, S. 90, Eintrag vom 10.2.1930.

205 ASB-Bundesarchiv: Protokollbuch Dietzenbach, S. 77 und 96.

206 ASB-Bundesarchiv: Protokollbuch Dietzenbach, S. 22.

207 ASB-Bundesarchiv: Protokollbuch Dietzenbach, S. 43, Eintrag vom 8.1.1924.

208 ASB-Bundesarchiv: Protokollbuch Dietzenbach, S. 142 f.

209 Magistrat der Stadt Dietzenbach (Hrsg.), 775 Jahre Dietzenbach, S. 265.

210 H. Bauch, Vilbel in der Weimarer Republik. Politische Kultur in einer oberhessischen Arbeiterwohnsitzgemeinde in den Jahren 1918–1930, in: Archiv für hessische Geschichte und Altertumskunde N.F. 41 (1983), S.197 ff.

211 H. Bauch, Vilbel in der Weimarer Republik, S. 208.

212 Aufzeichnungen von W. Siegrist vom Februar 1980 – sie basieren auf der Auswertung von Zeitungsausschnitten des Vilbeler Anzeiger von 1921–1930.

213 Stadtarchiv Bad Vilbel: Arbeiter-Samariter-Kolonne „Roter Krug".

214 Aufzeichnungen von W. Siegrist vom Februar 1980.

215 Aufzeichnungen von W. Siegrist vom Februar 1980.

216 Aufzeichnungen von W. Siegrist vom Februar 1980.

217 Siehe Dokument 25: Bericht des Oberwachtmeisters Wenzel, an die Sektion betreffend: Arbeiter-Samariter-Bund vom 12. August 1924.

218 HStA Darmstadt: G 15 FB R 239: Überwachung des Arbeiter-Samariterbundes 1924–1931.

219 Stadtarchiv Bad Vilbel: Arbeiter-Samariter-Kolonne „Roter Krug", Schreiben vom 11.8.1925 und Notiz vom 4.9.1925.

220 Stadtarchiv Bad Vilbel: Arbeiter-Samariter-Kolonne „Roter Krug", Schreiben vom 15.6.1926.

221 Stadtarchiv Bad Vilbel: Arbeiter-Samariter-Kolonne „Roter Krug", Notiz vom 24.6.1926.

222 HStA Darmstadt: G 15 FB R 239.

223 HStA Darmstadt: G 15 FB O 344. Die Annahme, dass die Fragebogen von Anfang 1932 stammen, lässt sich aus dem Rundschreiben Nr. 1 des Kreisleiters Kreckel vom 5.1.1933 sowie einer Nachbemerkung einer Einladung des 16. Kreises vom 18.1.1932 schließen. Dort ist davon die Rede, dass der Kreisvorstand „noch eine grosse Anzahl Bundes-Fragebogen und Kreis-Fragebogen" vermisst.

224 Die Gründung der Kolonne Schwalheim wurde im „Nachrichtenblatt" 6/1929 veröffentlicht.

225 Die Zahl ist nicht klar zu erkennen, da die Kolonne 1930 jedoch 16 Mitglieder zählte („Nachrichtenblatt" 2 und 3/1930), könnte es sich um eine Sieben handeln.

226 Im Gedenkbuch der Opfer der Juden unter der nationalsozialistischen Gewaltherrschaft in Deutschland 1933–1945, Bundesarchiv, Stand 19.5.2011, ist kein Dr. Oppenheimer aus Friedberg aufgeführt.

227 ASB-Bundesarchiv: Nachrichtenblatt 2 und 3/1930.

228 ASB-Bundesarchiv: DAS 10/1921.

229 Stadtarchiv Hanau: Hanauer Adressbuch 1927, S. 508.

230 Stadtarchiv Hanau: Hanauer Volksstimme vom 13.1.1927.

231 Stadtarchiv Hanau: Hanauer Anzeiger vom 25.6.1928.

232 Zur Geschichte dieses Hanauer Stadtteils: I. Werder / W. Kurz, Lamboy und Tümpelgarten. Geschichte, Aufbruch, Entwicklung, hrsg. vom Verein der Freunde und Förderer Lamboy-Tümpelgarten, Hanau 2011.

233 Walter Knauf, Sexualpathologie und ihre Bedeutung im jetzigen Rechtsleben, Chemnitz o.J. (um 1930).

234 Die letzte Angabe ist einer Todesanzeige im Hanauer Anzeiger vom 28.8.1954 entnommen. Über den Lebensweg von Dr. Knauf zwischen ca. 1930 und seinem Tod ließen sich bisher keine weiteren Fakten recherchieren.

235 ASB-Bundesarchiv: Bericht von der 10. ASB-Bundestagung 1931, S. 70 ff., und W. Müller, Illustrierte Geschichte des Arbeiter-Samariter-Bundes 1888–1998, Köln 1998, S. 176.

236 ASB-Bundesarchiv: DAS 1/1910.

237 A. Labisch, Der Arbeiter-Samariter-Bund 1888–1933: Ein Beitrag zur Geschichte der Arbeitersamariterbewegung, in: Gerhard A. Ritter (Hrsg.), Arbeiterkultur, Königstein/Ts. 1979, S. 160.

238 Siehe Dokument 5: „Wie gründet und leitet man Arbeiter-Samariter-Kolonnen?" Hrsg. vom ASB-Bundesvorstand in Berlin, um 1920, S. 4.

239 ASB-Bundesarchiv: DAS 4/1923.

240 Stadtarchiv Gießen: L 1343 Mitbenutzung des städt. Krankenautos d. d. Arbeitersamariterkolonne, 1926, Vermerk vom 9.2. und Schreiben vom 15.2.1926.

241 E. Bus, „Nichts für uns, alles für das Rote Kreuz." Zur Geschichte der Rotkreuzbewegung in Stadt und Landkreis Hanau seit 1945, Hrsg. Deutsches Rotes Kreuz Kreisverband Hanau, Hanau 2000, S. 201.

242 E. Bus, „Lasset uns Gutes tun und nicht müde werden!" Zur Geschichte des Roten Kreuzes im Kreis Gelnhausen. Hrsg. Deutsches Rotes Kreuz Kreisverband Gelnhausen e.V., Gelnhausen 2010.

243 125 Jahre unter dem Zeichen des Roten Kreuzes, S. 64.

244 Stadtarchiv Offenbach: Offenbacher Abendblatt vom 27.8.1928.

245 Diese Angaben stützen sich auf Aussagen von Georg Wolf, geb. 4. Oktober 1919, der in ganz jungen Jahren mit seinem Vater bei der örtlichen ASB-Kolonne mitwirkte und später wie kein Zweiter das DRK in Windecken verkörperte. Das Gespräch fand am 14. Januar 1994 statt. Siehe: E. Bus, „An unsre Mitbürger". 125 Jahre Rotes Kreuz in Stadt und Landkreis Hanau 1869–1994, Hrsg. Deutsches Rotes Kreuz Kreisverband Hanau, Hanau 1994, S. 125.

246 ASB-Bundesarchiv: DAS 12/1926.

247 Hessisches Staatsarchiv Darmstadt: H 1567/20 Geschäftsbericht über das Jahr 1927. Arbeiter-Samariter-Bund e.V. 16. Kreis (Freistaat Hessen), S. 5.

248 ASB-Bundesarchiv: Arbeiter-Samariter-Bund e.V., Bericht über das Geschäftsjahr 1929/30, S. 26 f.

249 Einer Beilage der „Volksstimme Hanau“ vom 21.4.1927 sind die Löhne im Wirtschaftsgebiet Hanau zu entnehmen. Demnach verdiente ein Buchdrucker über 24 Jahre 49,44 RM pro Woche, ein Hilfsarbeiter Hilfsarbeiterin über 21 Jahre 21,25 und ein Metzger 40,85 RM. Der Stundenlohn für einen Maurer betrug 1,12 RM die Stunde, für einen Zimmerer 1,15, für einen Portefeuiller 0,85 und für einen Silberarbeiter 0,70 Reichsmark.

250 A. Kurt, Am Main, im Rodgau und in der Dreieich, S. 205.

251 A. Kurt, Wahlen und Wähler, S. 65.

252 A. Kurt / O. Schlander, Der Kreis Offenbach und das Dritte Reich, S. 35.

Die Bemühungen der NSDAP, in Offenbach und Umgebung Fuß zu fassen, sind recht anschaulich beschrieben, in: A. Kurt, Am Main, im Rodgau und in der Dreieich, S. 206 ff.

253 www.gonschior.de. 2001, Wahlen in der Weimarer Republik, abgerufen am 8. September 2011.

254 A. Kurt, Wahlen und Wähler, S. 79.

255 www.gonschior.de. 2001, Wahlen in der Weimarer Republik, abgerufen am 29. August und 5. November 2011.

256 Hessisches Staatsarchiv Darmstadt (HStA): G 15 FB O 344.

257 E. G. Franz, Volksstaat Hessen, S. 910 ff. Zu den verschiedenen Bereichen und Formen der Gleichschaltung im Kreis Offenbach: A. Kurt / O. Schlander, Der Kreis Offenbach und das Dritte Reich, S. 95 ff.

258 A. Kurt / O. Schlander, Der Kreis Offenbach, S. 151 ff.

259 Zitiert nach: A. Mirkes / K. Schild, Zeugnisse, S. 29.

260 HStA Darmstadt: G 15 Büdingen Q 136.

261 HStA Darmstadt: G 15 Büdingen Q 136. Der Bericht des Gendameriemeisters vom 5.8.1933 wurde am nächsten Tag dem Kreisamt in Büdingen vorgelegt.

262 A. Kurt, Am Main, im Rodgau und in der Dreieich, S. 205.

263 Angaben aus: A. Kurt, Am Main, im Rodgau und in der Dreieich, S. 213.

264 Arbeiter-Samariter-Bund Hessen e. V., Chronik 1913–1978, Ortsverband Offenbach.

265 So eine Auskunft von Antje Maier (Stadtarchiv Offenbach) vom 2.12.2011.

266 Arbeiter-Samariter-Bund Ortsverband Offenbach (Hrsg.), Festschrift zum 75jährigen Jubiläum, o. O., o. J. (1988), S. 52.

267 ASB-Bundesarchiv: DAS 4/1921.

268 Führer durch die Kultur-Ausstellung im Stadtgarten, Offenbach 1927, S. 45.

269 ASB-Bundesarchiv: Nachrichtenblatt 3/1930 („Aufstellung zum Warenumsatz und Mitgliederzahlen“).

270 Stadtarchiv Offenbach: Offenbach-Post vom 3.3.1953.

271 Führer durch die Kultur-Ausstellung im Stadtgarten, Offenbach 1927, S. 45.

272 25 Jahre Deutsches Rotes Kreuz Bereitschaft Roth 1957–1982,o. O., o. J. (1982).

273 DRK-Archiv Gelnhausen: Protokoll-Buch. Sanitäts-Kolonne 1932. Eintrag vom 17.10.1933.

274 Hessisches Staatsarchiv Marburg (HStAM): 180 Landratsamt Gelnhausen 5954, Gründung einer Sanitätskolonne in Bad Orb, 1914–1926.

275 Deutsches Rotes Kreuz, Bereitschaft Bad Orb (Hrsg.), Festzeitung – 50 Jahre Sanitäts-Bereitschaft Bad Orb, Redaktion E. Acker,o. O., o. J. (1976), S. 1. Bei dem Referenten Jost handelte es sich wahrscheinlich um Karl Jost, der zu dieser Zeit den Vorsitz der Frankfurter ASB-Kolonne inne hatte. Sein Nachfolger wurde Alfred Mauch. Vgl.: ASB-Bundesarchiv: Kalender 1925–1931. Siehe dazu das Zeitzeugengespräch mit Dr. Helmut Röder.

276 Stadtarchiv Hanau: Volksstimme Hanau vom 1.12.1927.

277 Absender des Schreibens ist der „Kommissar für ASB unter nationalsozialistischer Leitung für Hessen-Nassau“, Dreyer, Adressat der „ASB u.n.L. Bad Orb“. Darin wird mitgeteilt, dass die Anmeldung der ASB-Kolonnen Orb und Roth an den Kreisverband erfolgt sei. Schriftstücke aus diesem Hefter sind mit der Kennzeichnung „DRK-Archiv Gelnhausen, Hefter Bad Orb“ versehen.

278 Näheres zum Totentransport von den Hotels des Kurorts zum Leichenhaus enthält der Zeitzeugenbericht von Dr. Helmut Röder „Der Bad Orber Arbeiter-Samariter-Bund".

279 40 Jahre Rotes Kreuz Bad Orb,o. O., o. J. (1966).

280 DRK-Archiv Gelnhausen: Hefter Bad Orb.

281 ASB-Bundesarchiv: ASB-Dokumentation. Stand vom 29.06.2010.

282 ASB-Bundesarchiv: ASB-Dokumentation / Orte. Stand vom 19.09.2011.

283 DRK-Archiv Gelnhausen: Hefter Bad Orb.

284 Vgl.: Wer ist's? Unsere Zeitgenossen, hrsg. von Hermann Degener, 10. Ausgabe, Berlin 1935, S. 345.

285 Wie sich die Beschlagnahme durch Polizei und SA abspielte, ist nachzulesen, in: H. Häfner/ R. Köbler / Th. W. Stumpf (Red.), Arbeiterorganisationen. Zwischen Verbot und Wiederaufbau, Darmstadt 1983, S. 5 f.

286 DRK-Archiv Gelnhausen: Hefter Bad Orb. „Richtlinien für die Verschmelzung des Arbeiter Samariter Bundes unter nationalsozialistischer Leitung in die gemeinsame Deutsche Samariter Formation".

287 DRK-Archiv Gelnhausen: Hefter Bad Orb. Rundschreiben Nr. 252 vom 26. Juli 1933, „Überführung des Arbeiter-Samariter-Bundes in das Deutsche Rote Kreuz".

288 DRK-Archiv Gelnhausen: Hefter Bad Orb.

289 Siehe Dokument 12: Amtliche Mitteilung des Reichsministers des Inneren IIA 1107/13.7. vom 15. Juli 1933.

290 Hessisches Staatsarchiv Darmstadt (HStAD): G 15 Büdingen Q 136.

291 DRK-Archiv Gelnhausen: Hefter Bad Orb „Jahresbericht für Zeit vom 1.4.33–31.3.34" vom 18.4.1934.

292 P. Ringelstein, Rotes Kreuz auf weißem Feld – 60 Jahre in Bad Orb (maschinenschriftliches Manuskript von 1986), S. 7.

293 DRK-Archiv Gelnhausen: Hefter Bad Orb. Schreiben vom 17. und 18.8.1933.

294 DRK-Archiv Gelnhausen: Hefter Bad Orb. Schreiben Dreyers an den Bad Orber ASB unter nationalsozialistischer Leitung vom 29. August 1933. Beigeben waren vermutlich die „Richtlinien für die Verschmelzung des Arbeiter Samariter Bundes unter nationalsozialistischer Leitung in die gemeinsame Deutsche Samariter Formation" von Dr. Dommel.

295 DRK-Archiv Gelnhausen: Hefter Bad Orb. Schreiben des ASB unter nationalsozialistischer Leitung an DRK Kreisverein Gelnhausen vom 15.9.1933 und des kommissarischen Bürgermeisters Weiler an Dickert vom 16.9.1933.

296 DRK-Archiv Gelnhausen: Hefter Bad Orb, Schreiben von Kersten an Dickert vom 20.9.1933.

297 Stadtarchiv Gelnhausen: Gelnhäuser Tageblatt vom 31. Oktober 1933. Dort ist von neun männlichen und vier weiblichen Samaritern die Rede. Im Protokoll-Buch – Sanitäts-Kolonne 1932 – (Eintrag vom 17. Oktober 1933) sind hingegen nur elf Namen aufgelistet.

298 DRK-Archiv Gelnhausen: Protokolle Vorstandssitzungen bis zum 31. März 1979. Niederschrift vom 3. Juli 1954.

299 E. Bus, „An unsre Mitbürger", S. 125 und 156 Anm. 8.

300 L. Weilmünster, Aus eigener Kraft, S. 111 ff. Berz und drei weitere Dietzenbacher Kommunisten wurden wegen ihres Verhaltens bei der Beerdigung eines ihrer Genossen verurteilt.

301 Die betreffenden Signaturen lauten: Gefangenenakte Abt. 409/4 Nr. 423 und Entschädigungsakte Abt. 518 Nr. 2311 zu Philipp Berz; Entschädigungsakte Abt. 518 Pak. 2202 Nr. 17 zu Heinrich Heberer; Entschädigungsakte Abt. 518 Nr. 3215 zu Philipp Knecht; Gefangenenakte Abt. 409/4 Nr. 7373 und eine Entschädigungsakte Abt. 518 Nr. 2478 zu Christian Späth und um eine Entschädigungsakte Abt. 518 Pak. 2976 Nr. 8 zu Martin Wolf IV.

302 L. Weilmünster, Aus eigener Kraft, S. 134.

303 So die Auskunft des Hessischen Hauptstaatsarchivs Wiesbaden vom 18.7.2012. Die F. W. Hamburger betreffende Entschädigungsakte hat die Signatur Abt. 518 Nr. 56825.

304 W. Reuter, Zwölf Offenbacher Sozialdemokraten, S. 67.

305 So die Auskunft des Hessischen Hauptstaatsarchivs Wiesbaden vom 20.11.2012. Die betreffende Entschädigungsakte hat die Signatur Abt. 518 Nr. 27948.

DIE ARBEITERSAMARITER NACH DEM ZWEITEN WELTKRIEG, 1945–1949

DEUTSCHLAND UNTER BESATZUNGSRECHT

Der von den Nationalsozialisten entfesselte Zweite Weltkrieg (1939–1945) kostete weltweit mehr als 50 Millionen Menschen das Leben. Davon entfielen alleine auf Deutschland rund 4,5 Millionen gefallene Soldaten und zirka 2,7 Millionen getötete Zivilisten. Außerdem lagen die meisten großen Städte in Trümmern, viele Männer saßen in Kriegsgefangenenlagern, und ein beträchtlicher Teil der Industrieanlagen war zerstört oder wurde bald demontiert. Überdies mussten mehr als zwölf Millionen Flüchtlinge und Vertriebene aus dem Osten aufgenommen, untergebracht und versorgt werden.[1]

Die oberste Regierungsgewalt lag bei den vier Hauptsiegermächten (USA, UdSSR, Großbritannien und Frankreich), die das Land entsprechend vorheriger Vereinbarungen in vier Besatzungszonen aufgeteilt hatten.[2] Die Gebiete jenseits von Oder und Neiße waren unter polnische bzw. sowjetische Verwaltung gekommen.

In den ersten Nachkriegsjahren herrschte nahezu überall in Deutschland existentielle Not. Das tägliche Leben war geprägt von der Zwangsbewirtschaftung mit der Rationierung von Nahrungsmitteln und anderen Gütern, die nur mittels Lebensmittelkarten oder Bezugsscheinen erhältlich waren. Die Bedürftigkeit eines jeden wurde damit genau festlegt und sicherte anfangs kaum mehr als das Überleben. Hunger oder zumindest unzureichende Ernährung gehörte bei vielen Familien zum Alltag. Erschwert wurde die Situation noch dadurch, dass die Ernten der Jahre 1946 und 1947 schlecht ausfielen. Mit dem Ende der staatlichen Existenz des Deutschen Reiches endete auch diejenige seiner Teilstaaten. Deshalb mussten nach dem Kriegsende und der Zerschlagung Preußens neue Länder entstehen.

Die Gründung des Landes Hessen in seiner uns heute vertrauten Form lag 1945 keinesfalls auf der Hand. Im Sommer befassten sich die amerikanischen Besatzungsbehörden mit Plänen zur Errichtung eines Landes Hessen mit rund 3,5 Millionen Einwohnern.[3] Schon am 22. Juni einigten sie sich mit den Franzosen über die Grenzen ihrer Besatzungszonen. Als Ergebnis fielen damit ehemals hessische und nassauische Gebiete an Rheinland-Pfalz.[4]

Blick von der Wallonisch-Niederländischen Kirche auf die völlig zerstörte Hanauer Innenstadt wenige Jahre nach Kriegsende. Hanauer Geschichtsverein 1844 e.V.

Aufgrund einer Anordnung des Oberbefehlshabers der US-Truppen in Deutschland, General Dwight D. Eisenhower, vereinigte man am 19. September 1945 den vormaligen Volksstaat Hessen mit der bis dahin preußischen Provinz Hessen-Nassau zu Groß-Hessen.[5]

Die Kriegsverluste waren in Hessen sehr hoch. Über 250.000 Menschen hatten ihr Leben verloren, darunter 35.000 Zivilisten, und noch 1947 befanden sich etwa 93.000 Männer in Kriegsgefangenschaft. Die Schäden zeigten sich in den Städten als besonders gravierend. Weite Teile von Darmstadt, Kassel, Hanau und Frankfurt glichen Trümmerlandschaften. Im täglichen Leben fehlte es an allem.

In dieser Situation mussten noch viele Flüchtlinge und Vertriebene aufgenommen, untergebracht und versorgt werden. Hessen nahm bis zum Juni 1947 insgesamt 583.782 Flüchtlinge und Vertriebene auf.[6] Allein 1946 kamen 400.000 ausgewiesene Deutsche, zumeist aus dem Sudetenland, die hier eine neue Heimat suchten. Im Januar 1950 war jeder sechste in Hessen ansässige Bürger ein ehemaliger Flüchtling oder Vertriebener, insgesamt 720.000 von etwa 4,3 Millionen Einwohnern.

Die Soldaten der US-Besatzungsmacht und die vielen Flüchtlinge brachten neue Einflüsse und Gebräuche mit. Der amerikanische Lebensstil mit bisher unbekannten Zigarettenmarken, Nylonstrümpfen, Coca Cola, Swingmusik usw. veränderte viele Gewohnheiten, und mit den Flüchtlingen kamen Menschen, die oft eine andere Konfession oder unbekannte Sitten und Gepflogenheiten hatten. Doch zunächst musste das Überleben gewährleistet werden. Die Lebensmittelversorgung gestaltete sich in den bombengeschädigten Städten am problematischsten. Die Zuwanderung verschärfte die angespannte Lage noch weiter. Die festgelegte Lebensmittelmenge sah beispielsweise im Juli 1946 nur 1.058 Kalorien täglich vor. Die schlechte Versorgung der Bevölkerung senkte die Widerstandskräfte, insbesondere die der Kinder und Alten. Außerdem mussten aufgrund unzureichender Krankenhauskapazitäten viele Patienten oft wochenlang auf ihre Aufnahme warten, und es fehlten weiterhin wichtige Arzneimittel, ärztliche Einrichtungen oder Instrumente. Ein gewichtiges Problem stellte beim öffentlichen Gesundheitsdienst die Entnazifizierung dar, da viele Ärzte, Dentisten, Veterinäre, Apotheker oder Schwestern aufgrund ihrer NS-Vergangenheit Berufsverbot erhalten hatten.[7]

Dazu kam noch eine miserable Ernte im Jahr 1947. Der Hanauer Landrat Wilhelm Voller sprach sogar von einer Dürre, die *„jede Mühe und Arbeit illusorisch“* werden ließ und zur schlimmsten Missernte *„seit Jahrhunderten“* geführt habe. Im Landkreis Hanau erreichten die Erträge von 1947 nur zu 60 % die des Vorjahrs.[8] In den Kreisen Offenbach, Büdingen, Gießen und Friedberg dürfte es kaum besser gewesen sein.

Danach entspannte sich die Versorgungslage allmählich, obwohl manches gewinnbringender „schwarz“ getauscht werden konnte. Immer mehr Erzeugnisse konnten aus der Bewirtschaftung herausgenommen und somit dem freien Markt zur Verfügung gestellt werden. Allerdings ordneten die Behörden weiterhin Festpreise für Waren und Dienstleistungen an.

Der von den US-Amerikanern verfügte demokratische Neubeginn machte schnellere Fortschritte als die Versorgungslage. Am 1. August 1945 erteilten die Besatzungsbehörden der „Frankfurter Rundschau“ als der ersten hessischen Zeitung eine Lizenz. Schon drei Wochen später (24. August) erfolgte die Zulassung von politischen Parteien auf Kreisebene. Die ersten freien Gemeindewahlen nach der Diktatur fanden am 20. Januar 1946 statt. Bei den ersten Landtagswahlen am 1. Dezember 1946 errang die SPD mit 42,7 % die relative Mehrheit, die CDU erhielt 30,9 %, die LDP 15,7 % und die KPD 10,7 % der gültigen Stimmen. Erster gewählter Ministerpräsident des Landes Hessen wurde der Sozialdemokrat Christian Stock. Unter seiner Führung kam es zur Bildung einer großen Koalition, die bis 1950 amtierte.

Eine deutliche wirtschaftliche Verbesserung zeigte sich in den drei Westzonen nach der Währungsreform vom 20. Juni 1948. Jetzt ging es stetig bergauf, die Regale füllten sich wieder und immer mehr Konsumenten waren in der Lage, die geforderten Preise zu bezahlen. Im Rückblick auf die Entwicklung der Jahre zwischen 1945 und 1950 schließt der Bericht des Hessischen Statistischen Landesamtes mit dem optimistischen Resümee: *„Die nackte Not ist überwunden. Die feste Basis für eine weitere, ruhigere Entwicklung ist geschaffen.“*[9]

Der durchschnittliche Wochenlohn eines Industriearbeiters betrug 1950 nur 62 DM. Mit dem „Wirtschaftswunder“ stiegen die Einkommen, von gut 120 DM im Durchschnitt im Jahre 1960 auf 584 DM 1981. Heute verdienen Vollzeitbeschäftigte im Produzierenden Gewerbe durchschnittlich gut 2.800 Euro und im Dienstleistungsbereich über 2.600 Euro brutto im Monat.[10]

NEUSTART MIT HINDERNISSEN

Angesichts der äußerst problematischen Versorgungslage der Bevölkerung während der unmittelbaren Nachkriegsjahre hätte man denken können, dass die Siegermächte des Zweiten Weltkrieges der Wiedergründung einer politisch unbelasteten und zudem noch von den Nationalsozialisten verbotenen Organisation wie dem Arbeiter-Samariter-Bund keine Steine in den Weg legen würden, doch die Realität zeigte sich anders.

In den Westzonen gestattete man Korporationen, selbst wenn sie im Gegensatz zum alten Regime gestanden hatten, den Zusammenschluss vorerst nur auf kommunaler Ebene. Die Möglichkeiten zur Bildung regionaler oder gar nationaler Vereinigungen hatten die Siegermächte stark eingeschränkt oder ganz verboten. Doch zunächst sei ein kurzer Blick zum alten Kontrahenten des ASB, dem Roten Kreuz, gestattet.

Die Alliierten verhielten sich dem Roten Kreuz gegenüber sehr zwiespältig. Einerseits wusste man um seine Militarisierung im NS-Staat und die engen Bindungen vieler Rotkreuzfunktionäre mit dem alten Regime.[11] Andererseits war bekannt, dass die Mitgliedschaft im DRK vor stärkerer Vereinnahmung durch NS-Organisationen geschützt hatte, und selbstverständlich brauchte man es zur Bewältigung der Probleme im Nachkriegsdeutschland.

Das Deutsche Rote Kreuz als nationale Organisation bestand 1945 praktisch nicht mehr. Außerdem verfügte der Alliierte Kontrollrat, alle seine Vermögenswerte zu sperren und seine Einrichtungen zu beschlagnahmen.[12] Wünsche nach seiner Neugründung, die das Internationale Komitee vom Roten Kreuz in Genf unterstützte, lehnte der Alliierte Kontrollrat im Oktober 1945 ab. Dennoch waren die untergeordneten Dienststellen der Siegermächte klug genug, die Arbeit des Roten Kreuzes auf lokaler, regionaler und später auf Landesebene wieder zuzulassen. Die Haltung der amerikanischen Besatzungsmacht war zumeist *„rotkreuzfreundlich“*[13].

Dies, obwohl die Entnazifizierung auch vor dem DRK nicht Halt machte. Grundlage dieses Verfahrens war die Direktive der amerikanischen Stabschefs (JCS 1067 vom 26. April 1945) an die Befehlshaber der US-Besatzungstruppen. Für das Rote Kreuz und seine Mitglieder bedeutete dies eine Überprüfung der hauptamtlichen Kräfte und führenden Funktionsträger auf Verbindungen zum Nationalsozialismus und gegebenenfalls die Entfernung aus ihren Positionen. Jedoch blieb vorerst offen, ob alleine die DRK-Mitgliedschaft während der Diktatur an sich schon eine Belastung darstellte.

In den Bestimmungen der Besatzungsmächte findet sich kein Hinweis auf eine Klassifizierung des DRK als nationalsozialistische Organisation, doch in internen Denkschriften wurde diese Einschätzung vertreten. In einem Bericht zur öffentlichen Gesundheit der Public Health Division[14] kurz nach Kriegsende wird das DRK seitens der amerikanischen Besatzungsmacht als *„eine reine militärische Organisation“* charakterisiert.[15]

Man hätte nun vermuten können, dass diese negative Einschätzung hinsichtlich der Haltung des Roten Kreuzes während der nationalsozialistischen Diktatur seitens der Sieger die Neu- oder Wiedergründungen von ASB-Kolonnen begünstigen oder beschleunigen würde, doch so verhielt es sich zunächst keineswegs.[16]

In der sowjetischen Besatzungszone hätte man eine Bevorteilung des Arbeiter-Samariter-Bundes gegenüber dem DRK noch eher erwarten dürfen als im Westen. Doch gerade hier kam es ganz anders. Zwar erfolgten bereits 1945 in der ehemaligen ASB-Hochburg Sachsen die ersten Versuche der Neubelebung ehemaliger Arbeiter-Samariter-Kolonnen, aber sie erhielten keine Genehmigungen auf Zulassung durch die Besatzungsbehörden. Auch nach der Staatswerdung der DDR im Jahre 1949 scheiterten auf Dauer alle Bemühungen der Wiederbelebung des Arbeiter-Samariter-Bundes. Aufgrund dieser Situation übernahmen vorerst die Gesundheitsabteilungen des Gewerkschaftsbundes (FDGB) den notwendigen Sanitätsdienst. Nach der Gründung der DDR erfolgte 1952 die Bildung des Deutschen Roten Kreuzes der DDR. Vermutlich erhoffte sich die SED-Führung durch die Installierung eines konkurrenzlosen Roten Kreuzes in ihrem Staatswesen ein höheres Renommee und seine Anerkennung von der internationalen Organisation und damit insgesamt eine, wenn auch bescheidene, weltweite Aufwertung des jungen Staates.[17]

Im Westen fanden sich alte Arbeitersamariter bald nach Kriegsende wieder zusammen und möglicherweise präsentierten sich einige ASB-Samariter erstmals am 1. Mai 1946 bei einer größeren öffentlichen Veranstaltung der Öffentlichkeit. Anlass war eine Maifeier in den Herrenhäuser Gärten in Hannover.[18]

Im Laufe der Zeit erfolgten an einigen Orten der Westzonen Neugründungen von ASB-Kolonnen. Als besonders aktiv erwiesen sich die Samariterinnen und Samariter in der Pfalz, wo bis zum Jahresende 1946 wieder 14 Kolonnen aktiv waren. Weitere frühe ASB-Kolonnen entstanden beispielsweise in Ulm (1. Oktober 1945), in den niedersächsischen Städten Hannover, Seesen, Salzgitter und Hildesheim (alle 1946), im Frühjahr 1946 im Westberliner Stadtteil Neukölln und ab 1948 folgten in Bayern die Arbeitersamariter von Schweinfurt, Regensburg, Nürnberg, Augsburg, Forchheim, Feucht, Lauf und Herzogenaurach.[19] Zu den Kolonnengründungen in Hessen unten mehr.

Jedoch handelte es sich dabei nicht um eine – wie auch immer geartete – koordinierte überregionale Vorgehensweise. Vielmehr waren es vornehmlich lokal begrenzte Aktivitäten, die oft auf die Initiative einzelner alter Arbeitersamariter zurück gingen und die natürlich die Erlaubnis der jeweiligen lokalen alliierten Kommandanten voraussetzten.

Trotz unterschiedlicher Behandlung in den jeweiligen Besatzungszonen und den allmählich entstehenden deutschen Behörden vor Ort, erlebten die neugegründeten Kolonnen, dass man ihnen anfangs mit einigem Misstrauen begegnete. *„Für viele Kolonnen wurde deshalb zunächst nicht nur eine Namensänderung notwendig, sondern ebenso eine Mitarbeit in anderen organisatorischen Zusammenhängen, eine Entwicklung, die vor 1933 für*

Die Hannoveraner Arbeitersamariter der ersten Stunde nach 1945. Der große dunkelhaarige Mann in der hinteren Reihe ist Waldemar Olsen.
Archiv des ASB-Bundesverbandes

die meisten Samariter nicht denkbar gewesen wäre. Ideologische Gegensätze wurden der Sache wegen zurückgedrängt, wobei aber für die meisten Samariter die Idee, den ASB als eigenständige Samariterorganisation wiederaufzubauen, unbestritten blieb.“[20]

Noch entschiedenere Ablehnung seitens der Siegermächte erfuhren die Bemühungen des ASB bei Versuchen, sich endlich auf der höheren Ebene der Besatzungszonen zu organisieren.[21] Am tolerantesten verhielten sich die Franzosen in ihrer Zone gegenüber den Wiedergründungsversuchen des ASB, sodass bereits am 9. November 1946 die Gründungsversammlung der Arbeitersamariter der Pfalz in Speyer stattfinden konnte, bei dem eine ASB-Bundesleitung gewählt wurde.[22]

Wichtige Weichenstellungen für die Zukunft des ASB im Nachkriegsdeutschland erfolgten in Hannover. Dort wählte man im 19. Januar 1947 ebenfalls einen Bundesvorstand unter dem Vorsitz von Waldemar Olsen (1907–1962).[23]

Am 3. Juli 1948 fasste der dortige Bundesvorstand eine Reihe von Beschlüssen, die teilweise an alte ASB-Traditionen anknüpften. So übernahm man die Satzung aus der Weimarer Zeit, und die Kolonnen durften, wie schon bis 1933, alle Einkäufe nur über den Bund tätigen. Ebenso geschah die Kennzeichnung bestimmter Funktionsträger mittels farbiger Streifen unter der Armbinde. Und noch etwas setzte sich fort: Männer leisteten wiederum einen doppelt so hohen Mitgliedsbeitrag (60 Pfennige) wie Frauen. Invaliden und Erwerbslose mussten lediglich zehn Pfennige pro Monat zahlen.[24]

Die isolierte Tätigkeit der Arbeitersamariter in den drei westlichen Besatzungszonen führte dazu, dass die wenigen bereits existierenden Kolonnen kaum etwas oder gar nichts voneinander wussten. Verantwortlich dafür waren nicht nur das Misstrauen der Besatzungsbehörden, sondern gleichfalls die besonderen Schwierigkeiten der Nachkriegssituation mit ihren unzureichenden Kommunikationsmöglichkeiten.

Diese Unkenntnis voneinander beförderte die Gründung eines ASB-Bundesvorstandes sowohl in der britischen als auch einer Bundesleitung in der französischen Zone. Zu einem ersten Zusammentreffen von Vertretern aus den beiden Besatzungszonen kam es erst, nachdem man durch Aufrufe in Gewerkschaftszeitungen und nach 1949 durch eine bundesweite Zeitungsaktion voneinander erfuhr und miteinander in Kontakt trat.

Entsprechend groß müssen Überraschung und Freude gewesen sein, als sich im September 1949 ein Jakob Schickendantz (1892–1955) als „Arbeiter-Samariter-Bund e.V.: Bundesleitung“ aus Frankenthal in der Pfalz schriftlich in Hannover meldete.[25]

Die zur Vereinigung der beiden Verbände notwendigen Gespräche fanden erstmals am 15. Januar 1950, auf halbem Wege sozusagen, in Eschborn bei Frankfurt statt. Der Organisator des Treffens war der damalige Frankfurter Stadtverordnete Paul Kirchhoff.[26] Man einigte sich auf eine gemeinsame Satzung und auf Hannover als Bundessitz.[27] In der Konsequenz schlossen sich damit die Pfälzer als Landesorganisation Rheinland-Pfalz dem Bundesverband in der niedersächsischen Landeshauptstadt an.

DAS VERHÄLTNIS ZU SPD UND GEWERKSCHAFTEN

Während der Weimarer Republik achtete die Führung des Arbeiter-Samariter-Bundes trotz der vielfachen personellen Bindungen zur SPD zunehmend auf die weitgehende parteipolitische Unabhängigkeit ihrer Organisation. Was hingegen nichts daran änderte, dass man im Arbeitermilieu verwurzelt blieb und sich mit der reformistischen Politik der Sozialdemokraten und der ihnen nahe stehenden Gewerkschaften solidarisierte.[28]

Doch diese Nähe verhinderte nicht, dass der ASB, wie oben gesehen, sogar zahlreichen eigenen Genossen die Notwendigkeit seiner Daseinsberechtigung beweisen musste, sowohl nach dem Ersten wie nach dem Zweiten Weltkrieg.

Nach 1945 hielten Teile der organisierten Arbeiterschaft den Neuaufbau des ASB mit dem Hinweis auf die Existenz des Roten Kreuzes und der Arbeiterwohlfahrt (AWO) für überflüssig, weshalb sie häufig eher mit diesen kooperierten als mit den Arbeitersamaritern. Dieses Verhalten stieß bei den Bundestagungen des ASB auf wenig Verständnis. Man beklagte aber nicht nur die fehlende Solidarität, sondern betonte gleichfalls die gemeinsamen Wurzeln und die Notwendigkeit zur Zusammenarbeit.[29]

Werbeplakat des ASB aus den frühen fünfziger Jahren. Archiv des ASB-Bundesverbandes

Deutliche Anzeichen für eine derartige Einstellung mancher Vertreter von Arbeiterorganisationen offenbarten sich bei Gesprächen im Juli 1946 zwischen Vertretern des Roten Kreuzes, des ASB, der AWO sowie Kurt Schumacher, dem ersten Nachkriegsvorsitzenden der SPD, die in Hannover stattfanden. Dabei machte man den beiden Vertretern des ASB, Waldemar Olsen und Fritz Körner, deutlich, dass man eine Neu- oder Wiedergründung des Arbeiter-Samariter-Bundes in den Westzonen für überflüssig erachte und schlug stattdessen die Integration in das Rote Kreuz vor. Ein Vorschlag, der, nicht zuletzt aufgrund der Vorgeschichte des Arbeiter-Samariter-Bundes, durch Olsen und Körner eine entschiedene Zurückweisung erfuhr.[30] Nach einer derartigen Zumutung, als eine solche dürften es zumindest die beiden Arbeitersamariter empfunden haben, stellt sich die Frage, wie sich das Verhältnis der SPD und ihr nahe stehender Organisationen zum ASB über die erste Nachkriegsphase hinaus gestaltete.

Letztlich ließen jahrelange zuverlässige Einsätze der Kolonnenmitglieder verbunden mit dem stetigen Ausbau der Hilfsorganisation das Ansehen des ASB wachsen, sodass die Arbeitersamariter und -samariterinnen vermehrt für Veranstaltungen von SPD und Gewerkschaften in Anspruch genommen wurden. Allerdings beklagten sich die Arbeitersamariter beim 3. ordentlichen Bundestag 1958 darüber, dass man bei derartigen Anlässen ihre Dienste *„offensichtlich für selbstverständlich aber nicht für finanzierungsbedürftig hielt"*.

Dennoch blieb die enge Verknüpfung zur SPD gerade in den frühen Jahren der Bundesrepublik ganz offensichtlich. Folglich kann es nur wenig verwundern, dass es zunächst stets sozialdemokratische Sozialpolitiker waren, die das Amt eines ASB-Präsidenten wahrnahmen.[31]

1 K. D. Erdmann, Die Zeit der Weltkriege, 9. Auflage, Stuttgart 1978 (= Gebhardt, Handbuch der deutschen Geschichte), Tabellarischer Anhang 2, 4 und 5.

2 Aus der umfangreichen Literatur zur Besatzungspolitik und zur Situation nach Kriegsende sind zu empfehlen: W. Benz, Von der Besatzungsherrschaft zur Bundesrepublik, Frankfurt 1984, Th. Eschenburg, Jahre der Besatzung 1945–1949, Stuttgart 1983, J. Gimbel, Amerikanische Besatzungspolitik in Deutschland 1945–1949, Frankfurt 1971, und A. Birke, Nation ohne Haus, Berlin 1989.

3 Der Begriff „Groß-Hessen" resultiert aus der Tatsache, dass 1945 erstmals seit fast 400 Jahren alle Teile des Landes in einer Verwaltungseinheit zusammengefasst wurden. Im Jahre 1567 verstarb Landgraf Philipp der Großmütige und teilte Hessen unter seinen vier Söhnen auf, das schließlich zur lange andauernden Spaltung des Landes in einen nördlichen (Hessen-Kassel) und einen südlichen Teil (Hessen-Darmstadt) führte. So gab es 1945 Pläne der Besatzungsmacht, diese Trennung durch die Bildung von zwei neuen Ländern fortzuschreiben. Doch aufgrund wirtschaftlicher und strukturpolitischer Erwägungen sowie nach der Befragung deutscher Stellen entstand der Gedanke, die beiden Hessen ergänzt durch Nassau in einem neuen Land zusammenzuschließen. Die Bezeichnung „Groß-Hessen" wurde ab Dezember 1946 durch „Hessen" ersetzt. Vgl. dazu: Hessisches Statistisches Landesamt, Fünf Jahre Land Hessen, 1945/46–1949/50, 1950, S. 1 ff.

4 Das neue Land Groß-Hessen wurde dann schließlich aus der ehemaligen preußischen Provinz Kurhessen, der preußischen Provinz Nassau (ohne die Kreise Oberwesterwald, Unterwesterwald, Unterlahn und St. Goarshausen, die an Rheinland-Pfalz fielen) und dem Volksstaat Hessen (ohne Rheinhessen, das auch an Rheinland-Pfalz fiel – allerdings blieben die rechtsrheinischen Mainzer Vororte hessisch) gebildet.

5 In einem Bericht der US-amerikanischen Militärregierung für Hessen vom Oktober 1945 heißt es zur Gründung des Landes Groß-Hessen recht pathetisch: „Diese Aufgabe, an der sich schon früher deutsche Regierungen ohne Erfolg versucht hatten, wurde nun von einer siegreichen Macht vollbracht, die jenseits des Atlantiks lag und zu deren Gestade jenes Land einst seine hessischen Soldaten geschickt hatte, um im Unabhängigkeitskrieg zu kämpfen." D. Emig / A. G. Frei, Office of Military Government for Hesse, in: OMGUS-Handbuch. Die amerikanische Militärregierung in Deutschland 1945–1949, hrsg. von Chr. Weisz, München 1984, S. 324. Diese Bemerkung bezieht sich auf die Entsendung gut 20.000 hessischer Bauernburschen, die zwischen 1776 und 1783 als Leihsoldaten von ihren Landesherren an die Briten vermietet wurden. Auch aus der Grafschaft Hanau sind 2.400 junge Männer nach Übersee gegangen, von denen rund 1.700 zurückkamen. Andere desertierten und blieben in der Neuen Welt.

6 Angaben in: Verwaltungs-Bericht von Landrat Voller, Hanau, anlässlich der 6. Sitzung des Kreistages der Landkreises Hanau im Rathaussaal der Gemeinde Langendiebach am 17. Januar 1948, S. 6.

7 HHStA Wiesbaden: 8/57–1/9 Summary of Public Health Activities Land Hesse 12 Oct 1945 – 31 Dec 1946. Die Auflagen der Amerikaner waren so streng, dass es zwischen Oktober 1945 und Juni 1946 äußerst schwierig war, unbelastete Ärzte und Amtsärzte für die medizinische Versorgung der Bevölkerung zu finden. Vgl.: D. Emig / A. G. Frei, Office of Military, S. 413 ff.

8 Verwaltungs-Bericht von Landrat Voller, S. 4 und 16.

9 Hessisches Statistisches Landesamt, Fünf Jahre Land Hessen, 1945/46–1949/50, 1950, S. 26.

10 R. Rytlewski / M. Opp de Hipt, Die Bundesrepublik Deutschland in Zahlen, 1945/49–1980. Ein sozialgeschichtliches Arbeitsbuch, München 1987, und Statistisches Bundesamt (Hrsg.), www.destatis.de vom 4.1.2012.

11 Zur Rolle des DRK im Nationalsozialismus: H. Lichtenstein, Angepaßt und treu ergeben. Das Rote Kreuz im Dritten Reich, Köln 1988, B. Morgenbrod / St. Merkenich, Das Deutsche Rote Kreuz unter der NS-Diktatur 1933–1945, Paderborn 2008, D. Riesenberger, Das Deutsche Rote Kreuz. Eine Geschichte 1864–1990, Paderborn u.a. 2002, S. 269 ff., und H. Seithe / F. Hagemann, Das DRK im Dritten Reich (1933–1939). Mit einem Abriß seiner Geschichte in der Weimarer Republik, Frankfurt 1993.

12 DRK-Generalsekretariat (Hrsg.), Rotkreuz-Werk 1945–1951 (=Deutsches Rotes Kreuz, Schriftenreihe Nr. 5), S. 9.

13 Vgl. zur Entwicklung des DRK zwischen 1945 und 1950: A. Schlögel, Neuaufbau, S. 29 ff., und D. Riesenberger, Das Deutsche Rote Kreuz, S. 372 ff.

14 Der Arbeitsschwerpunkt der Public Health Division wechselte von der Entnazifizierung und Seuchenkontrolle zur Überwachung der Ernährungslage. Zu diesem Zweck fanden „Street-Weighting and School-Weighting

Programs" (Passanten und Schüler wurden gewogen) statt, vgl.: D. Emig / A. G. Frei, Office of Military Government for Hesse, S. 413 ff.

15 HHStA Wiesbaden: 8/57–3/14 Summary of Public Health Activities Land Hesse. Dort heißt es: „Das Deutsche Rote Kreuz ist eine reine militärische Organisation. Es kümmerte sich auch um verschiedene anstehende zivile Aufgaben, dies führte zu Überschneidungen zwischen militärischen und zivilen karitativen Tätigkeiten in Kriegszeiten oder zur Tarnung und Manövern in Friedenszeiten." Weiterhin wird die Anfälligkeit des DRK für nationalistische Parolen und die Sympathien oberster DRK-Führer für Hitler hervorgehoben. Der Bericht listet sodann die enge Verflechtung und Einvernahme des DRK nach 1933 auf, die, so heißt es in der Studie, „kriegsvorbereitenden Charakter" hatten.

16 Zur Haltung der US-Behörden: J. Gimbel, Amerikanische Besatzungspolitik in Deutschland 1945–1949, Frankfurt 1971.

17 W. Müller, Illustrierte Geschichte des Arbeiter-Samariter-Bundes 1888–1998, Köln 1998, S. 110.

18 W. Müller, ASB-Chronik, S. 40.

19 W. Müller, Illustrierte Geschichte, S. 112 ff. und ders., ASB-Chronik, S. 38 ff. Die Chronologie der Wiedergründungen ist, den Zeitumständen entsprechend, oft nicht eindeutig und vollzog sich anfangs nicht immer unter der Titulatur als ASB-Kolonne. Die Ulmer Kolonne musste zunächst als eine Abteilung des Vereins für Leibesübungen Ulm, der früheren Freien Turnerschaft, geführt werden. Unter dem Namen „Allgemeiner-Samariter-Bund" wurden sie schließlich als selbstständige Kolonne von den US-Besatzbehörden zugelassen. Vgl.: M. Marrenbach, Die Entwicklung von Struktur und Selbstverständnis des Arbeitersamariterbundes vom Zweiten Weltkrieg bis Ende der 60er-Jahre, Hausarbeit zur Erlangung des Grades einer Magistra Artium der Fakultät für Geisteswissenschaft der Ruhr-Universität Bochum 1996, S. 29. Dort wird der 5.1.1946 als Gründungsdatum angegeben.

20 M. Marrenbach, Die Entwicklung; S. 32.

21 M. Marrenbach, Die Entwicklung; S. 28 f.

22 M. Marrenbach, Die Entwicklung; S. 31.

23 M. Marrenbach, Die Entwicklung; S. 33.

24 W. Müller, Illustrierte Geschichte, S. 117.

25 W. Müller, Mit einem Unfall fing es an! Illustrierte Geschichte des Arbeiter-Samariter-Bundes, Wiesbaden 1988, S. 208. Siehe auch Dokument 26: Schreiben von Jakob Schickendantz (Frankenthal) an den Bundesvorstand in Hannover vom 10. September 1949.

26 Paul Kirchhoff (1902–1953) war bereits vor 1933 Mitglied der Arbeiter-Samariter-Kolonne Frankfurt-Höchst. Die Zeit von 1933 bis 1945 verbrachte er hinter Zuchthausmauern und in einem Strafregiment der Wehrmacht. Nach 1945 amtierte er als Vorsitzender der Landesorganisation Hessen-Süd des ASB. Kirchhoff verunglückte bei einem Verkehrsunfall tödlich. Vgl.: W. Müller, Mit einem Unfall fing es an!, S. 213.

27 W. Müller, Mit einem Unfall fing es an!, S. 210.

28 F. Walter, Der Arbeiter-Samariter-Bund, in: F. Walter / V. Denecke / K. Regien, sozialistische Gesundheits- und Lebensreformverbände. Solidargemeinschaft und Milieu: Sozialistische Kultur- und Freizeitorganisationen in der Weimarer Republik, Band 2, herausgegeben von P. Lösche, Bonn 1991, S. 368 ff.

29 M. Marrenbach, Die Entwicklung, S. 40 ff.

30 W. Müller, Mit einem Unfall fing es an!, S. 201.

31 ASB-Bundesarchiv: Niederschrift vom 3. ordentlichen Bundestag 1958, S. 20, siehe auch: M. Marrenbach, Die Entwicklung, S. 41.

DIE ARBEITERSAMARITER IN DER BUNDESREPUBLIK, 1949–2012

STAATSGRÜNDUNG, KALTER KRIEG UND WIEDERVEREINIGUNG

Am 23. Mai 1949 erfolgte mit der Verabschiedung des Grundgesetzes die Gründung der Bundesrepublik Deutschland. Im September desselben Jahres wählte die Bevölkerung in den westlichen Besatzungszonen erstmals ein länderübergreifendes Parlament, den ersten Deutschen Bundestag. Im Jahr zuvor hatte die Währungsreform mit der Einführung der Deutschen Mark (D-Mark) eine wichtige Voraussetzung zum bald einsetzenden ökonomischen Aufschwung geschaffen.

Westdeutschland entwickelte sich sodann in den 1950er- und 1960er-Jahren mit dem „Wirtschaftswunder" zu einer der führenden Industrienationen der Welt und das politische System zu einer stabilen Demokratie nach westlichem Muster.

Weltweit waren die ersten Nachkriegsjahrzehnte von dem Gegensatz der beiden ideologischen Blöcke geprägt. Während der Kubakrise 1962 drohte der „Kalte Krieg" sogar in einen heißen Konflikt zu eskalieren.

Im Zuge der „Ostpolitik" kam es ab 1969 zu einem entspannteren Verhältnis der beiden deutschen Staaten, was das Leben der Menschen im geteilten Deutschland in vielerlei Hinsicht erleichterte. Dies änderte allerdings vorerst nichts an der scheinbaren Unauflöslichkeit des Status quo und der vermeintlichen Zementierung der deutschen und europäischen Teilung.

Erst die Unfähigkeit des politischen und wirtschaftlichen Systems der Staaten des Warschauer Pakts, die Wünsche ihrer Völker nach mehr Selbstbestimmung und besserer Versorgung sowie der fehlgeschlagene Versuch, die westlichen Staaten bei Rüstungsfragen auseinanderzudividieren, führten seit der Mitte der 1980er-Jahre zu Auflösungstendenzen im „real existierenden Sozialismus".

Sichtbarstes Zeichen für die Überwindung der Spaltung unseres Kontinents war die Öffnung der Berliner Mauer am 9. November 1989. Mit der unter Beteiligung der ehemaligen Siegermächte vollendeten Einheit Deutschlands am 3. Oktober 1990 war die Wiedererlangung der vollen staatlichen Souveränität verbunden.

Die erste bundesweite Funktionärskonferenz des Arbeiter-Samariter-Bundes 1951 in A sbach an der Bergstraße.
Archiv des ASB-Bundesverbandes

Als Folge dieser Entwicklung konnte der Arbeiter-Samariter-Bund nun wieder in seinen „Stammlanden" Fuß fassen und neue Orts- und Landesverbände gründen oder ehemals bestehende wieder beleben.

ERSTE WEICHENSTELLUNGEN

Mit dem Ende des Besatzungsregimes und der Gründung der Bundesrepublik Deutschland waren eine Reihe von Erleichterungen für die Aktivitäten von Vereinen oder ähnlichen Gruppierungen verbunden.

Nutznießer dieser Entwicklungen war auch der Arbeiter-Samariter-Bund. Fast schon euphorisch klingt es im Rundschreiben Nr. 1 des Bundesvorstandes vom 1. August 1949: *„Der Arbeiter-Samariter-Bund ist wieder auferstanden. 12 Jahre der Hitler-Diktatur haben es nicht vermocht, den Samariter-Gedanken zu töten. Der Weg ist frei. Durch das Bonner Grundgesetz ist es jetzt möglich, an allen Orten der gesamten Tri-Zone wieder Kolonnen zu gründen."*[1]

Beim Arbeiter-Samariter-Bund setzte nun ein regelrechter Boom hinsichtlich der Gründung neuer Kolonnen ein. Der Bundesvorstand beförderte dies durch einen Aufruf in einigen Zeitungen, worin er ehemalige Samariterinnen, Samariter und Interessenten um ihre Anschrift bat, *„um weitere Gründungen von ASB-Kolonnen zu initiieren"*. Und im September 1949 konnte von einer Samariterkolonne der erste Krankenwagen nach dem Kriegsende angeschafft werden. Aber nicht in einer Großstadt, wie man vermuten könnte, sondern in Mundenheim bei Ludwigshafen war man dazu in der Lage, nicht zuletzt, weil die örtliche Kreissparkasse mit einem Darlehen in Höhe von 4.000 DM half.[2]

Zum ASB-Bundessitz und damit zum Vorort der Bewegung in der jungen Bundesrepublik avancierte erst einmal Hannover. Man entschied sich vornehmlich deshalb für die niedersächsische Landeshauptstadt, weil hier ein großer Teil des neuen Vorstands ansässig war. Nahezu 20 Jahre nach der Auflösung durch die Nationalsozialisten bestätigten die Vorsitzenden der neuen ASB-Kolonnen im Januar 1951 in Alsbach an der Bergstraße Waldemar Olsen aus Hannover zum ersten – oder treffender formuliert – zum neuen Bundesvorsitzenden.[3]

In den ersten Jahrzehnten der Bundesrepublik bestimmten häufige Diskussionen um Reformen des Bundes die Tagungen und Versammlungen des ASB, was zu mehrfachen Satzungsänderungen führte.

Doch zunächst einmal waren eine Standortbestimmung des Bundes und eine Formulierung seiner Aufgaben notwendig.

Die erste Funktionärskonferenz im hessischen Alsbach nahm diese Weichenstellungen für die zukünftige Entwicklung des Arbeiter-Samariter-Bundes vor. In der dort verabschiedeten neuen Satzung wurden folgende Arbeitsfelder des Verbandes festgelegt:

1. Verbreitung des Wissens in der Ersten-Hilfe in weitesten Kreisen der Bevölkerung
2. Belehrung und Bildung der Mitglieder auf allen Gebieten des Gesundheitswesens
3. Stellung von Wachen und Errichtung von Unfallstationen bei großen öffentlichen Anlässen sowie bei Anforderung seitens der Behörden und Organisationen
4. Hilfeleistungen bei Unglücksfällen und plötzlichen Erkrankungen
5. Zusammenarbeit mit den Betriebsräten und Einrichtung von Betriebssanitätern
6. Übernahme von Krankentransporten
7. Betätigung auf allen Gebieten der Volkswohlfahrt in gesundheitlicher und hygienischer Beziehung
8. Führung von Statistiken über die gesamte Tätigkeit[4]

Von besonderem Interesse erscheint hierbei der Punkt 7, der die Ausweitung der ursprünglich auf das Sanitätswesen begrenzten Tätigkeit des Verbandes auf den gesamten Bereich der Volkswohlfahrt vorsieht.

Die Schweizer Regierung ließ 1955 die weitere Verwendung des alten ASB-Logos, das weiße Kreuz auf rotem Grund, gerichtlich untersagen, da dies zu Verwechslungen mit dem eidgenössischen Staatssymbol führen könnte. Aufgrund dessen führte der Verband ein goldenes Kreuz auf rotem Grund als neues Symbol ein.
Archiv des ASB-Bundesverbandes

Doch trotz der anstehenden Probleme und Schwierigkeiten gelang es, oft in Eigenhilfe, in einer Reihe von Kommunen neue Geschäftsstellen, Heime und Rettungswachen einzurichten. Die Mitgliederzahlen verzeichneten ebenso einen deutlichen Anstieg: von lediglich 150 Samaritern und Samariterinnen Ende 1945 auf gut 9.500 im Jahre 1960.

BRUCH MIT ALTEN TRADITIONEN

Trotz der traditionellen Verbundenheit mit der Sozialdemokratie und den Gewerkschaften, die fürwahr nicht immer erwidert wurde, stellte der ASB in der jungen, die alten Klassengegensätze mehr und mehr abstreifenden Bundesrepublik seine satzungsmäßige Neutralität immer stärker heraus.

Entsprechend verlangte die neue Satzung von 1951 hinsichtlich einer Mitgliedschaft kein Bekenntnis zu weltanschaulichen Zielen, aber eine Abgrenzung nach links und nach rechts. Es heißt dort in Paragraf 1: *„Mitglied des Bundes kann jede Person werden, die auf dem Boden der Demokratie steht und das 18. Lebensjahr vollendet hat.“*[16]

Diese Neuausrichtung des Verbandes brachte es mit sich, dass Überbleibsel und Erinnerungen an die proletarischen Wurzeln der Organisation an Bedeutung verloren oder

ASB-Bundestagung 1955 in Berlin. Der in Bad Vilbel geborene spätere Präsident des Arbeiter-Samariter-Bundes Hermann Schaub im Gespräch mit der sozialdemokratischen Bundestagsabgeordneten Louise Schröder.
Archiv des ASB-Bundesverbandes

sogar ganz verschwanden. Folglich ersetzten die ASB-Führungskräfte auf einer Tagung in Alsbach an der Bergstraße im Januar 1951 die bisherigen Anredeformen „Genosse" und „Genossin" per Beschluss durch die ideologisch unverdächtigen Bezeichnungen „Samariter" und „Samariterin". Ebenso wurde für die Aufnahme in den ASB nicht mehr wie bisher die Mitgliedschaft in einer freien Gewerkschaft als Bedingung verlangt.[17]

Den althergebrachten Begriff „Kolonne" ersetzte man auf der Bundestagung in Mainz 1970 durch die Bezeichnung „Ortsverband".[18] Sicherlich beruhte diese Entscheidung teilweise auch auf dem Wandel des Arbeiter-Samariter-Bundes von einem zumeist von Freiwilligen ehrenamtlich verrichteten kommunalen Hilfsdienst zu einer professionell geführten Rettungs- und Wohlfahrtsorganisation, wofür sich der Austausch der alten Anrede „Genosse" durch „Samariter" vermutlich ebenfalls als vorteilhaft erwies.

Die Entscheidung zur Einführung einer einheitlichen grauen Dienstkleidung mit ASB-Abzeichen, weißer Mütze und Dienstgradbezeichnung traf speziell bei einigen älteren Samaritern, die sich in antimilitaristischer Überzeugung schon im Kaiserreich und während der Weimarer Zeit gegen jegliche Art der Uniformierung der Samariter im Dienst ausgesprochen hatten, auf unüberhörbaren Widerspruch.[19] Dennoch wurden die Vorschläge hinsichtlich des neuen Dienstanzuges akzeptiert und gerade die auffällige weiße Kopfbedeckung erwies sich in den nächsten Jahren als prägend für die Arbeitersamariter.

Arbeitersamariterinnen in ihrer Dienstkleidung am Ende der fünfziger Jahre.
Archiv des ASB-Bundesverbandes

Erfolglos hingegen blieben Bestrebungen, den Namen des Verbandes zu ändern. Die bei mehreren Bundestagungen diskutierten Varianten waren u. a. „Deutscher Samariter-Bund" oder „Samariter Deutschlands". Doch die Mehrheit der Delegierten bewahrte sich hier ein Relikt historischer Kontinuität und votierte stets für die Beibehaltung des traditionellen Begriffs „Arbeiter" als Bezeichnung für die einstmals proletarische Hilfsorganisation.[20]

Aufgrund der Tatsache, dass diese Maßnahmen und Anträge recht kontrovers und teilweise auf den Bundestagen wiederholt diskutiert wurden, lässt sich vielleicht eine Unsicherheit der Samariterbewegung bezüglich ihrer Identität herauslesen. Eine jüngere Studie bewertet diese Kontroverse um Erneuerung und Beharrung in diesen Äußerlichkeiten innerhalb des ASB wie folgt: *„Sie verdeutlicht letztlich den traditionellen Konflikt der ArbeitersamariterInnen, als vergleichsweise kleine und meist nicht anerkannte Organisation, zwischen einerseits forcierter Selbstbehauptung und andererseits der Ausbildung gelegentlicher Überanpassungstendenzen aus Angst vor Konflikten und Ablehnung."*[21] Diese *„Angst vor Konflikten und Ablehnung"* resultierte sicherlich aber auch daraus, dass man mit altem klassenkämpferischem oder zumindest einem derartig wirkenden Auftreten nur noch sehr bedingt seinen Platz in der sich zu einer Wohlstandsgesellschaft entwickelnden Bundesrepublik Deutschland zu finden vermochte. Die Überwindung der einen und die Beibehaltung einer anderen Tradition stellten somit möglicherweise einen Kompromiss zwischen Anpassung und Beharrung dar.

Arbeitersamariter in ihrer Dienstkleidung am Ende der fünfziger Jahre.
Archiv des ASB-Bundesverbandes

Trotzdem wurde noch manchmal klassenkämpferisch klingendes Vokabular benutzt. So etwa 1953 bei der Feier zum 40-jährigen Jubiläum der ASB-Kolonne Offenbach in der Gaststätte „Zum Anker" im Stadtteil Bürgel. Der damalige Landesvorsitzende Otto Kirchner führte in seiner kurzen Ansprache aus, dass seine Organisation *„ein gutes Stück sozialistische Arbeit leiste"* und man werde sich weiterhin *„mit den Arbeitern (...) für die Arbeiterschaft einsetzen"*.[22]

Ebenso von der Wirklichkeit überholt wurde die Auffassung eines Delegierten, der auf dem 3. ordentlichen Bundestag die Meinung vertrat, *„daß jeder, der in den ASB eingetreten ist, sich verpflichtet"* habe, *„für diese Organisation zu schaffen und zu arbeiten"*.[23] Die Entwicklung des Arbeiter-Samariter-Bundes zu einer mitgliederstarken und in allen Bevölkerungsschichten verankerten Hilfs- und Wohlfahrtsorganisation sowie die hohen Anforderungen des Gesetzgebers vor allem an die Qualität des Rettungsdienstes ließen der Realisierung derartiger, wohl noch aus den Erfahrungen und Überzeugungen der Zeit vor 1933 geprägten Ansichten bald kaum noch Raum.

Käte Strobel (1907–1996), die damalige sozialdemokratische Bundesministerin für Jugend, Familie und Gesundheit, betonte im Mai 1967 in einer Rede an die Arbeitersamariterinnen und -samariter, in der sie zunächst einen Rekurs auf die Geschichte des Bundes machte, die vielfältigen Aufgaben und wichtige Rolle des Arbeiter-Samariter-Bundes in der Bundesrepublik.

Es war dies die erste Rede eines Mitgliedes einer deutschen Regierung vor SB-Delegierten.[24] Diese Tatsache und der Inhalt ihrer Ansprache darf man als einen Beleg für die volle und gelungene Integration der Arbeitersamariter in die bundesdeutsche Gesellschaft ansehen.

Einen vorläufigen Abschluss fand die Debatte um den Namen des Bundes schließlich 1970. Der ASB-Bundesvorsitzenden Erich Kirchner antwortete auf die Frage, ob das Wort „Arbeiter" im ASB-Namen noch zeitgemäß sei, mit der salomonischen Bemerkung: *„Ich bin nicht der Auffassung, daß sich die Menschen, die mithelfen wollen, an dem Wort ‚Arbeiter' stören."*[25]

Da die früher bestehenden und vehement ausgetragenen Klassengegensätze, die die politische Auseinandersetzung in Deutschland seit der zweiten Hälfte des 19. Jahrhunderts prägten, in der Bundesrepublik mehr und mehr an Sprengkraft verloren, musste man fürwahr kaum befürchten, dass jemand an der Verwendung des Begriffs „Arbeiter" im Bundesnamen Anstoß nahm.

Zeitgemäß war der Begriff „Arbeiter" für die Organisation 1970 vielleicht nicht mehr, wenn man die vielfältigen Aufgaben und Dienste des ASB bedenkt, die er zu diesem Zeitpunkt für alle Bevölkerungsschichten leistete. Aber das Verschwinden und das Austauschen dieser Bezeichnung durch einen anderen hätte gewiss auch die Vergangenheit des Bundes ein Stück weit verleugnet.

VERBESSERTES VERHÄLTNIS ZUM ROTEN KREUZ

Noch in einem weiteren Punkt brach man mit althergebrachten Verhaltensweisen, nämlich im bis 1933 vornehmlich auf Bundesebene sehr gespannten Verhältnis zum Deutschen Roten Kreuz. Nahm man ehedem jeden vom alten Kontrahenten hingeworfenen Fehdehandschuh bereitwillig auf und ging keiner Konfrontation aus dem Wege, so befleißigte man sich nun beiderseits anderer Formen des Umgangs miteinander. Dementsprechend vereinbarte man seitens der Führungen der beiden Hilfsorganisationen von Anfang an eine Zusammenarbeit bei Großeinsätzen und Katastrophen.[26] Ein derartiges Verhalten wäre vor 1933, zumindest in größerem Rahmen, kaum denkbar gewesen.

Der Beschluss des ASB-Bundesvorstandes, mit allen auf demokratischer Grundlage arbeitenden Hilfsorganisationen zusammenarbeiten zu wollen, kennzeichnet einen markanten Bruch gegenüber der früher praktizierten Abschottung gegenüber dem DRK. Wahrscheinlich reagierte man damit auch auf das Verhalten einzelner Kolonnen, die diesen Schritt der Kooperation auf der lokalen Ebene längst praktizierten.[27]

Ein gutes Beispiel für dieses neue Verhältnis zeigte sich bereits 1950 in Rheinland-Pfalz. Dort hatten sich die beiden Hilfsorganisationen mit erheblichem finanziellem Aufwand adäquate Fahrzeuge für den Krankentransport angeschafft. Gleichzeitig witterten private Unternehmer hier ein Geschäft und traten im Krankentransportwesen mit unzweckmäßigen Fahrzeugen in Konkurrenz zu DRK und ASB. Einem Aufruf des Roten Kreuzes in Rheinland-Pfalz zum gemeinsamen Kampf gegen *„die wilden Krankentransporteure durch Lastwagen und sonstige unzweckmäßige Transportfahrzeuge"* schloss sich der ASB deshalb umgehend an.[28]

Alles in Allem verdeutlichten diese neuen Regelungen und Verhaltensweisen, dass es sich beim ASB fortan um eine ganz normale Hilfsorganisation ohne besondere weltanschauliche Bindungen und ohne alte Animositäten handeln sollte, wenn auch die Beibehaltung des alten Namens und einige Formulierungen noch als Ausdruck einer eher bescheidenen Reminiszenz an alte klassenkämpferische Positionen zu verstehen sind.

NEUES DOMIZIL TROTZ SCHWIERIGER FINANZEN

Trotz dieser günstigen Tendenzen geriet der ASB in seiner Aufbauphase öfter in akute wirtschaftliche Probleme, weshalb seine Zahlungsunfähigkeit 1950 nur durch private Mittel abgewendet werden konnte. Erst nach Rückgabe eines Teils des von den Nationalsozialisten beschlagnahmten Vermögens, vor allem des Erholungsheim Herchen, und dessen teilweisem Verkauf, schaffte man es, bis zum Jahresende schuldenfrei zu sein.[29]

Doch dies bedeutete nur eine zwischenzeitliche Erholung. Bald stand der Bund vor neuen finanziellen Belastungen, vermutlich deshalb, weil hinsichtlich der Wiedergutmachungsfrage noch manches ungeklärt geblieben war. Der damalige ASB-Präsident Hermann Schaub brachte es 1958 bei der Bundestagung in Königstein prägnant auf den Punkt, indem er ausführte: *„Was bisher von der Bundesregierung und von den meisten Bundesländern im Rahmen der Wiedergutmachung geschehen ist, befriedigt uns in keiner Weise. Der ASB kann seine Aufgabe trotz Idealismus und trotz der Opferbereitschaft seiner Mitglieder nicht erfüllen, wenn die Kassen leer sind."*[30]

Als erfreulich und dringend notwendig erwies sich später die Vereinbarung, die die ASB-Bundesleitung mit der Bundesregierung über die Wiedergutmachung für die Gesamtorganisation treffen konnte. Das Verfahren war am 17. Juli 1957 mit der Ankündigung der Bundesregierung in Gang gekommen, ein Gesetz zur Rückerstattung von 1933 beschlagnahmtem Vermögen zu erlassen. Die Wiedergutmachung erforderte eine eidesstattliche Erklärung über den entstandenen Schaden. Dem ASB wurden im Zuge dieses Verfahrens 2,5 Millionen DM bewilligt, wovon er allerdings erst 1961 eine erste Rate erhielt. Diese Wiedergutmachungssumme hatte über die moralische Anerkennung des 1933 begangenen Unrechts hinaus für den damals noch kleineren Samariterbund erhebliche wirtschaftliche Bedeutung und schuf – teilweise zumindest – die finanziellen Voraussetzungen für den weiteren Auf- und Ausbau des Arbeiter-Samariter-Bundes in der Bundesrepublik.[31]

Die neue Bundesgeschäftsstelle des Arbeiter-Samariter-Bundes in der Sülzburgstraße 146 in Köln kurz nach ihrer Eröffnung 1969.
Archiv des ASB-Bundesverbandes

Eine ASB-Kommission legte dafür einen Verteilungsmodus fest, wonach ASB-Kolonnen in Städten mit mehr als 150.000 Einwohnern eine Entschädigung von 27.500 DM erhalten sollten. Kolonnen in Orten bis zu 150.000 Bewohnern bekamen 8.000 und die Samariter in kleineren Kommunen 3.000 DM.[32]

Doch trotz dieser Wiedergutmachungssumme plagten den ASB zur Mitte der 1960er-Jahre erneut monetäre Engpässe. Außerdem riss der Tod wichtiger Funktionsträger, darunter des geschäftsführenden Vorsitzenden Waldemar Olsen, große Lücken. Auf der 5. Bundestagung nach Kriegsende, die im Mai 1964 in Nürnberg stattfand, beschlossen die Delegierten die Aufhebung der Personalunion von Bundesvorsitzendem und Geschäftsführer. Diese beiden Positionen teilten sich nun Erich Kirchner aus Frankfurt und Fritz Langhammer aus Kiel. Zusätzlich sollte eine neue Satzung helfen, die Arbeit des Bundes effektiver zu gestalten.[33]

Schließlich erfolgte 1965 die Verlegung der Bundesgeschäftsstelle von Hannover nach Köln, in die Nähe der damals immer weniger als Provisorium geltenden Bundeshauptstadt Bonn. Dieser Umzug sollte dem ASB bessere Voraussetzungen zur Kooperation mit der Bundesregierung und mit anderen Wohlfahrtsorganisationen eröffnen und somit gleichfalls weiter zu seiner Integration in die bundesdeutsche Gesellschaft beitragen. Wozu sich dem ASB vom nahen Köln aus bessere Möglichkeiten boten.

Das erste Domizil in der Domstadt befand sich in der Sülzburgstraße 146. Doch schon nach kurzer Zeit erwiesen sich die Raumverhältnisse für die ASB-Zentrale als nicht mehr ausreichend, deshalb zog man 1982 in der gleichen Straße nur ein kurzes Stück weiter in das großzügigere Gebäude mit der Hausnummer 140.

Die 8. ASB-Bundestagung in Bremen beschloss 1973 mit einer neuen Satzung den Eintrag der Landesverbände ins Vereinsregister. Im folgenden Jahr fiel eine Entscheidung, die die Arbeit des ASB mehr als dreieinhalb Jahrzehnte mit prägen sollte: die Ernennung des Bundesjugendleiters Wilhelm Müller zum Bundesgeschäftsführer. Und wiederum ein Jahr später, 1975, installierte der ASB ein dreiköpfiges Präsidium, um die gewachsenen Aufgaben und daraus resultierenden Verpflichtungen gegenüber Repräsentanten aus Politik, Wirtschaft und anderen Organisationen auf nationaler und internationaler Bühne angemessen vertreten zu können.

RASANTER MITGLIEDERANSTIEG

In den 1970er-Jahren konnte die Konsolidierung des Bundes mehr und mehr abgeschlossen werden. Der Mitgliederstand wuchs sprunghaft an, von 18.330 zu Ende 1970 auf über 170.000 eine Dekade später. Geradezu explosionsartig schoss die Anzahl der ASB-Mitglieder zu Anfang der 1980er-Jahre in die Höhe: von 172.000 zu Ende 1980 auf mehr 625.000 fünf Jahre später. Dieser Trend hielt bis 2005 an und erreichte mit 1.150.000 Personen seinen Höchststand. Seither ist ein leichter Rückgang zu verzeichnen. Heute (Ende 2010) zählt der Arbeiter-Samariter-Bund fast 1.066.000 Mitglieder in seinen Reihen. Aufgrund dieses rasanten Anstiegs gehört der ASB heute zu den mitgliederstärksten Hilfs- und Wohlfahrtsorganisationen in der Bundesrepublik Deutschland.

Mitgliederentwicklung des Arbeiter-Samariter-Bundes nach 1945[34]

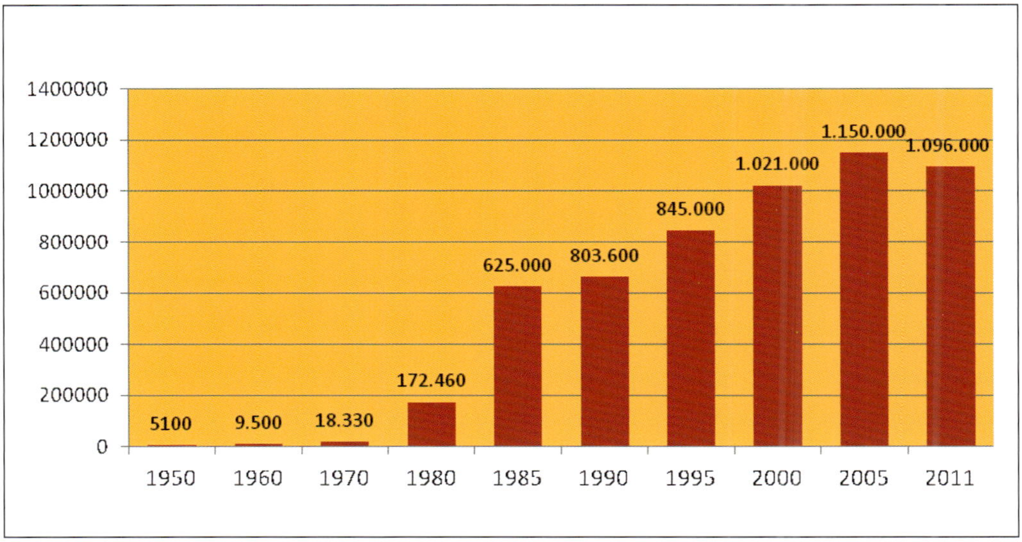

Die neue, von ASB-Bundesausschuss 1980 beschlossene Dienstbekleidung (von links): Kostüm mit Käppi, Schwesternkleid, Dienstanzug und Rettungssanitäter. Archiv des ASB-Bundesverbandes

Der Arbeiter-Samariter-Bund gliedert sich in den Bundesverband mit 16 Landesverbänden und 211 Regional-, Kreis- und Ortsverbände (Stand: Ende 2011). Die Landesverbände sind jeweils eigenständige eingetragene Vereine. Je nach Struktur des Landesverbandes handelt es sich bei den nachgeordneten regionalen und lokalen Gliederungen entweder um eigenständige Vereine (z. B. in Nordrhein-Westfalen) oder um unselbstständige Gliederungen der jeweiligen Landesverbände (z. B. in Hessen).[35]

Gleichzeitig mit diesem dynamischen Mitgliederanstieg vollzog sich naturgemäß ein Wandel in der sozialen Zusammensetzung von aktiven und fördernden Mitgliedern. Aus dem Hilfs- und Sanitätsdienst der Arbeiterschaft wurde eine Organisation, die ihre Mitgliederschaft aus allen sozialen Schichten der bundesdeutschen Gesellschaft rekrutiert und in der spätestens seit den 1970er-Jahren die fördernden die aktiven Mitglieder quantitativ klar dominieren.

Eine Analyse über die ASB-Helferinnen und -Helfer, die ein Meinungsforschungsinstitut 1976 mittels einer Umfrage durchführte, kam zu interessanten Ergebnissen. Danach blieb der ASB zwar in der Gruppe der Ehrenamtlichen weiterhin vornehmlich von Männern (81 %) geprägt, aber in anderer Hinsicht gab es vielerlei Veränderungen.

So besaßen mehr als 13 % der Helferinnen und Helfer ein Abitur, ein Anteil der heute sicherlich noch deutlich höher sein dürfte als 1976. Hinsichtlich der Berufstätigkeit übertraf der Anteil der Angestellten den der Arbeiter mit 48,6 % gegenüber 30,3 % klar. Dazu kamen noch 3,5 % Beamte und 6,3 % Selbstständige.

Die Helferinnen und Helfer kamen auch nicht aufgrund einer bestimmten politischen Anschauung zum ASB, sondern zumeist weil sie von Freunden oder Kollegen (42,3 %) oder nach der Teilnahme an einem Erste-Hilfe-Kurs (31,7 %) dazu angeregt wurden. Vielen jungen Männern unter den Helfern (10,6 %) bot sich durch die Mitarbeit im ASB die Möglichkeit der Wehrdienstfreistellung.[36]

Überhaupt wurden die Zivildienstleistenden, in manchen Sektoren der Dienstleistungen des ASB zumindest, für die Hilfs- und Wohlfahrtsorganisation unverzichtbar und lange mitprägend. Allerdings war dies ein ganz allmählicher Prozess. Während 1970 lediglich 50 Wehrdienstverweigerer, davon allein 31 in Hessen, beim ASB tätig waren, sprechen die Zahlen für 1974 schon eine ganz andere Sprache, denn in diesem Jahr stellten die Zivildienstleistenden beim ASB 10 % aller männlichen Krankenpfleger und Helfer im Rettungsdienst.[37] Aufgrund der Aussetzung der Wehrpflicht waren Anfang 2012 noch rund 1.350 Zivildienstleistende hier tätig und mittlerweile etwa 900 junge Leute, die ihr „Freiwilliges soziale Jahr" ableisten.[38]

DIENSTLEISTER IM RETTUNGSDIENST UND WOHLFAHRTSWESEN

Mit dem Anstieg des Durchschnittsalters der Bevölkerung und dem angewachsenen Grad der Motorisierung in der Bundesrepublik Deutschland stellten sich den Rettungs- und Wohlfahrtsorganisationen ganz neue Herausforderungen. Zudem verlangte der Gesetzgeber ständig höhere Standards für diese Dienste, sowohl quantitativ als auch qualitativ. Dazu zählen eine langwierigere und anspruchsvollere Ausbildung des Rettungsdienstpersonals ebenso wie die Vorhaltung ausreichender kostenintensiver Rettungsdienstsysteme.

Die ehrenamtlichen Kräfte konnten diesen hohen Ansprüchen, die an den Krankentransport und den Rettungsdienst staatlicherseits seit Ende der 1980er-Jahre gestellt wurden, nicht mehr oder nur noch bedingt gerecht werden. Eine lange Ausbildungsdauer zum Rettungssanitäter mit 520 Ausbildungsstunden und zum Rettungsassistenten über mehrere Monate abends und an Wochenenden mit einem rund 1.200 Stunden umfassenden Lehrgang mit abschließender Prüfung und ein Praktikum von mindestens 1.600 Stunden überforderten die Möglichkeiten vieler berufstätiger ehrenamtlicher Samariterinnen und Samariter.[39] Folglich erhöhte sich die Anzahl der Hauptamtlichen kontinuierlich. Der Wandel des ASB vom freiwilligen Sanitätsdienst zum professionellen Dienstleister im Hilfs-, Rettungs- und Pflegebereich ist anhand dieser Anforderungen gut nachzuvollziehen und zwangsläufig gewesen.

Deshalb wuchs die Anzahl der hauptamtlichen Mitarbeiter ständig an. Verzeichnete der ASB 1971 noch 647 Angestellte, so waren es 1981 bereits 1.926. Bis 1998 kletterte diese Marke auf 13.890 Hauptamtliche. Die Zahl der Ehrenamtlichen lag mit 14.490 noch etwas darüber.[40] Im Jahr 2011 hatte der ASB 31.179 hauptamtliche und 113.909 ehrenamtliche Mitarbeiter. Sie arbeiteten in 161 Altenpflegeeinrichtungen, bei mehr als 380 Pflegediensten und anderen sozialen Einrichtungen. In der Notfallrettung und im Krankentransport leisteten sie mehr als 930.000 Einsätze. Dazu kamen noch knapp 20.000 Einsätze in spezialisierten neuen Rettungsbereichen wie etwa der Primärluftrettung, Fahrten mit dem Baby-Notarztwagen, der Interhospitaltransfer und der Krankenrückholdienst.[41]

Mit der Ausweitung der Aufgaben des ASB zum Dienstleister im Rettungsdienst und Wohlfahrtswesen und des damit verbundenen Anstiegs der Anzahl seiner Mitarbeiterinnen und Mitarbeiter nahmen Dienststunden und Hilfsleistungen ständig zu. Waren es 1951 noch 55.992 Dienststunden und 32.312 Hilfeleistungen, so stiegen diese Zahlen bis 1959 auf mehr als 144.000 Hilfeleistungen, 481.000 Dienststunden und fast 55.000 Pflegestunden für Hauskranke.[42]

Im Jahr 1981 verzeichnete der ASB bundesweit gut 428.000 Krankentransporte, mehr als 72.300 Notfalleinsätze und mehr als 1.110.000 Transporte im Rahmen der Behindertenbetreuung. Dabei wurden von den rund 1.500 Fahrzeugen der Organisation rund 20 Millionen Kilometer zurückgelegt.[43]

Aufgrund des gestiegenen Verkehrsaufkommens wuchsen die Einsätze im Rettungswesen sprunghaft an von 94.189 in 1988 über 355.729 in 1998 auf 553.321 im Jahre 2010.[44] Dies vermochte man nur durch eine zunehmende Professionalisierung in diesem Bereich zu bewältigen. Die Ehrenamtlichen können deshalb nicht nur aufgrund der Anforderungen des Gesetzgebers hier nur einen relativ kleinen Teil der notwendigen ausgebildeten Kräfte stellen.

Ebenso stieg die Anzahl der Krankentransporte und Krankenfahrten an, wenn auch nicht so markant wie die Einsätze im Rettungsdienst.

Entwicklung der Krankentransporte und Krankenfahrten nach 1945[45]

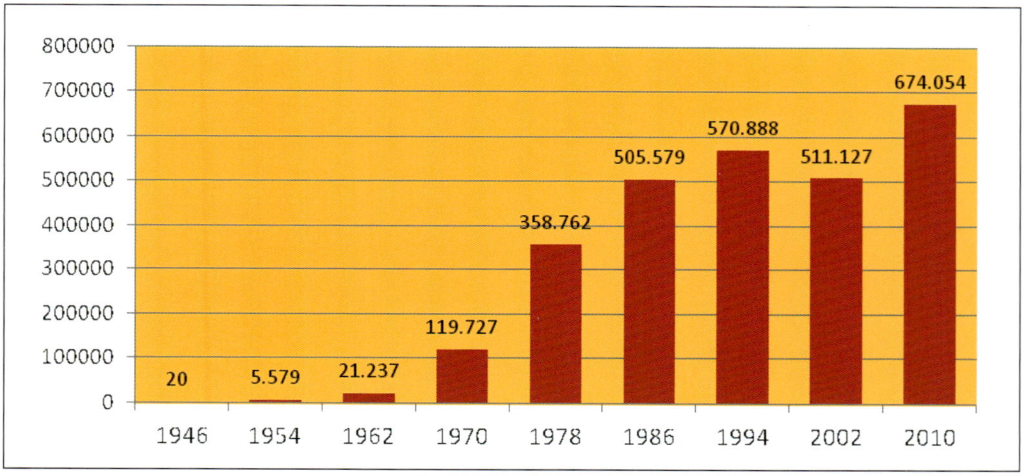

Das Präsidium des Arbeiter-Samariter-Bundes 1985 (von links): Bundesvorsitzender Martin Ehmer, Prof. Dr. Alfons Labisch, Bundestagsvizepräsidentin Annemarie Renger, Ehrenpäsident Kurt Partzsch und Fernsehjournalist Ernst-Dieter Lueg. Archiv des ASB-Bundesverbandes

Trotz der zunehmenden Professionalisierung benötigt der Arbeiter-Samariter-Bund weiterhin die Ehrenamtlichen, insbesondere, wenn man den Einsatz der Samariterinnen und Samariter bei unvorhersehbaren Katastrophen im In- und Ausland oder bei Großveranstaltungen dringend benötigt. Zu nennen sind hierbei die Versorgung der Ungarnflüchtlinge 1956 und der Opfer der Hamburger Flutkatastrophe von 1962, das Grubenunglück von Lengede 1963, die Erdbebenhilfe in Peru 1970, in der Türkei 1983 und in Armenien 1988 sowie andere Unglücksfälle oder Naturkatastrophen. Bei diesen Anlässen standen ASBler ebenso in der ersten Reihe der Helfer wie bei ganz anders gearteten Anlässen, wie etwa dem Deutschlandbesuch der englischen Königin Elizabeth 1965, der Olympiade 1972 in München, den Fußballweltmeisterschaften 1974 und 2006, den Papstbesuchen oder bei der Zusammenstellung und Durchführung von Hilfskonvois für Osteuropa. Hierbei hat beispielsweise der ASB in Marburg zu Anfang der 1990er-Jahre aufwendige und umfangreiche Hilfstransporte nach Slowenien und nach Polen (Maribor und Lodsch) durchgeführt.

Und selbstverständlich gehört der Sanitätsdienst vor Ort, die Durchführung von Kursen und die Erste-Hilfe weiterhin zu den Aufgaben in den nunmehrigen Orts- und Regionalverbänden.

Mit dem Fall der Mauer im Herbst 1989 und der deutschen Wiedervereinigung 1990 eröffnete sich dem Arbeiter-Samariter-Bund nun auch in Thüringen, Sachsen, Sachsen-Anhalt, Brandenburg und Mecklenburg-Vorpommern die Chance, an die Traditionen der Zeit vor 1933 anzuknüpfen.

Gleichzeitig erschloss sich dadurch ein neues Reservoir an potentiellen Mitgliedern sowie freiwilligen Samariterinnen und Samaritern. Bis Jahresende 1990 entstanden in den neuen Bundesländern und Ost-Berlin 81 Ortsverbände mit etwa 20.000 Mitgliedern.

In der ehemaligen DDR ergaben sich eine ganze Reihe neuer Aufgabenfelder für die Organisation, die rasch angegangen wurden. Schon bis Ende 1991 beschäftigte man hier 3.800 Hauptamtliche, hatte 62 Rettungswachen installiert und zahlreiche weitere Einrichtungen im Bereich der Alten- und Wohlfahrtspflege in Betrieb genommen.[46]

Mittlerweile sind in den fünf neuen Bundesländern 2.448 Ehrenamtliche, 13.615 Hauptamtliche und 192 junge Leute im Rahmen ihres Freiwilligen Sozialen Jahres für den ASB aktiv.[47]

Entsprechend seinem Selbstverständnis und seinen vielfältigen Aufgaben in der bundesdeutschen Gesellschaft heißt es im Internetportal des Arbeiter-Samariter-Bundes: *„Der ASB ist eine freiwillige Hilfsorganisation und ein Wohlfahrtsverband – unabhängig, parteipolitisch neutral und konfessionell ungebunden. Sein Ursprung und seine Geschichte sind mit der deutschen Arbeiterbewegung eng verbunden. Er bekennt sich zum freiheitlichen demokratischen und sozialen Rechtsstaat.“* Und etwas weiter unten ist zu lesen: *„Seine Dienstleistungen erbringt der ASB unter Einhaltung von Qualitätsstandards, die er ständig weiterentwickelt. Der ASB passt seine Hilfeleistungen fortlaufend den Bedürfnissen seiner Kunden und den sozial- und gesundheitspolitischen Problemlagen an. Der ASB kann seine Aufgaben nur verwirklichen, wenn er verantwortungsbewusste und motivierte freiwillig Engagierte sowie hauptamtliche Mitarbeiterinnen und Mitarbeiter für sich gewinnt.“*[48]

1 W. Müller, Illustrierte Geschichte des Arbeiter-Samariter-Bundes 1888–1998, Köln 1998, S. 121.

2 W. Müller, Illustrierte Geschichte, S. 120 f.

3 W. Müller, ASB-Chronik 1888–1984. Ein Buch über die Geschichte des ASB, Bonn 1984, S. 43.

4 ASB-Bundesarchiv: Satzung des ASB, Köln 1951, S. 2 ff.

5 M. Marrenbach, Die Entwicklung von Struktur und Selbstverständnis des Arbeitersamariterbundes vom Zweiten Weltkrieg bis Ende der 60er-Jahre, Hausarbeit zur Erlangung des Grades einer Magistra Artium der Fakultät für Geisteswissenschaft der Ruhr-Universität Bochum 1996, S. 36.

6 Siehe Dokument 27: Aus der Denkschrift zum Selbstverständnis des ASB vom 14. Januar 1951.

7 W. Müller, Mit einem Unfall fing es an! Illustrierte Geschichte des Arbeiter-Samariter-Bundes, Wiesbaden 1988, S. 215.

8 W. Müller, Mit einem Unfall fing es an!, S. 232.

9 Siehe Dokument 28: Artikel in der Frankfurter Neuen Presse zum ersten Kurs im Luft- und Katastrophenschutz in Offenbach im März 1953.

10 Siehe Dokument 29: Bericht der Delegierten Jutta Scherf aus Marburg über ihre Eindrücke von der ersten Bundestagung des ASB nach der Wiedergründung zu Ostern 1952 in Hannover.

11 W. Müller, Mit einem Unfall fing es an!, S. 219.

12 W. Müller, Mit einem Unfall fing es an!, S. 229 und 317.

13 W. Müller, Illustrierte Geschichte, S. 219.

14 W. Müller, Mit einem Unfall fing es an!, S. 232 und 238.

15 Hermann Schaub (1900–1961) trat 1917 in die SPD ein und war bis 1923 als kaufmännischer Angestellter tätig. Er war jüngstes Mitglied des Landtags und von 1925 bis 1930 als Gewerkschaftssekretär in Herborn tätig. 1931 wurde Schaub für 12 Jahre zum hauptamtlichen Bürgermeister der Gemeinde Sinn im Dillkreis gewählt. Nach seiner Entlassung 1933 durch die Nationalsozialisten wurde er mehrfach inhaftiert. Nach dem Krieg war Schaub zunächst in der Frankfurter Kommunalpolitik aktiv (ab 1948 als Stadtverordnetenvorsteher). Im Oktober 1953 erfolgte die Wahl Schaubs zum ersten Direktor des Landeswohlfahrtsverbandes Hessen mit Sitz in Kassel. Unter seiner Leitung entwickelte sich der Landeswohlfahrtsverband innerhalb kurzer Zeit zu einer leistungsfähigen Wohlfahrtsbehörde. Vgl.: W. Müller, Mit einem Unfall fing es an!, S. 244 und 249.

16 ASB Bundesarchiv: ASB-Satzung, Köln 1951, S. 2.

17 W. Müller, Illustrierte Geschichte, S. 124.

18 W. Müller, Mit einem Unfall fing es an!, S. 295.

19 W. Müller, Mit einem Unfall fing es an!, S. 214 f., und M. Marrenbach, Die Entwicklung, S. 34.

20 W. Müller, Mit einem Unfall fing es an!, S. 238.

21 M. Marrenbach, Die Entwicklung, S. 36.

22 ASB-Bundesarchiv: Der Artikel ist nicht gekennzeichnet. Otto Kirchner war 1929 Vorsitzender der ASB-Kolonne Erfurt und führte ab 1952 den Ortsverband Frankfurt. Von 1953 bis zu seinem Tod 1961 übte er das Amt des ASB-Landesvorsitzenden aus.

23 ASB-Bundesarchiv: Niederschrift vom 3. ordentlichen Bundestag 1958, S.19.

24 Siehe Dokument 30: Im Mai 1967 sprach mit Käte Strobel (SPD) erstmals eine Bundesministerin zu den Arbeitersamaritern.

25 W. Müller, Mit einem Unfall fing es an!, S. 296. Erich Kirchner (1921–1992), Sohn von Otto Kirchner, war von 1961 bis 1990 Vorsitzender des Landesverbandes Hessen des ASB. Von 1964 bis 1979 hatte er den Bundesvorsitz inne (ASB-Bundesarchiv).

26 W. Müller, Illustrierte Geschichte, S. 117.

27 M. Marrenbach, Die Entwicklung; S. 34.

28 W. Müller, Mit einem Unfall fing es an!, S. 213.

29 W. Müller, Illustrierte Geschichte, S. 123.

30 W. Müller, Mit einem Unfall fing es an!, S. 244.

31 M. Marrenbach, Die Entwicklung, S. 39, und W. Müller, Illustrierte Geschichte, S. 137.

32 W. Müller, Mit einem Unfall fing es an!, S. 254.

33 W. Müller, Mit einem Unfall fing es an!, S. 268.

34 Angaben aus: W. Müller, Mit einem Unfall fing es an!, S. 408. Die neueren Angaben stammen vom ASB-Bundesarchiv (Jahrbuch 2011).

35 Angaben aus der Homepage des Arbeiter-Samariter-Bund Deutschland e.V. vom 7.6.2012. Vgl. zur Situation in Hessen: Satzung des Arbeiter-Samariter-Bund Landesverband Hessen e. V. von 2009. Hier ist der Landesverband als eingetragener Verein für die Orts- und Regionalverbände in Hessen zuständig (BGB § 26).

36 W. Müller, Mit einem Unfall fing es an!, S. 320.

37 W. Müller, Mit einem Unfall fing es an!, S. 249, 297 und 311.

38 Angaben aus der Homepage des Arbeiter-Samariter-Bund Deutschland e.V. vom 7.6.2012.

39 W. Müller, Illustrierte Geschichte, S. 201.

40 W. Müller, Illustrierte Geschichte, S. 167, 187 und 223.

41 ASB-Bundesarchiv: ASB-Jahrbuch 2011/2.

42 W. Müller, Illustrierte Geschichte, S. 124 und 141.

43 W. Müller, Illustrierte Geschichte, S. 187.

44 ASB-Bundesarchiv: ASB-Jahrbuch 1989, 1999 und 2011.

45 Angaben aus: W. Müller, Mit einem Unfall fing es an!, S. 407, und den ASB-Jahrbüchern des folgenden Jahres.

46 W. Müller, Illustrierte Geschichte, S. 206 ff.

47 Angaben von Fiona Leswal (ASB-Bundesarchiv) vom 7.11.2012.

48 Homepage des Arbeiter-Samariter-Bund Deutschland e.V. vom 10.2.2012.

NEUBEGINN UND AUFBAU DES ASB IN HESSEN, 1945–2002

ERSTE KOLONNEN FORMIEREN SICH

Auch in Hessen regten sich kurz nach Kriegsende wieder ehemalige Arbeitersamariter und -samariterinnen, um ihre Hilfsorganisation nach Verbot und Verfolgung durch die Nationalsozialisten neu zu beleben.

Einer der Ersten war August Weber aus Frankfurt-Höchst. Er las Anfang 1947 in der Zeitung von der Wiedergründung einer ASB-Kolonne in Hannover und machte ihre Adresse ausfindig. Nachdem er von dort Antwort erhalten hatte, lud er alle ihm noch bekannten ehemaligen Samariterinnen und Samariter zu einer Besprechung ins Gasthaus „Sonne" ein, und so konnte im April 1947 bereits die ASB-Kolonne Frankfurt-Höchst als erste in Hessen wiedergegründet werden. Bereits am 1. Mai 1947 leisteten drei ihrer Samariter Sanitätsdienst in der Frankfurter Festhalle.[1]

Es dauerte nun noch weitere drei Jahre bis in anderen hessischen Städten neue Kolonnen ins Leben gerufen wurden. Im März 1950 war es in Kassel soweit, im August des gleichen Jahres in Eppstein, im September in Hattersheim sowie im Oktober sowohl in Wiesbaden-Bierstadt als auch in Frankfurt. Am 18. Oktober 1950 erfolgte daraufhin in Frankfurt-Höchst die Gründung der ASB-Landesorganisation Hessen-Süd. Zum Ersten Vorsitzenden wählte die Gründungsversammlung den Frankfurter Stadtverordneten Paul Kirchhoff.[2] Kirchhoff verunglückte 1953 bei einem Verkehrsunfall tödlich. Seitdem leitete Otto Kirchner den ASB Landesverband Hessen.

Zu Kirchners ersten Aufgaben gehörte die Eingliederung der hessischen Arbeitersamariter in den Luft- und Katastrophenschutz. Seine Haltung zu dieser für manchen ASBler problematischen Tätigkeit war unzweideutig. In der Frankfurter Neuen Presse heißt es im März 1953 dazu: *„Im Einvernehmen mit dem Bundesinnenministerium wird jetzt auch der Arbeiter-Samariter-Bund seine Helfer für den Luft- und Katastrophenschutz ausbilden. In fünf Schulen im Bundesgebiet werden zunächst 300 Helfer in Theorie und Praxis mit technischen Neuerungen vertraut gemacht. Sie sollen dann in ihren Kolonnen die weitere Ausbildung*

Werbeplakat des ASB aus dem Jahr 1968.
Archiv des ASB-Bundesverbandes

übernehmen. Eine der Schulen befindet sich auf der Rosenhöhe in Offenbach. Hier wurden in den vergangenen drei Tagen 110 Mitglieder des ASB aus Nordrhein-Westfalen, Rheinland-Pfalz und Hessen geschult. Der Landesvorsitzende Otto Kirchner erinnerte an die Schweiz und die Skandinavischen Länder, die trotz ihrer bewiesenen Friedensliebe ebenfalls einen Luft- und Katastrophenschutz haben. Deutschland sei das einzige Land, das über diesen Dienst noch nicht verfüge. Der ASB werde sich aber in seiner Arbeit nur auf den Samariter-Dienst beschränken. Bei einem bunten Abend am 10. März 1953 mit dem Singkreis des Touristenvereins, den Naturfreunden, dem Arbeiter Rad- und Kraftfahrerbund Solidarität und der Tanzgruppe des Arbeiter- Turn- und Sportvereins Fichte verbrachten die Lehrgangsteilnehmer mit Frankfurter Freunden gesellige Stunden.“[3]

Interessant ist hierbei neben der klaren Position Otto Kirchners zum Luft- und Katastrophenschutz vor allem das Ritual der Abschlussfeier des Lehrgangs, der im Ablauf und bei dem Kreis der Mitwirkenden sehr stark an ähnliche Anlässe während der Zeit der Weimarer Republik erinnert. Offensichtlich hatte sich bis dahin noch ein proletarisches Milieu erhalten, wobei Arbeitervereine mit unterschiedlichen Freizeitaktivitäten ihren Genossen vom ASB mit ihren Darbietungen einen unterhaltsamen Abend gestalteten.

Im Laufe der Jahrzehnte durchlebte die Arbeitersamariterbewegung in Hessen den gleichen Wandlungsprozess wie im Bund. Aus einer Organisation, die in den 1950er-Jahren versuchte, ähnliche Strukturen auf der Grundlage ehrenamtlicher Mitarbeit wieder neu zu errichten wie sie bis 1933 existierten, ist ein moderner Hilfs- und Rettungsdienst auf professioneller Basis geworden, wobei die verschiedenen Sektoren der Wohlfahrtspflege immer größeres Gewicht erhielten.

Bezüglich der Form der Mitgliederschaft durchlief der Arbeiter-Samariter-Bund auch in Hessen eine Häutung. Stellten die aktiven ehrenamtlichen Samariterinnen und Samariter in der Frühzeit der Bewegung und vermutlich noch in den frühen Nachkriegsjahren einen beträchtlichen Teil der Mitglieder, so nahm ihr Anteil im Laufe der Zeit immer mehr ab. Dagegen steht ein immenser Zuwachs an Förderern. Ende 2011 zählte der ASB bundesweit

1.095.634 Mitglieder. Hessen nimmt dabei im bundesdeutschen ASB einen hervorragenden Platz ein. Hinsichtlich der Mitgliederzahl steht der hessische ASB heute mit mehr als 151.000 Mitgliedern an zweiter Position gleich hinter Nordrhein-Westfalen, das allerdings über eine etwa dreimal höhere Einwohnerzahl verfügt. Damit rangiert der Landesverband Hessen quantitativ noch vor den ASB-Organisationen in deutlich bevölkerungsstärkeren Bundesländern wie Bayern oder Baden-Württemberg.[4] Eine derartige Entwicklung konnte sich vor 60 Jahren sicherlich kaum einer der unermüdlichen Idealisten vorstellen, die die Arbeitersamariterbewegung nach Verfolgung, Krieg und Zerstörung wieder aufzubauen versuchten.

Hinsichtlich seiner weltanschaulichen Position und seiner Haltung zum politischen System der Bundesrepublik Deutschland ist der Arbeiter-Samariter-Bund in Hessen unzweideutig. In der am 29. September 2009 auf einer Außerordentlichen Landeskonferenz beschlossenen Satzung heißt es in der Präambel: *„Der Arbeiter-Samariter-Bund in Hessen versteht sich als Organisation, die nicht primär eigene Zwecke verfolgt, sondern der Gesellschaft und der freiheitlich demokratischen Grundordnung verpflichtet ist.“* Und die Mitgliedschaft kann nur erwerben, *„wer sich zum demokratischen-sozialen Rechtsstaat im Sinne des Grundgesetzes bekennt“.*[5]

NEUSTART IN DER ASB-HOCHBURG OFFENBACH

Ehemalige wieder aktiv

Offensichtlich baten auch in Offenbach bald nach Kriegsende einige Samariterinnen und Samariter beim amerikanischen Stadtkommandanten um die Genehmigung, nach den Zeiten der nationalsozialistischen Diktatur und Verfolgung wieder ihren Dienst als Arbeitersamariter aufnehmen zu dürfen und eine ASB-Kolonne zu gründen. Dieser Wunsch wurde jedoch abgelehnt.[6]

Es sollte dann noch Jahre dauern, bis der Neustart glückte. Als Initiatoren des Neubeginns wurden rückblickend in einem Beitrag der „Offenbach-Post“ von 1973 Gretel Steinhäuser, Hermann Goltzsche, Wilhelm Gamer, Käte und Friedrich Hamburger sowie Johannes Baier genannt.[7] In ihrer Ausgabe vom 21. Mai 1951 hatte die gleiche Zeitung in einem kurzen Artikel unter der Überschrift „Wieder Kolonne des Arbeiter-Samariter-Bundes“ über die Wiederbelebung des ASB in seiner einstigen Hochburg berichtet.

Aus diesem Zeitungsbeitrag geht weiterhin hervor, dass sich am 12. Mai 1951 zur ersten Versammlung etwa 20 Arbeitersamariterinnen und -samariter trafen, die bereits vor dem Verbot von 1933 der Offenbacher Kolonne angehört hatten. Sie wählten Hermann Goltzsche[8] zum *„vorläufigen Vorsitzenden“*, Wilhelm Herber zum Schriftführer und *„Frau*

Hamburger" zur Kassiererin. Am 23. Mai wollte man im „Hotel Schaumburg" in der Bieberer Straße erneut zusammenkommen, um *„weitere Einzelheiten über den Wiederaufbau der Kolonne"* zu besprechen.[9]

Das erste Jahr nach der Wiedergründung des ASB schien, zumindest was den Anstieg der Mitgliederzahl anbelangt, recht erfolgreich gewesen zu sein. Zu einer Jubilarenehrung mit gleichzeitiger Aushändigung der Prüfungszeugnisse an die Teilnehmer des letzten Sanitätslehrganges kamen 62 Mitglieder. Die vom nunmehrigen Vorsitzenden Heberer mit einer silbernen Ehrennadel mit Urkunde geehrten langjährigen Samariterinnen und Samariter waren Margarethe Steinhäuser, Ludwig Herber, Marie Herber, Hans Hertwig, Katharina Hamburger, Friedrich Hamburger, Andreas Fehr, Katharina Weicker, Elfriede Groß, Heinrich Groß, Babette Happe, Wilhelm Gamer, Marie Grell, Philipp Goltzsche, Paula Hertwig und Jakob Schönig. Anschließend überreichte Katharina Hamburger im Namen der Frauen des Vereins den Männern eine Ehrenstandarte. Hans Baier, der Techniker der Kolonne, verteilte anschließend die Prüfungszeugnisse und sprach den Kolonnenärzten Dr. Schmidt und Dr. Hauer seinen besonderen Dank aus.

Bemerkenswert ist, dass neben dem ASB-Landesorganisationsvorsitzenden Otto Kirchner mit Seppel Dach ebenfalls ein Vertreter des DRK an dieser Veranstaltung teilnahm, der die Grüße seiner Organisation überbrachte. Eine Geste, wie sie wohl vor 1933 kaum denkbar gewesen wäre. Zum weiteren Ablauf des Abends ist zu lesen: *„Es folgte ein buntes Programm, an dessen Gestaltung sich die Gesangsgruppe der Naturfreunde beteiligte. Sieglinde Mack, die sich in der letzten Zeit steigender Beliebtheit erfreut, tanzte sich in das Herz des Publikums. Eine Tombola und die amerikanische Versteigerung eines elektrischen Kochtopfes sorgten für Abwechslung."*[10]

Die praktische Arbeit der Offenbacher ASB-Aktiven weitete sich im Laufe der Zeit ständig aus. Im Jahre 1952 nahmen bereits 74 Personen, davon 49 Jugendliche, an den Erste-Hilfe-Kursen teil, weshalb schon im März 1952 eine Jugendgruppe unter der Leitung von Willi Höhl gegründet werden konnte.[11] Neben Kursen und Hilfeleistungen stellte man wieder Sanitätswachen bei Sportveranstaltungen, auf Messen und bei Zeltlagern.

Allerdings erlebte die Kolonne bald eine herbe Enttäuschung. Laut einem Bericht der „Offenbach-Post" mit dem Titel „Sammlung in die eigene Tasche" wurde der Vorsitzende des Offenbacher Arbeiter-Samariter-Bundes von einem Schöffengericht wegen *„Betrugs, Unterschlagung und Urkundenfälschung"* zu sechs Monaten Gefängnis verurteilt. Seine Vergehen bestanden darin, dass er gefälschte Quittungen ausstellte, Spenden an den ASB und Gebühren für Sanitätswachen für sich einbehielt und nicht an seine Kolonne weiterleitete.[12]

Von 1952 bis 1958 führte dann Friedrich Hamburger die Offenbacher Kolonne. Während dieser Zeit gelang die Errichtung eines neuen Heims im alten Fuhrpark (Gerberstraße), was aber nur ein vorübergehendes Domizil blieb, weil es schon bald nicht mehr ausreichte.

Ebenso wie die Raumfrage belasteten seit der Gründung in den 1950er-Jahren finanzielle Probleme mal stärker, mal weniger ausgeprägt den Alltag der Offenbacher Kolonne.

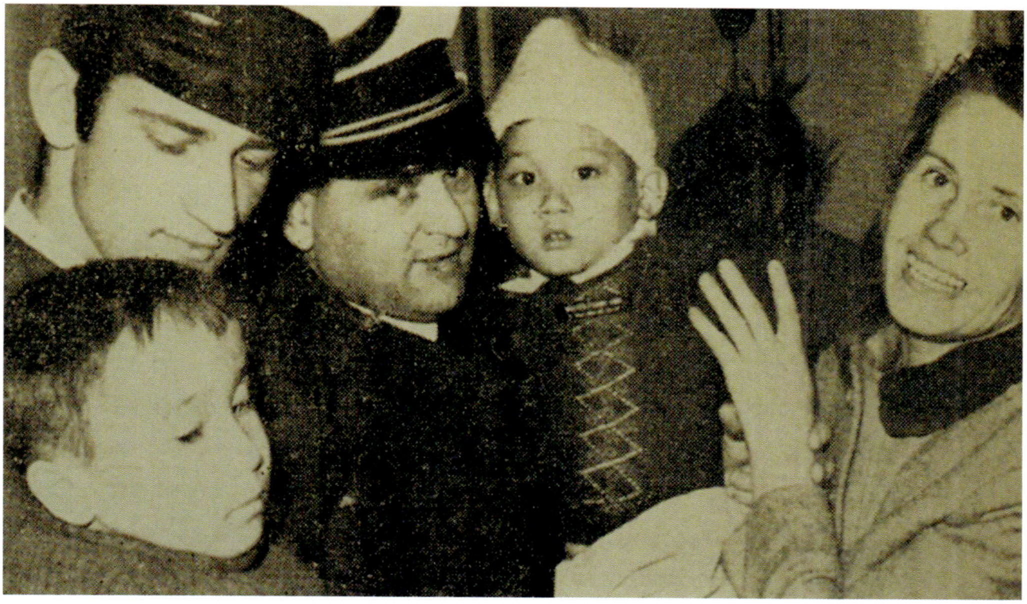

Horst Tillmann (links) und Franz Kircher (1920–2007) vom OV Offenbach 1968 mit zwei vietnamesischen Flüchtlingsjungen und einer Vertreterin von Terre-des-Hommes. Archiv des ASB-Bundesverbandes

Sie konnten zum Teil nur durch das Sammeln von Spenden ausgeglichen oder – besser gesagt – gemindert werden.

Auch bei der Arbeiter-Samariter-Jugend herrschte zunächst wenig Kontinuität, so dass zeitweise keine Jugendgruppe in Offenbach existierte.

Unter dem Vorsitz von Franz Kircher[13] erlebte der ASB ab 1963 eine Reihe von Veränderungen und Innovationen. Dazu gehörte die Anschaffung eines Krankenwagens ebenso wie die Integration jüngerer Mitglieder in die Vorstandsarbeit, die Mitwirkung bei der Krankenpflege im städtischen Altenheim, der Dienst in der Unfallwache an der Autobahn und die Einrichtung eines Schnelleinsatzzuges. Kircher gehörte sicherlich zu den prägendsten Persönlichkeiten des Offenbacher ASB, dem er bis zu seinem Rücktritt 1973 vorstand. Für seine vielfältigen Verdienste erhielt er 1976 das Samariter-Ehrenkreuz in Gold, die höchste Auszeichnung des Arbeiter-Samariter-Bundes, verliehen.[14]

Die Gründe für seinen Rücktritt sind nicht ganz offensichtlich. Laut Franz Kircher habe es „Differenzen" gegeben und er müsse, nach der Aufbauzeit des ASB in Offenbach, Jüngeren Platz machen. Aufgrund dieser Differenzen und des Rücktrittes von Kircher war sogar der Bundesvorstand des ASB eingeschaltet worden, jedoch blieb Kircher bei seinem Entschluss.

Zu Kirchers Nachfolger wählte man Klaus Burkhardt, der zum Zeitpunkt der Wahl 24 Jahre alt und Student der Erziehungswissenschaft war.

Nach seinem Rücktritt engagierte sich Franz Kircher lange als Leiter der von ihm initiierten ASB-Seniorengruppe. Er hat dann über mehrere Jahre hin eine sehr aktive Seniorenarbeit geleistet mit Treffen, bei denen man ebenso die speziellen Probleme älterer Leute ansprach wie Reisen und sonstige Freizeitbeschäftigen organisierte.[15]

Als aktuelle Probleme erwiesen sich 1973 die Verträge mit dem Roten Kreuz bezüglich der Krankentransporte, wobei wohl unterschiedliche Ansichten bestanden. Möglicherweise stand ganz im Hintergrund die Frage, in wie weit der ASB in Offenbach neben der ehrenamtlichen Tätigkeit vermehrt Hauptamtliche anstellen sollte.[16]

Bei der Jahresversammlung 1975 in der Offenbacher Stadthalle versicherte ASB-Vorsitzender Klaus Burkhardt: *„Das ehrenamtliche Element, der freiwillige Hilfseinsatz, soll auch in Zukunft beim Offenbacher Arbeiter-Samariter-Bund dominieren und keineswegs ins Ressort Hauptamtlicher überwechseln."* Damals gehörten drei Krankenwagen, ein Hilfskrankenwagen, ein Schnelleinsatzzug und ein Gerätewagen für Katastrophen, zudem ein neues Zivilschutzfahrzeug zum Fuhrpark des ASB in Offenbach.[17]

Während Kircher die Arbeitersamariter in der Lederstadt führte, stand der Offenbacher Hermann Goltzsche zur Mitte der 1960er-Jahre an der Spitze der ASB-Landesorganisation in Hessen-Süd.[18] Hier zeigt sich eine Parallele zur Zeit der Weimarer Republik, als nämlich ebenfalls ein Offenbacher eine vergleichbare Aufgabe ausübte: Volpert Kreckel war seit Mitte der 1920er-Jahre als Leiter des ASB-Kreises 16 zuständig für den damaligen Volksstaat Hessen.

AUSLANDSEINSÄTZE UND LANGE SUCHE NACH FESTEM DOMIZIL

Mit der Zunahme der Arbeitsfelder und der Anzahl der Aktiven wuchsen die Anforderungen an Ausstattung und Räumlichkeiten bei den Offenbacher Arbeitersamaritern. Zunächst konnte das Gebäude in der Geleitstraße die dringendsten Bedürfnisse befriedigen, doch dies geschah auf Kosten der „Traditionspflege".

Da es die Arbeiten für das neue Heim in der Geleitstraße und die angespannten Finanzen der Kolonne 1963 nicht erlaubten, das 50-jährige Jubiläum groß zu feiern, holte man dies 1968 nach. Unter der Schirmherrschaft des damaligen Offenbacher Oberbürgermeisters Georg Dietrich fanden eine Akademische Feier im Ledermuseum sowie ein Bunter Abend mit Tanz statt.[19]

Die Leistungsbilanz des Offenbacher ASB konnte sich in seinem „Jubiläumsjahr" 1968 auch unabhängig von den unterhaltsamen Feierlichkeiten sehen lassen. So fanden im abgelaufenen Jahr 31 Erste-Hilfe-Lehrgänge mit 719 Teilnehmern statt, die Aktiven kamen bei nahezu 3.000 Fällen bei Hilfeleistungen zum Einsatz und stellten bei zahlreichen Anlässen den Sanitätsdienst.

Der Vorstand der Offenbacher Arbeitersamariter vor Einsatzfahrzeugen zur Mitte der siebziger Jahre, von links: Eberhard Heyl, Klaus Burkhardt, Peter Triefenbach, Hans-Peter Balzer, Helmut Trebus, Detlev Gall, Dieter Dänner, Franz Kircher.
Archiv des ASB-Bundesverbandes

Allerdings wurde 1968 einen Wermutstropfen in die erfreuliche Bilanz gegossen, denn das ASB-Heim in der Geleitstraße sollte abgerissen werden, sodass die Kolonne sich um eine neue Bleibe kümmern sollte, was dann aber doch keine allzu große Eile hatte.[20]

Ende der 1960er-Jahre arbeiteten die fünfzig bis sechzig Aktiven des Offenbacher ASB alle ehrenamtlich. Von Freitag bis Sonntag wurden sie bei verschiedenen Anlässen eingesetzt. Als besonders wichtig erwies sich ihr Engagement im Offenbacher Krankenhaus. Die dort tätige Oberin bewertete ihren Einsatz mit den Worten: *„Wir sind sehr froh, daß wir sie hier haben. Gerade auf der inneren Abteilung und im Nachtdienst haben wir nur wenig Pfleger. Da nimmt uns der Arbeiter-Samariter-Bund manches ab.“*[21]

In Laufe der Jahre konnte der Fuhrpark, nicht zuletzt dank Spenden von Privatpersonen, Firmen und Öffentlicher Hand, ständig vergrößert und modernisiert werden.

Bei Straßensammlungen verhielten sich die Passanten oft recht zwiespältig. Im April 1979 berichtete die „Offenbacher Post“ über eine Sammelaktion in der Offenbacher Innenstadt. Dabei hatten 50 ASBler innerhalb von sieben Stunden 2.853 Mark gesammelt. Das war sehr positiv, allerdings war man weniger erfolgreich bei dem Versuch neue Mitglieder zu gewinnen, denn nur vier Personen zeigten sich bereit, dem ASB beizutreten.[22]

Mit der Verbesserung des Ausbildungsstandes der Helferinnen und Helfer sowie ihrer moderneren Ausrüstung wuchsen die Herausforderungen. Offenbacher Arbeitersamariter kamen nun bei Naturkatastrophen in den unterschiedlichsten Teilen der Welt zum Einsatz.

Dieter Welter (OV Frankfurt), Helmut Gössner (OV Ludwigshafen), Armin Wirsching (OV Offenbach), Joachim Breitenbach und Karlheinz Hennemann (beide OV Frankfurt) 1970 nach ihrer Rückkehr vom Einsatz während der Hochwasserkatastrophe aus Rumänien. Archiv des ASB-Bundesverbandes

Sie taten dies beispielsweise bei Erdbeben in Peru und in der Türkei oder brachten Decken und Medikamente zu den Hochwasseropfern nach Rumänien.

Roland Baumberg, Aron Löwenbein, Klaus Koch, Andreas Kunze und Armin Wirsching flogen 1970 bis nach Peru, um dort den Erdbebengeschädigten zu helfen. Dabei handelte es sich bei den Samaritern allesamt um ganz junge Männer von kaum mehr als 20 Jahren.[23]

Das oben bereits erwähnte Problem eines adäquaten Domizils beschäftigte die Mitglieder des Offenbacher ASB jahrelang. Erst mit dem Umzug in das Gebäude Bismarckstraße 103 ab September 1973 schien es, dass man längerfristig eine neue Heimat gefunden hätte. Zuvor mussten allerdings seitens des ASB-Ortsverbandes mehr als 24.000 DM investiert und nahezu 1.500 freiwillige Arbeitsstunden geleistet werden, damit der Umbau den Erfordernissen der Hilfsorganisation entsprach. Auch die *„Offenbacher Geschäftswelt"*, die örtliche Sparkasse und die Kommune hatten das Vorhaben unterstützt.

Nun besaß man ein großzügiges Gebäude, von dem aus der Unfallrettungs- und Krankentransportdienst gesteuert werden konnte und wo außerdem ein Funkraum, ein Aufenthaltsraum, mehrere Schlafräume, eine Küche, Toiletten, Duschräume, Depots, zwei Ausbildungssäle, Jugendräume, ein Bastelraum sowie Geschäfts- und Sitzungszimmer für die vielfältigen Aktivitäten des ASB zur Verfügung standen.[24]

Doch dieser Zustand war nicht von langer Dauer. Schon 1978 kursierten Überlegungen, das Gebäude in der Bismarckstraße abzureißen. Bald musste man sich also wiederum auf die Suche nach einem geeigneten Standort machen. Offenbachs Oberbürgermeister Wolfgang Reuter sicherte zu, dass *„die Stadt im Rahmen ihrer Möglichkeiten Hilfe leisten wird"*.[25]

Doch auch die neue Unterkunft in der Bieberer Straße sollte nur eine Zwischenetappe bleiben. Sein vorläufig endgültiges Domizil fand der Offenbach ASB letztlich erst in der Rhönstraße 12. Die Einrichtung wurde Ende Juni 1996 von der Gemeinnützigen Baugesellschaft Offenbach schlüsselfertig an die Arbeitersamariter übergeben. *„Die fest vereinbarten Baukosten von 2,8 Millionen Mark konnten dabei auch weitgehend eingehalten werden."* Lediglich der Erdaushub hatte Mehrausgaben in Höhe von rund 100.000 DM verursacht.

Das zweigeschossige Gebäude bot damals auf 1.224 m² Platz für zwölf Büroräume sowie für zwei Besprechungszimmer, Ausbildungs-, Aufenthalts- und Umkleideräume. Dazu kamen ein Archivraum, zwei Materialdepots, ein Lager für „Essen auf Rädern", ein Bistro, Sanitätsräume, eine Desinfektionsschleuse sowie die Funk- und Telefonzentrale.[26]

VIELE MITGLIEDER, VERÄNDERTE STRUKTUR

Zum Zeitpunkt des Einzugs in den neuen Stützpunkt in der Rhönstraße im Jahr 1996 konnte der Offenbacher Arbeiter-Samariter-Bund auf eine hohe Mitgliederzahl verweisen. Mehr als 10.000 Menschen in und um die Lederstadt gehörten mittlerweile der Hilfsorganisation an.

Dabei ist jedoch zu berücksichtigen, dass sich im Laufe der Jahrzehnte die Form und Intensität der Zugehörigkeit zum ASB für die allermeisten Mitglieder grundlegend geändert hatte. Handelte es sich bis 1933 und eventuell noch in der ersten Nachkriegszeit bei den ASBlern zu einem beträchtlichen Teil um aktive Samariterinnen und Samariter, so änderte sich dies in den folgenden Jahren fundamental, und am Offenbacher Beispiel lässt sich dieser Wandel recht gut belegen.

Bei seiner Gründung 1951 zählte der Offenbacher ASB etwa 20 Mitglieder, ein Jahr später waren es bereits 62.[27] Für die nächsten zwei Jahrzehnte liegen leider keine diesbezüglichen Angaben vor. Gleichfalls ist offen, wer davon zu den Aktiven zu zählen ist. Erst für 1973 wird es wieder konkreter. Danach gehörten damals *„fast 400 Mitglieder"* dazu, wovon 100 als *„aktive Helfer"* galten.[28]

Danach ging es hinsichtlich der Mitgliederzahl nicht recht weiter, im Gegenteil, sie sank auf rund 350.[29] Insbesondere beim potentiellen Nachwuchs fehlte es oft an Interesse.

Dann folgte in den nächsten Jahren ein gewaltiger Sprung. Mit 6.032 Mitgliedern im Stadt- und Kreisgebiet gehörte der ASB Offenbach im September 1980 mehr oder weniger plötzlich zu den größten Ortsverbänden des ASB in der Bundesrepublik, wenn er nicht sogar zeitweilig an der Spitze stand.[30] Dieser positive Trend hielt auch weiterhin an. Im Frühjahr 1988 waren es bereits 8.000 Aktive und Förderer.[31] Allerdings ging dadurch der Anteil der ehrenamtlich aktiven Samariterinnen und Samariter ständig zurück, sodass 1993 auf 150 Ehrenamtliche rund 10.000 Förderer kamen.[32]

Beim Einzug in ihr neues Domizil in der Rhönstraße, im Juni 1996, hatte der ASB Offenbach genau 10.523 Mitglieder sowie mittlerweile *„40 hauptamtliche Mitarbeiterinnen und Mitarbeiter, 22 Zivildienstleistende sowie rund 100 ehrenamtliche Helferinnen und Helfer"*.[33] Damit war aber der Höchststand noch nicht erreicht. Ein Jahr später kletterte die Anzahl der Mitglieder sogar auf 11.449 Personen.[34]

In seinem Jubiläumsjahr 2003 zählte man in und um Offenbach mehr 11.000 Mitglieder, und der ASB-Ortsverband beschäftigte mehr als 100 Hauptamtliche und rund 40 Zivildienstleistende.[35]

Der rasche und drastische Anstieg der Mitgliederzahl des Offenbacher ASB in der Stadt und im Kreis beruhte hauptsächlich auf der Einschaltung eines professionellen Werbeunternehmens. Man kann sicherlich über die Anwendung eines solchen Verfahrens geteilter Meinung sein, hingegen eröffnete der Erfolg dieser Maßnahme dem Offenbacher ASB vor allem in finanzieller Hinsicht gerade für die Ehrenamtlichen neue Handlungsspielräume.[36]

Allerdings mussten sich die Offenbacher ASB-Aktiven bis dahin noch in Vielem begnügen. Dennoch verzeichneten sie stets eine eindrucksvolle Bilanz. Günter Franke, der Technische Leiter der Offenbacher Kolonne, gab 1968 einen kurzen Überblick zu den verschiedenen Einsatzbereichen der ehrenamtlichen Samariterinnen und Samariter. Danach fanden 1967 31 Erste-Hilfe-Lehrgänge statt, bei denen 719 Teilnehmer ausgebildet wurden. Die ASBler leisteten weiterhin in fast 3.000 Fällen Erste Hilfe. Dazu kamen noch Sanitätsdienste beim Fußball, bei Betriebsfesten und beim Neusalzer Treffen. Außerdem standen sie beim „Autobahn-Unfallrettungsdienst" für die rasche Hilfe in einem Notfall bereit.[37]

Entwicklung der ehrenamtlich Tätigen, ihrer Dienststunden und der Hilfeleistungen der Kolonne/Ortsverband Offenbach[38]

Jahr	Ehrenamtliche	Dienststunden	Hilfeleistungen
1952	62		851
1967			fast 3.000
1969		10.069	4.953
1972	100	20.290	
1975	90	14.000	
1977	110	17.000	
1978 (1.1.–31.10.)	117	10.827	
1982	112 m., 17 w.	17.508	2.630
1985	138	ca. 20.000	
1993	150		
1997	70	12.583	

Die Zentrale des ASB Mittelhessen in der Offenbacher Rhönstraße im Jahr 2012. ASB Regionalverband Mittelhessen

Nicht nur hinsichtlich der Mitgliederentwicklung zeigte sich auf der lokalen Ebene eine Analogie zum gesamten ASB, auch eine alte Rivalität wurde nach der Neugründung in Offenbach rasch beigelegt. Das Verhältnis zwischen ASB und DRK gestaltete sich hier von Anfang an anders als vor 1933. Schon früh besuchte man Veranstaltungen und Feiern der anderen Hilfsorganisation (s. o.) und – was sicherlich wichtiger ist – man kooperierte nach der Wiedergründung des ASB zum Nutzen der Bedürftigen zusammen. Dies schloss jedoch nicht aus, dass es in späteren Jahren hin und wieder Gerangel um den Verteilerschlüssel beim Krankentransport und Rettungsdienst zwischen den beiden Hilfsorganisationen gegeben hat.[39]

Das Beschreiten neuer Wege hinderte den Offenbacher ASB nicht daran, sich seiner Geschichte zu erinnern. Dazu dienten vornehmlich historische Jahrestage.[40] In den Jahren 1987 und 1988 stand deshalb die Erinnerung an die 75. Wiederkehr der Gründung des ASB in der Industriestadt Offenbach mehrfach auf der Tagesordnung der Vorstandssitzung unter Leitung von Helmut Trebus. Im Mittelpunkt des Jubiläumsfestes standen schließlich eine Akademische Feier im Büsingpalais, ein Kameradschaftsabend am Mainufer, eine Such- und Orientierungsfahrt, zahlreiche Informationsveranstaltungen sowie zum Abschluss am 7. Mai 1988 ein Jubiläumsball mit Unterhaltungsprogramm und Verlosung in der Stadthalle.[41]

Insgesamt zeigte sich der Vorstand mit dem Verlauf der Feierlichkeiten sehr zufrieden. Lediglich bei der Gewinnausgabe der Tombola soll es einige Schwierigkeiten gegeben haben.[42]

STOLZ AUF ERBRACHTE LEISTUNGEN UND BEHEBUNG VON MÄNGELN

Zum Ende der selbstständigen Existenz des Ortsverbandes Offenbach gab der Vorstand während der Jahreshauptversammlung im Jahr 2006 einen Bericht, der die Stärken und Fortschritte des lokalen ASB aufzeigte, aber auch die Schwächen nicht verschwieg.

Zu den eindrucksvollsten Leistungen des ASB in der Lederstadt gehörte sicherlich, dass er in 2005 insgesamt 7.128 Notfalleinsätze und Krankentransporte durchführte und damit einen Anteil von 44,53 % aller Einsätze absolvierte. Der Vorstand quittierte es mit Stolz, dass die Arbeitersamariter damit zum *„größten Leistungserbringer“* auf diesen Sektor in Offenbach avanciert waren. Dazu kamen noch 10.610 Krankenfahrten für Dialysepatienten und andere Liegendfahrten.

Vorteilhaft entwickelte sich ebenfalls der Bereich „Ausbildung“, wo sowohl hauptamtliche als auch ehrenamtliche Breitenausbilder unterrichteten. Hier verzeichnete man die Teilnahme von 307 Personen bei Kursen in Erster Hilfe, 216 in LSM, 51 in Frühdefibrillation und 54 in Erster Hilfe bei Kindernotfällen. An Erste-Hilfe-Lehrgängen für Berufsgenossenschaften beteiligten sich 573 Personen und 468 besuchten die Erste Hilfe-Trainings.

Comic auf der Vorderseite eines Präsentationshefts des OV Offenbach aus den siebziger Jahren.
ASB Regionalverband Mittelhessen

Eine positive Tendenz verzeichnete ebenso die Arbeiter-Samariter-Jugend unter der Leitung von Thorsten Bien und Andreas Fiedler. Für sie hatte man eigene Räume in einer ehemaligen Bäckerei besorgt und ihre Renovierung *„mit nicht unerheblichen Mitteln“* unterstützt. Zu den Aktivitäten der etwa drei Dutzend Kinder und Jugendlichen gehörten 2005 Ausflüge, Seminare zur Selbstverteidigung und die Mitwirkung am Landesjugendwettbewerb in Kassel. Außerdem half die ASJ nach längerer Zeit wieder beim Sanitätsdienst bei den Kickers mit.

Als weniger erfreulich war zu vermelden, dass der Mitgliederstand von 11.399 auf 10.924 gesunken war, was man mit verbreiteten finanziellen Problemen innerhalb der Bevölkerung erklärte.

Nicht geringe Sorgen bereitete dem Offenbacher ASB ab dem Sommer 2004 sein ambulanter Pflegedienst. Seinerzeit hatten sich eklatante Mängel bei einer Prüfung durch die Krankenkasse aufgezeigt. Die Tätigkeit des Pflegedienstes wäre wohl beendet worden, wenn nicht innerhalb eines Jahres dank *„personeller Maßnahmen"* die Standards verbessert und die gesetzlichen Bestimmungen erfüllt worden wären. Dies glückte deshalb, weil sich alle Mitarbeiter voll eingesetzt hatten.[43]

Der Arbeiter-Samariter-Bund Offenbach ist im Laufe von 100 Jahren aus einer Position gesellschaftlicher Parias heraus zu einer Institution geworden, die mittlerweile *„für Offenbach unverzichtbar"*[44] ist. Auch dies ist sicherlich ein Grund, um das anstehende Jubiläum selbstbewusst zu feiern.

SCHWIERIGER NEUBEGINN NACH 34 JAHREN IN DER WETTERAU

Bescheidenste Bedingungen in der Kurstadt

In der Kurstadt Bad Vilbel dauerte es 34 Jahre lang, bis ab 1967 wieder Arbeitersamariter und -samariterinnen ihren „Dienst für den Nächsten" verrichten konnten. Die Initiative lag im Sommer 1967 zunächst hauptsächlich bei Wenzel Engst, dem zu vielen persönlichen Opfern bereiten ersten Vorsitzenden.[45] Wenige Monate später konnten nach langer Zeit die ersten Kurse und Dienste, damals noch als eine Untergliederung des Frankfurter ASB, im heutigen Bad Vilbeler Stadtteil Dortelweil beginnen.

Kurt Belz (rechts), einer der Wiedergründer des ASB in der Wetterau, überreicht 1972 dem Karbener Stadtbrandinspektor Karben Willi Kliem eine Medaille.
ASB Regionalverband Mittelhessen

Anlässlich des 40-Jährigen Jubiläums des Arbeiter-Samariter-Bundes Kreisverband Wetterau 2007 beschrieb der damalige Vorsitzende Rolf Pulst die Arbeit der frühen Jahre treffend mit den Worten: *„Die ersten Aktivitäten des jungen Verbandes standen in der Tradition des ASB. Das bedeutete Ausbilden und Leisten von Erster Hilfe, Aufbau von Krankentransport, Rettungsdienst und Katastrophenschutz."*[46]

Mit diesem VW-Bus wurden ab Ende der sechziger Jahre in Bad Vilbel und Umgebung Krankentransporte durchgeführt.
ASB Regionalverband Mittelhessen

Dabei erwiesen sich die Arbeitsbedingungen für die Bad Vilbeler Kolonnenmitglieder anfangs als äußerst bescheiden, wenn nicht gar als primitiv: Ein 15 m² großer angemieteter Raum in der Friedberger Straße musste sowohl als Unterrichtsraum als auch als Depot für Akten, Sanitätsmaterial und Gerät dienen. Man saß auf Stühlen, die man beim Sperrmüll „erbeutet" hatte. Die Miete zahlte Engst aus eigener Tasche.

Trotz der widrigen Umstände gelang es, dank des Einsatzes der jungen Idealisten des Arbeiter-Samariter-Bundes, die Qualität des Rettungswesens in und um Bad Vilbel zu verbessern. Jedoch blieb die finanzielle Situation weiterhin stark angespannt. Wohl nicht zuletzt, weil die Bad Vilbeler Stadtverwaltung sich äußerst reserviert gegenüber den Wünschen der jungen ASBler verhielt.

Die Bad Vilbeler Aktivitäten belasteten den Etat des Frankfurter ASB, deshalb erfolgte am 13. August 1970 die Gründung eines selbstständigen Ortsverbandes Wetterau mit Sitz in Bad Vilbel.[47] *„Als Trostpflaster bekamen die Vilbeler Samariter einen Krankenwagen von ihrem Landesverband in Verbindung mit dem Ortsverband Frankfurt geschenkt."*[48]

An der Gründungsversammlung des ASB Ortsverbands Wetterau im August 1970 nahmen folgende Personen teil: Kurt Belz, Wenzel Engst, Herbert und Josef Guschelbauer, Thomas Herrmann, Rainer Kimling, Horst Ridder, Werner Martini, Carla Primavera, Gerd Seibold und Margarete Weber. Die Versammlung wählte Wenzel Engst zum Vorsitzenden, Margarete Weber zu seiner Stellvertreterin, Kurt Belz zum Technischen Leiter und Gerd Seibold zum Kassierer.[49] Auf Wenzel Engst als Vorsitzendem folgten Joachim Brandt und Kurt Belz, später Axel Stein und Guntram Knop.

In dieser schwierigen Anfangssituation ereignete sich dann auch noch ein Unfall, den das Einsatzfahrzeug, der Krankenwagen der Vilbeler Samariter, nicht überstand. Die Frankfurter Feuerwehr half mit einem kostengünstigen Mercedes aus.

Dann ging es allmählich aufwärts: 1971 zählte man genau 45 Mitglieder, fünf Frauen und 40 Männer, wovon etwa die Hälfte ehrenamtlich Dienst tat. Die Schwerpunkte ihrer Arbeit bildeten Sanitätsdienste und -kurse, Unfallrettungsfahrten und Krankentransporte. Bei Letzterem handelte es sich um 1.395 Fahrten, hierbei ereigneten sich 34 Frühgeburten. Im Rahmen des mobilen Rettungsdienstes an Autobahnen und Bundesstraßen wurden mehr als 9.800 Dienststunden geleistet. Als Standort diente die Unfallwache in der Friedberger Straße 21 in Bad Vilbel.

Die Gebühren für den Krankentransport erwiesen sich als moderat: Ein Stadttransport kostete 27,70 DM, außerhalb Bad Vilbels berechnete man 1,25 DM pro Kilometer. Der VW-Transporter mit dem Kennzeichen FB-ZN 4 verfügte damals ebenso wenig über Funk, wie das „Clinomobil“ (FB-AS 689) oder ein Opel „Kadett“ Baujahr 1964, den man als Katastrophenschutzfahrzeug nutzte. Im erweiterten Katastrophenschutz waren 21 Helferinnen und Helfer aktiv. Allerdings tat seinerzeit in Bad Vilbel noch kein OV-Arzt Dienst.[50]

Die erste Anstellung eines hauptamtlichen „Transportsanitäters“ beim Arbeiter-Samariter-Bund Wetterau erfolgte 1972. Wenig später erhielten die Samariter den lange vermissten Funk („SEM 27“) in ihren Fahrzeugen und ein neues Krankentransportfahrzeug für den Anschaffungspreis in Höhe von 20.000 DM. Seinen Kauf ermöglichten großzügige Spenden aus der Bevölkerung.[51]

VON BAD VILBEL NACH KARBEN

Die Sanitätskurse des ASB-Ortsverbandes Wetterau fanden außer in Bad Vilbel noch in Nieder-Eschbach und Niederdorfelden statt. In der Frankfurter Straße 12 in Karben errichtete man eine zweite Unfallwache. Dies bedeutete den ersten Schritt zum vollständigen Umzug nach Karben, wo man 1972 im Ortsteil Kloppenheim zunächst im ehemaligen Rathaus und später im Feuerwehrgerätehaus eine neue Unterkunft fand.

In den ersten Jahren stiegen die Mitgliederzahl ebenso wie die Einsätze, die Angebote und die materielle Ausstattung. Dadurch nahm gleichfalls die Professionalisierung der medizinischen und sozialen Dienstleistungen immer stärker zu.

Bereits 1975, also gerade mal fünf Jahre nach der Etablierung als eigenständiger Ortsverband, arbeiteten 14 Hauptamtliche und Zivildienstleistende sowie 58 ehrenamtliche

Samariter des ASB Wetterau beim Einsatz nach einem Notfall auf einem Grillplatz im Jahr 1984.
ASB Regionalverband Mittelhessen

Helfer beim Arbeiter-Samariter-Bund Wetterau. Sie leisteten seinerzeit mit sieben Einsatzfahrzeugen in den Unfallwachen in Bad Vilbel und Karben ihren Dienst am Nächsten. Dabei handelte es sich um einen Rettungs- und Notarztwagen, einen Mercedes-Rettungswagen, zwei VW-Krankenwagen, einen Ford „Consul"-Krankenwagen, einen Ford „Transit"-Krankenwagen sowie einen Ford Großraumkrankenwagen. Die beiden zuletzt aufgeführten Fahrzeuge erhielt der Ortsverband im Rahmen des Katastrophenschutzes zur Verfügung gestellt.

Bezüglich der politischen oder – besser formuliert – der politisch nicht festgelegten Haltung des ASB in und um Bad Vilbel und Karben machte sich 1975 der damalige Vorsitzende Kurt Belz seine Gedanken. Dabei teilte er die Grundeinstellung des Bundes bezüglich dessen weltanschaulicher Neutralität. In seinem Rückblick auf fünf Jahre geleisteter ASB-Arbeit in der Wetterau heißt es in der *„Schlußbemerkung"*: *„Der ASB (...) ist politisch und religiös völlig neutral. Seine Arbeit dient allen und allein dem Zweck, anderen Menschen im Notfall zu helfen und vorbeugend gegen Gefahren zu arbeiten. Unsere Helfer bekennen sich zu dem demokratischen Staat. Mitglied kann jeder werden, egal ob arm oder reich, ob dick oder dünn. Das Anfangswort in unserem Namen „ARBEITER" hat uns immer wieder nach links in Richtung SPD rutschen lassen, aber dies trifft nicht zu, und wir werden uns auch nicht in Richtung irgendeiner politischen oder religiösen Partei drängen lassen."*[52]

DER KREISVERBAND WETTERAU BAUT

Die zunehmend deutlicher zu Tage tretende politische Neutralität des ASB begünstigte sicherlich die Erfolge der vom Bundesvorstand in Köln initiierten Mitgliederwerbeaktionen.

Die Tatsache, dass dabei professionelle Werbefirmen eingesetzt wurden, die Dienstkleidung des ASB trugen und sich wohl auch intensiver Überredungsstrategien bedienten, führte allerdings zu *„Mißstimmigkeiten"* und zu in der Öffentlichkeit ausgetragener Kritik an dieser Praxis. Das Ergebnis der Aktion konnte sich hingegen sehen lassen: Im Jahr 1983 gewann der ASB in den Orten der Wetterau dadurch 1.468 neue fördernde Mitglieder.[53]

Zwei Jahre zuvor konnte der Mitgliederstand, ebenfalls mittels einer Werbefirma, so der damalige Vorsitzende Axel Stein auf der „Ortsverbands-Hauptversammlung" am 22. Januar 1982 im Kurhaus Bad Vilbel, von 309 auf 2.697 erhöht werden. Die somit gestiegenen Einnahmen ermöglichten die Finanzierung zahlreicher Aufgaben, die vornehmlich von den rund 120 Ehrenamtlichen durchgeführt wurden, die 1981 genau 15.760 Stunden Dienst leisteten. Der Krankentransport kam im gleichen Jahr auf 5.187 Fahrten, wobei es sich in 863 Fällen um Not- oder Unfalltransporte handelte.

Bedauernd stellte Stein hingegen fest, *„daß wir unsere verschiedenen Verwaltungsstellen nicht einheitlich in einem Haus unterbringen, sondern daß sie über mehrere Stadtteile bzw. über mehrere Örtlichkeiten verteilt sind."*

Axel Stein (mit Krawatte), der Vorsitzende der Wetterauer Arbeitersamariter, um 1985. ASB Regionalverband Mittelhessen

Als Alternative für ein neues Domizil war seinerzeit das Schwesternwohnheim des ehemaligen Kreiskrankenhauses in Bad Vilbel im Gespräch. Da dafür aber auch andere Nutzungen erwogen wurden, überlegte der OV Wetterau als Ausweg aus der Misere den kompletten Umzug nach Karben-Kloppenheim.[54]

Diese Aufsplitterung der Standorte war aber nur ein Grund für die Suche nach einem neuen, den Bedürfnisse der Hilfsorganisation adäquaten Stützpunkt. Im Laufe der Zeit wuchsen die Hilfe- und Dienstleistungen des ASB in der Wetterau stetig. So begann 1976 ein Zivildienstleistender „Essen auf Rädern" auszufahren. Sechs Jahre später wurde ein Behindertenfahrdienst eingerichtet und 1986 die Familien-, Erziehungs- und Lebensberatung. Ebenso vergrößerten sich der Fuhrpark und die Anzahl der Beschäftigten.[55]

Die Ausweitung des Angebots und die Präsenz im gesamten Landkreis Wetterau und darüber hinaus verdeutlichte der regionale ASB dadurch, dass man ab 1987 unter dem Namen „Kreisverband Wetterau" firmierte.

Schon bald nach dem Umzug nach Karben genügten auch hier die räumlichen Bedingungen nicht mehr den gestiegenen Bedürfnissen. In einem von Kurt Belz und Joachim Brandt im Auftrag des Vorstands 1979 erarbeiteten Papier mit dem Titel „Planung einer ASB-Rettungszentrale in der Stadt Karben" ist diese unbefriedigende Situation und die Anforderungen an einen möglichen Neubau beschrieben.[56]

Daraus geht hervor, dass die Rettungswache im ersten Stock des Feuerwehrgerätehauses und der ärztliche Notdienst in drei Räumen untergebracht waren. Letztere nutzte an Wochentagen ebenfalls die Gemeindeschwester. Es fehlte eine Fahrzeughalle ebenso wie ein Lagerraum, zufriedenstellende hygienische Einrichtungen sowie Schlaf- und Kochmöglichkeiten. Gleichfalls mangelte es an geeigneten Räumen für den Katastrophenschutz und die Arbeiter-Samariter-Jugend.

Dennoch sollte es mehr als ein Jahrzehnt dauern, bis diese Missstände beseitigt werden konnten. Erst 1990 erfolgte die Einweihung der neuen Unfallwache in der Dieselstraße 9 im Gewerbegebiet Karben. Da jedoch die gestiegenen Baukosten die Möglichkeiten des Kreisverbands stärker strapazierten als ursprünglich gedacht, führte dies zu personellen Konsequenzen im Vorstand. Der damalige Vorsitzende Axel Stein wurde nicht wiedergewählt und in der Folge der Geschäftsführer entlassen.[57]

Eine große bauliche und gleichfalls finanzielle Herausforderung bedeutete der Anfang 2003 begonnene und im September 2004 fertiggestellte Bau des Altenzentrums mit Betreuungsangeboten und Pflegemöglichkeiten in Karben.[58] Der Landesverband ist, entsprechend der Organisationsstruktur des ASB in Hessen, Bauherr und Betreiber der Einrichtung.

Beim Einzug verfügte das Gebäude über eine Nutzfläche von mehr als 3.600 m² in drei Stockwerken. Im Parterre liegen die Mehrzweckräume, eine große Küche, die Cafeteria, die Außenterrasse sowie Büros, Funktions-, Lager- und Technikräume. Im ersten und

Das Domizil des Wetterauer ASB in der Karbener Dieselstraße im Herbst 2012. ASB Regionalverband Mittelhessen

zweiten Obergeschoss befinden sich 80 Einzelzimmer mit Bädern, Aufenthaltsräume, Pflegebäder und ein Ergotherapieraum. Von den Baukosten in Höhe von rund 7,9 Millionen Euro hatte der ASB 2,4 Millionen zu tragen.[59]

AUSWEITUNG DES ANGEBOTES

Mit der Zeit hat sich das soziale Dienstleistungsangebot des ASB in der Wetterau ständig erweitert.

Im Jahr 1991 folgte die Einführung der Betreuung behinderter Kinder durch den Wetterauer ASB, die Alten- und Krankenpflege, seit 1999 der ehrenamtliche Besuchsdienst für Alte und Kranke sowie 2006 die Gründung einer Rettungshundestaffel. Weiter zu nennen sind der Menüservice, der Hausnotruf und der Behindertenfahrdienst. Immer wichtiger wird in einer zunehmend alternden Gesellschaft die ambulante Pflege und Kurse für pflegende Angehörige, die man ebenfalls ins Programm aufgenommen hat. Einen breiteren Rahmen erhielt auch die Schülerbetreuung und Jugendarbeit.[60]

Damit bot man ein breit gefächertes Angebot, das anfangs in einzelnen Bereichen sicherlich nur deshalb in dieser Form installiert werden konnte, weil zahlreiche Zivildienst-

Helfer des ASB Wetterau beim Entladen von Hilfsgütern bei Minus 32 Grad in Litauen. ASB Regionalverband Mittelhessen

leistende zur Verfügung standen. Alleine 1992 setzte der Kreisverband Wetterau 42 junge Männer für diese Aufgaben ein.[61] Eine ganze Reihe von ihnen blieb nach der Zivildienstzeit als Hauptamtlicher im Rettungsdienst beim ASB tätig.

Im Jahr 1999 starteten in Kooperation mit dem Wetteraukreis die ersten Hilfslieferungen nach Litauen. Zur Jahrtausendwende zählte der ASB Kreisverband unter seinem Vorsitzenden Fritz Amann 12.000 Mitglieder und unterhielt Stützpunkte in mehreren Orten der Wetterau.

Im Jahr 2001 kam eine Ausdehnung des Wirkungsbereichs auf den Kreisverband Wetterau zu. Der ASB-Landesausschuss hatte auf Antrag des Landvorstandes die Auflösung des Ortsverbands Gießen aufgrund *„einer fehlenden Vorstandschaft und sehr geringer Aktivitäten"* beschlossen, weshalb der neu gebildete Stützpunkt Gießen in die Obhut der Wetterauer ASBler gelegt wurde.[62]

Eine weitere Ausweitung erfolgte 2003, als in Assenheim und Wölfersheim ASB-Rettungswachen entstanden, dafür wurde die Anzahl der Hauptamtlichen in diesem Sektor von 30 auf 40 Mitarbeiter erhöht.

Sehr positiv beurteilte der Berichterstatter Stefan Falke sowohl die Ausrüstung als auch den Ausbildungsstand der etwa 90 Helfer von Katastrophenschutz und Schnelleinsatzgruppe (SEG), die *„in den letzten Jahren enorme Fortschritte gemacht"* hätten. Damit und aufgrund der engen Kooperation mit anderen zuständigen Hilfsstellen seien *„die besten*

Voraussetzungen geschaffen, bei tatsächlichen Großschadenslagen alle verfügbaren Ressourcen zum Einsatz zu bringen“.[63]

Der ASB Wetterau hat bis dahin vieles geleistet und viel erreicht. Man kann diese Entwicklung sicherlich als eine Erfolgsgeschichte werten, zumal wenn man die äußerst bescheidenen, ja primitiven Anfänge in Bad Vilbel bedenkt. Dafür waren eine professionelle Führung ebenso notwendig wie motivierte Mitarbeiter und engagierte ehrenamtliche Helfer.

WIEDER- UND NEUGRÜNDUNGEN IN KLEINEREN KOMMUNEN

Zwiespältige Bilanz

Der erfolgreiche Neustart, die gelungene Konsolidierung sowie das kontinuierliche Anwachsen des Arbeiter-Samariter-Bundes in der Bundesrepublik Deutschland und vor allem in Hessen hinsichtlich seiner Mitgliederzahl, seines Angebots, seines Geschäftsvolumens und seiner Stellung in der Öffentlichkeit sind beeindruckend. Diese Erfolge dürfen jedoch nicht darüber hinwegtäuschen, dass es auch Misserfolge gab.

Die wenigen Versuche, ASB-Kolonnen im mittelhessischen Raum in kleineren und einigen mittelgroßen Orten nach 1945 längerfristig neu zu beleben und auf der lokalen Ebene wieder zu etablieren, scheiterten fast durchgängig. Der Bad Vilbeler ASB bildete hier zunächst eine Ausnahme. Aber auch er hat den engen lokalen Rahmen zugunsten einer Ausdehnung in die Region bald verlassen. Im Fall Großkrotzenburg handelt es sich in diesem Kontext gewissermaßen um einen Sonderfall, denn hier bestand vor 1933 keine Samariterkolonne und hier konnte sich der ASB auf Dauer etablieren. Doch dazu unten mehr.

Eine spezielle Situation bestand ebenso in Karben. Hier existierte seit 1926 in Klein-Karben eine Kolonne, die vier Jahre später 22 Aktive zählte.[64] Allerdings kam es hier nach 1945 nicht zu einer Wiedergründung, sondern vielmehr zu einer Verlagerung der ASB-Aktivitäten in der Wetterau von Bad Vilbel nach Karben.

Die einzigen bekannten „Wiederbelebungsversuche“ in kleineren oder mittleren Kommunen Mittelhessens unternahm man in Dietzenbach, Pohlheim und Seligenstadt. Von den einstmals so starken ASB-Standorten Bad Orb, Egelsbach, Hanau, Langen oder Neu-Isenburg sind derartige Initiativen nicht bekannt.

Die Gründe dafür, dass nach 1945 die Wiederbelebung der ASB-Präsenz auf der kommunalen Ebene, sieht man von einigen wenigen Erfolgen ab, nicht glückte oder gar nicht erst in Angriff genommen wurde, sind vielfältig.

Zunächst einmal kappte die Machtergreifung der Nationalsozialisten die positive Entwicklung der Arbeiter-Samariter-Bewegung. Das Verbot von 1933 bewirkte weiterhin, dass viele Arbeitersamariterinnen und -samariter ins Deutsche Rote Kreuz eintraten und dort nach 1945 blieben, zumal wenn sich an ihrem Wohnort keine Alternative anbot und ein möglicher Neuaufbau einer ASB-Kolonne nur mit enormen Schwierigkeiten und Entsagungen möglich erschien. Zudem entfielen für viele potenzielle ASB-Samariter eventuelle ideologische Vorbehalte gegenüber dem Roten Kreuz, das sich selbst mehr und mehr als ein integraler Bestandteil der freiheitlichen und sozialen Demokratie in der Bundesrepublik Deutschland verstand. Folglich konnte man nun auch mit einer eher „linken" Einstellung in eine intakte Formation des DRK eintreten als vor 1933.

Andererseits hat das ständig zunehmende und verlockendere Freizeitangebot in unserer Wohlstandsgesellschaft einen Mentalitätswandel und ein geändertes Freizeitverhalten hervorgerufen, die einem sozialen Engagement sicherlich nicht förderlich sind. Dazu gesellten sich vielfach noch gestiegene berufliche Verpflichtungen, und die hohen staatlichen Anforderungen an den Ausbildungsstand der Helferinnen und Helfer im Rettungsdienst schreckten manchen Interessenten ab.

Eine weitere mögliche Erklärung für die Konzentration auf wenige Standorte kann man darin sehen, dass die ASB-Kolonnen in den kleineren Orten während der Aufbauphase ihren Aktiven sicherlich nicht so viel bieten konnten wie die etablierten Organisationen in den größeren Städten. Dort durften die jungen Leute hin und wieder an mehr oder minder spektakulären Einsätzen und Übungen teilnehmen, die ihnen besser gefielen als etwa der zumeist fade Sanitätsdienst auf dem heimischen Sportplatz. Und sicherlich erhoffte man sich seitens des ASB mittels der Bündelung und Konzentration der Kräfte auch Kostensenkungseffekte im Konkurrenzkampf mit den anderen Hilfs- und Wohlfahrtsorganisationen.

DIETZENBACH

Wie andernorts so bemühten sich offenbar auch in Dietzenbach bereits vor 1933 aktive Arbeitersamariterinnen und -samariter unmittelbar nach Kriegsende um die Erlaubnis der zuständigen US-Besatzungsbehörde zur Wiedergründung einer ASB-Kolonne. Aber hier wie anderswo lehnten die Amerikaner dieses Anliegen ab.

Möglicherweise schon im Jahr 1951, wahrscheinlicher aber erst 1954,[65] konnte auf Initiative von Heinrich Kiefer, der schon vor 1933 viele Jahre als Technischer Leiter in der Kolonne eine wichtige Rolle gespielt hatte, und Wilhelm Heusel eine Versammlung mit ehemaligen Dietzenbacher ASB-Samariterinnen und -samaritern einberufen werden. Bei den Vorstandswahlen votierten die Anwesenden für Heusel als Vorsitzenden, für Kiefer als Technischen Leiter und für Nikolaus Schickedanz als Kassierer. Außerdem wählten sie Ludwig Schäfer und Georg Rauck zu Beisitzern in den Vorstand.

In Jahr 1960 übernahm dann der aus Frankfurt zugezogene Samariter Gert Stey als neuer Vorsitzender die Kolonne. Bald wurde ein Krankentransportwagen angeschafft, der

Die Dietzenbacher Arbeitersamariter bei der Neugründung 1951. Lina Weilmünster, Aus eigener Kraft. Beitrag zur Geschichte der Arbeiter-, Sport- und Kulturbewegung in Dietzenbach, Dietzenbach 1980, S. 52

aber bei nur zirka 15 Transporten pro Woche die laufenden Kosten und den Anschaffungspreis nicht decken konnte. Im Laufe der Zeit waren 2.000 DM Verbindlichkeiten bei der Landesorganisation und Bundesleitung entstanden.[66]

Trotz dieser finanziellen Probleme wuchs der Mitgliederstand der Dietzenbacher ASB-Kolonne bis 1962 auf 70 Personen an. Im Jahr 1964 löste Herrmann Gaubatz den bis dahin amtierenden Stey im Vorsitz ab, aber die Geldsorgen blieben.[67] Auch danach gab es keine Konstanz im Vorsitz. Nachdem Margarete Fenchel für ein Jahr als kommissarische Vorsitzende fungierte, wurde Wolfgang Rieth aus Frankfurt zum Vorsitzenden gewählt. *„Seinen Bemühungen war es zu danken, daß der ehemalige Gemeindevorstand 1968 neue Räume im Altenwohnheim in der Friedensstraße zur Verfügung stellte. Wieder einmal war die Krise überwunden, es ging aufwärts. Die aus der Jugendgruppe hervorgegangenen Samariter Heinz Keim und Helmut Trebus hatten maßgeblichen Anteil daran."*[68]

Bald danach musste Reith sein Amt niederlegten. Nun wurde Margarete Fenchel ordnungsgemäß zur Vorsitzenden gewählt. Sie begann damit, neben der Ersten-Hilfe-Ausbildung, noch soziale Aufgaben in den Arbeitsbereich der Kolonne aufzunehmen. Für das Tätigkeitsfeld der Altenbetreuung erhielten die Arbeitersamariter von der Kommune eine finanzielle Unterstützung.

Doch nur knapp vier Jahre nach dem 50-jährigen Jubiläum der Kolonne ließ der ASB-Bundesvorsitzende Erich Kirchner am 14. März 1975 das Konto des Ortsverbandes Dietzenbach aufgrund seiner Auflösung *„für jede Auszahlung“* sperren.[69]

Ein wichtiger Grund für das Ende des ASB in Dietzenbach ist darin zu sehen, dass die jungen Samariter ihren Zivildienst beim Arbeiter-Samariter-Bund Offenbach ableisteten und deshalb kaum noch in ihrem Heimatort zur Verfügung standen. Sie wollten zudem vermutlich nicht mehr mit der Sanitätstasche am Sonntag auf den Sportplatz Dienst schieben, sondern lieber im Krankentransportwesen tätig sein. *„Schweren Herzens“* entschloss man sich deshalb, dem Vorschlag der Bundesleitung Folge zu leisten und den nunmehrigen ASB Ortsverband Dietzenbach aufzulösen.[70]

POHLHEIM

Die Gründung des Ortsverbandes Pohlheim des ASB mit Sitz im Stadtteil Garbenteich erfolgte am 18. Oktober 1985 bei einer Versammlung mit 14 Teilnehmern. Anwesend waren außerdem Jürgen Farr und Peter Seemayer vom hessischen Landesvorstand des ASB sowie der Ortsvorsteher von Garbenteich.

Die stimmberechtigten Mitglieder wählten Klaus Vonderheidt zum Ersten und Dr. Karl Aigner, der auch als Ortsverbandsarzt tätig war, zum Zweiten Vorsitzenden. Sie votierten ebenfalls für Reinhold Stumpf zum Schatzmeister und Mario Brendel zum Technischen Leiter. Per Mehrheitsvotum erhielt der Ortsverband den Namen: OV Pohlheim, Sitz Garbenteich.[71]

Bald zählte die junge Gruppierung 40 Mitglieder. Als nächste Ziele visierte man die intensive Mitgliederwerbung, die sanitätstechnische Ausbildung und die Errichtung eines Stützpunktes an.[72]

Nach fünf Jahren rekrutierten sich die Aktiven und fördernden Mitglieder des ASB-Ortsverbandes Pohlheim aus dem gesamten Kreis Gießen. Ihre Aufgabenschwerpunkte waren die Erste-Hilfe-Ausbildung, die Sanitätsbetreuung und der Krankentransport. Außerdem gelang es, einen Apotheken-Notdienst zu installieren.[73]

Doch in den kommenden Jahren entwickelte sich der Ortsverband Pohlheim nicht so günstig wie erhofft. Es kam zu mehrfachen Wechseln an der Spitze und zu einer Namensänderung. Ab 1995 firmierte man unter „Ortsverband Gießen“.[74]

Aber die neue Bezeichnung half auch nicht weiter, zudem litt der Ortsverband bald unter Nachwuchsproblemen. Dies führte 2000 so weit, dass man die Aktivitäten wegen *„Überalterung“* der Helfer sogar *„weitgehend“* einstellen musste. Diesem Problem versuchte die Pohlheimer ASB-Führung, durch gezielte Mitgliederwerbung und die Gründung einer Jugendgruppe entgegenzuwirken. Man bot den Jugendlichen dazu in der Geschäftsstelle im Kropbacher Weg 63 die Ausbildung in Erste-Hilfe sowie *„unterhaltsame Aktivitäten"* wie Freizeiten, Basteln und Spielen an.[75]

Doch alle diese Bemühungen bescherten nicht die erhoffte Wirkung. Im Juli 2001 übernahm der ASB Kreisverband Wetterau die Geschäftsführung für den Ortsverband und 2003 löste ihn der ASB-Landesausschuss auf Antrag des Landesvorstandes hin auf. Gießen blieb jedoch als ein Stützpunkt des KV Wetterau erhalten.[76]

SELIGENSTADT

Die Historie des Arbeiter-Samariter-Bundes in Seligenstadt nach 1945 begann recht spät, sodass eine Mitwirkung ehemaliger Samariter, die schon vor 1933 aktiv gewesen sein könnten, so gut wie auszuschließen ist.

Erst am 14. Februar 1989 erfolgte die Wiedergründung der Kolonne als ASB Ortsverband unter dem Vorsitz von Frank Werner, der für mehrere Jahre diese Position innehatte.[77] Er wurde im Mai 1998 von Andreas Siekmann abgelöst. Siekmann fungierte mindestens bis 2000 als Vorsitzender, wobei ihn Thomas Ruhl in Personalunion als Zweiter Vorsitzender und Geschäftsführer unterstützte. Ab Ende 2004 wird dann der OV Seligenstadt lediglich noch als Stützpunkt des OV Offenbach geführt.[78]

Das vielfältige Freizeitangebot in unserer Konsumgesellschaft und dadurch bedingt ein verändertes Freizeitverhalten, berufliche Verpflichtungen und die hohen staatlichen Anforderungen an den Ausbildungsstand der Helfer haben sicherlich auch in Seligenstadt das Ende des Ortsbandes befördert.

GROSSKROTZENBURG

Der ASB Ortsverband Großkrotzenburg stellt innerhalb des Regionalverbandes Mittelhessen, wie oben schon erwähnt, einen „Sonderfall" dar. In der bis heute selbstständigen Kommune südlich von Hanau bestand nämlich vor 1933 keine Arbeiter-Samariter-Kolonne. Folglich gab es in dem Ort in der unmittelbaren Nachkriegszeit keine alteingesessenen ehemaligen ASBler, die diese Tradition neu beleben konnten. Und zudem entwickelte sich in Großkrotzenburg aus bescheidenen Anfängen ein leistungsfähiger ASB Ortsverband.

Die Großkrotzenburger Erfolgsgeschichte begann am 25. Februar 1967 mit der *„kommissarische Vorstandseinsetzung"*, die drei Wochen später auf der Gründungsversammlung von den *„zahlreich erschienenen Mitgliedern"* die einstimmige Bestätigung erhielt.

Aus dem Protokoll der Gründungsversammlung geht Weiteres hervor. So war die Kolonne vermutlich bereits im Vorjahr aktiv, da ein *„Studienrat Becker den örtlichen ASB-*

Samaritern für ihre vorbildlichen Dienste in dieser Saison" dankte. Anklang fand die Gründung auch beim Landesverband des ASB, der mit fünf Vertretern, darunter wahrscheinlich dessen Vorsitzender Erich Kirchner, anwesend war.[79]

In den ersten Jahren seines Bestehens sah der nunmehrige Ortsverband unter dem Vorsitz von Karl Hein in der Unfallhilfe seine Hauptaufgabe. So wurden 1969 genau 138 Transporte durchgeführt und dabei 7.000 Kilometer zurück gelegt.[80] Knapp drei Jahrzehnte später sollte die gefahrene Strecke nahezu zehnmal länger sein.[81]

Als größten Wunsch der 40 aktiven und wenigen Dutzend fördernden Mitglieder formulierte man 1970 die Errichtung einer passenden Unterkunft für den örtlichen ASB. Seinerzeit war man im Erdgeschoss in einem Altbau in der Nebenstraße 17 untergebracht und klagte über Platzmangel.

Dieses Anliegen blieb noch lange unerfüllt. Nachdem die ASB-Aktiven anfangs in einem Raum der Gemeindewerke ein vorübergehendes Domizil gefunden hatten, zogen sie in den erwähnten Altbau und dann in die alte Post, die sie mit Unterstützung der Gemeinde und mit eigenen Mitteln für ihre Zwecke umgestalteten.

Wenige Jahre nach seiner Gründung verzeichnete der Großkrotzenburger ASB in seinem Tätigkeitsbericht 1976 immerhin 690 Unfall- und Krankentransporte, acht SM- und fünf Erste-Hilfe-Lehrgänge sowie 51 Sanitätsdienste bei Sport- und anderen Veranstaltungen. Insgesamt leisteten die 28 erwachsenen und 18 jugendlichen Samariter und Samariterinnen dabei 13.137 Stunden ehrenamtlichen Dienst am Nächsten.[82]

Allein dies ist schon eine beeindruckende Zahl, die aber in den nächsten Jahren noch erheblich gesteigert werden sollte, denn 1994 leisteten die 50 Aktiven bereits rund 24.400 ehrenamtliche Dienststunden, dazu kamen noch vier Hauptamtliche und sechs „Zivis".[83] Im Jahr 1997 brachten es die 33 Aktiven und 21 Mitglieder der Jugendgruppe sogar auf 44.160 Stunden.[84]

Fast schon atemberaubend wuchs die Mitgliederzahl in Großkrotzenburg. Aus einer Handvoll Samariterinnen und Samaritern entwickelte sich innerhalb von zweieinhalb Jahrzehnten unter dem langjährigen Vorsitzenden Günter Hein der größte Verein im Ort: Von knapp 100 Mitgliedern zur Mitte der 1970er-Jahre auf 1.394 in 1997 und 2.420 in 2001.[85] Die 3.000er-Marke konnte 2008 „geknackt" werden.[86]

Die Aktiven des Großkrotzenburger ASB mussten neben den normalen Einsätzen einer Hilfsorganisation hin und wieder auch in ungewöhnlichen und gefährlichen Situationen besonnen reagieren, wie bei der Rettung eines Lebensmüden im März 2003.[87]

Als Beleg für die in Großkrotzenburg praktizierte gute Jugendarbeit kann die Tatsache gewertet werden, dass der Ortsverband im Sommer 2002 den Landesjugendwettbewerb des Arbeiter-Samariter-Bundes ausrichtete. Dazu waren 110 Kinder und Jugendliche der Arbeiter-Samariter-Jugend aus Nordhessen, Wiesbaden, Worms und sogar aus Bremen an den hessischen Untermain gekommen, um in Erster-Hilfe, bei Geschicklichkeitsübungen und einem Quiz ihr Können und Wissen zu demonstrieren.[88]

Der Vorsitzende des ASB OV Großkrotzenburg Günter Hein (links) und der Kreisbeigeordnete Dr. Hans Katzer bei der Fahrzeugübergabe vor der Rettungswache in Großkrotzenburg im Sommer 2008. Die drei neuen Rettungswagen sind mit modernster Technik ausgestattet und haben einen Anschaffungswert von jeweils 84.500 Euro. Maik Schneider (Homepage ASB Regionalverband Mittelhessen)

Bald konnte der Ortsverband auch bei einem anderen Problem Erfolg vermelden. Anfang des neuen Jahrtausends wurden die Raumprobleme immer virulenter. Für die vielfältigen Hilfs- und Dienstleistungen im Angebot des ASB-Ortsverbandes, dessen Tätigkeitsbereich spätestens seit 1998 weit über die Ortsgrenzen hinaus bis in den Ostteil des Kreises Offenbach und den vorderen Kahlgrund im Bayrischen reichte, genügten die zur Verfügung stehenden Räumlichkeiten in der Schulstraße 7 bei weitem nicht aus.[89]

Man musste nach neuen Möglichkeiten suchen, um die vielen Tätigkeiten des Ortsverbandes in den Sektoren Ausbildung, Krankentransport und Rettungsdienst, medizinischer Transportservice, Katastrophenschutz, Essen auf Rädern und sozialer mobiler Hilfsdienst auch weiter ausüben zu können.

Bei der Frage nach einem geeigneteren Domizils für die seinerzeit 32 ehrenamtlichen, zwölf hauptamtlichen Arbeitersamariter sowie sieben „Zivis" samt ihren Fahrzeugen und Gerät ging es auch darum, ob es eine bauliche Erweiterung des bestehenden Wachgebäudes an der Schulstraße im Ortskern geben oder ob die neue Wache ins Gewerbegebiet West verlagert werden sollte.[90]

Die Probleme um den Standort und seine Finanzierung führten zu Anfang 2002 zu *„Irritationen"* zwischen der örtlichen ASB-Führung und der Gemeindespitze.[91]

Altes muss weichen, damit im Herbst 2010 die bauliche Erweiterung der Großkrotzenburger ASB-Wache begonnen werden konnte, die gut ein Jahr später ihren Abschluss fand. Maik Schneider (Homepage ASB Regionalverband Mittelhessen)

Der Wunsch der Verantwortlichen im Großkrotzenburger ASB, die vorhandene Wache mit einem Ausbau zum Teil in Eigeninitiative den gewachsenen Bedürfnissen entsprechend anzupassen, konnte schließlich doch realisiert werden. *„Mit angesparten Vereinsmitteln"* erwarb der Ortsverband im Jahr 2006 das Gebäude in der Schulstraße von der Gemeinde.[92]

Nach vielen Jahren der Planung und des Wartens begann im Herbst 2010 die bauliche Erweiterung der Großkrotzenburger ASB-Wache, die gut ein Jahr später ihren Abschluss fand. In dem für 850.000 Euro neu gestalteten 631 m² großen Gebäudekomplex befinden sich über einer großzügigen, mit Fußbodenheizung ausgestatteten Fahrzeughalle zwei Aufenthaltsräume mit Kochbereich, zwei Ruheräume, Umkleidekabinen und der Sanitärbereich. Der erhaltene alte Teil beherbergt nun zwei Seminarräume und die Teeküche.[93]

Die abgeschlossene Baumaßnahme darf man als sichtbarstes Zeichen der jahrzehntelangen erfolgreichen Tätigkeit des Arbeiter-Samariter-Bundes in Großkrotzenburg ansehen.

Zum Zeitpunkt des Einzugs in sein neues Domizil gehörten dem ASB Ortsverband Großkrotzenburg 18 hauptamtliche, gut drei Dutzend ehrenamtliche Samariterinnen und Samariter sowie mehr als 3.000 fördernde Mitglieder an.

Auf der letzten Hauptversammlung des Ortsverbandes am 29. April 2009 konnte Vorsitzender Günter Hein eine eindrucksvolle Leistungsbilanz des ASB in Großkrotzenburg

Die neue Großkrotzenburger ASB-Wache im Herbst 2012. ASB Regionalverband Mittelhessen

vorstellen. Danach zählte man zum Jahresende 2008 erstmals mehr als 3.000 Mitglieder. Im Jahre 2008 wurden 429 Personen in Erster-Hilfe und anderen Kursen weitergebildet und insgesamt 25.863 Essen ausgeliefert, was einem Tagesdurchschnitt von 71 Menüs entspricht. Außerdem waren in Großkrotzenburg 270 Menschen an den Hausnotruf angeschlossen und die Arbeitersamariterinnen und -samariter konnten 2.275 Notfalleinsätze und Krankentransporte durchführen.[94] Es war auch der Bereich, der den weitaus größten Anteil an den Erlösen des Ortsverbands erwirtschaftete. Von den Gesamterlösen des Jahres 2005 in Höhe von 982.100 Euro entfielen auf den Rettungsdienst genau 786.500, auf den Menüservice 152.000, den Behindertenfahrdienst 28.000, die Ausbildung 12.000 und den Sanitätsdienst 3.600 Euro.[95]

VERLORENE TRADITION UND EHRENAMT

Das hier angeführte Beispiel Großkrotzenburg, das es nicht zuletzt aufgrund des langjährigen Wirkens von Günter Hein so positiv zu beschreiben galt, darf nicht darüber hinwegtäuschen, dass der Arbeiter-Samariter-Bund in der Form wie er bis 1933 im mittelhessischen Raum existierte, nicht mehr auf Dauer wiederzubeleben war.

Fahrzeuge der ehrenamtlichen Helfer des Katastrophenschutzes in Offenbach im Herbst 2012.
Maik Schneider (Homepage ASB Regionalverband Mittelhessen)

Einige Versuche in dieser Hinsicht wurden unternommen und sind fast ausnahmslos gescheitert oder wurden auf eine andere, eine regionale Basis gestellt. Der flächendeckende ASB, dessen Kolonnen gerade im Rhein-Main-Gebiet bis 1933 in vielen Arbeiterwohnsitzgemeinden ihre segensreiche und nützliche Tätigkeit auf ehrenamtlicher Basis verrichteten, gehört schon lange der Vergangenheit an. Die Gründe dafür, wie die gekappten Traditionen auf Grund der Machtergreifung durch die Nationalsozialisten, ein verändertes Freizeitverhalten, langweiliger Sanitätsdienst sowie nicht zuletzt die staatlicherseits gestiegenen Anforderungen an den Rettungsdienst, sind oben bereits erörtert worden.

Dennoch genießt das Ehrenamt im Arbeiter-Samariter-Bund weiterhin einen hohen Stellenwert, und die Mitwirkung der Ehrenamtlichen wird auch zukünftig unverzichtbar sein. Der Vorsitzende des Kreisverbandes Wetterau, Rolf Pulst, hat ihre Bedeutung für den ASB 2006 mit folgenden Worten ausgedrückt: *„Basis der Arbeit des ASB ist seit jeher das Ehrenamt. Nach und nach mussten in vielen Arbeitsbereichen Hauptamtliche beschäftigt werden, um den zeitlichen Anforderungen gerecht werden zu können. Trotzdem hat die ehrenamtliche Mitarbeit bei uns nichts an ihrer Attraktivität verloren. Qualifizierte Ausbildung, solide Vor- und Nachbereitung und fachgerechte Betreuung der Ehrenamtler sind das Markenzeichen des ASB. Die breit gefächerten Angebote unserer Landesschule in Wiesbaden und der Bundesschule in Köln* *geben einem guten Einblick. Die Zahl der Kursteilnehmer aus unserem KV ist Beleg, dass bei uns haupt- und ehrenamtliche Tätigkeit als wertvolles Miteinander angesehen wird. Die Arbeit der 120 Hauptamtlichen im KV wird durch eine gleich große Zahl hoch motivierter und gut qualifizierter Freiwilliger aus den verschiedensten Altersgruppen ergänzt bzw. vervollständigt.“*[96]

Abseits der Frage des Gewichts der ehrenamtlichen Arbeit im ASB glaubten die Verantwortlichen der regionalen ASB-Gruppierungen bereits zu Beginn des neuen Jahrtausends andere Wege beschreiten zu müssen, um im Rahmen einer größeren organisatorischen Einheit gegenüber den gewachsenen, vornehmlich wirtschaftlich schwierigeren Herausforderungen mit Hilfe der „Regionalisierung“ des Arbeiter-Samariter-Bundes in Mittelhessen bestehen zu können.

---

1 W. Müller, Illustrierte Geschichte Geschichte des Arbeiter-Samariter-Bundes 1888–1998, Köln 1998, S. 114.

2 W. Müller, Mit einem Unfall fing es an! Illustrierte Geschichte des Arbeiter-Samariter-Bundes, Wiesbaden 1988, S. 213.

3 Zitiert nach: W. Müller, Mit einem Unfall fing es an!, S. 223.

4 Laut ASB-Jahrbuch 2011/2 gehörten beispielsweise in Nordrhein-Westfalen 152.819, in Bayern 129.312, in Baden-Württemberg 137.041, in Niedersachsen 71.334 und in Hamburg 64.670 Personen dem ASB an.

5 ASB-Satzung des Arbeiter-Samariter-Bund Landesverband Hessen e. V., S. 1 und 3.

6 Arbeiter-Samariter-Bund Hessen e. V., Chronik 1913–1978, Ortsverband Offenbach. Ebenso in: Offenbach-Post vom 3.3.1953.

7 ASB-Bundesarchiv: BZA-0 Zeitungsartikel Offenbach (Offenbach-Post vom 24./25.3.1973).

8 Hermann Goltzsche (geb. 1905) übertrug 1952 sein Amt auf Friedrich Hamburger und wurde Vorsitzender des Kreisverbandes. Er war von 1956 bis 1964 Stadtverordneter der SPD-Fraktion in Offenbach.

9 Stadtarchiv Offenbach: Offenbach-Post vom 21.5.1951. Die gleiche Zeitung berief sich in einem Bericht vom 3.3.1953 auf einen Teilnehmer des Treffens, danach „war es ein Dutzend, das im Mai 1951 auch in Offenbach den Arbeiter-Samariter-Bund zu neuem Leben erweckte“.

10 Stadtarchiv Offenbach: Offenbach-Post vom 9.6.1952.

11 Stadtarchiv Offenbach: Offenbach-Post vom 12.1.1953. Siehe Dokument 31: Artikel in der Offenbach-Post vom 12.1.1953.

12 Stadtarchiv Offenbach: Offenbach-Post vom 30.6.1953.

13 Franz Kircher (1920–2007) wurde in Bürgel geboren und begann mit 14 Jahren eine Lehre als Zuschneider. Nach Krieg und Gefangenschaft in den USA war er weiterhin in der Textilindustrie tätig und später in einer Schuhfabrik. Die letzten elf Jahre bis zur Pensionierung 1983 war er bei der Stadt Offenbach beschäftigt. Kircher war zunächst begeisterter Fußballer und trat 1957 in den ASB ein. Hier leitete er bald die Samariterjugend. Von 1963 bis Anfang 1974 führte Kircher die Kolonne Offenbach als ihr Vorsitzender, danach kümmerte er sich 25 Jahre lang im Rahmen des ASB um Senioren. Quelle: Offenbacher Post vom 19.5.1987.

14 ASB-Bundesarchiv: 00-HE 003 und BZA-0 Zeitungsartikel Offenbach (Offenbach-Post vom 17.3.1980).

15 ASB-Bundesarchiv: BZA-0 Zeitungsartikel Offenbach (Offenbach-Post vom 17.3.1990).

16 ASB-Bundesarchiv: BZA-0 Zeitungsartikel Offenbach (Frankfurter Rundschau vom 5.2.1974)

17 ASB-Bundesarchiv: BZA-0 Zeitungsartikel Offenbach (Frankfurter Neue Presse vom 18.4.1975).

18 ASB-Bundesarchiv: R 0089.

19 ASB-Bundesarchiv: BZA-0 Zeitungsartikel Offenbach (Offenbach-Post vom 6.5.1968).

20 ASB-Bundesarchiv: BZA-0 Zeitungsartikel Offenbach (Offenbach-Post vom 16.10.1968).

21 ASB-Bundesarchiv: BZA-0 Zeitungsartikel Offenbach (Offenbach-Post vom 4.11.1969).

22 ASB-Bundesarchiv: BZA-0 Zeitungsartikel Offenbach (Offenbacher Post, 10. April 1979).

23 Arbeiter-Samariter-Bund Hessen e. V., Chronik 1913–1978, Ortsverband Offenbach, und ASB-Bundesarchiv: BZA-0 Zeitungsartikel Offenbach (Offenbach-Post vom 3.7.1970). Siehe auch Dokument 32: Artikel in der Offenbach-Post zum Peru-Einsatz der ASB-Kolonne Offenbach (Auszüge).

Siehe dazu auch das Zeitzeugengespräch mit Klaus Koch.

24 ASB-Bundesarchiv: BZA-0 Zeitungsartikel Offenbach (Offenbach-Post vom 5.9.1973).

25 ASB-Bundesarchiv: BZA-0 Zeitungsartikel Offenbach (Offenbach-Post vom 19.12.1978).

26 ASB-Bundesarchiv: BZA-0 Zeitungsartikel Offenbach (Offenbach-Post vom 27.7.1996).

27 Stadtarchiv Offenbach: Offenbach-Post vom 21.5.1951 und vom 9.6.1952.

28 ASB-Bundesarchiv: BZA-0 Zeitungsartikel Offenbach (Offenbach-Post vom 24./25.3.1973).

29 ASB-Bundesarchiv: BZA-0 Zeitungsartikel Offenbach (Frankfurter Neue Presse vom 18.4.1975 und Blitz-Tip vom 6.4.1978).

30 ASB-Bundesarchiv: BZA-0 Zeitungsartikel Offenbach (Offenbach-Post vom 12.9.1980). So eine Einschätzung von Dieter Dänner, der den Ortsverband Offenbach von Ende 1981 bis Anfang 1986 als Vorsitzender führte, am 1.6.2012.

31 ASB-Bundesarchiv: BZA-0 Zeitungsartikel Offenbach (Offenbach-Post vom 7.4.1988).

32 ASB-Bundesarchiv: BZA-0 Zeitungsartikel Offenbach (Offenbach-Post vom 8.11.1993).

33 ASB-Bundesarchiv: BZA-0 Zeitungsartikel Offenbach (Offenbach-Post vom 27.7.1996).

34 ASB-Bundesarchiv: BZA-0 Zeitungsartikel Offenbach (Offenbach-Post vom 30.3.1998).

35 ASB-Bundesarchiv: BZA-0 Zeitungsartikel Offenbach (Offenbach-Post vom 1.7.2003).

36 So eine Aussage des langjährigen Offenbacher ASB-Aktiven Dieter Dänner am 1.6.2012.

37 ASB-Bundesarchiv: BZA-0 Zeitungsartikel Offenbach (Offenbach-Post vom 16.10.1968).

38 ASB-Bundesarchiv: BZA-0 Zeitungsartikel Offenbach (Offenbach-Post vom 12.1.1953, 16.10.1968, 15.10.1970, 16.4.1973, 30.11.1976, Frankfurter Rundschau vom 1.12.1977, Offenbach-Post vom 19.12.1978, 18.2.1983, 29.3.1986, 8.11.1993 und 30.3.1998).

39 ASB-Bundesarchiv: BZA-0 Zeitungsartikel Offenbach (Offenbach-Post vom 1.9.1977).

40 Siehe Dokument 33: Artikel in der Offenbach-Post zum 55-jährigen Jubiläum der ASB-Kolonne Offenbach (Auszüge).

41 ASB-Bundesarchiv: BZA-0 Zeitungsartikel Offenbach (Offenbach-Post vom 7.4. und 2.5.1988).

42 Archiv ASB RV Mittelhessen: Ordner „Vorstand Protokolle von 1983 bis 1988 Offenbach" (Protokoll der Gesamtvorstandssitzung vom 31.5.1988).

43 ASB OV Offenbach: Jahreshauptversammlung vom 28.3.2006, Bericht des Vorstandes. Zur Entwicklung des Ausbildungswesens im ASB sei an dieser Stelle auf das Zeitzeugengespräch mit Dieter Dänner verwiesen.

44 Siehe dazu das Zeitzeugengespräch mit Wolfgang Reuter.

45 Frankfurter Rundschau vom 11.8.1967.

46 ASB-Bundesarchiv: BZA-0 Zeitungsartikel Wetterau (Wetterauer Zeitung vom 4.9.2007).

47 Frankfurter Neue Presse vom 10.1.1974. Siehe Dokument 35: Gründungsprotokoll des Ortsverbands Wetterau vom 1. September 1970.

48 K. Belz, 5 Jahre Arbeiter Samariter Bund in Bad Vilbel (Maschinenschrift), in: INFORM Sonderausgabe (1975).

49 ASB-Bundesarchiv: 00-HE 002.

50 ASB-Bundesarchiv: KV Wetterau, Organisationsbericht 1971.

51 K. Belz, 5 Jahre Arbeiter Samariter Bund.

52 K. Belz, 5 Jahre Arbeiter Samariter Bund.

53 Archiv ASB RV Mittelhessen: Ordner „Vorstandsprotokolle vom 01.01.1982 bis 31.12.1984" (Protokoll vom 21.9.1983).

54 Archiv ASB RV Mittelhessen: Ordner „Vorstandsprotokolle vom 01.01.1982 bis 31.12.1984 (Bericht des OV-Vorsitzenden zur Mitgliederversammlung vom 22.1.1982).

55 Frankfurter Neue Presse vom 31.8.1992.

56 Archiv ASB RV Mittelhessen: Ordner „Entstehung des OV Wetterau".

57 ASB-Bundesarchiv: BZA-0 Zeitungsartikel Wetterau (ASB Kreisverband Wetterau feierte 40-jähriges Bestehen. Seit 40 Jahren ist der Arbeiter-Samariter-Bund Kreisverband aktiv – Rückblick und Vorschau, S. 2).

58 ASB-Bundesarchiv: BZA-0 Zeitungsartikel Wetterau (Frankfurter Allgemeine Zeitung vom 8.9.2004). Statische Probleme des Projekts aufgrund des sumpfigen Untergrunds des Geländes in der Nähe der Nidda konnten nur mittels Hunderter von in die Erde getriebener Betonpfähle beseitigt werden.

59 ASB-Bundesarchiv: BZA-0 Zeitungsartikel Wetterau (Wetterauer Zeitung vom 4.9.2004)

60 Ihr ASB in der Wetterau. Hrsg.: ASB-Kreisverband Wetterau, Redaktion Andrea Weiß, Karben 2002, S. 15, und ASB-Bundesarchiv: 00-HE 002.

61 Archiv ASB RV Mittelhessen: Ordner „Presseberichte 1997" (Presseinfo vom 02.09.2007: „ASB Kreisverband Wetterau feiert 40-jähriges Bestehen).

62 ASB-Bundesarchiv: OV Gießen und OV Gießen_Stützpunkt.

63 ASB KV Wetterau: Jahreshauptversammlung am 4.4.2006, Bericht von Stefan Falke..

64 ASB-Bundesarchiv: ASB-Archivdatenbank (Ausdruck vom 8.9.2010).

65 ASB-Bundesarchiv: ASB-Rundschreiben PRS 1/54.

66 L. Weilmünster, Aus eigener Kraft. Beitrag zur Geschichte der Arbeiter-, Sport- und Kulturbewegung in Dietzenbach, Dietzenbach 1980, S. 51.

67 ASB-Bundesarchiv: 00-l/17,11 und 12.

68 L. Weilmünster, Aus eigener Kraft, S. 51.

69 ASB-Bundesarchiv: 00-l/01, 093.

70 L. Weilmünster, Aus eigener Kraft, S. 52.

71 ASB-Bundesarchiv: Protokoll der Gründungsversammlung des Ortsverbandes Pohlheim am 18.10.1985, Pohlheim-Garbenteich.

72 ASB-Bundesarchiv: BZA-0 Zeitungsartikel Gießen (Gießener Anzeiger vom 24.10.1985).

73 ASB-Bundesarchiv: BZA-0 Zeitungsartikel Gießen (Gießener Allgemeine vom 22.9.1988).

74 ASB-Bundesarchiv: 00-HE 007.

75 ASB-Bundesarchiv: BZA-0 Zeitungsartikel Gießen (Gießener Allgemeine vom 10.5.2000).

76 ASB-Bundesarchiv: OV Gießen_Stützpunkt und 00-HE 007.

77 ASB-Bundesarchiv: asb 2/89 und Hausinfo.

78 ASB-Bundesarchiv: intranet und Adressverwaltung 6/04.

79 Siehe Dokument 36: Gründungsprotokoll der Ortsgruppe Großkrotzenburg vom April 1967.

80 ASB Bundesarchiv: BZA-0 Zeitungsartikel Großkrotzenburg (Hanauer Anzeiger vom 7.3.1970).

81 ASB Bundesarchiv: BZA-0 Zeitungsartikel Großkrotzenburg (Hanauer Anzeiger vom 27.11.1998).

82 ASB Bundesarchiv: BZA-0 Zeitungsartikel Großkrotzenburg (Hanauer Anzeiger von 1977?).

83 ASB Bundesarchiv: BZA-0 Zeitungsartikel Großkrotzenburg (Hanauer Anzeiger vom 11.2.1995).

84 ASB Bundesarchiv: BZA-0 Zeitungsartikel Großkrotzenburg (Hanauer Anzeiger vom 16.4.1998).

85 ASB Bundesarchiv: BZA-0 Zeitungsartikel Großkrotzenburg (Hanauer Anzeiger vom 16.4.1998 und Main-Echo vom 10.6.2002).

86 ASB OV Großkrotzenburg: Hauptversammlung vom 29.4.2009, Bericht des Vorstandes.

87 Siehe Dokument 37: Artikel im Hanauer Anzeiger zu einem außergewöhnlichen Einsatz der Großkrotzenburger Arbeitersamariter.

88 ASB Bundesarchiv: BZA-0 Zeitungsartikel Großkrotzenburg (Hanauer Anzeiger vom 6.7.2002).

89 Archiv ASB RV Mittelhessen: Ordner „Presseberichte 1997" (Hanauer Anzeiger vom 16.4.1998).

90 Archiv ASB RV Mittelhessen: Ordner „Presseberichte 1997" (Hanauer Anzeiger vom 28.2.2002).

91 ASB Bundesarchiv: BZA-0 Zeitungsartikel Großkrotzenburg (Main-Echo vom 13.2.2002 sowie Hanauer Anzeiger vom 28.2. und 1.3.2002).

92 ASB Bundesarchiv: ZA Mittelhessen ab 2010 (Hanauer Anzeiger vom 9.10.2010).

93 ASB Bundesarchiv: ZA Mittelhessen ab 2010 (Hanauer Anzeiger vom 11.11.2011).

94 ASB OV Großkrotzenburg: Hauptversammlung vom 29.4.2009, Bericht des Vorstandes.

95 ASB OV Großkrotzenburg: Hauptversammlung vom 7.4.2006, Finaler Bericht.

96 ASB KV Wetterau: Jahreshauptversammlung 2006, Bericht des Vorsitzenden.

DER REGIONALVERBAND MITTELHESSEN HEUTE

BÜNDELUNG DER KRÄFTE

Innerhalb des Arbeiter-Samariter-Bund Landesverband Hessen führten *„Veränderungen im Sozialbereich, knappere Mittel der öffentlichen Hand und der Sozialkassen"* zu einer Diskussion, um die Kräfte zukünftig effizienter und kostensparender zu bündeln.

Im Kreisverband Wetterau sowie in den Ortsverbänden Großkrotzenburg, Marburg und Offenbach freundeten sich die Vorstände bald mit derartigen Überlegungen an.[1] Dazu gründete man einen Koordinierungsausschuss, dem Vertreter der genannten ASB-Gliederungen, ein Vertreter des Landesverbandes und nachher auch der gemeinsame

Rolf Pulst bei seiner Ansprache anlässlich des symbolischen ersten Spatenstichs für die ASB-Rettungswache in Großkrotzenburg am 8. Oktober 2010. Maik Schneider

Geschäftsführer angehörten. Als Sprecher dieser „Strategischen Führungsebene“ fungierte Helmut Trebus (Offenbach), dem Günter Hein (Großkrotzenburg) und später noch Rolf Pulst (Wetterau) als Stellvertreter zur Seite standen.[2]

Der Koordinierungsausschuss sollte im Jahr 2002 auf einer Klausurtagung ein Konzept erarbeiten, um die Arbeit in der Region neu aufzuteilen und effizienter zu gestalten. Jedoch bestand auch nach Erstellung dieses Konzeptes zur engeren Zusammenarbeit bei einzelnen Fragen noch Klärungsbedarf, wie beispielsweise bezüglich des Standortes der Telefonzentrale.[3] Doch hierbei einigte man sich rasch auf Offenbach und ging zügig weiter mit der Kooperation.

Die Argumente für die zunächst engere Zusammenarbeit und später dann die Bildung einer organisatorischen Einheit klingen in den Vorstandsberichten von Großkrotzenburg, Offenbach und Wetterau nicht nur ähnlich, sondern sie sind passagenweise identisch. Es ist darin beispielsweise davon die Rede, *„unter Ausnutzung von Synergieeffekten“* erfolgreicher agieren zu können.

Für die ASB-Gliederungen Wetterau, Offenbach, Marburg und Großkrotzenburg bedeutete dies zunächst die Einführung einer gemeinsamen Buchhaltung, die Einrichtung einer gemeinsamen Servicezentrale, die Koordination der Einkäufe für Verbrauchsmaterialien sowie die *„Abstimmung der Wirtschafts-, Stellen- und Investitionspläne“*.[4]

Gleiches wollte man hinsichtlich des Menüservices erreichen, einem Sektor der sozialen Dienstleistungen des ASB in Mittelhessen, wo man im Jahr 2005 bereits 250.000 Essen auslieferte.[5]

Außerdem richtete man die Stelle eines für alle vier Gliederungen operierenden Geschäftsführers ein.[6] Die örtlichen Vorstände blieben allerdings vorerst noch erhalten.[7]

Der neugeschaffenen Organisationsebene gab man 2006 den historisch unverbürgten aber zweckmäßigen Namen „Mittelhessen“, der ihren Tätigkeitsbereich zwischen Offenbach im Süden und Marburg im Norden kennzeichnet.

Nachdem die vier Orts- und Kreisverbände bei ihren jeweiligen Mitgliederversammlungen dem Zusammenschluss im ersten Halbjahr 2009 zugestimmt und damit den Weg zur Gründung des Regionalverbandes freigemacht hatten, wurde der „ASB Regionalverband Mittelhessen“ mit der Wahl eines gemeinsamen Vorstandes am 9. Mai 2009 dann auch vereinsrechtlich ins Leben gerufen.

Als Geschäftssitz des neuen Regionalverbandes wurde Offenbach am Main bestimmt. Zum Ersten Vorsitzenden wählte die Mitgliederversammlung den Bruchköbeler Rolf Pulst aus dem KV Wetterau.[8] Weiterhin gehörten bei der Gründung des Regionalverbandes Helmut Trebus vom OV Offenbach (Dietzenbach) als Stellvertreter, Dirk Trageser aus Offenbach, Frank Bergholz und Tobias Stenger aus Großkrotzenburg, Stefan Falke vom KV Wetterau und Dr. Thomas Spies aus Marburg diesem Gremium an. Die Geschäftsführung lag in den Händen von Holger Weiß.[9]

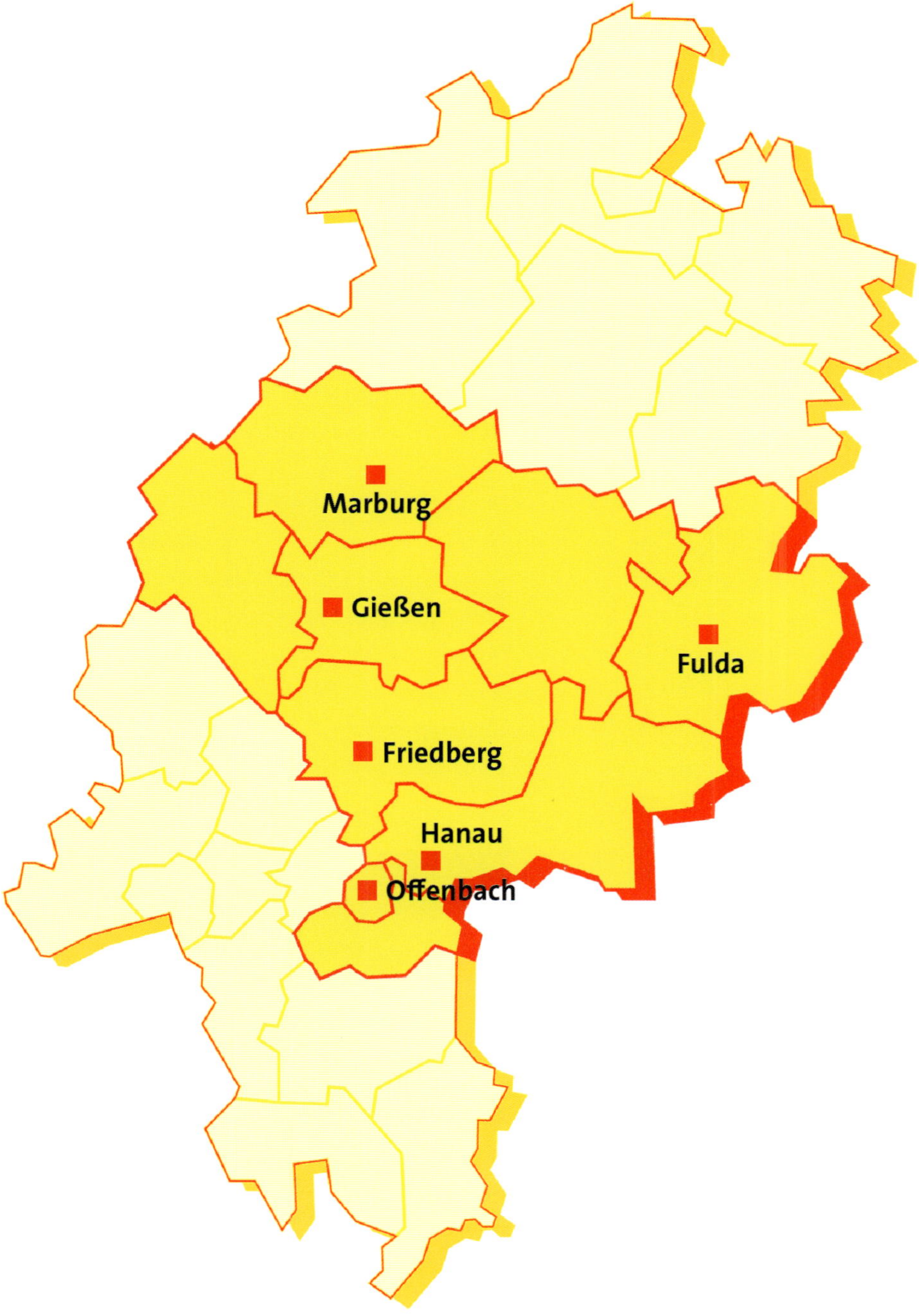

Der Bereich des ASB Regionalverband Mittelhessen 2013. In den letzten Jahren erfolgte eine Ausdehnung nach Osten und Norden.

ASB Regionalverband Mittelhessen

POSITIVE LEISTUNGSBILANZ

Ein Jahr nach der Vereinigung zum Arbeiter-Samariter-Bund Regionalverband Mittelhessen konnte der nunmehrige Gesamtvorsitzende Rolf Pulst bei der Hauptversammlung am 20. März 2010 einen positiven Rechenschaftsbericht vorstellen.

Zunächst offerierte der Vorsitzende einige statistische Angaben, die er als *„die Kernzahlen des Regionalverbandes“* bezeichnete. Demnach hatte der RV Mittelhessen zum Jahresende 2009 mehr als 30.000 Mitglieder und war damit im Rahmen des ASB, laut Rolf Pulst, *„die einzige Region in Hessen mit steigenden Mitgliederzahlen“*. Ihre Beiträge bildeten und bilden auch zukünftig die Voraussetzung, um satzungsgemäße Aufgaben durchzuführen, die nicht durch Erlöse gedeckt werden können. Darunter fallen im Regionalverband Mittelhessen in erster Linie die Kinder- und Jugendarbeit, der Katastrophenschutz, die Rettungshundestaffel und die Auslandshilfe.

Aufgrund der guten Erlöse betrug der Umsatz 2009 weit mehr als zehn Millionen Euro. Davon hatte man 800.000 € an Beiträgen und Umlagen an die übergeordneten Gliederungen, das heißt den Landesverband Hessen und den Bundesverband, abzuführen. Erwirtschaftet wurde diese Summe von mehr als 350 Hauptamtlichen, 45 Zivildienstleistenden und Tätigen im Freiwilligen Sozialen Jahr. Dazu kamen noch annähernd 250 ehrenamtliche Mitarbeiter, die wöchentlich mehr als 1000 Stunden freiwilligen Dienst im Rahmen des ASB leisteten. Der Katastrophenschutz, das Rettungshundeteam und die Schnelle Einsatzgruppe in Karben setzten sich 2009 ausschließlich aus freiwilligen Helfern zusammen.

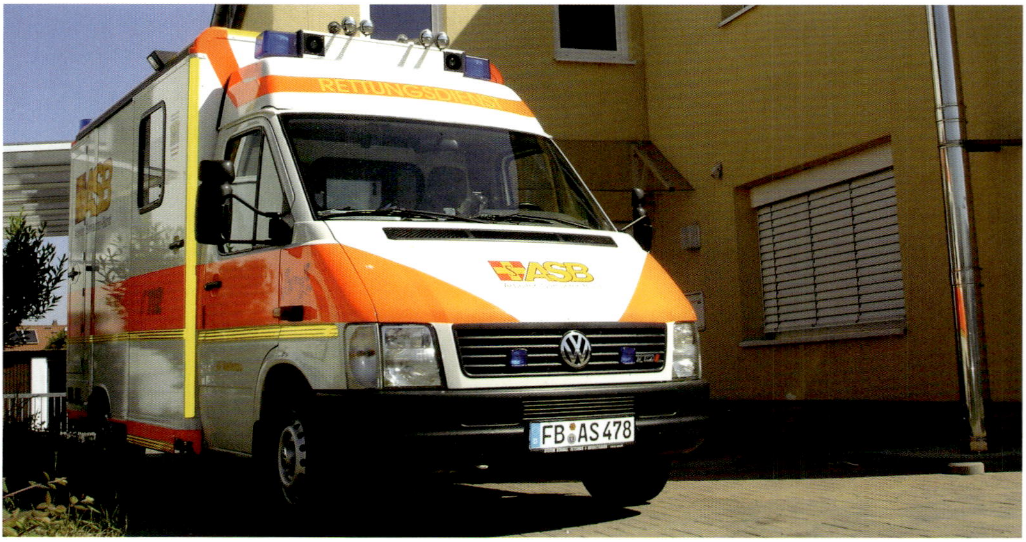

Ein Rettungstransportwagen vor der Rettungswache in Wölfersheim im Jahr 2012. ASB Regionalverband Mittelhessen

Die Rettungsdienststationen befanden sich damals wie heute an den Standorten Großkrotzenburg, Offenbach und in der Wetterau mit den Wachen in Karben, Assenheim und Wölfersheim. Der Hauptanteil der Sanitätsdienste entfiel auf den Standort Offenbach und dort vorrangig bei Veranstaltungen im „Capitol" und in der Stadthalle, bei Messen, bei Spielen des OFC sowie bei diversen Großveranstaltungen.

Den größten Umfang an Dienstleistungen im Regionalverband Mittelhessen nahmen 2009 die Altenhilfe und Daseinsfürsorge ein. Wichtige Einrichtungen hierfür sind die Sozialstation Offenbach und die Sozialstation Wetterau, die sich zurzeit noch in Nidderau befindet, aber nach Karben verlegt werden soll. Die von dort aus organisierte ambulante Pflege hatte sich sehr günstig entwickelt. Unterstützt und ergänzt wurde und wird diese Arbeit durch die seit Ende der 1990er-Jahre an unterschiedlichen Standorten bestehenden ehrenamtlichen Besucher- und Dementengruppen.

Zu den weiteren erfreulichen Entwicklungen zählte Rolf Pulst den Hausnotruf, der 2009 dank der Mithilfe der Bereitschaftsdienste an sieben Standorten in Mittelhessen besteht. *„Damit geben wir über 2.800 Kunden ein Stück mehr Sicherheit in ihrem Zuhause"*, so der Verbandsvorsitzende.

Der Seniorentreff im Offenbacher Nordend mit einem täglichen Mittagstisch sei, so der RV-Vorsitzende 2009, in den beiden Jahren zuvor *„regelrecht aufgeblüht"*.

Die vielfältige Zusammenarbeit mit Schulen wuchs mit einer enormen Geschwindigkeit. Gab es im Jahr 2007 gerade mal eine Fachkraft und 16 Nichtfachkräfte in diesem Bereich, so waren es 2009 bereits fünf Fachkräfte und 45 Nichtfachkräfte. Der ASB betreute in den verschiedenen Maßnahmen täglich knapp 400 Kinder und Jugendliche. Gut 160 dieser

Altennachmittag in der RTW-Garage in Karben im Jahr 1993. Stehend erkennt man die damalige Leiterin Soziale Dienste Inge Keller und Guntram Knop, damals Vorsitzender des ASB-Wetterau. ASB Regionalverband Mittelhessen

Dr. Thomas Spies (MdL) bei der Fachtagung zum Thema „Risikofaktor Kinderarmut" der Sozial Pädagogischen Familienhilfe (SPFH) in Marburg im Jahr 2010. ASB Regionalverband Mittelhessen

Kinder erhielten dabei ein Mittagessen. Schulsanitätsdienst fand in zehn Schulen der Region statt.

Die Sozial Pädagogische Familienhilfe (SPFH) in Marburg betreute mit acht Teilzeitmitarbeitern in der Regel zwischen 25 und 30 Familien im Landkreis Marburg-Biedenkopf.

International waren der Regionalverband respektive zuvor der Kreisverband Wetterau im Rahmen der Litauenhilfe in vielfacher Weise tätig. Als Initiatoren des schon seit 1998 bestehenden Kontakts mit Ukmergé nennt der Bericht Fritz Amann und Holger Weiß, die hierbei Unterstützung vom Wetteraukreis und dem Referat Auslandshilfe des ASB-Bundesvorstandes erfuhren. Bis November 2009 war man so in der Lage, bereits 13 Hilfstransporte ins Baltikum zu organisieren.[10]

In der Ausbildung offerierte der Regionalverband an allen Standorten die klassischen ASB-Angebote. Hierbei erwies und erweist sich die Mitwirkung von freiwilligen Mitarbeitern weiterhin als unverzichtbar. Als Besonderheit wurden in Offenbach, gemäß dem Rechenschaftsbericht, außerdem folgende Fachausbildungen angeboten:

- der Kurs „Zusatzbezeichnung Notfallmedizin" für Ärzte
- der Kurs „Intensivtransport" für Notärzte und RD-Personal
- das Seminar „Zentrale Notaufnahme/Intensivstation" für Ärzte
- Notfallausbildungen in Arztpraxen und bei Betriebsärzten.

In Karben unterrichteten 21 Ausbilder alle traditionellen Lehrgänge und bereiteten die Schulsanitäter von zehn Schulen auf ihre Aufgaben vor.

In seinen Ausführungen zum Vereinsleben hob Rolf Pulst die erfolgreiche Wiederbelebung der althergebrachten Weihnachtsfeier in Offenbach, die unter der Regie von Helmut Trebus stand, ebenso hervor wie eine Feier in Dietzenbach mit mehr als 130 Gästen, die Jahresabschlussfeier im Saalbau Schuldt in Karben, eine Feierlichkeit bei *„einem Griechen"* in Marburg sowie ein gelungenes Sommerfest und eine gut besuchte Weihnachtsfeier in Großkrotzenburg.

DER ASB NACH 100 JAHREN

Eine im Mai 2012, fast 100 Jahre nach der Gründung einer Kolonne der Arbeitersamariter in Offenbach, aufgestellte Übersicht zum ASB Regionalverband Mittelhessen und seinen Tätigkeitsfeldern vermittelt die aktuellsten Daten.[11]

Demnach zählte man im Jahr 2011 exakt 36.279 Mitglieder und verzeichnete einen Umsatz von knapp 14 Millionen Euro. Diese Summe hatten insgesamt 450 Hauptamtliche, 27 FSJ'ler, fünf junge Menschen des Bundesfreiwilligen Dienst und 250 freiwillige Mitarbeiter, die wöchentlich mehr als 1.000 Stunden ehrenamtliche Arbeit leisteten, erwirtschaftet.

Der Rettungsdienst fand weiterhin von den Standorten Großkrotzenburg, Offenbach und Wetterau mit den Wachen in Karben, Assenheim und Wölfersheim aus statt, wobei die Standorte Offenbach und Wetterau das NEF-System betreiben.

Beim Katastrophenschutz, einem Bereich der ausschließlich mit freiwilligen Helfern besetzt ist, werden vorgehalten: eine Schnelle Einsatzgruppe in Karben, ein Katastrophenschutzzug in der Wetterau und zwei Kata´s Züge in Offenbach. Einen weiteren Zug im Main-Kinzig-Kreis teilt man sich mit der Johanniter Unfallhilfe.

Eine relativ neue Einrichtung des Regionalverbandes Mittelhessen ist die Rettungshundestaffel. Sie rekrutierte sich im Mai 2012 aus sechs freiwilligen Rettungshundeteams mit zwölf Personen.

Ende Mai 2012 nahmen insgesamt 3.892 Kunden den Hausnotrufdienst des Regionalverbandes in Anspruch. Zu ihrer Betreuung waren sieben Bereitschaftsdienste an sieben Standorten beauftragt. Die Hausnotruf-Zentrale des ASB Mittelhessen arbeitet zudem für andere ASB-Verbände, sodass knapp 7.800 Kunden von der Zentrale betreut werden. Die Zahlen beim Menü-Service belegen hingegen einen Rückgang bei den Bestellungen. Diese Dienstleistung goutierten im Mai 2012 etwas mehr als 500 Kunden, die mit heißen oder tiefkühlfrischen Menüs beliefert wurden. Täglich bedeutete dies die Auslieferung von Gießen, Karben und Offenbach aus von knapp 400 Menüs plus Suppen, Desserts, Getränke, Obst und Torten.

Links: Fahrzeuge eines Katastrophenschutzzugs des ASB im Regionalverband Mittelhessen im Herbst 2012. Rechts: Petra Gerstner von der Rettungshundestaffel des ASB Mittelhessen mit ihrem Enzo. ASB Regionalverband Mittelhessen

In der Schülerbetreuung war man im Mai 2012 in 14 Schulen mit 30 Angeboten tätig. Die Leistungen (Schülerbetreuung, Hausaufgabenhilfe und Schulsozialarbeit bis hin zu einem Hort) fanden sowohl an Grundschulen, Gesamtschulen, Gymnasien als auch an einer Schule für Lernhilfe für ca. 600 Kinder und Jugendliche statt. Das Personal aus rund 80 Personen besteht aus pädagogischen Fachkräften, die von angelernten Kräften unterstützt werden. Zu den Leistungen zählt auch das Mittagessen für die Kinder.

Der Seniorentreff, der Mitte der 1980er-Jahre im Offenbacher Nordend eröffnet wurde, bietet täglich alles vom Frühstück übers Mittagessen bis zu Kaffee und Kuchen. Darüber hinaus stehen dort etliche Kursangebote und Freizeitaktivitäten zur Auswahl. Die Besucherfrequenz lag im Frühjahr 2012 bei etwa zehn bis 15 Personen pro Tag. Bei Veranstaltungen und Kursen ist der Zuspruch äußerst positiv und liegt, je nach Angebot, bei bis zu 30 bis 40 Teilnehmern.

Die Seniorenfachberatung wird in der Wetterau speziell im Auftrag der Stadt Karben durchgeführt. Darüber hinaus erhalten alle Kunden verschiedene Angebote von einer Altenhilfefachberaterin.

Die erste Kindertagesstätte (Kita) des ASB Regionalverband Mittelhessen wurde am 1. Juli 2009 in *„einem großzügig umgebauten Fabrikgebäude“* in der Frankfurter Straße in Offenbach in Betrieb genommen. Im Januar 2012 hat der Regionalverband seine zweite Kindertagesstätte in Offenbach eröffnet. Insgesamt betreuen die Mitarbeiterinnen in beiden Einrichtungen rund 100 Krippen- und 45 Kindergartenkinder.

Die Arbeiter-Samariter-Jugend im Regionalverband Mittelhessen besteht aus einer Gruppe in Offenbach mit annähernd 30 Jungsamaritern und einer kleineren Abteilung in Großkrotzenburg. Die Offenbacher Gruppe erreichte beim 3. Samaritan Contest 2010 in

Mitarbeiterinnen der im Januar 2012 eröffneten Kinderkrippe in der Andréstraße in Offenbach. Der Neubau bietet auf über 900 Quadratmeter genügend Platz, um 50 Krippenkinder aufzunehmen und zu betreuen. ASB Regionalverband Mittelhessen

Wien sowohl in der Mannschafts- als auch in der Einzelwertung durch Saskia Heublein die vordersten Platzierungen.[12] Dies gibt sicherlich Hoffnung nicht nur für den Fortbestand einer leistungsfähigen ASJ-Gruppe, sondern ebenso für einen motivierten Nachwuchs bei den ehrenamtlichen Erwachsenen.

Die vom Kreisverband Wetterau angestoßene Litauenhilfe fand unter dem Dach des Regionalverbandes ihre Fortsetzung. Bis zum Februar 2012 konnten bisher 17 Hilfstransporte starten.

In der Ausbildung ist der mittelhessische Arbeiter-Samariter-Bund an allen Standorten und sogar darüber hinaus weiter mit allen klassischen ASB-Ausbildungsangeboten präsent.

Die Bilanz der Arbeiter-Samariter-Bewegung in Mittelhessen ist eindrucksvoll. Zumal wenn man bedenkt, dass die Samariterinnen und Samariter zweimal von vorne anfangen mussten und sich beide Male zu einer potenten und einsatzbereiten Hilfsorganisation entwickeln konnten. Dabei standen die Samariterinnen und Samariter, die sich lange als Teil der Arbeiterbewegung verstanden, mehrfach in Gegensatz zur Obrigkeit und in Opposition zu bestimmten politischen Strömungen, was 1933 zum Verbot und zur langen Pause bis in die frühen 1950er-Jahre führte. Dass es der Organisation trotzdem zweimal gelang, praktisch beim Nullpunkt beginnend, zu einer allseits geachteten und funktionstüchtigen bundesweit agierenden Hilfsorganisation für Bedürftige aufzusteigen, verdient es, an dieser Stelle nochmals erwähnt und gewürdigt zu werden.

Am Ende des Jahres 2011 gab es einen Führungswechsel an der Spitze des Regionalverbandes. Der Geschäftsführer Holger Weiß befand sich, laut einer Auskunft des ASB-Landesgeschäftsführers Jörg Gonnermann gegenüber der „Frankfurter Rundschau", *„aus gesundheitlichen Gründen nicht im Dienst"*. Der Vorsitzende Rolf Pulst trat von seinem Amt

Die Sieger des Landesjugendwettbewerbs der Arbeiter-Samariter-Jugend aus Offenbach vertraten Hessen 2011 beim Bundeswettbewerb in Kiel.
ASB Regionalverband Mittelhessen

zurück. Weiterhin ist in dem Artikel von einer *„finanziellen Schieflage“* des Regionalverbandes die Rede. Nach Angaben Gonnermanns habe man bereits seit Ende 2010 die finanziellen Probleme beim Regionalverband gesehen, die bis zum Herbst 2011 auf ein Defizit von knapp einer Million Euro angewachsen seien. Aufgrund dieser Situation installierte der Landesverband einen Sanierungsbeirat, der sich zur Aufgabe gestellt hat, die wirtschaftliche Situation des ASB Regionalverband Mittelhessen zu konsolidieren.[13]

Seit der letzten Jahreshauptversammlung am 10. November 2012 führt Marcus Schönbach aus Offenbach den Regionalverband. Als Zweiter Vorsitzender agiert Helmut Trebus. Dr. Thomas Spies, Tobias Stenger, Dirk Trageser, Klaus März, Dominik Duttiné und Stefan Falke komplettieren den Vorstand. Im Mai 2012 übernahm Ulrich Müller die Geschäftsleitung.

1 Siehe Dokument 38: Bericht in der Homepage ASB RV Mittelhessen: Jahreshauptversammlung Wetterau vom 19.4.2002.

2 ASB OV Großkrotzenburg: Hauptversammlung vom 29.4.2009, Bericht des Vorstandes.

3 Archiv ASB RV Mittelhessen: Ordner „Wetterau Vorstandsprotokolle, Einladungen, Sonstiges 2001“ (Protokolle vom 10.10. und 14.12.2001).

4 ASB OV Großkrotzenburg: Hauptversammlung vom 29.4.2009, Bericht des Vorstandes.

5 ASB OV Offenbach: Jahreshauptversammlung vom 28.3.2006, Bericht des Vorstandes.

6 Archiv ASB RV Mittelhessen: Ordner „Pressespiegel 7/07 bis 5/08“ (Presseinfo vom 02.09.2007: Holger Weiß, ASB Kreisverband Wetterau feiert 40-jähriges Bestehen).

7 Archiv ASB RV Mittelhessen: Ordner „Pressespiegel 7/07 bis 5/08“ (Presseinfo vom 02.09.2007: Holger Weiß, ASB Kreisverband Wetterau feiert 40-jähriges Bestehen).

8 ASB Bundesarchiv: 00-HE 003.

9 Siehe Dokument 39: Bericht in der Homepage des ASB RV Mittelhessen vom 20.7.2009.

10 Siehe dazu das Zeitzeugengespräch mit Fritz Amann.

11 Die nachfolgenden Angaben stammen von Sofia Samartzi (ASB-Geschäftsführung Offenbach) und wurden am 25.6.2012 übermittelt.

12 Siehe Dokument 40: Homepage ASB RV Mittelhessen: Bericht vom 23.8.2010.

13 Frankfurt Rundschau vom 30.11.2011.

QUELLEN ZUR GESCHICHTE DES ARBEITER-SAMARITER-BUNDES

DOKUMENT 1

„Einladung zum Lehrkursus über die Erste-Hilfe bei Unglücksfällen" in der Berliner Volkszeitung vom 20. November 1888

Unterzeichnete beabsichtigen, in den Wintermonaten einen Lehrkursus über die Erste-Hilfe bei Unglücksfällen von einem Arzt zu veranstalten. Zur Teilnahme werden insbesondere die Zimmerleute, Maurer und Bauarbeiter sowie alle Arbeiter, welche sich für die Sache interessieren, ergebenst eingeladen. Diejenigen, welche geneigt sind, sich daran zu beteiligen, werden ersucht, ihren Namen, Stand und Wohnung auf die jetzt herumgehenden Listen zu setzen, damit, sobald eine größere Anzahl von Personen zusammen ist,

Berliner Samariterinnen und Samariter vor ihrem ersten Sanitätszelt um 1900. Archiv des ASB-Bundesverbandes

dieselben per Karte eingeladen werden können. Zur Deckung der Unkosten (Verbandmaterial, Porto usw.) ist ein einmaliger Betrag für den ganzen Kursus von 25 Pfennigen zu bezahlen. Ausgefüllte Listen müssen an einen der Unterzeichneten gesandt werden. Die Meldungen können bei den nachstehenden Herren des Abends erfolgen.

Der fortgeschrittenen Zeit wegen bitten wir die Meldungen möglichst beschleunigen zu wollen.

Gustav Dietrich, Zossener Straße 31
Josef Schmidt, Lausitzer Straße 3

Übernommen aus: Wilhelm Müller, Illustrierte Geschichte des Arbeiter-Samariter-Bundes 1888–1998, Köln 1998, S. 11.

DOKUMENT 2

Der „Vorwärts" vom 6. August 1899 zum Einsatz der Arbeiter-Samariter-Kolonne beim Sängerfest am Weißensee

Es wäre ungerecht, wollten wir nicht einer Einrichtung der Berliner Arbeiterschaft gedenken, die sich auch hier wieder vortrefflich bewährte. Wir meinen die Arbeiter-Samariter-Kolonne, die mit zwei Lazarettzelten ausgerüstet unter der Leitung zweier Ärzte unermüdlich einsprang, wo es Hilfe zu leisten gab. Die Kolonne wird in 30 Fällen in Anspruch genommen, besonders hatte das leidige starke Schnüren unter der Damenwelt verschiedene Opfer an Ohnmachtsfällen gefordert. Die vorzüglich organisierte Institution der Samariter verdient entschiedenste Beachtung und Förderung in der Berliner Arbeiterschaft.

Übernommen aus: Wilhelm Müller, Mit einem Unfall fing es an! Illustrierte Geschichte des Arbeiter-Samariter-Bundes, Wiesbaden 1988, S. 40.

DOKUMENT 3

Dr. Kretschmann aus Dresden erläutert 1905 in einem Zeitungsartikel die Aufgaben der Arbeiter-Samariter-Kolonnen

Zunächst ist durch die Mitglieder bei plötzlichen Unglücksfällen die erste sachgemäße Hilfe zu bringen, und zwar unentgeltlich. Es bedarf wohl keiner näheren Ausführungen,

Das erste Lehrbuch des Arbeiter-Samariter-Bundes erschien 1914.
Es wurde von dem Dresdner Arzt Dr. Kretschmann verfasst.

Archiv des ASB-Bundesverbandes

daß es als selbstverständliche Pflicht eines Samariters gilt, jedem Hilfe zu leisten, ganz gleichgültig, welchem Stande, welcher Nation oder Partei der Verletzte angehört. Die Kolonnen verfolgen also rein humanitäre Ziele. Die Arbeiter selbst sind infolge ihrer Beschäftigung in gefahrvollen Betrieben besonders häufig Unfällen ausgesetzt und werden wegen der finanziellen Verhältnisse am schwersten unter den Unfallfolgen zu leiden haben. Ist schon während der Erkrankung in der Familie des Verletzten Schmalhans Küchenmeister, so wird die Not am größten, wenn infolge des Unfalls fürs ganze Leben ständig Erwerbsunfähigkeit eintritt. Die Rente reicht in den meisten Fällen eben hin, um vor dem Verhungern zu schützen. Für die Familie kann bei dem jetzigen teuren Lebensunterhalt von der Rente nichts übrigbleiben. Es ist deshalb ganz natürlich, daß gerade die Arbeiter das größte Interesse an der Verhütung von Unglücksfällen haben.

Der Name Arbeiter-Sanitäts- bzw. Samariter-Kolonne ist gewählt worden, weil die Mitglieder fast alle aus Arbeiterkreisen stammen, und die Kolonnen der gesamten Arbeiterschaft bei ihren Veranstaltungen, wie Versammlungen, Vorträge jeder Art, bei denen oft ungeheure Menschenmassen zusammenkommen, ferner bei Ausflügen, Turn- und anderen Festen, zur Verfügung stehen.

Bei jedem Massenunglück können sofort auf telefonische Benachrichtigung 40 Mitglieder vollständig ausgerüstet in kürzester Zeit zur Stelle sein. Jedenfalls ist es so in der Arbeiter-Samariter-Kolonne Dresden. Diesen Mitgliedern ist von ihren Arbeitgebern genehmigt, auf obige Benachrichtigung hin sofort die Arbeit zu verlassen. Die Kolonnen veranstalten in jedem Jahr mehrmonatliche Unterrichtskurse, jeden Monat mehrstündige Übungen im Vereinslokal und im Jahre wenigstens einmal eine große Übung im Gelände, alle unter Leitung eines Arztes. Am Schluß eines jeden Unterrichtskurses werden die Teilnehmer vom Arzt geprüft, außerdem wird vom Arzt der Kolonne alljährlich ein Vortrag über Krankenpflege mit Demonstrationen gehalten, zu dem die Angehörigen der Mitglieder, hauptsächlich die Frauen, besonders eingeladen werden. In den Übungsabenden werden vom Arzt die Hilfeleistungen der Mitglieder bei schweren und komplizierten Unglücksfällen oder auch andere einschlägige, von den Mitgliedern gewählte medizinische Themata besprochen. Besichtigungen von Anstalten, z. B. des Königlich-medico-mechanischen-Instituts oder die Desinfektionszentrale bieten den Mitgliedern willkommene und lehrreiche Abwechslung.

Einige wichtige Bestimmungen für die Mitglieder dürfen nicht unerwähnt bleiben: Alle Personen beiderlei Geschlechts, die das 18. Lebensjahr erreicht haben, können am Kurse teilnehmen und werden nach bestandener Prüfung auf ihren Wunsch in die Kolonne aufgenommen. Die Mitglieder dürfen nur die Erste Hilfe leisten, keine Weiterbehandlung übernehmen. Sie müssen den Verletzten an einen Arzt weisen oder im Bedarfsfall dahin transportieren. Mitglieder, welche die erworbenen Kenntnisse zu ihrem Privaterwerb benützen, ebenso die, die durch ihr Verhalten die Interessen der Kolonne schädigen und den Statuten zuwiderhandeln, werden ausgeschlossen.

Übernommen aus: Wilhelm Müller, Mit einem Unfall fing es an! Illustrierte Geschichte des Arbeiter-Samariter-Bundes, Wiesbaden 1988, S. 49.

DOKUMENT 4

„Aufruf an die deutsche Arbeiterschaft", August 1914

Arbeiter, Arbeiterinnen!
Partei- und Gewerkschaftsgenossen!

Tausende von Vätern, Söhnen und Brüdern sind in den Krieg gezogen und abertausende werden noch folgen, um unser Vaterland gegen neidische Nachbarn zu verteidigen. Tausende von Familien bleiben zurück, ihrer Ernährer beraubt. Tausende von Müttern wird nun alltäglich die Sorge um Arbeit und Brot wegführen von Haus und Herd, und tausende kleiner Kinder werden tagsüber der hütenden Hand und liebevollen Wartung ihrer Mütter entraten müssen.

Der Weltkrieg ist entbrannt.

„Es ist grauenvoll, diesen weltgeschichtlichen Wahnsinn bis in seine letzten Konsequenzen auszudenken." So schrieb eine bürgerliche Zeitung. Wir können ihr nur rückhaltlos zustimmen.

Milliardenwerte und unabsehbare Kulturgüter, millionenfache Menschenkräfte und unabwägbares Menschenglück werden jetzt einem Vernichtungswerk geopfert, dem an gigantischer Größe kein gleiches in der Weltgeschichte zur Seite zu stellen ist. Söhne unseres Volkes, darunter viele Freunde unserer Sache, sind es, die das blutige Ringen ausfechten müssen.

Möge nun dieses allgemeine Völkermorden so schnell wie möglich ein Ende nehmen, damit alle Kräfte wieder friedlicher Menschheitskultur, vor allem aber der edlen Befreiungsarbeit dienstbar gemacht werden können.

Schon sind Tote und Verletzte auf dem Schlachtfelde geblieben. Noch stehen uns große Kämpfe bevor, bei denen ebenfalls Tote und Verletzte massenweise produziert werden. Da ist es die heiligste Pflicht aller derjenigen, die zuhause geblieben sind, mitzuhelfen, den Verwundeten ihre schreckliche Lage zu erleichtern. Überall gilt es zu helfen, die freiwillige Kriegskrankenpflege in ihren Aufgaben zu unterstützen. Wir fordern alle Arbeiter und Arbeiterinnen auf, besonders aber diejenigen, die schon früher unseren Kolonnen angehört haben, sich diesen zur Verfügung zu stellen. Jede Person, ganz gleich, ob weiblich oder männlich, kann gebraucht werden.

Tue jeder seine Menschen- und Samariterpflicht, um in diesen schweren Tagen unseren Arbeitsbrüdern, helfend, lindernd zur Seite zu stehen.

Quelle: Der Arbeiter-Samariter, Mitte August 1914, Sondernummer (ASB-Bundesarchiv).

DOKUMENT 5

„Wie gründet und leitet man Arbeiter-Samariter-Kolonnen?" Hrsg. vom ASB-Bundesvorstand in Berlin, um 1920, Seite 4

Die Organisationen des Roten Kreuzes dagegen unterschieden sich grundsätzlich von der Organisation des Arbeiter-Samariter-Bundes.

Während dieser seine ganze Tätigkeit von vorneherein ausschließlich auf Friedensarbeit einstellte, waren die Organisationen des Roten Kreuzes ebenso ausschließlich auf den Krieg gerichtet. Damit verbanden sie naturgemäß eine durchaus militaristische und nationalistische Geistesrichtung, die es allein schon jedem modern denkenden Arbeiter unmöglich macht, in diesen Reihen zu wirken, da dann von ihm eine vaterländische, königstreue und christliche Besinnung verlangt wurde.

Während die Kolonnen des Arbeiter-Samariter-Bundes unter ihren selbsterwählten Führern arbeiten und nur auf tüchtige Leitungen, werden die Organisationen des Roten Kreuzes in der Mehrzahl von mehr oder minder bestellten Würdenträgern beherrscht, die auf Äußerlichkeiten, wie Parademarsch, Litzen und Medaillen großen Wert legen.

Diese Gegensätze führten zu einer äußerst scharfen Bekämpfung des Arbeiter-Samariter-Bundes seitens der Roten Kreuz Organisationen und der hinter ihnen stehenden Behörden jeder Art. Selbst während des Krieges wussten die Organe des Roten Kreuzes die Tätigkeit unserer Kolonnen ohne Rücksicht auf das Gemeinwohl an den meisten Orten zu unterbinden.

Doch selbst die rücksichtslosesten Unterdrückungsversuche konnten den Idealismus des Arbeiter-Samariters nicht töten und so wuchs unsere Organisation zu der heutigen Stärke an.

Quelle: PDig 011 (ASB-Bundesarchiv).

DOKUMENT 6

Der Arbeiter-Samariter-Marsch von Paul Michel, Breslau.
Melodie: „Die Arbeitsmänner"

Wir sind das Samariterkorps
vom Proletariat,
Wir ringen uns ans Licht hervor,
wir schreiten kühn zur Tat
und schwören wiederum aufs neu
dem Arbeitsvolke Hilf' und Treu.
:,: Wir wollen Samariter
stets unseren Brüdern sein. :,:

Das weiße Kreuz im roten Feld
ist unsers Bund's Panier,
es flattre stolz durch alle Welt,
nur nicht im Kriegsrevier.
Denn nicht bei Krieg und Brudermord
hat unsre Fahne ihren Hort.
:,: Nur auf dem Arbeitsschlachtfeld
soll weh´n sie durch das Land. :,:

Wir wollen nicht erkennbar sein
an Uniform und Tand,
dem Volk stets unsre Hilfe weih'n
ohn' jedes Trunkgewand.
An jedem Ort, zu jeder Zeit
sind wir zur Ersten Hilf' bereit.
:,: Soll uns als Samaritern
stets heiliger Wahlspruch sein. :,:

Arbeiter-Samariter-Bund
Frei Hilf! Allzeit voran!
Ist das auf unsren Erden rund
der Freiheit Geist bricht Bahn.
Dann werden Krankheit, Not und Pein
ein seltener Gast beim Volke sein.
:,: Drum woll'n wir für Befreiung
des Geistes Streiter sein. :,:

Quelle: Der Arbeiter-Samariter 4/1925, S. 46 (ASB-Bundesarchiv).

DOKUMENT 7

Satzung des Arbeiter-Samariter-Bundes e.V.,
beschlossen auf dem 7. Bundestag zu Berlin, Ostern 1925 (Auszüge)

§ 2

a. Der Zweck des Bundes ist die Hebung und Förderung des Arbeiter-Samariter-Wesens, insbesondere bei Unglücksfällen und plötzlich auftretenden Erkrankungen Erste Hilfe zu leisten sowie auf dem Gebiete der Krankenpflege und der sozialen Fürsorge tätig zu sein. Außerdem will der Arbeiter-Samariter-Bund auf dem Gebiete des gesamten Gesundheitswesens unterstützend, fördernd und umgestaltend tätig sein.

b. Durch diese Arbeit wird der Arbeiter-Samariter-Bund vor allem dem schaffenden Volke in gesundheitlicher Beziehung sowie auf allen Gebieten der Volkshygiene Berater und Mitkämpfer sein.

§ 16

I.

a) Der Vorstand besteht aus dem 1. Vorsitzenden, dem technischen Leiter, dem Kassierer, dem Schriftführer, dem Materialverwalter, den Beisitzern sowie drei Revisoren, die nicht zum Vorstand gehören.
b) Der Vorstand kann, je nach den örtlichen Verhältnissen, verringert oder erweitert werden.
c) Die Wahl des Vorstandes und der Revisoren erfolgt in der Jahreshauptversammlung; diese findet zu Anfang des Geschäftsjahres statt.

II.

Aufgaben der Kolonnen sind:
a) Verbreitung des Wissens in der Ersten Hilfeleistung in weiten Kreisen der Bevölkerung.
b) Verbreitung der für die Hauskrankenpflege und Hygiene nötigen Kenntnisse.
c) Die Belehrung und Bildung der Mitglieder auf allen Gebieten der Wohlfahrtspflege.
d) Stellung von Wachen und Errichtung von Unfallstationen bei großen öffentlichen Anlässen sowie auf Anforderung seitens der Behörden, Organisationen usw.
e) Hilfeleistung bei Unglücksfällen und plötzlichen Erkrankungen.
f) Die Stellung von Haus- und Krankenpflegepersonal.
Außerdem steht noch, dass in Zusammenarbeit mit den Betriebsräten dafür zu sorgen ist, dass auf jeder Arbeitsstätte mindestens ein Samariter vorhanden ist und dass Missstände im Bereich des Arbeitswesens der Arbeitsproduktion abzustellen sind. Außerdem wird als Aufgabe definiert: Übernahme von Krankentransporten sowie Bestätigung auf allen Gebieten der Volkswohlfahrt in gesundheitlicher, fürsorglicher und hygienischer Beziehung. Als letztes wird gefordert, dass Statistiken über die gesamten Tätigkeiten zu führen sind.

Quelle: Satzung des Arbeiter-Samariter-Bundes von 1925 (ASB-Bundesarchiv).

Der ASB-Bundesvorsitzende Theodor Kretzschmar mit seiner Sekretärin Hilde Koch in der Bundeszentrale in Chemnitz zu Ende der zwanziger Jahre. Archiv des ASB-Bundesverbandes

DOKUMENT 8

ASB-Bundesvorsitzender Theodor Kretschmar zum neuen Jahr 1931 (Auszüge)

Dass der Arbeiter-Samariter-Bund auch noch von bürgerlicher Seite, ja sogar noch von Behörden bekämpft wurde, sei nur nebenbei bemerkt. Einen besonders willkommenen Anlaß, den Arbeiter-Samariter-Bund herunterzureißen, boten die Reichstagswahlen. Hier hatten einige Zeitungen, an der Spitze die „Leipziger Neuesten Nachrichten", herausgesteckt, daß die gerade zur Zeit der Reichstagswahlen stattfindenden Sammlungen des Bundes bzw. deren Erlöse der Sozialdemokratischen Partei zu Wahlzwecken zur Verfügung gestellt würden. (...) Als ganz besonders neuer Feind des Arbeiter-Samariter-Bundes ist speziell im letzten Jahre die nationalsozialistische „Arbeiterpartei" zu verzeichnen. Auch diese hat in der Wahlzeit in ihren eigenen und in bürgerlichen Zeitungen vor dem marxistischen Arbeiter-Samariter-Bund gewarnt. Ganz speziell aber zu der Zeit unserer Sammlungen wurde das Bürgertum darauf hingewiesen, den Arbeiter-Samaritern nichts zu geben, da sie die Sanitäter der Bürgerkriegsparteien seien. Bei dieser Gelegenheit soll einmal ganz besonders darauf hingewiesen werden, daß gerade die Nationalsozialisten sehr oft die Hilfe der Arbeiter-Samariter in Anspruch nehmen mußten. Denn wer die Zeitungsberichte liest, wird ja tagtäglich Prügeleien zwischen Kozis und Nazis feststellen müssen, wo es nur zu oft beiderseits blutige Köpfe gibt. Die Arbeiter-Samariter haben bislang nach keiner Parteizugehörigkeit der Verletzten gefragt und werden es auch für die Zukunft nicht tun. Sie werden sich allerdings nicht selbst in Gefahr bringen, wie es leider vorgekommen ist, da sie aufgrund ihrer Bereitwilligkeit zur Hilfeleistung selbst noch mit in die Holzerei hineingezogen wurden. Daß es die Nationalsozialistische Partei fertig gebracht hat, die Arbeiter-Samariter als, Zitat „vertiertes Gesindel" zu bezeichnen, soll ihnen zu ganz besonderer Ehre angerechnet werden. Vermerkt sei aber, daß sich die Arbeiter-Samariter der Nationalsozialistischen Arbeiterpartei in ihrer Gesamtheit nicht zur Verfügung stellen werden. Das wird naturgemäß auch nicht notwendig sein, weil ja bei allen Umzügen und Versammlungen die Kolonnen des Roten Kreuzes vorhanden sind und die ja jederzeit von den Nazis empfohlen werden.

Quelle: Der Arbeiter-Samariter 1/1931 (ASB-Bundesarchiv).

DOKUMENT 9

Rundschreiben des Bundesvorstandes an alle Funktionäre im Arbeiter-Samariter-Bund vom 23. Februar 1933

Rundschreiben Nr.6/1933. Chemnitz, den 23. Februar 1933.
Kr./C.

Werte Genossen,

die politischen Verhältnisse der jetzigen Zeit veranlassen den Bundesvorstand, sich an die gesamten-Funktionäre des Bundes zu wenden. Vor allen Dingen macht der Bundesvorstand darauf aufmerksam, daß sowohl unsere Funktionäre als auch die Mitglieder des Bundes sich in jeder Form, solange sie sich im Dienst befinden und Dienstkleidung tragen, neutral zu verhalten haben. Unsere Genossen dürfen sich auf keinen Fall bei derartigen Gelegenheiten in politische Dinge einlassen. Sie dürfen sich auch nicht provozieren lassen, aber auch nicht selbst provozieren. Bei etwaigen Schlägereien haben unsere Genossen nicht eher einzugreifen, bis der Streit geschlichtet ist und sie ohne Gefahr die Verletzten bergen können.

Wir machen darauf aufmerksam, daß neben dem Bundesabzeichen keinerlei politische Abzeichen getragen werden dürfen, um der Bevölkerung keine Veranlassung zu geben, uns als eine politisch einseitig eingestellte Organisation anzusehen.

Dienste bei Umzügen und Demonstrationen sollen, soweit wie es die Zahl der vorhandenen Samariter und die Länge des Umzugweges gestatten, in Form von fliegenden Wachen versorgt werden. Eine Begleitung des Zuges in Marschform links neben den Zugteilnehmern gestattet dem Techniker nicht die notwendige Übersicht über das Verhalten seiner Mitglieder. Er muß aber in der heutigen Zeit alle Genossen fest in seiner Hand behalten. Wir ersuchen deshalb, entsprechende Umstellung der Diensteinteilung zu treffen.

Die fliegenden Wachen sind am zweckmäßigsten an neutralen Orten, in Schulen, Wirtschaften, die für die zu errichtende Station besondere Eingänge besitzen, und ähnlichen Lokalitäten einzurichten.

Bei den Wahldiensten sind für die Wahltransporte unabhängig von den Wahllokalen der politischen Parteien die Transportstationen zu errichten und einheitlich von der technischen Leitung der Kolonnen zu verwalten. Im Übrigen verweisen wir nochmals auf die Dienstordnung und die Erweiterungen, die wir im Laufe des vorigen Jahres bekanntgegeben haben.

Geldangelegenheiten: Es laufen tagtäglich Anfragen bei uns ein, wie sich die Kolonnen, Bezirke und Kreise mit der Anlegung ihres Geldes verhalten sollen. Genossen, die einzige, beste und sicherste Anlage ist die beim Bund. Der Bund legt keine Kapitalien an, sondern investiert diese Gelder in Material. Die Gelder sind in der Bundesgeschäftsstelle nicht nur am sichersten aufgehoben; sie werden auch noch am besten verzinst und da die Kolonnen, Bezirke und Kreise ständig Material benötigen, kann die Zinsabhebung durch Bezug von Material erfolgen. Etwaige Einzahlungen ersuchen wir auf unser Postscheckkonto Leipzig Nr. 9990, an die Bank der Arbeiter, Angestellten und Beamten, Nr. 6216 oder an die Chemnitzer Girobank Nr. 1071 vorzunehmen. Der Bundesvorstand erwartet, daß alle Mitglieder und Funktionäre nach wie vor sich zu jeder Zeit in Dienstbereitschaft halten.

Mit Frei Hilf
Der Bundesvorstand
i. A. Th. Kretzschmar, Eugen Richter, Erich Dunkel.

Quelle: G 15 Friedberg O 344 (Hessisches Staatsarchiv Darmstadt).

DOKUMENT 10

An die Mitglieder des Arbeiter-Samariter-Bundes!, April 1933

Durch die Umgestaltung der politischen Verhältnisse im Deutschen Reiche in der letzten Zeit ist vielfach die Meinung aufgetaucht, daß auch der Arbeiter-Samariter-Bund eine politische Organisation sei und es ist vorgekommen, daß einzelne unserer Kolonnen das Arbeiten unmöglich gemacht wurde; in einigen Fällen ist sogar das Kolonnenmaterial beschlagnahmt worden.

Der Arbeiter-Samariter-Bund war zu keiner Zeit eine politische Organisation. Seine ganze Tätigkeit war und ist eingestellt auf neutraler Grundlage. Das ganze Streben des Arbeiter-Samariter-Bundes ging dahin, allen Menschen, gleichgültig, welchen Standes oder sonstiger politischen oder religiösen Einstellungen, im Falle der Gefahr zu helfen und beizustehen. Sein höchstes Streben war, insbesondere die gesundheitlichen Belange der Arbeiterschaft wahrzunehmen und für die Förderung der Volksgesundheit einzutreten. Daß der Arbeiter-Samariter-Bund auf diesem Gebiet Außerordentliches geleistet hat, beweisen seine Jahresberichte und statistischen Aufzeichnungen zur Genüge.

Wir halten unsere Mitarbeit auf gesundheitlichem Gebiet in der heutigen Zeit des Neuaufbaues notwendiger denn je. Die ungeheure Arbeitslosigkeit der letzten Jahre hat es bewirkt, daß die gesundheitlichen Verhältnisse, ganz besonders des arbeitenden Volkes, gelitten haben und in der kommenden Zeit werden sich die Folgen um so mehr bemerkbar machen.

Da der Arbeiter-Samariter-Bund in der ganzen Zeit seines 24-jährigen Bestehens von keiner politischen Partei abhängig war, konnte er sich voll und frei entfalten und nur seine Tätigkeit leben. Dieses hohe und hehre Ziel soll uns auch für die Zukunft vorschweben und wir erklären hier ganz offen, auch unter der neuen Staatsführung uns vorbehaltlos an dem Wohlergehen des deutschen Volkes und der deutschen Nation und an der Mitarbeit zur Gesundhaltung des deutschen Volkes zu betätigen.

Wir erwarten von unserer gesamten Mitgliedschaft, daß sie ihre Tätigkeit nach wie vor in vollem Maße und in neutraler Weise ausübt und daß es nach wie vor Unterschiede in der Behandlung erkrankter und verletzter Menschen nicht geben kann. Wir wollen nach besten Kräften mitarbeiten, um die schwere Not unseres Volkes und damit auch die gesundheitlichen Schäden überwinden zu helfen. In diesem Sinne befinden wir uns im Voraus mit unseren Mitgliedern im Einverständnis.

Der Bundesvorstand des ASB.

Quelle: Der Arbeiter-Samariter 4/1933, S. 31 (ASB-Bundesarchiv).

DOKUMENT 11

Rundschreiben des Bundesvorstands an alle Funktionäre im ASB vom 24. April 1933

An alle Kolonnen- Bezirks- und Kreisvorstände im A.S.B.
Werte Bundesgenossen!
Betr.: Maifeier 1933.

Wie aus Zeitungsaufrufen und Bekanntmachungen der Reichsregierung und aller Länderregierungen hervorgeht, ist der

1. Mai zum Nationalfeiertag erhoben.

Es werden alle Bevölkerungsschichten zur Teilnahme an der Maifeier aufgerufen. Auch der Bundesausschuß des A.D.G.B. ruft die Gewerkschaften zur Teilnahme auf.

Es werden demnach an allen Orten außergewöhnliche Menschenansammlungen zu erwarten sein. Dies umso mehr, wenn das Wetter am 1.Mai günstig sein sollte. Nach unseren Erfahrungen aus früheren Jahren sind bei solchen Massenansammlungen Ohnmachtsanfälle in größerer Zahl, aber ebenso plötzliche Erkrankungen oder Unglücksfälle zu erwarten.

Der Bundesvorstand des A.S.B. hält es für seine Pflicht, seine Bundeskolonnen und deren Mitglieder für diesen Tag zum Dienst bereitzustellen. Soweit die Kolonnen von der N.S.D.A.P. nicht selbst angefordert worden sind, ersuchen wir unsere Funktionäre, ihre Dienste anzubieten, und zwar dem obersten Führer der N.S.D.A.P. am Orte. Wo unseren Kolonnen das Material beschlagnahmt wurde, muß gleichzeitig um Freigabe ersucht werden. Der Bundesvorstand erwartet, daß alle Bundesmitglieder ihre Pflicht tun, so wie wir erwarten, daß man unsere. Hilfe annehmen wird.

Verhandlungen mit der Regierung:

Am 28.April ds. Js. ist eine Verhandlung bei dem Herrn Staatskommissar für das Medizinalwesen in Preußen anberaumt, an der der Bundesvorstand des A.S.B. teilnehmen wird. In dieser Verhandlung soll über die Zulassung des A.S.B. verhandelt werden. Der Bundesvorstand hofft, daß an diesem Tage ein endgültiges Resultat heraus kommt. Nach unserer Information wird vom Reichsministerium des Innern die Auflösung des Bundes nicht erstrebt. Gegen Beschlagnahmungen in einzelnen Orten oder gar Auflösungen von Kolonnen läßt sich z.Zt. nichts unternehmen. Trotz allem ersuchen wir unsere Funktionäre, auch in solchen Orten sich zum Dienst bereitzustellen. Sobald ein Resultat über die Verhandlung vorliegt, erhalten unsere Kolonnen sofort Mitteilung.

Zeitung für Monat Mai:

Eine Zeitung für den Monat Mai werden wir aus Ersparnisgründen nicht herausbringen. Sobald eine neue. Regelung über die Wiederzulassung des Bundes im allgemeinen stattgefunden hat, wird sich der Bundesvorstand mit der Wiederhausbringung der

Zeitung beschäftigen, da diese bis jetzt immer noch das beste Bindeglied zwischen Mitglieder, Kreis- und Bundesleitung war. Aber nicht nur das, die Zeitung soll auch für die Zukunft als belehrendes Organ für unsere. Mitglieder gelten.

Beitragszahlung:

Wir weisen nochmals darauf hin, daß Beitragszahlungen nach wie vor weitergehen müssen. Soweit die Kolonnen noch nicht abgerechnet haben, ersuchen wir, dieses sofort zu tun. Wenn der Bund durch die besonderen Verhältnisse in Schwierigkeiten gekommen ist, so müssen unsere Mitglieder erst recht ihre Treue zum Bunde dadurch bezeugen, daß sie ihren finanziellen Verpflichtungen nachkommen.

Die Hilfe des A.S.B. wird für die Zukunft genau so notwendig sein, wie in der Vergangenheit. Der A.S.B. hat ständig auf neutralem Boden gestanden und er wird es für die Zukunft umso mehr tun, eben in der Hoffnung, daß seine Arbeit unersetzlich und unbedingt notwendig ist. Deswegen haltet aus und bewahrt dem Bund Treue um Treue.

Wir hoffen gern, daß dieses Rundschreiben restlos in die Hände unserer Funktionäre gelangt und wir hoffen weiter, daß unsere Funktionäre und die Mitglieder ihre Pflicht restlos erfüllen.

Mit Bundesgruß
„Frei Hilf"
Der Bundesvorstand
Th. Kretzschmar, Erich Dunkel.

Quelle: G 15 FB O 344 (Hessisches Staatsarchiv Darmstadt).

DOKUMENT 12

Amtliche Mitteilung des Reichsministers des Inneren IIA 1107/13.7. vom 15. Juli 1933

An die Landesregierungen (für Preußen: Ministerium des Inneren).
Betrifft: Überführung des Arbeiter-Samariter-Bundes in das Deutsche Rote Kreuz.

Für die Überführung des Arbeiter-Samariter-Bundes in das Kolonnenwesen des Deutschen Roten Kreuzes hat mein besonderer Beauftragter, General Oberstabsarzt a. D. Dr. Hocheisen, Chef des Sanitätswesens der SA, im Einvernehmen mit mir die nachfolgenden Richtlinien erlassen:

Die Überführung des Arbeiter-Samariter-Bundes in das Deutsche Rote Kreuz muss bis zum 1. September 1933 durchgeführt sein.

Logo des ASB unter nationalsozialistischer Leitung aus dem Jahr 1933.
Archiv DRK Kreisverband Gelnhausen

In den Ländern und Orten, wo der Arbeiter-Samariter-Bund schon aufgelöst und das Sanitätsmaterial beschlagnahmt ist, bleibt es dabei. Freiwerdendes Sanitätsmaterial ist den Sanitätsdienststellen der SA und SS zu übergeben.

An Orten, an denen Sanitätskolonnen des Roten Kreuzes bestehen, werden die Mitglieder des Arbeiter-Samariter-Bundes, soweit sie geeignet sind und es wünschen, in die Rot Kreuz Kolonnen aufgenommen. Das Sanitätsmaterial ist, soweit es von den örtlichen Sanitätskolonnen des Roten Kreuzes nicht benötigt wird, den Sanitätsdienststellen der SA zu übergeben. Das Nähere regelt das Rote Kreuz in Verbindung mit den örtlichen SA Dienststellen und den, von den zuständigen Landesbehörden eingesetzten Kommissaren. An Orten wo bisher keine Rotkreuzkolonne, sondern nur der Arbeiter-Samariter-Bund bestand, regelt das Rote Kreuz die Angliederung an das Rote Kreuz in Verbindung mit den örtliche SA Dienststellen und den für den Arbeiter-Samariter-Bund von den zuständigen Landesbehörden eingesetzten Kommissaren.

Besitz und Vermögen des bisherigen Arbeiter-Samariter-Bundes ist zu treuen Händen zu verwahren.

Mitteilung der Länder über die Durchführung zum 10. September 1933 an das Ministerium der Inneren.

Ich bitte ergebenst, die von Ihnen eingesetzten Kommissare für den Arbeiter-Samariter-Bund und die zuständigen Landesbehörden entsprechend zu unterrichten und gefälligst dafür Sorge zu tragen, dass die Richtlinien überall durchgeführt werden. Ich möchte besonderen Wert darauf legen, dass die Überführung des Arbeiter-Samariter-Bundes in das Kolonnenwesen des Deutschen Roten Kreuzes am 1. September 1933 beendet ist. Die Vereinheitlichung des gesamten Sanitätskolonnenwesens in Deutschland, der unter den früheren Verhältnissen unüberwindliche Schwierigkeiten entgegenstanden, wird alsdann erreicht sein.

Das Deutsche Rote Kreuz wird für seinen Bereich allgemein die erforderlichen Anordnungen treffen.

Die Herren Reichsstadthalter erhalten Abschrift dieses Schreibens.

In Vertretung Pfundtner

Quelle: BZS 1598 (ASB-Bundesarchiv).

DOKUMENT 13

Agitationsrede von H. Brauer auf dem ASB-Bundestag in Hamburg 1912 (Auszüge)

Es ist nicht meine Aufgabe, zu berichten über das, was bisher geschehen ist, sondern was geschehen kann und muß.

(...)

Nicht immer aber ist bei der Neugründung von Kolonnen die nötige Sorgfalt und Vorsicht beobachtet worden. Wir dürfen nicht vergessen, daß die Gründung einer Samariterkolonne ganz etwas anderes ist, als einen Kegelclub oder sonst einen Klimbimverein ins Leben zu rufen. Unsere Organisation ist ein Kind des Klassenkampfes, hervorgegangen aus der Arbeiterfeindlichkeit und dem Sozialistenhaß der Kolonnen vom Roten Kreuz und der Genossenschaft freiwilliger Krankenpfleger. Wurden doch wiederholt in verschiedenen Städten aus diesen Kolonnen Mitglieder ausgeschlossen, lediglich deswegen, weil sie politisch oder gewerkschaftlich organisiert waren, oder selbst aus dem Grunde, weil sie einem Arbeiterturnverein angehörten.

(...)

Jeder Arzt bestätigt, daß die Arbeiter die bildungsbedürftigeren und bildungsfähigsten Menschen sind und es ist eine Freude, sie zu unterrichten. Darum ist es um so verwerflicher, daß sich in den bürgerlichen Kolonnen unter den Mitgliedern etwa 60–70 Proz. befinden, die der arbeitenden Klasse angehören. Warum geben sich dort so viele Arbeitsbrüder der Versumpfung hin? Der Arbeiter-Samariterbund ist noch jung, die meisten Kolonnen neu gegründet. Arbeiter, die Interesse für das Samariterwesen hatten, fanden früher keine andere Gelegenheit, sich ausbilden zu lassen. Viele der dortigen Arbeitermitglieder haben sich in jenen Kreisen so eingelebt, daß sie den Kolonnen nicht den Rücken kehren zu können glauben. Aber andere, und deren sind nicht wenige, haben ein besonderes Vergnügen daran, weil sie nicht beim Militär gedient haben, wenigstens dort Militär spielen zu können. Es rührt sie nicht, daß sie mit ihrer Verherrlichung des Militarismus und Barbarismus sich selbst und der gesamten aufstrebenden Arbeiterschaft einen Stich ins Herz versetzen.

Quelle: Der Arbeiter-Samariter 7/1912 (ASB-Bundesarchiv).

DOKUMENT 14

Das Offenbacher Abendblatt 1914 über die junge ASB-Kolonne in Offenbach

In Städten mit industrieller Bevölkerung kann in sozialer Hinsicht nie genug getan werden. Wenn auch noch so viel Einrichtungen vorhanden sind, um entstehende Schäden zu mildern, es wird immer noch viel zu tun übrig bleiben. Deshalb ist es zu verurteilen, wenn versucht wird, Personen oder Vereinigungen, welche sich uneigennützig dem Dienste der leidenden Menschheit gewidmet haben, Schwierigkeiten zu bereiten. Alle edel und gerecht denkenden Menschen helfen demjenigen, helfen demjenigen, der am meisten der Hilfe bedarf. Hindernisse bringen dem Veranlasser zu guter Letzt doch den Schaden. Was bei gutem Willen und fleißiger Tätigkeit geleistet werden kann, zeigt die hier seit etwa vier Monaten bestehende Arbeiter-Samariterkolonne. Trotz großer Schwierigkeiten, welche zu überwinden waren, brachte sie es fertig, vorwärts zu kommen und geordnet das neue Jahr anzutreten. Schon nach etwa zweimonatlichem Bestehen richtete sie drei öffentliche Verbandsstellen ein, um so den Beweis zu liefern, daß sie ihre Aufgabe richtig erfasst hat und auch imstande ist, sie zu erfüllen. Daß sie hiermit auf dem richtigen Wege war, das zeigte die Inanspruchnahme dieser Verbandsstellen. Es wurde seit deren Bestehen in 95 Fällen Erste Hilfe geleistet, davon war achtmal Transport ins Krankenhaus fällig. Bei fünf Festlichkeiten wurden Wachen gestellt, dabei waren 41 Unfälle zu verzeichnen. In der Neujahrsnacht wurden 11 Verbände angelegt. Einnahmen und Ausgaben schließen mit 445,10 Mark ab. Die Mitgliederzahl beträgt 102. Aus diesen Zahlen geht hervor, daß die Errichtung unserer Kolonne keine vergebliche war und die dafür aufgewandten Gelder einem edlen Zwecke dienen. Selbstverständlich konnten wir dieses nur ausführen durch finanzielle Unterstützung von Gönnern und Korporationen. Wir wollen es nicht unterlassen, hier allen Gebern für ihre Hilfe unseren besten Dank zu sagen. Dank für die tätigen Samariter wird es sein, wenn sich an dieser Unterstützung noch weitere Kreise beteiligen wollen. Jedermann wird mit Herzlichkeit empfangen."

Quelle: Der Arbeiter-Samariter 3/1914 (ASB-Bundesarchiv).

DOKUMENT 15

Bericht des Kreisleiters Volpert Kreckel während des 8. Kreistages des 16. Kreises des Arbeiter-Samariter-Bundes am 16. Januar 1926 in Egelsbach (Auszüge)

Was die Unterstützungen anbelangt, so kann schon gesagt werden, daß auf diesem Gebiet den größten Anteil die Mitglieder zu ihrer Tätigkeit, die sie in uneigennütziger Weise der Allgemeinheit zur Verfügung stellten, aufbringen müssen, und wäre es Aufgabe der Kommunen, sowie der beteiligten Sportvereine und Gewerkschaften, mehr als zuvor der edlen Sache durch finanzielle Hilfe unter die Arme zu greifen.

Allen Mitarbeitern, besonders unseren Herren Aerzten, sei auf diesem Wege unser herzlichster Dank abgestattet.

Aus diesem kurzen Bericht möchten wir der Allgemeinheit zeigen, wie wichtig die Tätigkeit des Arbeiter-Samariter-Bundes ist und wie er zum Wohle der kranken, leidenden Menschheit seine Pflicht erfüllt. Die Arbeiterschaft muß darauf bedacht sein, auch im kleinsten Orte eine Arbeiter-Samariter-Kolonne zu bilden, damit jederzeit, wenn Hilfe nötig ist, auch dieselbe gestellt werden kann.

Zur Wiedergesundung des Proletariats wäre es aber auch nötig, daß die politischen Parteien, die Gewerkschaften und Arbeiter-Sport-Vereine unserer so dringend erforderlichen Arbeiter-Samariter-Sache in allen Fragen ein besseres Gehör schenken und unsere Interessen in den Parlamenten überall vertreten. Unsere Sache soll nicht als ein geduldetes Übel betrachtet werden, sondern wir verlangen, daß die ASB-Bewegung gleichberechtigt neben anderen Organisationen, die dieselben Zwecke verfolgen wollen, gestellt wird. Den Arbeitern, die sich der edlen Samaritersache anschließen wollen, rufen wir zu: „Kommt zu uns, laßt euch ausbilden und schließt unsere Reihen!" Unser Motto ist: An jedem Ort zur jeder Zeit, sind wir zur Ersten Hilfe bereit!

Quelle: G 15 Friedberg R 239 (Hessisches Staatsarchiv Darmstadt).

DOKUMENT 16

Artikel zur Kreistechnikertagung am 22. Februar 1925 bezüglich der Vorbereitung des Arbeiter-Samariter-Bundes auf die Erste Internationale Arbeiter-Olympiade in Frankfurt (Auszüge)

Es kam aber auch dort zum Ausdruck, dass es eine unbedingte Notwendigkeit sei, dass auf der Olympiade, wenn die Samariter in einer solchen großen Menschenmenge erkennbar

Samariter und Samariterinnen der Kolonne Offenbach, die beim Sanitätsdienst während der Ersten Internationalen Arbeiter-Olympiade 1925 in Frankfurt am Main tätig waren, in Dienstkleidung und mit Verbandtaschen.
Archiv des ASB-Bundesverbandes

sein sollen, möglichst jeder mit einer Mütze versehen sein sollte, es auch ebenfalls angebracht erscheint, eine Schutzkleidung, was jedoch nicht in eine Uniformartige ausarten solle, anlegen soll, um seine sonstigen Kleider zu schonen.

...

Es muss weiter darauf hingewiesen werden, dass jedes Mitglied, welches sich am Samariter-Dienst der Olympiade beteiligen will, im Besitze einer Verbandtasche und Trinkflasche (Labeflasche, Feldfalsche u.s.w.) sein muss, da die meisten zum Außendienst herangezogen werden. Verbandsmaterial wird vom Bund gestellt. Der Verkehrsausschuss rechnet mit ca. 450.000 Teilnehmern.

In 100.000 Familien von Frankfurt/M. und Offenbach sollen 150.000 Teilnehmer untergebracht werden. Zu Massenquartieren werden ca. 70 Schulen und Turnhallen von der Stadt zur Verfügung gestellt. Zitat Ende.

Quelle: Der Arbeiter-Samariter 4/1925 (ASB-Bundesarchiv).

DOKUMENT 17

Bericht über die Bezirksübung des 1. Bezirks im 16. Kreis, Dezember 1928

Am 1. Dezember fand eine Übung statt. Die Übung war für die Bezirkstechniker in erster Linie dazu angetan einmal festzustellen, wie das gelehrte Alarmsystem sich in den Kolonnen eingeführt hat. Der Übung war folgende Idee zugrunde gelegt: Am Südwestausgang von Niederdorfelden, am Bahnübergang der Straße Niederdorfelden/Bergen ist ein vollbesetzter Personenomnibus mit der Eisenbahn zusammen gestoßen. Sehr viele Schwerverletzte sind vorhanden. Die Kolonnen des 1. Bezirks wurden sofort zur sofortigen Hilfestellung alarmiert. Um 7.15 Uhr abends wurden die Kolonnen durch den Bezirkstechniker per Telefon alarmiert. Bereits um 7.45 Uhr traf die 1. Kolonne an der 5 Kilometer entfernten Unglücksstelle ein. In kleinen Abständen folgten die anderen Kolonnen, sodass um 8.15 Uhr sämtliche Verbände angelegt und alle Verletzten geborgen waren. Bei der anschließenden Kritik wurden die angelegten Verbände geprüft und auf die vorgekommenen Fehler hingewiesen. Besonders wurde lobend anerkannt, dass alle Kolonnen mittels Lastkraftwagen an der ziemlich weit entfernten Unglücksstätte erschienen waren.

Gez. G. Dietrich

Quelle: Der Arbeiter-Samariter 2/1929 (ASB-Bundesarchiv).

DOKUMENT 18

Das Hessische Ministerium des Inneren an das Kreisamt in Friedberg zur Anerkennung des ASB am 1. Mai 1924

Die Anerkennung des Arbeiter-Samariter-Bundes durch die Reichsregierung ist bisher nicht erfolgt. Dem Bund ist lediglich aus Mitteln des § 61 des Finanzausgleichsgesetzes eine Zuwendung und für die Eisenbahnfahrten in Dienste der freiwilligen Krankenpflege eine Beihilfe aus Reichsmitteln gewährt worden. Anderslautende Pressemitteilungen sind falsch. Es ist aber den Vertretern des Bundes auf ihren vorgebrachten Wunsch, des Zeichen des Arbeiter-Samariter-Bundes möchte in derselben Weise wie das Rote Kreuz seitens der Polizei geachtet und überhaupt die Tätigkeit des Bundes durch die Polizei nicht gehindert werden, mitgeteilt worden, dass das Reichsministerium des Inneren den Landesregierungen von den Wünschen des Arbeiter-Samariterbundes Kenntnis gegeben und hierbei zugleich um eine Äußerung über die Bewährung der Bundeskolonnen in den Ländern bitten werde, dass aber eine vorbehaltlose Empfehlung des Arbeiter-Samariter-Bundes an die Landesregierung nicht erfolgen könne, da dem Reichsministerium des Inneren immerhin Fälle bekannt seien, die zu Beanstandung der Tätigkeit einzelner Kolonnen des Bundes Anlass geben.

Wir sehen Ihrem Bericht entgegen, wenn Sie ähnliche Wahrnehmungen gemacht haben.

Quelle: G 15 Friedberg R 239 1924–1931 (Hessisches Staatsarchiv Darmstadt).

DOKUMENT 19

Zum Neuanfang der Kolonne Offenbach 1919 (Auszug)

Offenbach. Ein arbeitsreiches Semester liegt nun hinter uns. Der Erfolg blieb auch nicht aus und mit Befriedigung können wir zurückblicken. Was wir auf dem Bundestage gelernt, haben wir, soweit möglich, zum Vorteil der Kolonne ins Werk gesetzt. Unser Kursus war im Juli beendigt. Die Prüfung von 30 Teilnehmern fand im Unterrichtslokale der Friedensschule statt und wurde von unserem bewehrten Arzt Dr. L. Meyer vorgenommen. Auf besondere Einladung wohnte ihr eine Anzahl von Gästen bei und die waren der Oberbürgermeister der Stadt Offenbach, mehrere Stadtverordnete, Vertreter des Gewerkschaftskartells und einige Mitglieder der Kolonne Frankfurt am Main. Von dem Verlaufe der Prüfung waren alle Anwesenden befriedigt. Im Theoretischen wie im Praktischen wurde alles zur Zufriedenheit erledigt. Der Erfolg übertraf unsere Erwartungen und mit hoher Hoffnung sehen wir der Zukunft entgegen. Eine Anzahl neuer Mitglieder haben wir gewonnen, am 5. August begann ein neuer Kurs.

Unsere Forderung an die Stadt, uns die gleiche Unterstützung zu gewähren, wie dem Roten Kreuz, wurde bewilligt. Wir erhalten jetzt gleichfalls 600 Mark jährlich.

Quelle: Der Arbeiter-Samariter 9/1919 (ASB-Bundesarchiv).

DOKUMENT 20

Der Vorsitzende zur Tätigkeit der Offenbacher ASB-Kolonne im Jahre 1919

Offenbach Main. Nach Eintritt des Waffenstillstandes im November 1918 wurden auch unsere Mitglieder, von einzelnen Ausnahmen abgesehen, in die Heimat entlassen. So konnten wir mit vereinten Kräften daran gehen, die entstandenen Lücken wieder auszufüllen. Noch im Januar wurden die Übungsstunden allgemein aufgenommen. Nach kurzer Zeit konnten wir mit einem Kursus unter Leitung des Herrn Dr. L. Mayer beginnen. Die älteren sowie 22 neue Mitglieder nahmen hieran teil. Dieser Kursus war im Juli beendet und konnte am 26. die Prüfung, an welcher 14 männliche und 16 weibliche Mitglieder teilnahmen, vorgenommen werden. Ein zweiter Kursus begann im August und war Mitte November beendigt. Dieser Prüfung unterwarfen sich 10 männliche und 10 weibliche Teilnehmer.

Auch die Hilfeleistung bei Unfällen und Erkrankungen wurde in altgewohnter Weise gepflegt und erweitert. Fünf Verbandsstellen wurden in Wohnungen von Mitgliedern eingerichtet. Bei 347 Unfällen und 22 Erkrankungen wurde unsere Hilfe in Anspruch genommen.

Während der traurigen Vorkommnisse am Karfreitage waren unsere Mitglieder in angestrengter Tätigkeit und leisteten Verletzten die erste Hilfe. In 16 Fällen konnten nähere Feststellungen gemacht werden. Die Zahl der Behandelten war aber größer. Im Drange der Not war es nicht möglich, bei allen Verwundeten Aufzeichnungen zu machen.

Zur Wachestellung bei Versammlungen und Festlichkeiten standen wir den Vereinen jederzeit zur Verfügung. Zu 25 dieser Veranstaltungen wurden wir herangezogen. Daß auch diese Vorsicht am Platze ist, beweist die Anzahl der uns anrufenden Personen. Es waren 28 Verunglückte und 9 Erkrankte. Mehrmals machte sich Transport mit Wagen notwendig. Hierbei will ich nicht unterlassen anzuführen, sich nirgends Folgen von Alkoholgenuß merkbar machten.

Mehrere Sportvereine haben uns die Hilfeleistung bei Unfällen in ihren Übungsstunden und Wettspielen übertragen. Um in solchen Fällen sofort zur Stelle zu sein, sind unsere Mitglieder bei allen Veranstaltungen anwesend, weil durch schnelle Hilfeleistungen sehr oft größeres Unheil verhütet wird. Wie alljährlich, haben wir uns auch 1919 an den Ferienspaziergängen der Schulkinder beteiligt. Fünf bis sieben männliche und acht weibliche Mitglieder stellten sich hierzu an allen Tagen zur Verfügung. Hierbei kamen 106 Verletzungen und 11 Erkrankungen vor.

Durch die Entfaltung größerer Tätigkeit entstand auch ein größerer Verbrauch an Material aller Art. Die ins Unermeßliche gestiegenen Preise schreckten uns zunächst ab, Neuanschaffungen zu machen. Dieser Standpunkt konnte aber auf die Dauer nicht aufrecht erhalten werden, und wir waren gezwungen, unser Lehrmaterial sowie Ausrüstungsgegenstände zu vermehren. Dies verursachte für unsere Kasse bedeutende Ausgaben. Dem gegenüber ist es unmöglich, die Beiträge usw. in gleicher Weise zu erhöhen. Es ist deshalb unumgänglich notwendig, andere Mittel und Wege einzuschlagen, um zu sicheren Einnahmen zu kommen. Im abgelaufenen Jahre ist uns dies erfreulicherweise gelungen und es ist diesem Umstande zu verdanken, daß wir unsere finanziellen Verhältnisse auf eine gesunde Basis stellen konnten. Zu viel und überflüssige Mittel wird eine Samariter-Kolonne nie haben, weil alle Einnahmen der Allgemeinheit wieder zugeführt werden und besonders der ärmeren Bevölkerung zu Gute

Teilnehmer des Funktionär-Kurses des 16. Kreises in Offenbach vom 12.–18. Juli 1926. Archiv des ASB-Bundesverbandes

kommen. Im neuen Jahr sind wir genötigt, das Eintrittsgeld auf ein 1,50 Mark und den Kursusbeitrag für Mitglieder auf 6,50 Mark sowie für Nichtmitglieder auf 20 Mark zu erhöhen.

Getreu unserem Spruch: „An jedem Ort zur jeder Zeit, sind wir zur Ersten Hilfe wir bereit", stellen sich unsere Mitglieder bis jetzt unentgeltlich in den Dienst unserer Sache. Und es wäre wünschenswert, wenn Ihnen hierfür mehr Anerkennung zukommen würde.

Als Unrecht mußten wir es ansehen, daß wir nicht gleich Anerkennung fanden, wie auf demselben Gebiete tätige andere Kooperationen. Dies veranlasste uns, bei der Stadtverwaltung den Antrag zu stellen, daß uns gleiche Unterstützung wird, wie sie das Rote Kreuz seit Jahren empfängt. In dankenswerter Weise kamen uns genannte Verwaltung durch Beschluß der Stadtverordnetenversammlung entgegen und bewilligte uns den Betrag von 600 Mark. Dieser Anerkennung werden wir uns würdig zeigen und den Beweis erbringen, daß die Summe guten Zwecken dient.

Durch berufliche Überhäufung mit Arbeit und anderweitige Tätigkeit ist es unserem bewährten Arzt, Herrn Dr. L. Mayer, nicht mehr möglich, unsere Kurse abzuhalten. Wir sehen ihn mit Bedauern scheiden und wollen nicht unterlassen, ihm an dieser Stelle für sein Wohlwollen, das er uns bewiesen, besten Dank zu sagen. Herr Dr. Nancke hat sich gütigst bereitgefunden, die Belehrung unserer Mitglieder vorzunehmen. Wir haben die Gewißheit, daß Nachteile für uns nicht entstehen werden. Mit den Erfolgen, die wir 1919 errungen, wollen wir zufrieden sein. Möge sich das neue Jahr in gleicher Weise gestalten.

Ph. Nürnberger.

Quelle: Der Arbeiter-Samariter 2/1920 (ASB-Bundesarchiv).

DOKUMENT 21

Zeitungsartikel zum zehnjährigen Bestehen der Arbeiter-Samariter-Kolonne in Offenbach, 20. August 1923

Es ist nicht mehr zu verkennen, dass das vor zehn Jahren im kleinsten Maßstab begonnene Werk einiger Arbeiter-Samariter bis heute durch opferbereite, intensive Tätigkeit der Mitglieder, zielsicherer Leitung und vor allem auch durch guten ärztlichen Unterricht in regelmäßigen Kursen, sonstigen praktischen Uebungen, wie durch die steigende Inanspruchnahme der Arbeiter-Samariter zu einem starken Faktor in der sanitären, öffentlichen Hilfe bei Unfällen ausgewachsen ist. Es vergeht fast kein Tag mehr, an dem nicht von Familien oder in Fabriken die Hilfe der Arbeiter-Samariter, des sogenannten weißen Kreuzes, in Anspruch genommen wird. In allen Einwohnerkreisen bringt man den Arbeiter-Samaritern mehr und mehr Vertrauen entgegen. Das mag manchem der diesem proletarischen Werke der Barmherzigkeit noch fremd gegenüber steht, etwas viel gesagt erscheinen. Ist es aber wirklich nicht.

Die Offenbacher Arbeiter-Samariter-Kolonne muss heute mit ihrer sehr guten Ausrüstung an Tragbahren und Decken, Gummilederbahre, reichlichen Krankenpflegeartikeln wie Verbandsmaterial, Bettflaschen, Luftkissen, Urinflaschen, Bettschüsseln und vielen anderen notwendigen Gegenständen, Scheren und ärztlichen Instrumenten, Gasmasken, Sauerstoffapparat, zahlreichen vollständig ausgerüsteten Tornistern und Verbandskästen, zwei großen Sanitätszelten usw. zu einer der bestausgerüsteten, aber auch stets alarmbereiten, aktiven Mannschaft Deutschlands gerechnet werden.

Die Kolonne umfasst heute ca. 300 ausgebildete, männliche und weibliche Sanitäter, unterhält in der Stadt 27 Verbandsstellen, je 4–5 zu einem Bezirk vereinigt, wo überall die alten und bewährtesten Kräfte zur Hilfeleistung bereitstehen.

Für eine Industriestadt wie Offenbach dürfte das gewiss als notwendig zu begrüßen sein. Nur muss leider gesagt werden, dass die Einwohner, vor allem die Arbeiterschaft Offenbachs diesem Werke noch lange nicht die erforderliche Achtung zollen, die es ehrlich verdient hat. Das bewies der, wenn auch nicht grade schwache, so doch bemängelnde Besuch aus unseren Kreisen bei der gestern Vormittag in der Bachschule stattgehalten großen, öffentlichen Übung der Kolonne, durch die anlässlich des zehnjährigen Bestehens allen ein Ueberblick ihrer Tätigkeit und ihre guten Absichten vor Augen geführt wurde. Nach kurzer Begrüßung und Hinweis auf den Zweck der Übungen durch den Vorsitzenden Herrn Henn, begann man mit der Vorführung von Schulverbänden an Kopf, Arm und Beinen, so wie sie in mannigfaltiger Art im täglichen Leben vorkommen. Dabei zeigte sich die Kolonne besonders gut bewandert in dem Gebrauch von allen möglichen Hilfsmitteln, wie Stöcken, Schirmen, improvisierten Schienen durch Holzteile usw., was in Notfällen außerhalb eines Ortes wertvoll ist.

Neun Frauen und zwei Jungen in Frauenkleidung der Kolonne Offenbach demonstrierten 1928 Tätigkeiten im Haushalt. Archiv des ASB-Bundesverbandes

Die Kolonne rechnet aber nicht nur mit einzelnen Unfällen, sondern steht auch gerüstet da für evtl. Massenunfälle. Das bewiesen die gemeinsamen tragbaren Uebungen, die unter dem Kommando des Kolonnenführers, Herrn Kreckel, mit Gleichmaß und Vorsicht geführt wurden. Bei allen waren der sogenannten Gebirgsschritt, um kein schwanken bei den Verunglückten in der Bahre hervorzurufen, vorsichtiges Handhaben beim Ueberschreiten von Hindernissen, dann folgten Wiederbelebungsversuche durch klinisches Atmen. Im Anschluss gab es einen Alarm in der Bachschule, wobei die elektrischen Alarmvorrichtungen und Sirenen der ganzen Schule in Bewegung gesetzt waren. Ein Deckeneinbruch und Gasvergiftungen sollten geübt werden. Im Eilschritt dann hinauf in die Stockwerke und Klassen, von wo die dort verunglückten Kinder auf den Hof getragen und verbunden wurden.

Herr Dr. Nancke, der ärztliche Leiter der Kolonne, ging von Gruppe zu Gruppe; kontrollierte die Verbände, stellte prüfende Fragen an die einzelnen Sanitäter, kritisierte oder gab seiner Befriedigung Ausdruck.

Ein ganzes Stück zielbewusste ernste Arbeit, das im Interesse unserer werktätigen Bevölkerung und unserer Kinder geübt und – wir wollen es nicht hoffen – evtl. auch einmal Tatsache werden könnte.

Die Arbeiter-Samariter verstehen sich aber auf die Pflege am Krankenbett und Fürsorge für Familien. Besonders sind es hier weibliche Mitglieder, deren Wirken sich der Öffentlichkeit nicht zeigt. Die Ansprache die Herr Dr. Nancke an die Anwesenden zum Schlusse hielt, sollte eine Mahnung an alle Arbeiter und Eltern sein, diesem uneigennützigen, segensreichen Bemühen etwas mehr Beachtung zu schenken. Unserer Arbeiterorganisationen und Vereine sollten mehr dafür werben und beitragen, dass es gelingt, die heute sehr großen Ausgaben für alle möglichen sanitären Sachen, Binden, Tragbahren, laufenden Ergänzungen an allen Sachen den Arbeiter-Samaritern zu erleichtern. Dankbar anzuerkennen ist ein kostbares Geschenk der Lederinnung Lederfirma Karl Seeger-Offenbach aus Anlaß des zehnjährigen Bestehens der Kolonne.

Besonderer Dank und Anerkennung wurde auch Herrn Dr. Nancke und dem Kolonnenführer Herrn Kreckel ausgesprochen für deren opfervolle Mühe und Arbeit.

Herr Streb-Neu-Isenburg vom Kreisvorstand der Arbeiter-Samariter gab noch seiner vollen Befriedigung über die Schulung, Ausrüstung und mustergültige Organisation der Offenbacher Kolonne Ausdruck, die er anderen Orten als gutes Beispiel empfiehlt.

Nachmittags fand in Webers Felsenkeller eine Familienfeier mit Tanz statt, wobei in einer Festrede von Herrn Winter der im Krieg gefallenen 7 Mitglieder und der Verstorbenen der Kolonne gedachte. Z. Zt. sind noch 18 Gründer derselben mit am Werk, denen besondere Ehrung zuteil wurde.

Quelle: Offenbacher Abendblatt vom 20. August 1923 (Stadtarchiv Offenbach).

DOKUMENT 22

Das Hessische Polizeiamt Offenbach zum örtlichen Arbeiter-Samariter-Bund am 2. Juli 1924

Auf die Verfügung vom 20. Juni 1924

Ein Landarbeiter-Samariterbund mit dem Sitz in Offenbach a./Main besteht hier nicht, wohl aber eine Kolonne des Arbeiter-Samariterbundes, die zur Zeit 196 Personen zählt. Vorsitzender der Kolonne ist der frühere Schlosser und jetzige Beamte der Ortskrankenkasse, Philipp Nürnberger, geboren am 28. Juli 1867 zu Freienseen, Kreis Schotten, Friedhofstraße 7, hier wohnhaft. Die Kolonne Offenbach a./Main ist eine Unterabteilung des Kreises Hessen. Das Reich ist in Kreise eingeteilt, Hessen ist der 16. Kreis. Leiter des Kreises ist der in Neu-Isenburg, Ludwigstraße Nr. 38, wohnhafte Schlosser Streb, der gleichzeitig dem Bundesvorstand – Sitz in Chemnitz – angehört.

In politischer Beziehung ist die hiesige Kolonne, und soweit auch bekannt, der Bund an sich noch nicht in Erscheinung getreten, hat sich vielmehr lediglich bei Unglücksfällen betätigt und bei größeren Veranstaltungen, auch sportlicher Natur, zur Verfügung gestellt.

Inwieweit die einzelnen Mitglieder politisch organisiert sind, entzieht sich unserer Kenntnis, Tatsache ist jedoch, daß eine Reihe Mitglieder politisch überhaupt uninteressiert sind und soweit Offenbach in Frage kommt, wird versichert, daß politische Betätigung irgendwelcher Art grundsätzlich ausgeschaltet sei. Der bei den kommunistischen Unruhen in Hamburg im Oktober vorigen Jahres auf Seiten der Kommunisten auftretende Samariter-Bund (...) habe, wie später einwandfrei festgestellt worden ist, mit dem Arbeiter-Samariter-Bund nichts zu tun gehabt, die damals festgenommenen Samariter unter mißbräuchlicher Benutzung der Armbinde als Angehörige der Organisation ausgegeben. In Offenbach a./M., sei allerdings von kommunistischer Seite und zwar durch den sogenannten „Proletarischen Gesundheitsdienst" versucht worden, die hiesige Kolonne in das kommunistische Lager herüberzuziehen. Der Versuch sei aber an der Aufmerksamkeit des Vorstandes und der Mitglieder, die die Gefahr rechtzeitig erkannt hätten, gescheitert.

In der kommunistischen Arbeiter-Zeitung ist am 27. v. Mts. ein Inserat erschienen, in dem der Arbeiter-Samariter-Bund, Kolonne Frankfurt a./Main, zur Beteiligung an dem am 1. d. Mts. beginnenden neuen Lehrkurs in der ersten Hilfe bei Unglücksfällen aufforderte. Es scheint hiernach, als ob der kommunistische Einfluss in Frankfurt a./Main sich durchzusetzen vermocht hat. Eine Beobachtung der Kolonnen in anderen Gemeinden und Städten dürfte sich daher empfehlen.

gez. Vohmann. /H.

Quelle: G 15 Friedberg R 239 (Hessisches Staatsarchiv Darmstadt).

DOKUMENT 23

Prottokollbuch der freiwill. Sanitäts-Kolonne zu Dietzenbach
Begonnen am 30.9.1914

– 1 –

Dietzenbach, dem 30. September 1914

Gründungs-Versammlung der Freiwill. Sanitätskolonne Dietzenbach

Infolge der jetzigen, schwierigen kritischen Lage und aus den schon bereits bestehenden Freiwill. Sanitätskolonnen sahen auch wir uns in hiesiger Gemeinde genötigt, ebenfalls einen solchen Verein ins Leben zu rufen. Natürlich ist es nicht damit gesagt, einfach einen Verein zu gründen, sondern dazu gehören auch Männer, welche mit der Vereinsführung betraut werden.

Der Einband des Protokollbuchs der Arbeiter-Samariter-Kolonne Dietzenbach.
Archiv des ASB-Bundesverbandes

Aus diesem Grunde haben wir uns *auch* veranlaßt gefühlt an dem *heutigen Gründungstage* hier im Rathause gemeinsam einzufinden, um den Vorstand für die neu gegründete Freiwill. Sanitätskolonne zu wählen.

– 2 –

Kam. Spielmann stellte nun die Frage an uns, ob die Wahl per Aklamation oder Stimmzettel vorgenommen soll werden. Das Ergebnis war: Die Wahl einstimmig zur Aklamation vorzunehmen.

Als I Kolonnenführer wurde Philipp Spielmann
" II Kolonnenführer wurde Bernhard Wolf
" I Schriftführer wurde Karl Fenchel
" II Schriftführer wurde Jean Erb
" Kassenführer wurde Christian Gaubatz
" Zeugverwalter wurde Jacob Gaubatz
einstimmig gewählt.

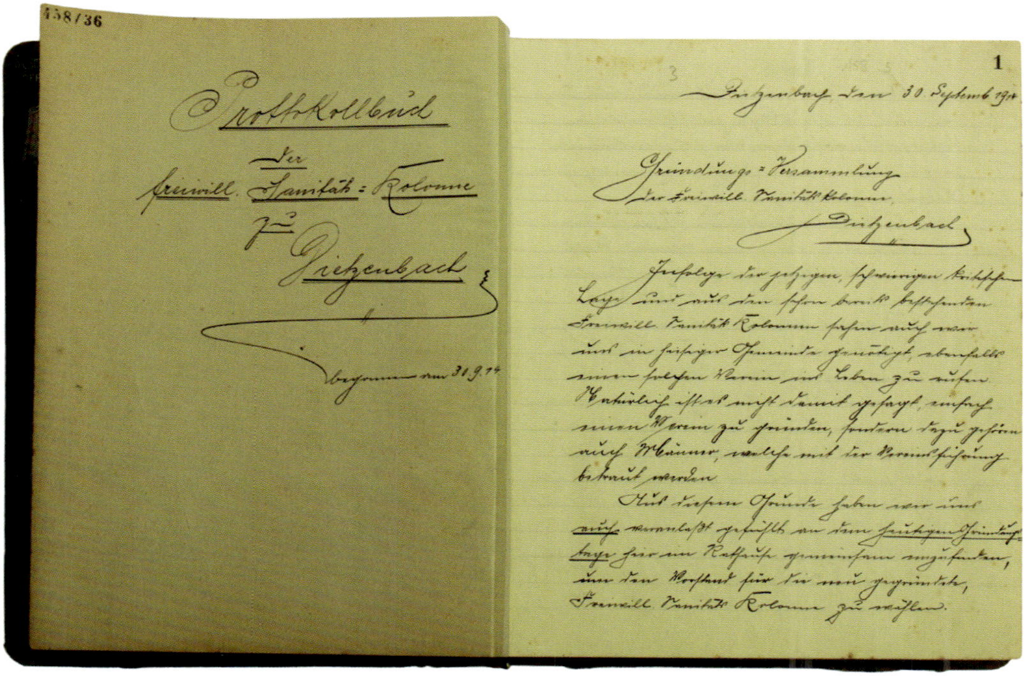
Protokollbuch
der
freiwill. Sanitäts-Kolonne
zu
Dietzenbach
begonnen am 31.9.14

1
Dietzenbach den 30 Septemb 1914
Gründungs-Versammlung
der freiwill. Sanitäts Kolonne
Dietzenbach

Der erste Eintrag im Dietzenbacher Protokollbuch gilt noch der Ende September 1914 gegründeten Freiwilligen Sanitätskolonne. Archiv des ASB-Bundesverbandes

Sämtliche Ämter sind Ehrenämter, welche vom Vorstande unentgeltlich ausgeführt werden.

Außerdem hat sich Kam. Lud. H. Fenchel freiwillig als Vereinsdiener gemeldet, welches sehr zu begrüßen ist und das Amt unentgeltlich ausführen will. Alsdann hatten wir noch die Erhebung der Beiträge zu regeln. Hierüber meldete sich Kam. Bernh. Wolf

– 3 –

ums Wort und sprach, daß wir diesen Punkt bis auf Weiteres zurückstellen und erst abwarten müssen bis die Ärztefrage geregelt ist, was einstimmig angenommen wurde.

Ferner las Kam. Spielmann die einzelnen Satzungen vom Roten Kreuz vor, welche allerseits lehrreich vernommen wurden.

Punkt II
Betreffs Anschließung zum Roten Kreuz

Zu diesem Punkt meldete sich Kam. Vierheller ums Wort und sprach aus, daß wir uns doch ohne weiteres Ueberlegens, sich dem Roten Kreuz anschließen möge, welches doch für uns mit keinerlei Unkosten verknüpft sei und andererseits für unsere Gebrauchsgegenstände aus Billigkeitsgründen sehr zu empfehlen ist.

Es wurde noch lange hin und her debattiert, bis wir endlich zu dem freudigen Resultat kamen, sich einstimmig dem Roten Kreuz anzuschließen, was für unseren neu gegründeten Verein sehr zu beglückwünschen sei.

– 4 –

Zum Schluße dankte noch Kam. Spielmann den heute hier zum erstenmale erschienenen 32 Mitgliedern und hoffet und wünschet, daß sich unser Verein fernerhin immer noch mehr und mehr zu einer schönen Blüte heranwachsen möge.

Da sonst keine wichtigen Punkten mehr vorlagen, schloß der I Kolonnenführer ordnungsgemäß um 10½ Uhr die heute so schön besuchte Gründungsversammlung.

Der Schriftführer
Karl Fenchel
Verzeichnis der Gründer
Es folgt eine Auflistung von 1–36 aber keine Namen oder sonstigen Einträge.

– 6 –

Dietzenbach, den 29. Oktober 1914

General-Versammlung!

Der Kolonnenführer Spielmann eröffnete die heutige Versammlung und gab als Tagesordnung den Punkt Betreff Ankauf des gesamten Körpers bekannt.

Der Kolonnenführer Spielmann bemerkte zugleich, daß er in verschiedenen Geschäften Nachfrage gehalten habe und schließlich das Richtige für unseren Zweck Geeignete bei der Technischen Lehranstalt in Frankfurt am Main gefunden habe. Der Kostenpreis für die menschliche Darstellung in zwei Teilen (Vorder- und Rückseite) soll sich, da für einen wohltätigen Zweck, auf Mark 20,– insgesamt stellen. Da jedoch der Verein bis jetzt noch über keine Barmittel verfügen kann, stellte der Kolonnenführer den Punkt zur Debatte. Der stellvertretende Kolonnenführer Wolf

– 7 –

war alsdann der Meinung, daß wir in Folge des erst ein paar Wochen bestehenden Vereins noch keine geeignete Hilfsquelle anrufen könnten und der Verein auf sich selbst angewiesen sei, beantragte er von jedem Mitglied einen einmaligen Beitrag von Mark 1,– zu erheben, um dadurch den Ankauf möglich zu machen. Daraufhin stellte Kamerad Vierheller den Antrag, daß bei der jetzigen Kriegszeit die einmalige Sammlung nicht gut möglich sei, und man von jedem Mitglied einen wöchentlichen Beitrag von 20 Pfennig zu erheben und könnte nach fünf Wochen alsdann der Ankauf bei der bestehenden Mitgliederzahl stattfinden, jedoch könnte derselbe schon früher bewerkstelligt werden, indem diejenigen Mitglieder, welche es sich zur Zeit leisten könnten, den fünfwöchentlichen Beitrag von zusammen Mark 1,– bei der ersten Erhebung zahlen würden. Dieser Antrag wurde sehr gut geheißen und

– 8 –

einstimmig angenommen. Da der allgemeine Wunsch ausgesprochen wurde, recht bald mit dem Unterricht zu beginnen, bemerkte der Kolonnenführer Spielmann, dass er nach der ersten stattgefunden Erhebung den eventuellen Fehlbetrag aus Interesse des Vereins aus seiner Tasche vorzulegen. Auf Befragen des Kolonnenführers hatte niemand mehr eine Anfrage und schloß derselbe ordnungsgemäß die Versammlung.

Der Kolonnenführer:	Der Schriftführer:
	Jean Erb

– 9 –

Dietzenbach, den 3. November 1914

General-Versammlung!

Nachdem heute die erste Unterrichtsstunde stattgefunden hatte, verließ hieran anschließend der stellvertretende Kolonnenführer Bernh. Wolf zwei eingegangene Schriftstücke.

Das erste stammte von dem ersten Kolonnenführer Spielmann, in welchem derselbe sein Amt als Kolonnenführer und seine aktive Mitgliedschaft ablehnte und zwar wegen Familienverhältnissen. Als passives Mitglied wird er unserem Verein weiter angehören. Das zweite Schreiben war von dem ersten Schriftführer, Karl Fenchel, in welchem derselbe seinen Austritt aus dem Verein erklärte, und gab derselbe geschäftliche Gründe an. Nach Befragen des Kolonnenführers Wolf, ob jemand gegen die eingegangenen Briefe

– 10 –

etwas einzuwenden habe, erbittete sich Kamerad Vierheller ums Wort. Er erklärte, daß er das Schreiben des Karl Fenchel als eine große Feigheit betrachte, da derselbe schon bei

seinem ersteren viel Krankheit und jetzt geschäftliche Hindernisse angebe und zwar stelle er daher gleichzeitig den Antrag, daß Fenchel wegen dieser harmlosen Drückereien niemals mehr im Verein Aufnahme finden könne. Dieser Antrag wurde einstimmig angenommen. Es wurde alsdann beschlossen, den Vorstand zugleich zu ergänzen und zwar per Akklamation gewählt und jetzt
Bernhard Wolf als erster Kolonnenführer
Jean Vierheller als zweiter Kolonnenführer
Jean Erb als erster Schriftführer
Heinrich Hammann als zweiter Schriftführer

alsdann gab stellvertretender Kolonnenführer Vierheller bekannt, daß sich unser Verein mit dem seitherigen ersten Kolonnenführer Spielmann ins Benehmen.

– 11 –

setzen solle, dass derselbe einen Antrag an die Feuerlöschkammer als Feuerwehr-Kommandant wegen Unterstützung einreichen möge. Dieser Antrag wurde sehr gut geheißen und gleichzeitig beschlossen, alsdann gemeinsam mit der Feuerwehr ein Gesuch um Unterstützung einzusenden.

Da sich niemand mehr ums Wort meldete, schloß der Kolonnenführer die Versammlung.

Der Kolonnenführer: Der Schriftführer:
Jean Erb

– 12 –

Dietzenbach, 26. Juni 1921

Gemeinschaftliche Sitzung mit dem Kreisvorstand!

Anwesend ist der Kreisvorstand und ein großer Teil der Kolonne. Genosse Nürnberger eröffnet die Sitzung mit dem Hinweis, dass der außerordentliche Kreistag am 12. Juni 21 zu Offenbach beschlossen habe, der Kolonne Dietzenbach die diesjährige Kreisübung zu übertragen und dass heute die Vorarbeiten zu erledigen seien. Als Tag der Übung wird der 24. Juli bestimmt.

Die Übung soll auf dem Gelände der Freien Turnerschaft stattfinden. An Eintrittsgeld sollen Mark 2,– erhoben werden, und zwar von allen Mitgliedern. Die Vorarbeiten und die Einleitungen soll die Kolonne Dietzenbach übernehmen. Die Kolonne Dietzenbach soll 75 Prozent der Kreis 25 Prozent vom Reingewinn erhalten.

– 13 –

Außerdem soll der Kreis kein Anteil an etwa vorkommenden Defiziten haben, am 10. Juli solle eine weitere Gemeinschafts-Sitzung stattfinden im Gasthause Zur Linde.

Johann Vierheller — Max Herbert
Erster Vorsitzender — Schriftführer

Dietzenbach, 10. Juli 1921

Gemeinschaftssitzung mit dem Kreisverband!

Vor Beginn der Sitzung fand in Gegenwart des Kreisvorstandes und des Herrn Dr. Heumann die Aufrichtung eines Krankentransportwagens statt. Anschließend Sitzung. Die Tagesordnung lautete: Die Kreisübung! Es wird beschlossen, jeder Kolonne ein Übungsfeld

– 14 –

nebst einer Anzahl Übungen zuzuteilen. Die Übung soll pünktlich um drei Uhr nachmittags beginnen. Abmarsch mit Musik vom Rathaus um 2.30 Uhr, Alarmplatz für sämtliche Kolonnen soll in der Linde sein.

Es sind circa 52 Unfälle vorgesehen. Nachdem allen beteiligten Kolonnen die Unterkunftslokale angewiesen waren, wurde die Sitzung mit dem Wunsche auf ein gutes Gelingen geschlossen.

Johann Vierheller — Max Herbert
1. Vorsitzender — Schriftführer

– 15 –

Dietzenbach, 17. August 1921

Mitgliederversammlung!

Tagesordnung:
I. Abrechnung der Kreisübung
II. Anlegen einer Kleiderkasse
III. Verschiedenes!

Da unser erster Vorsitzender, Genosse Vierheller, wegen Krankheit verhindert und der zweite Vorsitzende noch nicht anwesend war, eröffnete der Rechner, Genosse Martin Wolf, die heutige Versammlung und gab vorläufigen Bericht über die am 24. Juli veranstaltete Kreisübung. Ziemlich am Schlusse des Rechenschaftsberichtes angelangt, bittet Genosse Fritz Kolb ums Wort und kritisiert scharf, daß der Rechner den Vorsitz dem schon seit geraumer Zeit anwesenden zweiten Vorsitzenden nicht übergeben hat. Entlastung wurde dem Rechner nicht erteilt,

– 16 –

weil die Abrechnung noch keiner Prüfung unterlag. Es folgte eine erregte Debatte wegen des Fehlens von zwei Revisoren. Der zweite Vorsitzende läßt nun geeignete Vorschläge machen. Die Versammlung schlägt nun die Genossen Johann Erb und Fritz Kolb vor, welche auch einstimmig gewählt wurden.

II. Punkt Anlegen einer Kleiderkasse!

Der zweite Vorsitzende kritisiert das bunte Antreten zu öffentlichen Übungen und zu Samariterdiensten und schlägt vor, eine Kleiderkasse anzulegen, um so allmählich zu einheitlicher Kleidung zu gelangen. Zunächst sollen Mützen angeschaffen werden. Genosse Kolb regt an, die Gelder, welche bei Wachen eingehen, auf die Mitglieder auszuschlagen und der Kleiderkasse zu überweisen. Dieses wurde vom Genossen Wolf nicht für gut befunden. Genosse Wolf empfiehlt den Erlös der Vereinskasse zu belassen. Der gleichen Ansicht ist auch Genosse Martin Altmannsberger.

– 17 –

Genosse Heinr. Heberer stellt folgenden Antrag:

Der Vorstand soll sich mit einem einschlägigen Geschäft in Verbindung setzen, um vorläufig sechs bis acht Mützen anzulegen. Dieser Antrag findet jedoch keinen Anklang bei den Mitgliedern. Deshalb zieht Genosse Heberer den Antrag zurück und schlägt vor, es sei Erkundigung über die Preise von Mützen verschiedener Fabrikate einzuziehen. Als Revisor der Kleiderkasse wird der zweite Vorsitzende, Jakob Altmannsberger vorgeschlagen, welcher sich auch bereit dafür erklärte. Ein Betrag wird nicht festgesetzt, sondern nach eigenem Ermessen der Mitglieder.

III. Verschiedenes

Genosse Fritz Kolb rügt die schlechte Beteiligung der Mitglieder an dem Festzuge der Freiwilligen Feuerwehr. Der zweite Vorsitzende rügt ebenfalls die Unpünktlichkeit der

Mitglieder, ferner die schlechte Disziplin innerhalb der Übungsstunden und bringt den Wunsch unseres die Übungsstunden leitenden Arztes, Herrn Dr. Heumann, die Übungsstunden bis auf Weiteres ausfallen zu lassen, dar.

– 18 –

Die Übungsstunden ausfallen zu lassen wird von den Genossen missbilligt. Genosse Heberer, Heinr., stellt den Antrag, die Übungen auch in Abwesenheit des Herrn Dr. Heumann fortzusetzen und einen geeigneten Mann als Leiter zu bestimmen. Welches auch für gut befunden wurde. Als technischer Leiter und Kolonnenführer wurde von den Mitgliedern Genosse Johann Erb gewünscht, welcher auch bereit war, das Amt als Kolonnenführer anzunehmen. Die Übungen wurden auf Montagabend um 9.00 Uhr festgesetzt. Kolonnenführer Genosse Johann Erb mahnt zum Schlusse auch die Mitglieder, die Übung pünktlich und zahlreich zu besuchen.

Es folgt Schluss der Versammlung um 10.45 Uhr

Johann Vierheller	Max Herbert
Erster Vorsitzender	Schriftführer

– 19 –

Dietzenbach, 18.9.1921

Vorstandssitzung!

Tagesordnung!
Übungs- und Kursusstunden
Stellen von Wachen
Abrechnung vom IV. Quartal
Verschiedenes

Vor Eingang in die Tagesordnung gibt Genosse Martin Wolf bekannt, dass die Tragbahren von der Frankfurter Bundeskolonne für uns bereit stehen zum Preise von 15,– Mark per Stück.

Zu Punkt I. gab Gen. Martin Wolf die Anregung, daß die Frauen der Mitglieder unserer Kolonne zum halben Preise (5,– Mark) an dem neu beginnenden Kursus teilnehmen zu lassen, was der Vorstand für gut befindet.

II. Der Vorstand entschied dahin, dass die bei

– 20 –

Spielen und sonstigen Veranstaltungen an der Vereine verbrauchte Verbandmittel vom betreffenden Verein zu vergüten sind. Ferner wurde eine gemeinschaftliche Sitzung mit dem Sportclub beantragt.

III. Zur Prüfung der III. Quartalabrechnung sind zwei Revisoren zu bestimmen.

IV. Der Vorstand muss immer darauf hinweisen, dass bei Wachen stets Armbinden zu tragen sind.

Johann Vierheller	Max Herbert
Erster Vorsitzender	Schriftführer

– 21 –

Dietzenbach, den 18.12.1921

4. Quartalversammlung 1921

Tagesordnung
Mitteilung
Prüfungsfeier
Wahl 2 Revisoren
Verschiedenes

Zu Punkt I gab Genosse Vierheller einige Erläuterungen des Vereinsvorstandes betreffend des Kreistages und der Kreisübung. Ferner dankte Genosse Vierheller im Namen der Kolonne dem Genossen Georg Martin Heberer für seine eifrige Betätigung bei dem Unglücksfalle des Holzhauers Jünger.

Zu Punkt II. Die Prüfung unserer neu ausgebildeten Mitglieder findet am 22. Januar 1922 öffentlich statt, verbunden mit einem Kommerz unter Hinzuziehung

– 22 –

der Arbeiter Sportvereine. Außerdem sollen noch drei Gruppen gestellt werden.

Genosse Wolf wünscht, die Feier großzügig zu gestalten und Hinzuziehung aller Vereine. Genosse Philipp Berz widerspricht diesem, indem nur die Arbeitersportvereine verherrlichen helfen sollen und die Bürgerlichen nur als Gäste zu laden.

Betreffend der Musik solle Rücksprache mit dem Musikverein Bruderkette genommen werden.

Zur Ausarbeitung der Feier werden außer dem Vorstand noch die Genossen Philipp Berz, Fritz Kolb, Peter Knecht, Christian Kiefer und die Genossinnen Elise Baum und Katharina Leer bestimmt.

Punkt III. Als Revisoren wurden die Genossen Philipp Berz und Wilhelm Keim bestimmt.

Punkt IV. Die Übungsstunde findet ab 20.12.21

– 23 –

im alten Schulhaus statt.

Genosse Kolb stellt den Antrag, dem Unterkassierer 75,– Mark als Geschenk zu überweisen.

Genosse Wolf stellt den Antrag, eine Haussammlung zu veranstalten. Als Tag wurde der 8. Januar 1922 festgesetzt.

Für das Jahr 1922 soll ein Familienausflug vorgenommen werden, welches auch angenommen wird.

Johann Vierheller	Max Herbert
Erster Vorsitzender	Schriftführer

– 24 –

Generalversammlung 1.11.1922

Tagesordnung!

I. Jahresbericht
II. Kassen- und Revisionsbericht
III. Vorstandswahl
IV. Kreiskonferenz
V. Prüfung
VI. Verschiedenes

Nachdem Genosse Vierheller die Versammlung eröffnet, verlas der Schriftführer das Protokoll der IV. Quartalsversammlung, welches von der Versammlung gut geheißen wurde.

Der Vorsitzende schlägt vor, den Punkt 5 als 1. zu verhandeln, weil der Vorstand der Freien Volksbühne Heusenstamm anwesend ist, was auch angenommen wurde. Die Freie Volksbühne Heusenstamm ist gewillt, zur Feier einen 1 Akteur zu geben ohne Risiko der Kolonne. Die Feier findet am 5. Februar 1922 im Saale zur Harmonie Nachmittag 4 Uhr statt.

– 25 –

Genosse Wolf stellt der Freien Volksbühne anheim, den geplanten Theaterabend am 5. Februar als Wohltätigkeitsabend zu Gunsten der Kolonne zu halten. Was von dem Vorstand der Freien Volksbühne angenommen wurde. Aus diesem Grund wurde die Abhaltung von Tanz fallen lassen. Einstimmige Annahme bei allen Anwesenden. Eintrittspreis im Vorkauf 4,– und 5,– Mark. An der Abendkasse erhöhen sich die Preise um 1,– Mark. Die Nachmittagsfeier um 4 Uhr beginnend wird durch den Arbeiter Gesangverein, Freie Turnerschaft und Athletenriege verherrlicht.

Genosse Vierheller gab den Jahresbericht der Kolonne nebst der Beteiligung bei den Wachen des verflossenen Jahres mit den verschiedenen einzelnen Unfällen bei Wachen, bei welchen die Kolonne die Erste Hilfe leistete. Besonders gedachte er den Wachen in Urberach, Dreieichenhain, dem hiesigen Sportplatze und dem Falle Jünger im Wald und ermahnte die Genossen, immer eifrig bei der Sache zu sein. Es wurde beschlossen, ein Buch anzulegen, in welches alle Hilfe bei Unfällen und Krankheit, die Genossen geleistet wird, einzutragen ist.

– 26 –

Der Rechner, Genosse Wolf, gibt den Kassenbericht, woraus zu ersehen ist, daß die Ausgaben und Einnahmen sehr groß sind. Genosse Philipp Berz gibt den Revisionsbericht und stellt den Antrag, dem Kassierer Entlastung zu erteilen. Welches auch einstimmig angenommen wurde.

Zu Punkt 3 übergab Genosse Vierheller den Vorsitz dem Genossen Jakob Altmannsberger. Genosse Peter Knecht beantragte den gesamten Vorstand wieder zu wählen. Der Antrag wurde angenommen. Als Kolonnenführer wurden die Genossen Martin Herbert und Heinrich Kiefer bestimmt.

Am 29. Januar findet der diesjährige Kreistag statt, wozu zwei Delegierte zu wählen sind. Genosse Wolf stellt Antrag, nur einen zu entsenden. Genosse Kolb beantragt, von unserem Rechte zweiten Vertreter zu entsenden, Gebrauch zu machen, was dringend notwendig wäre zur Ausübung des Stimmrechtes. Antrag Kolb fand Mehrheit.

Genosse Jakob Klößmann beantragt 15,– Mark Entschädigung

Genosse Philipp Berz beantragt 15,– Mark.

– 27 –

Antrag Klößmann angenommen. Die Genossen Jakob Gaubatz und Peter Knecht wurden durch geheime Wahl als Delegierte gewählt.

Im Punkt Verschiedenes wurde die Haussammlung nochmals erörtert. Sie soll am 15. Januar 1922 stattfinden. Die Einteilung in die einzelnen Bezirke und die Erheber derselben wurde dem Vorstand überlassen. Zur Prüfung solle eine Liste über die nicht in der Kolonne geprüften Mitglieder vorgelegt werden.

Johann Vierheller	Max Herbert
Erster Vorsitzender	Schriftführer

– 28 –

Mitgliederversammlung 1. Februar 1922

Tagesordnung: Prüfungsfeier!

Die Prüfung findet am 5.2.1922 Nachmittag 2 Uhr im Rathaus Saale statt, wozu jedermann freien Eintritt hat. Nachmittag vier Uhr soll im Saale zur Harmonie eine familiäre Feier stattfinden.

Der Eintrittspreis wird auf 1,– Mark festgelegt. Die Feier wird durch die Arbeiter-Sportvereine und ein Gruppenbild verherrlicht. Herr Dr. Heumann soll ein Geschenk in Form von einem Korb mit verschiedenem Inhalt überreicht werden, was einstimmige Annahme fand.

Johann Vierheller	Max Herbert
Erster Vorsitzender	Schriftführer

– 29 –

Mitgliederversammlung. 5. März 1922, Gasthaus Zur Linde

Tagesordnung:

I. Bericht vom Kreistag
II. Beitragserhöhung
III. Abrechnung von der Prüfungsfeier
IV. Neuer Lehrkursus
V. Verschiedenes

Zu Punkt I gibt der Schriftführer Bericht vom Kreistag zu Offenbach, welcher allgemein Anklang fand.

Zu Punkt II schlägt Genosse Jakob Altmannsberger vor, den Beitrag auf 2,50 Mark zu erhöhen. Genosse Fritz Kolb stellt den Antrag, für männliche Mitglieder 3,– Mark und für weibliche Mitglieder 2,50 Mark zu erheben.

Der Dietzenbacher Kolonnenarzt Dr. Gustav Heumann (sitzend) im Kreis seiner Familie um 1930.
Heimat- und Geschichtsverein Dietzenbach

Unser Rechner, Genosse Martin Wolf, beantragt den Anteil für weibliche Mitglieder auf 1,50 Mark und für männliche auf höchstens 2,50 Mark zu belassen, weil es unsere Kassenverhältnisse erlauben würden.

Nach längerer Debatte zieht G. Kolb seinen Antrag zurück. Die Abstimmung ergab Annahme des

– 30 –

Antrages Wolf. Beitrag für männliche Mark 2,50, Beitrag für weibliche Mark 1,50.

Zu Punkt III gibt Genosse Wolf einen Überblick über die Abrechnung der Prüfungsfeier.

Der Beitrag zum Lehrkursus wird auf 15,– Mark für Nicht-Mitglieder und 7,50 Mark für Angehörige von Mitgliedern festgelegt. Der Vorstand beantragt, daß Kursteilnehmer ohne Beendigung des Lehrgangs keine Mitglieder werden können.

Punkt V Die Anschaffung von Mützen wurde dem Vorstand überlassen.

Die Errichtung von Verbandstellen wurde beschlossen. Erst müssen die Kosten und Verbandsmaterial beschafft werden

Johann Vierheller	Max Herbert
Erster Vorsitzender	Schriftführer

– 31 –

Dietzenbach 19.5.1922

Mitgliederversammlung im Saal zur „Harmonie"

Tagesordnung:
I Vorübung zur Kreisübung
II Neuer Lehrkursus
III Verschiedenes

Nachdem das Protokoll verlesen, beantragte Genosse Martin Wolf, daß jedes Mal das Versammlungslokal angeführt wird. Der Antrag wurde angenommen.

Zu Punkt I gibt Genosse Vierheller kurz Erläuterung über Zweck und Ziele der Vorübung zur Kreisübung in Dietesheim und ermahnt die Genossen, ihr ganzes Können in den Dienst unserer Sache zu stellen. Genosse Wolf beantragt, eine Liste zirkulieren zu lassen, worin aufgeführt ist, wer sich beteiligt und wie er hingelangte, ob mit Rad oder dem gestellten

– 32 –

Fuhrwerk. Der Antrag wurde einstimmig angenommen. Genosse Kolb beantragt, daß zwei Genossen den Antrag in Umlauf setzen. Hierzu meldeten sich die Genossen H. Kiefer und H. Fenchel freiwillig.

Punkt II Der Vorsitzende führte die schlechte Beteiligung an dem bereits im März begonnenen Kursus an und beantragte für Angehörige von Mitgliedern ferner freien Lehrgang und für Nicht-Mitglieder auf 10,– Mark heraufzusetzen. Was auch angenommen wurde.

Gen. Jakob Klößmann beantragte zwecks Agitation öffentlich ärztlicher Vorträge eventuell mit Lichtbildern halten zu lassen, um dadurch den Bestand an Mitgliedern heben zu können. Genosse Wolf wünscht, daß die Mitglieder ihre Angehörigen ebenfalls in unsere Reihen zu bringen, um auf diese Weise bessere Agitation betreiben zu können. Der Antrag vom Gen. Klößmann wurde lebhaft erörtert und zwecks Aufarbeitung dem Vorstand überwiesen. Gen. H. Heberer beantragt, einen Vereinsball abzuhalten verbunden mit entsprechender Agitationsrede, um auf diese Weise Neu-

– 33 –

aufnahmen zu bewirken. Von verschiedenen Rednern widersprochen zieht Genosse Heberer seinen Antrag zurück. Genosse Vierheller führt an, periodisch Vorträge zur Erhebung der Volksgesundheit halten zu lassen. Durch entsprechende Personen, wozu die

Gemeinde einen Zuschuss leisten soll. Ebenfalls soll an den diesbezüglichen Sitzungen unser Kolonnenarzt, Herr Dr. Heumann, zu Rate herangezogen werden.

Punkt III liegt ein Antrag des Vorstandes Erhöhung des Eintrittsgeldes auf 3,– Mark vor. Genosse Jakob Klößmann beantragt: In Anbetracht der von der Post schon gestellten Mehrforderung an Porto für Briefsachen für männliche Personen 5,– Mark Eintrittsgeld und für weibliche 3,– Mark Eintrittsgeld zu erheben. Von mehreren Rednern wurde diesem widersprochen und der Antrag des Vorstandes angenommen.

Nach lebhafter, ziemlich persönlicher zweier Mitglieder beantragte Genosse Herbert Preislisten über Verbandstoffe einzufordern. Bei

– 34 –

minimalerem Preise 250 Verbandpäckchen für die Kolonne und 50 Päckchen für die Abgabe an die Mitglieder zum Selbstkostenpreis zu bestellen. Ferner soll bei den Mitgliedern angefragt werden, wer noch Päckchen zu haben wünscht. Der Antrag wurde zur sofortigen Erledigung dem Vorstand überwiesen.

Genosse Kolb richtet an den Vorstand die Anfrage, inwieweit die Gelder der Haussammlung für gemeinnützige Zwecke Verwendung finden und rügte das vom angenommenen Antrage 2 Streckbecken und 2 Eisbeutel nichts im Protokoll der damaligen Versammlung noch von dem Vorstand zu hören wäre. Zur Erwiderung erhält Genosse Kolb das schon von verschiedenen Personen Ersparnisse jedoch in Anbetracht der Qualität der Ware erst ärztlicher Rat eingeholt werden müsste.

Johann Vierheller	Max Herbert
Erster Vorsitzender	Schriftführer

– 35 –

Dietzenbach 20. August 1922

Mitglieder-Versammlung im Saale des Rathauses

Tagesordnung!

I. Bericht von der Bezirkskonferenz am 15. Juli
II. Rückblick auf die Kreisübung am 16. Juli
III. Verlegen der Übungsstunden
IV. Abrechnung vom I. und II. Quartal
V. Errichtung von Verbandstellen
VI. Verschiedenes

Das alte Rathaus von Dietzenbach in den dreißiger Jahren. Dort fanden in den frühen zwanziger Jahren Jahreshauptversammlungen der Arbeitersamariter statt. Heimat- und Geschichtsverein Dietzenbach

Zu I. gab Genosse Kolb Bericht über den Anschluss an Mutterschutz und Säuglingsfürsorge

II Über die Kreisbeitragserhöhung. Gen. Vierheller ergänzte die Ausführungen über Mutterschutz und Säuglingsfürsorge und begründete ausführlich, warum der Anschluss des Kreises vollzogen wurde. Die Beschlüsse des Kreistages wurden ohne größere Debatten gut geheißen. Anschließend wurde

– 36 –

die Beitragserhöhung vom Bund beraten. Da der Bund die Beiträge per Mitglied auf 4,– Mark für weibliche und 5,– Mark für männliche erhöht hat, beschloss die Versammlung, die Beiträge für männliche Mitglieder auf 5,– Mark und für weibliche auf 4,– Mark festzusetzen. Ebenso wurde das Eintrittseingabegeld auf 5,– Mark erhöht. Der Antrag wurde gegen eine Stimme angenommen.

Punkt II. Genosse Vierheller berichtete den guten Verlauf der Kreisleitung, welches von den anwesenden Herren Ärzten angesprochen wurde. Genosse Peter Knecht rügte, daß in der Bundeszeitung kein Protokoll betreffend der Kreisübung unseres Kreises erschienen sei. Der Vorstand verpflichtete sich, dahin zu wirken, daß das Versäumnis noch nachgeholt würde.

Punkt III. Der Vorstand beantragte, die Übungsstunde auf Donnerstag zu verlegen. Der Antrag wurde ohne Debatte angenommen.

Punkt IV. Wird bis zur nächsten Versammlung zurückgestellt.

– 37 –

Punkt V. Mit Beginn des neuen Lehrganges sollen die anderen Verbandsstellen erledigt sein.

Unter Punkt „Verschiedenes" rügte Genosse Heinrich Heberer scharf die Kolonnenleitung. Er hofft, daß für die Folge ein jedes Vorstandsmitglied nur seine ihm zustehenden Angelegenheiten erledigt und sich nicht ohne weiteres in die Sachen des anderen einmischt. Denn ein jedes Vorstandsmitglied muss seine Pflicht voll und ganz tun, um unserer Sache einen guten und dauerhaften Ruf zu erbringen.

Johann Vierheller | Max Herbert
Erster Vorsitzender | Schriftführer

– 38 –

Dietzenbach 4. Febr. 1923

Generalversammlung im Gasthaus zur „Linde"

Tagesordnung!
Jahresbericht
Kassen- und Revisionsbericht
Vorstandswahl
Bericht vom Kreistag
Bundestag
Kreisübung
Beitragsregelung
Anträge

Den Jahresbericht gab Genosse Vierheller, aus welchem die Tätigkeit der Kolonne genau ersichtlich war und von den anwesenden Genossen für gut befunden wurde. Genosse Wolf erklärte, daß wir für die Folge unserer Übungsstunden in dem

Das Gasthaus „Zur Linde" in den zwanziger Jahren. Das Lokal war der bevorzugte Treffpunkt der ASB-Kolonne Dietzenbach.
Heimat- und Geschichtsverein Dietzenbach

– 39 –

im ersten Stock gelegenen Nebenzimmer des Rathauses abhalten können, sobald dieses hergerichtet ist.

Der Kolonnenführer klagte über schlechten Besuch der Übungsstunden von Seiten der Kursteilnehmer und der Mitglieder und ersuchte die Übungsstunden wieder regelmäßig zu besuchen. Gen. Jak. Klößmann rügte, daß die in vorjähriger Generalversammlung beschlossenen ärztlichen Vorträge nicht zur Ausführung gelangten. Genosse Jakob Altmannsberger legte die Gründe dar, warum man davon Abstand genommen hatte.

Den Kassenbericht gab der Rechner Genosse Wolf, woraus zu ersehen ist, daß die Jahreseinnahmen 6.967,25 Mark die Jahresausgaben 5.625,20 Mark betragen, somit ein Überschuss von 1.442,05 Mark zuzüglich Kassenbestand von 436,80 Mark ergibt einen Gesamtkassenbestand von 1.878,85 Mark. Genosse Wilhelm Keim beantragte laut seines Revisionsbefundes dem Rechner Entlastung zu erteilen. Welches auch einstimmig angenommen wurde.

Der Gesamtvorstand wurde einstimmig wieder gewählt.

– 40 –

Genosse Herbert gab eingehenden Bericht über die Tagung des Kreises am 14. Januar in Vilbel. Die gefassten Beschlüsse wurden für gut befunden. Nur wurde der Beschluss, wonach sämtliche Mitglieder der für das erste Vierteljahr von 1923 45,– Mark Delegation für den Bundestag zu zahlen haben, dahin geändert, daß die männlichen Mitglieder 60,– Mark und die weiblichen frei sind.

Die diesjährige Kreisübung findet in Vilbel und die Bezirksübung des III. Bezirks in Eberstadt statt, und wurden die Genossinnen und Genossen ersucht, sich unbedingt daran zu beteiligen. Um dieses zu erleichtern, soll die Sparkasse in ihr Recht treten.

Zur Beitragserhöhung wird dem vom Vorstand gemachten Vorschlag, wonach die männlichen Mitglieder 30,– Mark und die weiblichen 20,– Mark zu zahlen

– 41 –

haben zugestimmt, ferner noch der Zusatz, wonach der Vorstand bei Dringlichkeit noch den Betrag selbständig erhöhen kann. Gen. Vierheller gab bekannt, dass der Bund Anteilscheine zur Selbständigmachung ausgibt und ermahnt die Genossen, daß sie alle ihr Scherflein dazu beitragen.

Die Genossen Wilhelm Keim und Wilhelm Gaubatz wurden zu Revisoren gewählt. Dem Unterkassierer wurden 1000,– Mark für seine Arbeit im Jahr 1922 zugestanden.

Johann Vierheller
Erster Vorsitzender

Max Herbert
Schriftführer

– 42 –

Generalversammlung, 8.1.1924 im Gasthaus Zur „Linde“

Tagesordnung:
Jahresbericht
Jahresabrechnung
Revisionsbericht
Vorstandswahl
Kreiskonferenz (Sprendlingen)
Übungsstunde
Verschiedenes

Punkt I Genosse Vierheller gab den Jahresbericht, aus welchem die Tätigkeit der Kolonne und das Währungselend zu entnehmen war. Anschließend an den Jahresbericht gab der Kolonnenführer Bericht über die geleisteten Sachen und behandelten Unfälle, welche im Laufe des Jahres für unsere Kolonne in Betracht kamen. Auf Verlangen der Versammlung wurden noch die weiteren zwei Punkte der Tagesordnung gegeben und die gemeinsame Debatte über die drei ersten Punkte eröffnet. Es wurde beschlossen, zeitweilig die

– 43 –

Verbandstournister und Kästen zu umwidmen. Auf Antrag der Revisoren wurde dem Kassierer einstimmig Entlastung erteilt.

Punkt IV Nach lebhafter Debatte wurde auf Antrag des Genossen Heinrich Heberer der gesamte Vorstand gegen eine Stimme wieder gewählt.

V Zum Delegierten im Kreistag in Sprendlingen wurde Genosse Vierheller bestimmt, welcher als Delegation zwei Mark erhält.

VI Die Übungsstunde wird vorläufig auf Donnerstag, den 22. Januar festgesetzt. An diesem Abend soll über die Ausgestaltung der Übungsstunden gesprochen und auch der Bericht von der Kreiskonferenz gegeben werden.

VII Dem Unterkassierer sollen als Vergütung für 1923 zu Ostern ein Paar Stiefel angeschafft werden. Die Beiträge sind gestaffelt: Vollarbeiter 50 Pfennig, Kurzarbeiter und weiblich 25 Pfennig, Erwerbslose frei. Als Revisoren wurden die Genossen Fritz Kolb und Heinrich Heberer bestimmt.

Johann Vierheller	Max Herbert
Erster Vorsitzender	Schriftführer

– 44 –

Mitgliederversammlung, 22. Mai 1924 im Gasthaus zur „Linde"

Tagesordnung:

I. Kombinierte Übung zwischen dem 9. + 16. Kreis

II. Übungsstunde

Anlässlich der *Arbeiterolympiade* zu Frankfurt am Main, welche im Jahr 1925 stattfinden soll, wurde zwischen beiden Kreisleitungen eine gemeinsame Übung beschlossen, welche in Neu-Isenburg stattfindet. Nach lebhafter Debatte wurde die Übung für gut befunden, um eine gemeinsame Handhabe der Transportgeräte zu erzielen, um im Falle der Notwen-

§ 18. C. Der Kreistag wird von dem Kreisvorstand und dem von den Kolonnen zu wählenden Delegierten gebildet. Jede Kolonne hat das Recht, bis zu fünfzig Mitglieder einen Delegierter, auf je weitere 50 einen weiteren Delegierten. Bruchteile über 50 gelten als voll.

§ 19. a Wird so heißen: Anstatt 100 Mitglieder 50 und anstatt 50 Mitglieder 25.

Alle Anträge wurden von der Kolonne gut geheißen.

Zum Bezirkstag am 4. Januar 1925 in Offenbach wurde Genosse Vierheller als Delegierter gewählt.

Die Übungsstunde soll wieder am 8. Januar 1925 beginnen. Und regelmäßig wöchentlich einen Abend ausfüllen. Auch soll mit dem 8. Januar 1925 ein Lehrgang in Erster Hilfe stattfinden.

– 50 –

Als Aufwandsentschädigung dafür wurde von Genosse Jakob Klößmann ein verbindlicher Beitrag von 0,50 Mark beantragt und angenommen. Dafür wird dem Kursisten ein Lehrbuch gestellt, welches aber Eigentum der Kolonne bleibt. Nach Beendigen des Kurses können Teilnehmer ohne Einschreibegebühr in die Kolonne aufgenommen werden. Ferner soll Rücksprache mit der Gemeindeverwaltung genommen zwecks Überlassung eines Schul-Saales zu Übungszwecken.

Unter Verschiedenes wurde beschlossen, 4 Vorträge über verschiedene Krankheiten und deren Bekämpfung vorgesehen. Hierzu ergreift der Kreisleiter, Genosse Streb, Neu-Isenburg das Wort über den, dem zur Verfügung stehenden Apparat und Lichtbilder. Der erste Vortrag soll nach dem Kreistag stattfinden.

– 51 –

Zeitpunkt wird dem Vorstand überlassen. Im Anschluss an den Kreistag soll ein dreitägiger Kursus zur Weiterbildung der Kolonnenführer stattfinden. Genosse Streb regte an, einen Vertrag mit den Sportvereinen abzuschließen, in welchem die Spesen für Wachen und Materialverbrauch einheitlich geregelt werden. Verschiedentlich wurde ein Zuschuss Antrag bei der Ortskasse Offenbach erwünscht.

Johann Vierheller	Max Herbert
Erster Vorsitzender	Schriftführer

– 52 –

Generalversammlung, am 24. Januar 1925 Im Gasthaus zur „Linde"

Tagesordnung:
Jahresbericht des Vorstands
Kassen- und Revisionsbericht
Bericht vom Bezirkstag am 4. Januar 1925
Vorstandswahl
Kreistag
Übungsstunde
Verschiedenes

Genosse Vierheller gab in eingehender Weise den Jahresbericht über die allgemeine Lage der Kolonne im verflossenen Jahre. Daraus war zu entnehmen, daß die Kolonne bewegte Zeiten hinter sich hatte. Anschließend folgte der Bericht des Kolonnenführers. Er führte an, dass im verflossenen Jahre die Kolonne 14 Wachen gestellt hat. In 80 Unfällen wurde durch die Genossen die Erste Hilfe geleistet.

Alsdann gab Genosse Wolf den Kassenbericht. Er fügte

– 53 –

nochmals den bedauerlichen Fall an, wodurch die Kolonne nach einem Einbruch beim Rechner etwa 50,– Mark Verlust hat und erklärte sich bereit, den Schaden zu gegebener Zeit zu decken. Genosse Kolb als Revisor beantragt, den Rechner zu entlasten, da der Genosse Wilhelm Gaubatz die Kasse geprüft und mit den Belegen übereinstimmend gefunden hat, welches auch einstimmig angenommen wurde. Ferner wurde in Anerkennung seiner fünfjährigen treuen Tätigkeit als Rechner eine Ersatzleistung abgelehnt. Genosse Wolf wurde beauftragt, im Gemeinderat dahin zu wirken, daß die Kolonne Vertretung im Wohlfahrtsausschuß erhält.

In seinem Bericht vom 4. Januar führte Genosse Vierheller an, dass nur von Offenbach und Dietzenbach Antrag auf Änderung des Statuts vorlagen, welche auch angenommen wurden.

Genosse H. Fenchel beantragt, jedes einzelne Vorstandsmitglied zu wählen, was angenommen wurde. Genosse Vierheller wurde als Vorsitzender einstimmig wieder gewählt.

– 54 –

Genosse Jak. Altmannsberger scheidet auf eigenen Wunsch auf Berufung auf das Bundesstatut aus. Der technische Leiter wird unter Bezugnahme auf die Olympiade beibehalten. Genosse Wolf wurde einstimmig als Rechner wiedergewählt. Als Schriftführer wurde Genosse Kolb bestimmt. Die Wahl vom Zeugwart und 2. Kolonnenführer wurde auf Antrag vom Gen. Wolf zur nächsten Versammlung zurück gestellt.

Als Spesen zum Kreistag wurden 6,– Mark und die Fahrt festgesetzt. Zum Delegierten wurde Genosse Vierheller bestimmt.

Als Revisoren die Genossen Jak. Altmannsberger und Wilhelm Gaubatz.

Dem Vereinsdiener werden 15,– Mark als Entschädigung für 1920 zugesprochen.

Als Vereinsdiener wurde der Sohn des Wilhelm Gaubatz verpflichtet.

Auf Beschwerde der Frau Bernhard Wolf gegen Genossen H. Fenchel teilt letzterer mit, daß dasselbe auf eigenen Wunsch geschehen ist.

– 55 –

Der Antrag des Genossen Kolb, einen Maskenball abzuhalten, wurde angenommen und der Eintritt auf 50 Pfennig festgesetzt.

Johann Vierheller	Max Herbert
Erster Vorsitzender	Schriftführer

Mitgliederversammlung am 1. März 1925 im Gasthaus Zur Linde

Tagesordnung:
Mitteilung
Bericht vom Kreistag
Bericht von Techniker Sitzung in Frankfurt
Delegierten Wahl
Abrechnung vom Maskenball
Verschiedenes

Diese Versammlung hätte sich ihrer Wichtigkeit halber größerer Pünktlichkeit und Zuspruchs erfreuen dürfen.

– 56 –

Dementsprechend setzte sich gleich die nicht ganz sachliche Debatte ein, da Genosse Mart. Wolf als Rechner und Genosse Kolb als Schriftführer nicht anwesend waren. Trotzdem der Punkt Abrechnung vom Maskenball zur Tagesordnung standen.

Punkt I wurde zurückgestellt

II und III Infolge Krankheit des Technischen Leiters gibt Genosse Vierheller eingehend Bericht von der Sitzung in Frankfurt a M. Der Bericht wurde stark debattiert. Die Verpflichtung, als Samariter an Olympiade teilzunehmen, wurde gut geheißen. Nur die Verpflichtung, die Ausschuss den Samaritern gegenüber, löste schärfsten Protest aus.

Es wurde eine Resolution verfasst, welche freie Verpflegung, freies Quartier und entsprechenden Lohnausfall fordert.

Nun wurde zunächst durch Abstimmung der Wahlausschuss gebildet. Jak. Altmannsberger, Knecht, Jakob Gaubatz.

Nach geheimer Abstimmung und erfolgter Zählung ergab sich für:

– 57 –

Genossen Battenhausen, Hanau, 2 Stimmen
Genossen Kreckel, Offenbach, 2 Stimmen
Genossen Salzmann 7 Stimmen.

Wie anfangs schon erwähnt, war der Versammlungsbesuch sehr mäßig, was aus den abgegebenen 11 Stimmen zu ersehen ist. 24 wahlberechtigte Mitglieder waren zu verzeichnen, wovon nur 11 anwesend waren. Ich hoffe, dass sich in Zukunft die Genossinnen und Genossen wieder mehr und mehr unserer Sache widmen, um unsere bevorstehenden Aufgaben gerüstet entgegen sehen zu können. Denn genau so schlecht wurden auch unsere Übungsstunden besucht. Also frei auf zur Tat!

Johannes Vierheller	Martin Herbert
Vorsitzender	Technischer Leiter

– S. 58–59 leer –

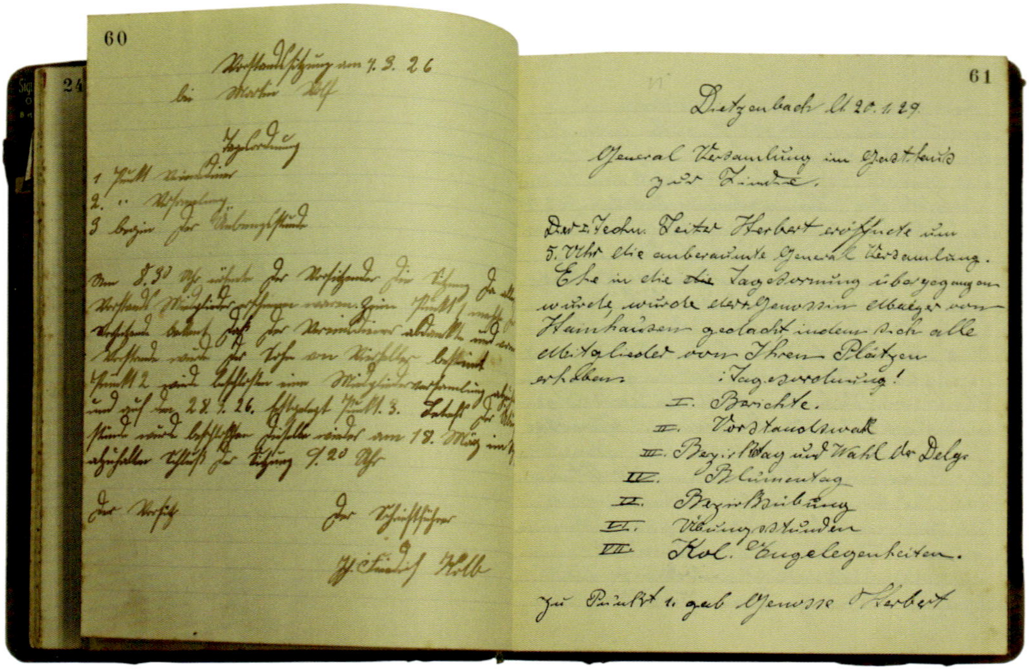

Diese Doppelseite im Protollbuch der Dietzenbacher Kolonne belegt die fast dreijährige Lücke der Einträge.
Archiv des ASB-Bundesverbandes

– 60 –

Vorstandssitzung am 4.3.1926 bei Martin Wolf

Tagesordnung
Verschiedenes
Versammlung
Beginn der Übungsstunde

Um 8.30 Uhr eröffnete der Vorsitzende die Sitzung. Da alle Vorstandsmitglieder erschienen waren. Zum Punkt 1 machte der Vorsitzende bekannt, dass der Vereinsdiener abdankte und vom Vorstande wurde der Sohn von Vierheller bestimmt.

Punkt 2 wurde beschlossen, eine Mitgliederversammlung abzuhalten und auf den 28.3.1926 festgelegt. Punkt 3. Betreff der Übungsstunde wurde beschlossen, dieselbe wieder am 18. März im Schulsaal abzuhalten. Schluss der Sitzung 9.20 Uhr.

Der Vorsitz

Der Schriftführer
Joh. Friedrich Kolb

– 61 –

Dietzenbach, den 20.1.1929

Generalversammlung im Gasthaus Zur Linde

Der erste technische Leiter Herbert eröffnete um 5 Uhr die anberaumte General Versammlung. Ehe in die Tagesordnung übergegangen wurde, wurde der Genossin Mayer von Hainhausen gedacht, indem sich alle Mitglieder von ihren Plätzen erhoben.

Tagesordnung!
Berichte
Vorstandswahl
Bezirkstag und Wahl der Delegierten
Blumentag
Bezirksübung
Übungsstunden
Kolonnen Angelegenheiten

Zu Punkt I: Gab Genosse Herbert

– 62 –

ein großes Referat. Es wurden im verflossenen Jahr 135 Unfälle behandelt. Die meisten Unfälle fielen auf das Konto der Sportler. Genosse Wolf gab den Kassenbericht. Die Einnahmen betrugen 963,– Reichsmark, die Ausgaben betrugen 746,73 Reichsmark, somit hatte die Kolonne einen Kassenbestand von 217,26 Reichsmark am 12.1.1929 zu verzeichnen. Genosse Gaubatz gab dann vom Bestand der Kolonne an Verbandsmaterial, Becken, Verbandskästen usw. bekannt. Wie hier raus ersehen, verfügt die Kolonne noch über ein ganz ansehnliches Lager von Verbandsmaterial, die der Allgemeinheit zu Gute kommen. Genosse Altmannsberger gab dann den Bericht der Revisoren, welches alles in guter Ordnung ist und beantragte um Entlastung des Vorstandes, welches einstimmig angenommen wurde.

II.: Vorstandswahl!
Gewählt wurden:
Zum Ersten Vorsitzenden Jean Vierheller

– 63 –

Zweiten Vorsitzenden	Jakob Altmannsberger (ist durchgestrichen)
Erster Technischer Leiter	Martin Herbert
Zweiter Technischer Leiter	Heinrich Kiefer
Rechner	Martin Wolf
Materialverwalter	Jakob Gaubatz
Unterkassierer	Philipp Knecht
Schriftführer	Christian Kiefer

III. Als Delegierter zum Bezirkstag wurde bestimmt: Genosse Wolf

IV. Über den Blumentag soll der Vorstand bestimmen.

V. Die Bezirksübung soll nach Dietzenbach verlegt werden.

Genosse Wolf beantragte die Übung, welche mit einer Feier des 15-jährlichen Bestehens der Kolonne verbunden, soll dem Vorstand überlassen werden.

VI. Übungsstunden wurden gehalten 20, und zwar von 99 Männern und 34 Frauen.

Übungsstunden könnten und müssen mehr gehalten werden. Wenn die Allgemeinheit

– 64 –

zu unserer Sache mehr Interesse zeigen würden.

VII. Kolonnen Angelegenheiten

Peter Knecht stellte einen Antrag wegen eines Sauerstoffapparates, welches dem Vorstand überlassen wurde. Genosse Werner beantragte, dass ein Verhütungsmittel angelegt werden soll. Der Antrag wurde angenommen. Genosse Herbert schloss mit 10 Genossen um 7.20 Uhr ordnungsgemäß mit einem „Frei Hilf" die Versammlung.

Vierheller	Christian Kiefer
Der Vorsitzende	Schriftführer

– 65 –

Vorstandssitzung am 28. 5. 1929 beim Martin Wolf

Tagesordnung!
Punkt: Bezirksübung
Punkt: Stiftungsfest

Der Vorsitzende eröffnete um 9.15 Uhr die Sitzung und alle Vorstandsmitglieder waren erschienen. Zum Punkt 1 wurden die Unglücksstellen festgelegt, welche am Sägewerk bei Georg Eckert, Steinbruch an der Bahn und an der Kreuzungstrasse am Friedhof sind. Sonntagmorgen, 11.15 Uhr erster Alarm, 11.35 Uhr zweiter Alarm.

Die Sammelstelle der Kranken ist die neue Schule. Zu Punkt 2. Stiftungsfest, um 2 Uhr Sonntag Nachmittag Aufstellung des Festzuges neben Löwen durch die Ortsstrasse, 4 Uhr Gartenfest, in der Halle, Tanz, Preis-Schießen, Kinderspiel, Tanzen, 1,– Mark einzeln T. 20 Pfennig

Schriftführer
Christian Kiefer

– 66 –

Vorstandssitzung am 10.6.1929 beim Martin Wolf

Tagesordnung!

Der Erste Vorsitzende eröffnete um 9.30 Uhr die Sitzung. Ein Vorstandsmitglied fehlte, und zwar Jakob Gaubatz. Es wurde über Bezirksübung und Stiftungsfest gesprochen. Am Schluss gab der Erste Technische Leiter, Martin Herbert, sein Amt als Kolonnenführer ab, und übergab es dem Zweiten Kolonnenführer, Heinrich Kiefer, weil Genosse Martin Herbert seinen Wohnsitz ändern will.

Johann Vierheller	Christian Kiefer
Vorsitzender	Schriftführer

– 67 –

Vorstandssitzung am 3.7.1929 beim Martin Wolf

Tagesordnung:

Der Erste Vorsitzende eröffnete um 9.30 Uhr die Sitzung, wo alle Vorstandsmitglieder erschienen waren. Wir hatten eine kleine Besprechung über unsere Bezirksübung, wobei die Sitzung um 10.15 Uhr geschlossen war.

Johann Vierheller	Christian Kiefer
Vorsitzender	Schriftführer

– 68 –

Dietzenbach, den 4.7.1929

Mitgliederversammlung im alten Schulhaus

Tagesordnung
P. Bezirksübung
P. Stiftungsfest
P. Kreisübung in Michelstadt mit Ausflug

Der Erste Vorsitzende eröffnete um 9.15 Uhr die Versammlung, musste aber gleich wieder abbrechen, weil ein Unglücksfall behandelt musste werden, und zwar einer von den Radfahrern in der Radfahrerübung hatte einen Arm gebrochen. Es wurde verbunden und wurde zum Arzt geschickt, dann ging die Versammlung wieder weiter. Vorsitzender Vierheller gab Aufschluss, was der Vorstand in der Sitzung über Bezirksübung und 15-Jahr-Stiftungsfest verabredet hat. Zum Punkt 1 Bezirksübung: Wurden die Unglücksstellen besprochen, hatte auch kein Mitglied etwas dagegen einzuwenden. Unsere Kolonne soll an der Bezirksübung nicht teilnehmen, sollen

– 69 –

aber auch Dienst machen, und zwar für Ordnung sorgen bei Unglücksstelle und im Lazarett im neuen Schulhaus. Zu P. 2 Stiftungsfest: Genosse Vierheller richtete an die Mitglieder, dass der Vorstand beschlossen hat, dass das Stiftungsfest im kleinen Rahmen soll gefeiert werden, weil die Unkosten zu groß werden. Samstagabend sollte ein Film laufen über das Samariterwesen. Die Versammlung hatte aber beschlossen, es soll Samstagabend ein Kommerz gehalten werden. Es wurde darüber abgestimmt und waren 9 Stimmen dafür und 1 Stimme dagegen, also wird der Kommerz gehalten. Zu P. 3 Kreisübung in Michelstadt: Sollen zu dieser Übung 2 Gruppen mit Tragbahre gestellt werden, soll auch gleichzeitig ein Ausflug für die Kolonne sein. Der Vorstand hat beschlossen, es soll aus Kolonnenkasse ein Teil der Kosten für Mitglieder zugefügt werden.

Zu P. 4 Verschiedenes: Die Kolonne Schaafheim hat uns eine Zuschrift geschickt und hat uns eingeladen, einige Samariter zu schicken. Hauptsächlich unser Vorsitzender Vierheller. Das Schreiben wurde der Versammlung vorgelegt, und hatte beschlossen, es sollen

– 70 –

zwei bis drei Samariter hinmachen, weil wir auch die Kolonne Schaafheim gegründet haben. Die Samariter, wo nach Schaafheim gehen, sollen aus der Kolonnenkasse bezahlt werden. Am Schluss gab Genosse Vierheller noch zur Sprache, es soll nichts mehr bestellt werden, ohne dass die Hälfte von dem Mann bezahlt ist und schloss so was kann so nicht weiter gehen. Und schloss um 11.15 Uhr mit acht Genossen und zwei Genossinnen ordnungsgemäß mit „Frei Hilf" die Versammlung.

Johann Vierheller — Christian Kiefer
Vorsitzender — Schriftführer

Vorstandssitzung am 8.7.1929 bei Martin Wolf

Der Vorsitzende eröffnete um 9.15 Uhr die Sitzung und der ganze Vorstand war erschienen. Es wurde vom Kommers am Samstagabend gesprochen. Genosse Martin Wolf war immer noch ein strenger Gegner für den Kommers Samstag, trotz wo es schon

– 71 –

die Versammlung beschlossen hat, er wird gehalten. Beschluss der Versammlung ist maßgebend. Dann wurden drei Mann bestimmt nach Schaafheim und wurden vier Mark bewilligt aus der Kolonnenkasse für einen Mann. Genosse Vierheller hat auch über die Übung in Michelstadt gesprochen, wurde aber auch zurückgelegt auf eine spätere Sitzung. Auch war der Vorsitzende vom Musikverein erschienen und hat uns Preise von der Musik mitgeteilt. Um 11.30 Uhr schloss der Vorsitzende die Sitzung.

Johann Vierheller — Christian Kiefer
Vorsitzender — Schriftführer

Vorstandssitzung 19.7.1929 bei Martin Wolf

Vorsitzender J. Vierheller eröffnete um 9.30 Uhr die Sitzung. Es waren alle Vorstandsmitglieder anwesend, nur Genosse Herbert konnte der Sitzung nicht mehr beiwohnen, weil er jetzt seinen Wohnsitz in Bieber hat und nicht mehr unserer Kolonne angehört. Wir unterhielten uns von der

– 72 –

Festbühne, wer dieselbe machen soll. Vereinstafeln wurden Christian Lehr zum Fertigmachen übergeben. Genosse Martin Wolf gab zur Aufklärung, Samstag beim Kommers sollte sich unsere Kolonne auch mal zeigen, dass man auch weiß, wer den Kommers eigentlich hält. Da kam zur Sprache, es sollte ein Gruppenbild mit Beleuchtung gestellt werden. Genosse Kiefer gab zum Schluss noch ein Referat über die Übung in Schaafheim, und die Auslagen von den drei Mann, dass vier Mark für die großen Unkosten zu wenig waren, da bewilligte der Vorstand noch 2 Mark pro Mann aus der Kolonnenkasse, und die Sitzung wurde um 10.45 Uhr geschlossen.

Johann Vierheller	Christian Kiefer
Vorsitzender	Schriftführer

– 73 –

Vorstandssitzung am 2.8.29 bei Genosse Christian Kiefer

Der ganze Vorstand war erschienen, aber leider konnte die Sitzung nicht stattfinden, weil unser Genosse Vierheller Vorsitzender ohne entschuldigt gefehlt hat, und konnten auch nichts beschließen, wir waren beisammen bis 12 Uhr und haben auch Hoffnung gehabt auf sein Kommen, war aber doch nicht erschienen.

Johann Vierheller	Christian Kiefer
Vorsitzender	Schriftführer

Vorstandssitzung am 5.8.29 bei Christian Kiefer

Wie der ganze Vorstand beisammen war, eröffnete der Erste Vorsitzende um 9.30 Uhr die Sitzung. Wir haben beschlossen, von einer Bühne Abstand zu nehmen, und die 90 Mark sparen zu können. Der Kommers sollte meistens im Saal stattfinden. Dann hatte der Vorstand beschlossen, Dauerkarten machen zu lassen, und zwar 50 Pfennig

– 74 –

und sollen für zwei Tage gültig sein, wobei auch einzelne Karten verkauft werden. Samstags abends beim Kommers 20 Pfennig und sonntags 40 Pfennig. Genosse Martin Wolf stellte einen Antrag, es müsse noch eine Vorstandssitzung sein mit den Freien Turnern über Festsetzung der Bierpreise und sollte alsbald erledigt werden. Am Schluss unterhielten wir uns noch über Kinderspiele, wir wollen den Kindern einen Spaß machen, und zwar es soll jedes Kind ein Fähnchen haben. Genosse Vierheller hat die Sache übernommen.

Dann wurde die Sitzung um 11.15 Uhr geschlossen.

Johann Vierheller Christian Kiefer
Vorsitzender Schriftführer

Vorstandssitzung am 5.8.29 beim Martin Wolf

Als der ganze Vorstand zusammen war, eröffnete der Erste Vorsitzende, J. Vierheller, um 9.15 Uhr die Sitzung, und befassten uns über das Fest. Es wurde beschlossen, Leute an die Kasse, und wurde dazu bestimmt, Christian Späth, Georg Lehr, Wilhelm Fenchel,

– 75 –

Jakob Altmannsberger, Georg Wurm und Fritz Gaubatz. Zum Kassieren beim Tanzen wurde Christian Kiefer und Martin Altmannsberger bestimmt, zu der Tombola Ausgabe bei den Blumenstücken wurden Martin Herbert und Heinrich Kiefer bestimmt. Dann müssten wir auch zwei Mann haben für Fichten zu holen. Dazu wurden zwei Erwerbslose bestimmt, und zwar Hans Fenchel und Michael Jünger. Der Vorstand bewilligte jedem Mann 3,– Mark als Vergütung. Am Schluss gab Genosse Vierheller auch Erklärung über die Übung. Sonntags früh 9 Uhr Besichtigung zur Walderholung, wobei sich alle Samariter beteiligen sollen, um eine Freude zu machen. Dann wurde die Sitzung um 10.30 Uhr geschlossen.

Johann Vierheller Christian Kiefer
Vorsitzender Schriftführer

– 76 –

Dietzenbach, den 13.8.1929

Mitgliederversammlung im alten Schulhaus

Der Erste Vorsitzende J. Vierheller eröffnete um 10.15 Uhr nach der Übungsstunde die Versammlung und gab folgende Punkte zur Tagesordnung
Bezirksübung
Festregelung
Kolonnenangelegenheiten

Zu Punkt 1: Gab Genosse Vierheller ein großes Referat über die Übung. Samstagabend 9 Uhr: Kommerz, wobei sich alle Ortsvereine beteiligen. Samstagmorgen 9 Uhr: Besichtigung. Sämtliche Samariter bei Walderholungsheim, dann erster Alarm zur Übung beim Zimmermann Eckart, zweiter Alarm am Friedhof und dritter Alarm am Steinbruch an der Bahn. Zu Punkt 2: Festordnung und Platzregelung. Da gab es eine große Debatte über die Bierpreise im Festplatz. Genosse Martin Wolf stellte einen Antrag, es muß noch unbedingt eine Vorstandssitzung ein. Beide Vorstände

– 77 –

um genaue Regelung der Preise.

Zu Punkt 3 gab Genosse Vierheller noch allerhand zur Sprache, welches jedes Mitglied betrifft und auch zu Herzen nehmen muss und überall an diesem Tage mithelfen muss, wo es fehlte. Alsbald wurde die Versammlung um 11.30 Uhr ordnungsgemäß mit 12 männlichen und 3 weiblichen Mitgliedern geschlossen.

Johann Vierheller	Christian Kiefer
Vorsitzender	Schriftführer

Vorstandssitzung am 21.8.1929 beim Martin Wolf

Genosse Martin Wolf eröffnete um 9 Uhr die Sitzung, weil unser Vorsitzender Vierheller nicht anwesend war. Wir haben die Abrechnung gemacht, weil an diesem Tage Genosse Martin Herbert (Kassierer) anwesend war, aber alle Rechnungen waren noch nicht eingelaufen. Wir hatten doch eine kurze Übersicht von allen Rechnungen und die Sitzung wurde um 10.30 Uhr geschlossen.

Johann Vierheller	Christian Kiefer
Vorsitzender	Schriftführer

Vorstandssitzung am 11.9.29 beim Martin Wolf

Als der ganze Vorstand zusammen war, eröffnete der Erste Vorsitzende um 9 Uhr die Sitzung. Es wurde gesprochen über die Kreisübung in Michelstadt und wegen Fahrgelegenheit. Genosse Vierheller hatte mit Heinrich Göckel gesprochen und hatte auch gesagt, er will uns fahren. Der Preis macht 50 Mark und hiermit war der Vorstand mit einverstanden. Abfahrt haben wir beschlossen Punkt 6 Uhr, dass wir früh da sind und damit wurde die Sitzung um 10.30 Uhr geschlossen.

Johann Vierheller Christian Kiefer
Vorsitzender Schriftführer

– 78 –

Vorstandssitzung am 21.9.29 beim Martin Wolf

Der Erste Vorsitzende eröffnete um 8.15 Uhr die Sitzung und hielt gleich ein Referat über die Kreisübung in Michelstadt, weil bei der Übung auch vieles zu wünschen übrig geblieben war. Genosse Martin

– 79 –

Wolf hatte auch vieles an der Übung auszusetzen, weil die ganze Übung nicht ausgearbeitet worden war und war auch viel schlechter als unsere Bezirksübung. Er sprach noch mancherlei, besonders über die Rückfahrt, dass manche sich nicht so betragen haben als Samariter und damit wurde die Sitzung um 9.45 Uhr geschlossen.

Johann Vierheller Christian Kiefer
Vorsitzender Schriftführer

Vorstandssitzung am 4.10.29 beim Martin Wolf

Als unser Vorsitzender Vierheller nicht erschienen ist, fingen wir die Sitzung um 8.30 Uhr an. Es wurde weiter gar nichts beschlossen, sondern unsere Mitgliedsbücher und Marken in Ordnung gebracht und haben um 10.15 Uhr Schluss gemacht.

Johann Vierheller Christian Kiefer
Vorsitzender Schriftführer

– 80 –

Vorstandssitzung am 18.10.29 beim Martin Wolf

Unser Rechner Martin Wolf fing die Sitzung um 9 Uhr mit noch zwei Vorstandsmitgliedern an, und zwar Genosse Christian Kiefer und Genosse Heinrich Kiefer. Wir konnten ja weiter nichts machen, nur Rückvergütung von Michelstadt haben wir erledigt. Es war

Pferdefuhrwerk im ländlichen Dietzenbach um 1930. Heimat- und Geschichtsverein Dietzenbach

ja eine sehr bedauerliche Sitzung, weil noch nicht mal der Vorsitzende anwesend war. Wir machten um 10.30 Uhr Schluss.

Johann Vierheller Christian Kiefer
Vorsitzender Schriftführer

Vorstandssitzung am 2.12.29 beim Martin Wolf

Um 8.45 Uhr eröffnete der Erste Vorsitzende mit vier Vorstandsmitgliedern die Sitzung. Es fehlte ohne entschuldigt Jakob Gaubatz.

Wir hatten eine kleine Besprechung über Kolonnen Angelegenheiten und die Sitzung wurde um

– 81 –

9.45 Uhr wieder geschlossen.

Johann Vierheller Christian Kiefer
Vorsitzender Schriftführer

Vorstandssitzung am 6.1.1930 beim Martin Wolf

Eine sehr mäßige Sitzung in der der Vorsitzende, Johann Vierheller, unser Zeugwart, Jakob Gaubatz, nicht erschienen waren und vergebens auf sie gewartet haben, konnte die Sitzung nicht stattfinden. Und wir gingen um 9.30 Uhr wieder nach Hause.

Johann Vierheller Vorsitzender	Christian Kiefer Schriftführer

– 82 –

Vorstandssitzung am 10.1.1930 beim Martin Wolf

Um 9 Uhr öffnete der Vorsitzende, Johann Vierheller, mit vier Mitgliedern die Sitzung. Es fehlte wiederum der Zeugwart Jakob Gaubatz.

Der Rechner Martin Wolf machte seine Abrechnung fertig und sollte durch beide Revisoren Peter Knecht und Jakob Altmannsberger geprüft werden. Peter Knecht ließ einen Antrag an den Vorstand gehen, und zwar an sämtliche Sportvereine, welche Wache gestanden haben wollen, soll ein Jahresabschluss gemacht werden. Darüber war der Vorstand mit einverstanden und fasste einen Beschluss für eine Entschädigung von Summa 20 bis 25 Mark. Der Vorstand beschloss, jedes Mitglied, welches ein Dienstrock in Besitz hat, soll mit diesem in der Versammlung erscheinen. Kann er nicht kommen, soll er ihn schicken. Am Schluss wurde die Jahresversammlung mit folgender Tagesordnung am 18.1.1930 in der Linde festgelegt.

– 83 –

Punkt Mitgliederverlesung
P. Geschäftsbericht, Technischer Leiter und Kassenbericht
P. Bericht der Revisoren
P. Prüfung der Kursisten
P. Vorstandswahl
P. Mitteilung
Und damit wurde die Sitzung um 10.30 Uhr geschlossen.

Johann Vierheller Vorsitzender	Christian Kiefer Schriftführer

– 84 –

Dietzenbach, den 18.1.1930

Generalversammlung im Gasthaus Zur Linde

Der Erste Vorsitzende eröffnete um 9.15 Uhr die Versammlung und gab folgende Punkte zur Tagesordnung:
1. P. Mitgliederverlesung und Protokoll
2. P. Geschäftsbericht, Technischer Leiter und Kassenbericht
3. P. Bericht der Revisoren
4. P. Prüfung der Kursisten
5. P. Vorstandswahl
6. P. Mitteilung

P. 1 Nachdem der Schriftführer das Protokoll und die Mitglieder verlesen hatte, gab Genosse Vierheller den Geschäftsbericht über die Kolonne und über die Allgemeinheit. Er führte an, dass im verflossenen Jahre die Kolonne gut gearbeitet hat und gut in Ordnung ist und hofft, im Jahr 1930 noch besonders auf die Höhe zu kommen, dann gab er noch einen Bericht über Wache und Dienströcke, weil verschiedene Mitglieder den Dienstrock zum Spazieren anziehen.

– 85 –

Das darf bei allen Umständen nicht vorkommen. Die Röcke sind Eigentum der Kolonne und dürfen nur im Dienst angezogen werden, wenn das nicht so gehandhabt wird, sollen andere Maßregeln ergriffen werden. Zu P. 2 gab der Kolonnenführer den Jahresbericht über die gestellten Wachen auf Sportplätzen und bei Unfällen und konnte bezeichnen, dass im Jahr 29 74 Wachen, 170 Unfälle, darunter ohne Krankenkasse. Übungsstunden wurden im Jahr 29 70 gehalten und daraus zu ersehen war, dass die Übungsstunden besser waren, müssen aber im Jahr 1930 noch besser werden. Anschließend gab der Rechner Martin Wolf den Kassenbericht und daraus ersehen ist, dass die Jahreseinnahmen 480,06 Mark, die Jahresausgaben 292,29 Mark betragen. Somit ein Überschuss zu bezeichnen ist und ergibt einen gesamten Kassenbestand von 196,71 Mark. Gen. Martin Wolf streifte noch manches, wo sich die Kolonne zu Herzen nehmen soll. Zu P. 3 gab Genosse Peter Knecht den Bericht beider Revisoren und teilte der Kolonne mit, dass alles in guter

– 86 –

Ordnung ist und beantragte den Rechner zu entlasten, welcher einstimmig angenommen wurde. Zeugwart Jakob Gaubatz gab den Inventarbericht über das Eigentum der Kolonne und hier zum ersten, das manches fehlte, wo er nicht im Besitz hat. Darüber gab es eine große Debatte und wurde beantragt, dass ein Buch angeschafft werden soll und um die Sachen genau zu prüfen, dass alles in gute Ordnung kommt. Genosse Heinrich Heberer stellte den Antrag, dass alle Verbandskästen und Material bei dem Verwalter kommen soll, und von dort aus bei Wachen geholt werden. Genosse Martin Wolf beantragte, es solle jedes Jahr ein Ausflug gemacht werden, um besser in Gesellschaft zu kommen. Genosse Klößmann gab einen Bericht über den Sport für Wache, der Freien Turnerschaft, dass der Kolonne jedes einen Beitrag überwiesen werden soll, ist aber nicht geschehen. Zu P. 4 sprach Genosse Vierheller über die Prüfung, die im Februar gehalten werden soll. Der Tag soll vom Vorstand festgelegt werden. Die

– 87 –

Prüflinge müssen aber noch die Übungsstunden gut besuchen. P. 5 Vorstandswahl: Der erste Vorsitzende übergibt dem 1. Technischen Leiter den Vorsitz. Der Genosse Peter Knecht stellte den Antrag: Er habe gegen den Vorstand nichts einzusetzen, nur gegen den 1. Vorsitzenden wäre in letzter Zeit seiner Pflicht nicht ganz und voll nachgekommen und schlägt Genosse Heinrich Werner zum 1. Vorsitzenden vor. Es wurde darüber abgestimmt. Genosse Vierheller hatte 7 Stimmen, Genosse Heinrich Werner hatte 16 Stimmen und hiermit wurde Genosse Heinrich Werner zum 1. Vorsitzenden für das Jahr 1930 gewählt. Der Technische Leiter, G. Heinrich Kiefer hierzu wurde Stellvertreter, G. Peter Knecht, gewählt. Als Rechner wurde Gen. Martin Wolf wieder gewählt. Zeugwart Jakob Gaubatz. Gen. Heinrich Heberer wurde als Beisitzer gewählt. Zwei Revisoren wurden gewählt Martin Altmannsberger I. und Jakob Klößmann, welche auch gleichzeitig als Beihilfe des Zeugwarts sein sollen. Zu P. 6: Mitteilungen: Technischer Leiter Heinrich Kiefer beantragte bei Wachenstellen bei Sportvereinen sollen spätestens bis Donnerstags

– 88 –

abends angemeldet sein. Kann aber jedoch eine Ausnahme gemacht werden. Genosse Jakob Gaubatz gab einen Bericht über die Verbandsstelle Heinrich Fenchel in Offenthal. Darüber gab es eine große Debatte und wird von unserer Seite aus abgelehnt, welches der Bezirk auf sich nehmen soll. Alsdann gab G. Vierheller das Schlusswort und bedankte sich für seinen 16-jährigen Dienst der Kolonne und hiermit erklärte er in Aufregung seinen Austritt aus der Kolonne, wo er sich später wieder revanchierte und hiermit wurde die Versammlung ordnungsgemäß mit 20 männlichen und 4 weiblichen Mitgliedern um 1 Uhr geschlossen.

Heinrich Werner — Der Schriftführer Christian Kiefer

Vorstandssitzung am 10.2.1930 beim Martin Wolf

Der Erste Vorsitzende, Heinrich Werner, eröffnete um 9 Uhr die Sitzung und gab folgende Punkte zur Tagesordnung: 1P. Prüfung, 2. P. Kursus in Gießen

– 89 –

3. P. Verschiedenes: Zu P. 1 wurde beschlossen, die Prüfung soll voraussichtlich am 9. März gehalten werden, soll aber mit Herrn Dr. Heumann noch mal Rücksprache genommen werden. Zu P. 2 Kursus in Gießen wurde Genosse Heinrich Kiefer vorgeschlagen. Zu P. 3 wurde beschlossen Dienstrock kann nur einer erreichen, wenn er eine Prüfung bestanden hat und tätig ein Jahr im Dienst war. Dann sollen auch zwei Koltern angeschafft werden und damit wurde die Sitzung um 11 Uhr geschlossen. Erschienen waren:

Heinrich Werner, 1. Vorsitzender, Heinrich Heberer, Beisitzer, Heinrich Kiefer, 1., und Peter Knecht 2. Kolonnenführer, Martin Wolf, Rechner, Jakob Gaubatz, Zeugwart, und Christian Kiefer, Schriftführer. Am Schluss wurde noch manches beraten.

Heinrich Werner	Christian Kiefer
Vorsitzender	Schriftführer

– 90 –

Vorstandssitzung am 10.2.30 beim Martin Wolf

Tagesordnung
Prüfung
Ausflug
Kolonnenangelegenheiten

Da alle Vorstandsmitglieder erschienen waren, eröffnete der Erste Vorsitzende die Sitzung. Zu P. 1 Prüfung: Soll am 16. März 30 morgens um 10 Uhr im alten Schulhaus durch Dr. Heumann abgehalten werden. Es wurde beschlossen, am Abend ein gemütliches Zusammensein im Gasthof Zur Linde. Zu dieser Prüfung soll der Gemeindevorstand und auch beide Schwestern eingeladen werden. Zu P. 2 Gemeinschaftlicher Ausflug mit Arbeitergesangverein, Radfahrer, Freie Turner und Samariter Kolonne. Darüber wurden verschiedene Meinungen gesprochen und wurde von uns aus abgelehnt. Freiwillig kann jeder jedoch mitmachen. Wir wollen einen Ausflug für uns machen. Zu P. 3. wurde noch manches

– 91 –

besprochen, was die Kolonne noch benötigt und anschaffen muß.

Heinrich Werner	Christian Kiefer
Vorsitzender	Schriftführer

Vorstandssitzung am 7.4.30 beim Martin Wolf

Tagesordnung:
1. P. Versammlung
2. P. Ausflug
3. P. Kolonnen Angelegenheiten

Um 9 Uhr eröffnete der Erste Vorsitzende Heinrich Werner mit acht Mitgliedern die Sitzung, und zwar war erschienen: Erster Vorsitzender Heinrich Werner, Erster und Zweiter Kolonnenführer, Martin Wolf, Rechner, Jakob Gaubatz, Zeugwart, Christian Kiefer, Schriftführer und beide Beisitzer, J. Gaubatz, Altmannsberger, H. Heberer. Zu Punkt I wurde beschlossen, dass die Versammlung soll im alten Schulhaus Donnerstag, den 10.4.1930 abgehalten

– 92 –

werden. Zu P. 2 wurde der Ausflug besprochen und wurde auf 25. Mai vorläufig festgelegt. Zu P. 3 In der Kolonne muss noch manches angestrebt werden und damit wurde die Sitzung um 10.15 Uhr geschlossen.

Heinrich Werner	Christian Kiefer
Vorsitzender	Schriftführer

Vorstandssitzung am 2.5.30 beim Martin Wolf

In dieser Sitzung wurde vom Blumentag am 4. Mai gesprochen. Erschienen waren Heinrich Heberer, Heinrich Kiefer, Christian Kiefer und Martin Wolf und wurde bald wieder geschlossen.

Heinrich Werner	Christian Kiefer
Vorsitzender	Schriftführer

Vorstandssitzung am 5.5.30 beim Martin Wolf

Als der ganze Vorstand erschienen war, öffnete

– 93 –

der Erste Vorsitzende um 9 Uhr die Sitzung.
Tagesordnung:
Teilnahme am Fest der Kolonne Egelsbach
Teilnahme bei der Prüfung der Kolonne in Jügesheim
Kolonnen Angelegenheiten

Zu P. 1 Wurde beschlossen, dass wir ganz bestimmt die Kolonne Egelsbach auf ihrer Jubelfeier am 20. Juli besuchen wollen. Zu P. 2 wurde auch beschlossen, die Prüfung der Kolonne Jügesheim am 1. Juli zu besuchen. Zu P. 3 wurde beantragt, dass in der Kolonne noch manches noch fehlt und bald zur Anschaffung gebracht werden muss und damit wurde die Sitzung um 10.30 Uhr geschlossen.

Heinrich Werner	Christian Kiefer
Vorsitzender	Schriftführer

Vorstandssitzung am 16.6.30 beim Christian Kiefer

Tagesordnung
P. Berichte
P. Kolonnen Angelegenheiten

– 94 –

Zu P. 1 gab Genosse Heinrich Kiefer einen Bericht über die Ausführungen des Samariter Wesens, welche in Offenbach in einer Sitzung besprochen wurden.

Zu P. 2 gab Genosse Werner noch verschiedenes zur Sprache über Übungsstunden und am kommenden Sonntag bei ihm zusammen kommen wollen und von dort um 1 Uhr nach Egelsbach machen wollen und damit wurde die Sitzung um 11.30 Uhr geschlossen.

Erschienen waren der Erste Vorsitzende Werner, Wolf, Rechner, Erster Technischer Leiter, Kiefer, Heinrich, Beisitzer, H. Heberer, Zeugwart, J. Gaubatz und Schriftführer Kiefer.

Vorsitzender	Schriftführer

Dietzenbach, den 17. August 1930

Mitgliederversammlung im Gasthaus Zur Linde

Berichte
Bericht der Revisoren
Kolonnen Angelegenheiten

Zu P. I gab der Erste Vorsitzende Heinrich Werner

– 95 –

den Geschäftsbericht der Kolonne.

Zu Punkt II gab Martin Böckel den Bericht der Abrechnung und gab der Kolonne bekannt, dass alles gut in Ordnung ist, und könne zufrieden sein über Genosse seine Buchhaltung.

Zu Punkt III: Genosse Heinrich Kiefer gab einen Bericht über Wache und Vorhaltung, das immer noch viele Fehler gemacht werden, wo immer und immer in jeder Versammlung geredet werden muss. Genosse Martin Wolf gab der Kolonne eine gute Anerkennung über die Glanzleistungen bei der Übung in Dudenhofen. Er hatte sich die Übung angesehen und dabei viel mit nach Hause genommen und der Kolonne zu hören gegeben. Er hätte ja wenig Zeit dazu, weil er und anderweitig sich verhindert sei. Wie er aber doch nur eine Stunde Zeit hat, so will er bei der Kolonne sein und wenn das jeder machen würde, wäre in der Kolonne auch viel Ordnung geschafft. Alsdann gab Genosse Vierheller noch ein großes Referat über die Übung in Dudenhofen, machte die

– 96 –

Kolonne darauf aufmerksam, dass noch bei dieser Übung viele Fehler gemacht sein wurden. Hauptsächlich beim Tragen das Schritthalten, das wäre bald nicht mehr mit anzusehen gewesen, selbst unserer Kolonne wäre beim Tragen nicht genug einwandfrei gewesen. Diese Fehler müssten bei der Übung unbedingt abgestellt werden. Dann solle in aller Nähe eine Probealarmübung stattfinden, von der Kolonne Offenbach aus. Die Zeit und wann ist nicht bestimmt. Er hoffe, dass dabei alles gut und schnell klappt und damit wurde die Versammlung um 5.30 Uhr mit 13 männlichen und 13 weiblichen Mitgliedern geschlossen.

Heinrich Werner	Christian Kiefer
Vorsitzender	Schriftführer

– 97 –

Vorstandssitzung am 29.12.30 beim Martin Wolf

Der Erste Vorsitzende, Heinrich Werner, eröffnete um 9 Uhr die Sitzung und wurden folgende Punkte für die Jahreshauptversammlung, welche am 11.1.31 festgelegt wurde, zur Tagesordnung. Die Versammlung soll um 3 Uhr stattfinden. 1.P Wirtschaftsbericht, 2. P Inventarbericht, 3 P. Bericht vom Technischen Leiter, 4 P. Kassenbericht, 5 P. Bericht der Revisoren, 6. P Vorstandswahl, 7. P Verschiedenes. Es sollen noch zwei Delegierte auf den Kreistag nach Bieber gewählt werden und damit wurde die Sitzung mit 6 Vorstandsmitgliedern um 10.30 Uhr geschlossen.

Erschienen waren H. Werner V. Martin Wolf, R. H. Heberer, Jakob Gaubatz, Z. H. Kiefer, T. und Christian Kiefer, Lehr

Heinrich Werner	Christian Kiefer
Vorsitzender	Schriftführer

– 98 –

Dietzenbach, den 18.1.31

Betreff Jahresversammlung im Gasthaus Zur Linde

Der Erste Vorsitzende, Heinrich Werner, eröffnete um 4 Uhr mit 17 männlichen und 5 weiblichen Mitgliedern die Versammlung und gab folgende Punkte zur Tagesordnung:
P. Wirtschaftsbericht
P. Inventarbericht
P. Bericht vom Technischen Leiter
P. Kassenbericht und Bericht beider Revisoren
P. Vorstandswahl
P. Kolonnen Angelegenheiten

Zu P. 1 gab Genosse Werner den Jahresbericht und musste feststellen, dass im verflossenen Jahr gut gearbeitet worden ist und die Kolonne noch in guter Ordnung ist und hofft auch in diesem Jahr so weiter zu machen. P. 2 gab Genosse Jakob Gaubatz, Zeugwart, den Inventarbericht und musste feststellen, dass alles im guten Zustand ist. Auch hat die Kolonne noch ziemlich Verbandsmaterial als Bestand zu bezeichnen. P. 3 Bericht vom Technischen Leiter: Er gab den Jahresbericht vom Jahr 1930 bekannt, über gestellte Wachen und

– 99 –

Martin Altmannsberger war einer der Dietzenbacher Arbeitersamariter aus der Zeit vor 1933.
Heimat- und Geschichtsverein Dietzenbach

Unfälle. Er konnte mit Wachen 54 Unfälle 208 rechnen. Auch wurden die Übungsstunden gut besucht. Doch müssten sich mehr Leute in den Übungsstunden zeigen, damit etwas geleistet werden kann. Übungsstunden wurden 48 gehalten, und zwar männliche 350 und weibliche 250 zusammen 600. P. 4 gab Genosse Martin Wolf, Rechner, den Kassenbericht und gab folgende Ausgaben bekannt: Die Ausgaben betrugen im Jahr 1930 369,– Mark und die Einnahmen 771,– Mark und hiermit ist ein Kassenvorrat von 402,– Mark zu bezeichnen. Genosse Wolf richtete noch einige Worte an die Kolonne, dass sie so weiter machen sollte. Auch haben die Übungen, die nur in diesem Jahr gehalten worden sind, gut geklappt. P. 5 gab Genosse Klößmann den Bericht beider Revisoren und musste feststellen, dass die Kasse gut in Ordnung ist und das Geld stimmt und beantragte, den Rechner zu entlasten, welche einstimmig angenommen wurde. P. 6 Vorstandswahl: Martin Altmannsberger stellte den Antrag, dass der ganze Vorstand wieder bleibt und wurde einstimmig angenommen. P. 7 Kolonnenangelegenheiten:

– 100 –

Jakob Klößmann und Martin Altmannsberger wurden wieder gewählt als Revisoren. Als Delegierte auf dem Kreistag wurden Martin Wolf und Heinrich Kiefer gewählt. Genosse Martin Wolf beantragte, es ist Pflicht, dass jeder Samariter auf dem Dienstrock ein Abzeichen vom Bund tragen soll und muss in der nächsten Übungsstunde dass unsere Samariterinnen auf den linken Rücken genäht werden, dann führte er noch an, dass alle Beiträge restlos eingegangen sind. Unserem Genossen Vierheller ist aber gewillt, seine Beiträge alsbald zu bezahlen. Er war heute nicht anwesend, hatte sich aber schriftlich bei Genossen Martin Wolf entschuldigt. Heinrich Heberer stellte den Antrag, dass alle Vorsitzenden von den Sportvereinen in eine Vorstandssitzung eingeladen werden, um endgültig einen Beschluss festzulegen, was die Vereine für Wachen stellen, zahlen wollen, denn das wurde in letzter Zeit schlecht vernachlässigt. Gen. Werner richtete noch einige Worte an die Kolonne und wünschte für dieses Jahr ein weiteres Bestreben der Kolonne und damit wurde

– 101 –

Versammlung um 7 Uhr ordnungsgemäß geschlossen.

Heinrich Werner	Christian Kiefer
Vorsitzender	Schriftführer

Vorstandssitzung am 2.2.31 im Gasthaus Zur Linde

Wir haben eine gemeinschaftliche Sitzung mit den Vorsitzenden der Sportvereine zwecks Vergütungen unserer Wache stellen anberaumt. Hierzu waren erschienen: Heinrich Klößmann, Freie Turnerschaft, Jakob Keim, Turngemeinde, Heinrich Köhler, Turngesellschaft, und August Hermann, Sportclub 06. Von uns waren Heinrich Werner, Vorsitzender, Heinrich Heberer, Beisitzer, Heinrich Kiefer, Techn. Leiter, Peter Knecht, stellvertretender Technischer Leiter, Jakob Klößmann, Revisor und Ch. Kiefer, Schriftführer, anwesend. Um 9 Uhr brachte Gen. Werner unseren Antrag, der in der Versammlung gestellt wurde, vor, und stellte das zur Diskussion. Die Herren Vorsitzenden waren mit unserem Antrag nicht einverstanden und konnten auch nicht zustimmen, weil dieser Satz zu hoch wäre

– 102 –

und müssten erst ihrer Versammlung vorlegen, wie ihre Mitglieder hierzu sich stellten. Es wurden gegenseitig mehrere Anträge gestellt, konnte aber keinem zustimmen. Nach langem Hin und Her stellte Heinrich Köhler, Turngesellschaft, einen Antrag, und zwar Turngesellschaft jährlich 15 bis 20,– Mark, Turngemeinde 25,– Mark, Sportclub 25,– Mark, Freie Turner 30,– Mark, eventuell bei schweren Unfällen, wobei mehr Verbandsmaterial verbraucht wird, 5,– Mark extra vergüten will. Er führte an, daß die Staffelung bleiben muß, weil die Vereine nicht gleiche Wachen gestellt bekommen. Dieser Antrag wurde festgehalten und wurde von den Herren Vorsitzenden und von uns angenommen. Dann wurde noch beschlossen, das Geld soll vierteljährlich von den Sportvereinen von uns aus in Empfang genommen werden und hiermit wurde die Sitzung um 10.30 Uhr geschlossen. Am Schluß wollten die Herren doch mal wissen, wo wir unser Geld hinbringen. Wir müssten doch Geld übrig haben. Darüber gaben wir Auskunft und die Herren waren erstaunt, was wir schon alles für die Allgemeinheit geleistet haben, und sie mussten doch bestätigen, dass die Samariter Kolonne unterstützt werden muß.

Heinrich Werner	Christian Kiefer
Vorsitzender	Schriftführer

– 103 –

Vorstandssitzung am 15.6.31 beim Martin Wolf

Tagesordnung
Punkt Kolonnen Angelegenheiten
Punkt Festsetzung Wache Roter Sport

Um 9.30 Uhr öffnete Heinrich Werner, Vorsitzender, die Sitzung und alle Vorstandsmitglieder waren erschienen. Zu P. 1 wurde beschlossen, daß wir die Prüfung der Kolonne Offenthal besuchen wollen, wann soll noch bestimmt werden. Genosse Heinrich Kiefer stellte den Antrag, es soll jeder der Wache steht, eine Hose haben. Denn unsere Hosen sind jetzt alle schlecht und wer am billigsten ist, soll sie liefern. Martin Wolf gibt an, es soll jeder die Hälfte von der Hose bezahlen. Peter Knecht meinte aber, jedes Mitglied, das Wache steht, soll eine Begünstigung bekommen und soll zurück behalten werden für die Diensthosen. Und das wurde auch angenommen. Zu P. 2 wurde festgelegt, Roter Sport soll für Wachenstellen 20,– Mark geben fürs Jahr und damit wurde die Sitzung um 10.45 Uhr geschlossen.

Schriftführer
Christian Kiefer

– 104 –

Vorstandssitzung am 20.7.1931 beim Martin Wolf

Da alle Vorstandmitglieder erschienen waren, öffnete der Erste Vorsitzende, Heinrich Werner, um 9.30 Uhr die Sitzung. Als erstes gab Genosse Martin Wolf den Bericht vom Bezirkstag in ...., wo manches in den Kolonnen zu regeln ist. Wie es auf dem Bezirkstag besprochen worden ist, muß auch in den Kolonnen ausgeführt werden. Es wurde beschlossen, Sachen vom Genossen Werner gegen Heinrich Klößmann soll die Kolonne übernehmen, um die Sache aus der Welt zu schaffen. Es dürfen um keinen Umständen solche Sachen und Schwätzereien in unserer Kolonne nicht mehr vorkommen. Freie Turner Sportvereinigung sollen noch einmal mit einem Schreiben an den Vorstand über Wachengeld gemahnt werden. Am 9. August ist eine Übung in Seligenstadt hat der Vorstand beschlossen, daß unser Kolonne die Übung mitwirken soll. Am 27.7. solle eine Versammlung im alten Schulhaus abgehalten werden und damit wurde die Sitzung um 11.30 Uhr geschlossen.

Heinrich Werner	Christian Kiefer
Vorsitzender	Schriftführer

– 105 –

Mitgliederversammlung am 6.8.1931 im alten Schulhaus

Der erste Vorsitzende, Heinrich Werner, eröffnete um 9.30 Uhr die Versammlung und gab folgende Punkte zur Tagesordnung:
P. Übungsstunde
Krankenpflege
Kleiderkasse
Wache stellen
Kolonnen Angelegenheiten

Zu P. 1 musste wieder die alte Leier über den Besuch der Übungsstunden gerügt werden. In letzter Zeit wurden unsere Übungsstunden sehr schlecht besucht, deswegen sollen die alten Mitglieder mehr herangezogen werden. Zu P. 2 wurde beschlossen, es sollte Herrn Dr. Heumann die Krankenpflege wieder durchgenommen werden und alle Mitglieder hierzu sich beteiligen sollen, denn es wäre für jeden notwendig. Zu P. 3 soll eine Kleiderkasse eingeführt werden und soll den Zweck haben, wenn jemand Kleider braucht, dass er auch dieselben anlegen kann.

– 106 –

Zu P. 4 Wache stellen. Genosse Peter Knecht machte die Mitglieder aufmerksam, wenn einer bestimmt ist auf Wache, mag es sein, wo es will, hat er hinzugehen. Wenn er keine Wache stehen will, braucht er auch keine Dienstkleidung zu tragen. Die Kleider müssten auch ihren Zweck haben. P. 5 Kolonnen Angelegenheiten. Zu diesem Punkt wurde debattiert über die Bezirksübung in Seligenstadt. Es wurde beschlossen, die Übung mitzumachen, um auch dort wieder zu zeigen, was unsere Kolonne noch imstande ist, die Übung mitwirken zu

Dietzenbacher Arbeitersamariter um 1930 (v. l.: Heinrich Kiefer, Heinrich C. Gaubatz, Else Klößmann, Heinrich Heberer, Philipp Knecht). Lina Weilmünster, Aus eigener Kraft. Beitrag zur Geschichte der Arbeiter-, Sport- und Kulturbewegung in Dietzenbach, Dietzenbach 1980, S.

können. Genosse Vierheller stellt einen Antrag, wenn die Betreffenden hinmachen, sollen aus der Kasse eine Vergütung bekommen, denn bei solch einer wirtschaftlichen Krise, wo eben herrscht, kann niemand fortmachen. Und er machte einen Vorschlag, die Kasse soll einen Betrag von 2,50 Mark zusteuern und wurde demselben zugestimmt. In Frage kamen 6 Mann und eine weibliche, wo an dieser Übung teilnehmen. Um 7 Uhr soll per Rad bei Genosse Heinrich abgefahren werden und damit wurde die Versammlung um 11.30 Uhr mit 10 männlichen und einer weiblichen Person geschlossen.

Heinrich Werner	Christian Kiefer
Vorsitzender	Schriftführer

– 107 –

Gemeinschaftliche Vorstandssitzung am 6.9.31 mit der Kreisleitung
Gasthaus Zur Linde

Als unser Vorstand erschienen war, eröffnete Genosse Kreckel, Kreisleiter, die Sitzung und gab folgendes zur Tagesordnung bekannt. Als Punkt 1 verlas er die Briefe von Heinrich Klößmann, die er an unseren Bund gerichtet hatte über Wacheeinstellung bei Freien-

Turn-Sportvereinigung. Aus diesen Briefen mussten wir feststellen, dass manches nicht ganz gut stimmte. Er führte an, wir hätten 50,– Mark festgelegt bei Wachestellen der Freien-Turner, welches aber von uns aus nicht der Fall gewesen war. Wir hatten eigentlich eine gemeinschaftliche Sitzung im Februar 31. Waren nur 30,– Mark festgesetzt, womit H. Klößmann einverstanden war, wo er in gut letzt den Betrag nicht annehmen will. Er berichtete auch manches an den Bund, wo auch falsche Angaben gemacht wurden. Dieses Kompliment von H. Klößmann machte keinen guten Eindruck für unsere Kolonne. Zu Punkt 2 gab Genosse Kreckel das Wort der Kolonne, um

– 108 –

die Sache zu prüfen, ob alles auch so stimmt. Genosse Martin Wolf gab dann Erklärung über Einstellen der Wachen bei Freien-Turnern und Sache H. Klößmann. Genosse Kreckel musste aus den Ausführungen feststellen, dass die Kolonne doch in ihrem Recht stand. Genosse Kreckel stellte den Antrag, wir sollen die Wache heruntersetzen auf 20,– Mark. Das hätten wir schon freiwillig gemacht, wenn der Vorstand von den Freien-Turnern mit uns Rücksprache genommen hätte. Genosse Kreckel stellte den Antrag, dass in allernächster Zeit eine gemeinschaftliche Sitzung mit dem Vorstand der Freien-Turner und uns stattfinden soll. Den Tag bestimmt die Kreisleitung und wurde auf den 13. September nachmittags in der Turnhalle bestimmt. Zu P. 3. gab Genosse Kreckel einen Bericht über Sache H. Klößmann gegen Heinrich Werner, Vorsitzender. Über diese Sache gab es eine lebhafte Debatte, wobei sich H. Werner über diese Sache aussprach und damit wurde die Sitzung um 6.45 Uhr ordnungsgemäß geschlossen.

Heinrich Werner	Christian Kiefer
Vorsitzender	Schriftführer

– 109 –

Gemeinschaftliche Vorstandssitzung am 13.9.1931 mit der Kreisleitung und mit Freien-Turnern in der Turnhalle

Kreisleiter, Genosse Kreckel, öffnete um 2.15 Uhr die Sitzung. Zunächst begrüßte er die Vorstände und dankte ihnen, dass sie erschienen sind. Genosse Kreckel verlas den eingesandten Brief von H. Klößmann, den er an Bund gesandt hat, worüber vieles kritisiert wurde. Genosse Kreckel legte dem Vorstand ans Herz, dass es nicht schön war, weil sie über die Kreisleitung gegangen sind. Es wäre doch besser gewesen, wenn sie sich erst mit Genossen Kreckel in Verbindung gesetzt hätten und da über diese Angelegenheit Rücksprache genommen hätten. Da hätte man auch einen Weg gefunden über Regelung von Wachenstellen bei Freien-Turnern. Diese ganze Sache muss aber viel von H. Klößmann selbst gekommen sein, denn der Vorstand der Freien-Turner war ganz entspannt in der Sitzung von dieser Sache. Dazu gab H. Klößmann einen Bericht über Wachestellung der Samariter Kolonne Dietzenbach. Es wäre nicht am Platz gewesen, dass die Samariter die Wache bei Freien-Turnern eingestellt hätten,

– 110 –

die Mitglieder der Kolonne hätten überhaupt gar kein Interesse an ihrem Verein. Er führt noch manches von der Kolonne an, welches aber nicht ganz gut stimmt. Über diese Sache fiel Genosse Martin Wolf, H. Klößmann ins Wort, worüber es sich zwischen den beiden eine lebhafte Aussprache gab. Danach war es mehr eine persönliche Sitzung als eine gemeinschaftliche, wenn der Vorstand der Freien-Turner sich geeinigt hätte mit der Kolonne, hätte die ganze Sache sich in einer halben Stunde abwickeln können. Genosse H. Köhler der Freien Turner stellte einen Antrag, die Kolonne soll einen Betrag von 3,50 Mark vierteljährlich bekommen, dass man endlich über die Sache hinwegkomme und auch eine Beruhigung auf dem Sportplatz hätte. Es wäre doch besser, wenn ein ausgebildeter Samariter auf dem Platz wäre, um etwa auch Abhilfe zu schaffen. Aber dieser Antrag wurde von H. Klößmann niedergeschlagen und er machte einen Vorschlag, dass er in diesem Jahr für Wache stehen überhaupt keinen Pfennig entbehren könnte, da ihre Kasse finanziell sehr geschwächt. Genosse

– 111 –

Martin Wolf erklärte den Freien-Turnern Gutes und wir wollen für die letzten Jahre überhaupt keine Bezahlung haben. Genosse Lohr, Bezirksleiter, richtete auch einige Worte an die Genossen über Samariterwesen und über das Wache stehen bei den Freien-Turnern. Sie sollen doch nicht so traurig sein und mehr zusammen halten. Wo wollten wir denn hinkommen, wenn dauernd so ein Hetzerei in so einem kleinen Ort vorkommen würde. Das machte nämlich keinen guten Eindruck auf die Samariter und auf die Freie Sportbewegung. Um die Sache kurz zu machen, machte Genosse Kreckel einen Vorschlag, die Wachen sollen wieder weiter gestellt werden und die Kreisleitung übernimmt den Betrag der Freien-Turner und gibt der Kolonne Dietzenbach für 30,– Mark Verbandmaterial für Jahr 1931 und damit waren sie alle einverstanden. Damit wurde die Sitzung um 5.30 Uhr geschlossen.

Heinrich Werner	Christian Kiefer
Vorsitzender	Schriftführer

– 112 –

Vorstandssitzung am 20.12.1931 beim Martin Wolf

Tagesordnung!
P. Verschiedenes
P. Wache bei den Sportvereinen

Genosse Heinrich Kiefer eröffnete um 10.30 Uhr die Sitzung und erklärte uns, dass Werner Erster Vorsitzender schriftlich sich abgemeldet hat. Er teilte uns mit wegen gunsten Klößmann. Auch hätte Heinrich Klößmann seine Tochter abgemeldet. Bei Austritt hat kein Mitglied Anspruch auf Rückzahlung auf Kleidung, alles, was der Kolonne und Bund einzeln muß abgeliefert werden. 2. P. Wache bei den Sportvereinen. Die Vorsitzenden von den Sportvereinen sollen am Dienstagabend, den 22.12.31, zu einer Vorstandssitzung zum Gasthaus Zur Linde eingeladen werden zwecks Neuregelung für Wache 1932 und damit wurde die Sitzung um 12 Uhr geschlossen.

Heinrich Kiefer	Christian Kiefer
Vorsitzender	Schriftführer

– 113 –

Vorstandssitzung am 22.12.1931 im Gasthaus Zur Linde mit den Sportvereinen

Tagesordnung
P. Wache Stellen 1932 bei den Sportvereinen

Genosse Heinrich Kiefer öffnete um 9.30 Uhr die Sitzung und musste feststellen, dass nicht alle Vertreter von den Sportvereinen erschienen sind. Es wäre auch Pflicht gewesen, wenn man etwas besprechen will, hätte jeder erscheinen müssen. Anwesend waren Berz und Weilmünster vom Roten Sport, Müller und Stanz Turngesellschaft.

Genosse Vierheller machte einen Vorschlag, wir sollen den Vereinen einen gleichen Preis festsetzen, und zwar soll man an 20,– Mark festhalten. Darüber wurde ja von den Vereinen schwer kritisiert, denn bei so einer Zeit könnte man so einen Betrag nicht abführen, das müsste auch einen Weg machen. Genosse Martin Wolf machte einen Vorschlag, die Vereine sollen 10,– Mark jährlich abführen und ein Spiel zu Gunsten der Samariter. Der Vorschlag wurde angenommen. Die nicht erschienenen Vertreter sollen eine schriftliche Mitteilung haben und ihren Vereinen

– 114 –

den beschlossenen Beschluss vorlegen. Wenn die Spiele stattfinden sollen, soll noch bestimmt werden und damit wurde die Sitzung um 11 Uhr geschlossen.

Heinrich Kiefer Christian Kiefer
Vorsitzender Schriftführer

Vorstandssitzung am 21.1.32 bei Genosse Martin Wolf

Genosse Heinrich Kiefer eröffnete um 8.30 Uhr die Sitzung. Es wurden verschiedene Punkte als Tagesordnung für unsere Jahresversammlung festgelegt. Die am 24.1.32 im Gasthaus Zur Linde um 4 Uhr stattfinden soll.
Tagesordnung lautet:
P. Geschäftsbericht
Bericht vom Technik Leiter
Kassenbericht
Bericht beider Revisoren und Entlastung des Vorstandes
Inventarbericht
Vorstandswahl

– 115 –

P. Kolonnenangelegenheiten

Es sollen auch gleichzeitig zwei Delegierte auf eine Kreistagssitzung gewählt werden. Vorstandsbeschluss: Sämtliche Kleidungsstücke, welche der Kolonne angehören, sollen mit in die Versammlung gebracht werden. Wer nicht erscheinen kann, muss dieselbe schicken. Hierbei wurde ein Schriftstück festgelegt, jedes Mitglied das seinen Austritt erklärte, ist verpflichtet, seine Kleidungsstücke und sonstigen Sachen, die der Kolonne angehören, müssen im sauberen Zustande, ohne jegliche Rückvergütung abgeliefert werden und damit wurde die Sitzung um 11.15 Uhr geschlossen.

Heinrich Kiefer Christian Kiefer
Vorsitzender Schriftführer

– 116 –

Dietzenbach, den 24.1.32

Betreffs Jahresversammlung im Gasthaus Zur Linde

Genosse Heinrich Kiefer öffnete um 4.30 Uhr die Versammlung und gab folgende Punkte zur Tagesordnung:
P. Jahresbericht
Bericht Technischer Leiter
Kassenbericht
Bericht b. Revisoren und Entlastung d. Vorstandes
Inventarbericht
Vorstandswahl und zwei Delegierten auf den Kreistag nach Offenbach am 31.1.32
Kolonnenangelegenheiten

Zu P. 1 gab G. Heinrich Kiefer den Jahresbericht und mußte feststellten, adss im verflossenen Jahr nicht gut gearbeitet worden ist. Er führte die Übung von Seligenstadt an und gab bekannt, dass diese Übung bis jetzt am schlechtesten gewesen ist, die wir schon alle besucht haben. Zu P. 2 gab er den technischen Bericht und mußte feststellen, dass in letzter Zeit die Übungsstunden sehr schlecht besucht wurden, das darf aber

– 117 –

um allen Umständen nicht vorkommen und muß in diesem Jahr besser gehandhabt werden. Die wachen dagegen, die gestellt wurden, konnte man zufrieden sein. Wachen wurden gestellt 70 und Übngsstunden wurden gehalten 34, davon 240 männliche und 150 weibliche zusammen 390. Zu P. 3 gab Genosse Martin Wolf den Kassenbericht und gab folgende Ausgaben bekannt. Die Ausgaben betrugen im Jahr 31 367,99 Mark und die Einnahmen 828,12 Mark, hiermit ist ein Kassenvorrat mit 460,13 Mark zu bezeichnen. Hieraus kann man ersehen, dass unser Rechner gut gearbeitet hat und unsere Kasse noch gut in Ordnung ist. Zu P. 4 gab Genosse Martin Altmannsberger I. den Bericht beider Revisoren und mußte feststellen, dass die Kasse noch stimmt und noch in Ordnung istund beantragte den Vorstand zur Entlastung, welcher einstimmig angenommen wurde. Zu P. 5 gab Genosse Jakob Gaubatz den Inventurbericht und verlas die Gegenstände und Verbandmaterial, was er noch im Besitz von der Kolonne hat. Er teilte mit, dass im letzten Jahr nichts Neues dazu gekommen wäre. Genosse Martin Wolf richtete noch einige Worte

– 118 –

an die Kolonne und über die Übungsstunden. Er mußte feststellen, da wir im vergangenen Jahre nicht in der Lage waren, einen Kurs abzuhalten. Wir müssen aber immer wieder versuchen, in diesem Jahr einen auszuführen. Genosse Johann Vierheller mußte auch bedauern, dass die Übungsstunden in letzter Zeit schlecht besucht waren. Er betonte, dass die schlechten Verhältnisse auch mitspielen würden. Er beantragte die Kolonne müsste doch einen guten Bestand von Verbandmaterial in Reserve haben, es dürfte doch im Ernstfalle ein Unglück ausbrechen, da müßten wir uns blamieren. Zu P. 6 Vorstandswahl. Als Vorsitzender wurden vorgeschlagen G. Peter Knecht und G. Heinrich Werner. G. Werner hatte sich ja schriftlich abgemeldet. Das hatte er ohne Grund und Überlegung gemacht. Das wurde ihm auch von der Kolonne verziehen. Hiermit war er wieder Mitglied in der Kolonne. Genosse Werner führte aus, er könnte doch den Vorsitz nicht mehr übernehmen in der er keine Zeit dafür hätte, denn ein Vorsitzender müßte doch immer am Platze sein. Hiermit wurde Genosse Peter Knecht als Vorsitzender einstimmig gewählt. Er dankte der Kolonne und verpflichtete sich ein weiteres Bestreben zu

– Die Seiten 119–126 fehlen –

– 127 –

Gemeinschaftliche Sitzung mit Turmgmd. und Turngesellschaft am 15.3.32 im alten Schulhaus

Vorsitzender Peter Knecht öffnete um 8.15 die Sitzung. Unsere Tagesordnung lautet: Regelung des Spieles beider Vereine für die Kolonne Dietzenbach.

In der gemeinschaftlichen Sitzung mit Turngemeinde und Turngesellschaft wurden folgende Vereinbarungen festgelegt. Es soll am zweiten Osterfeiertag um 3 Uhr ein Spiel zu Gunsten der Arbeiter-Samariter-Kolonne Dietzenbach ausgetragen werden. Es wurde ein Betrag von 40 Mark festgelegt. Wenn dieselben nicht erlöst werden sollten, müssen beide Vereine für den fehlenden Betrag aufkommen. Die 10 Mark, die noch beschlossen waren, haben wir gutmütig wegfallen lassen. Zwischen beiden Vereinen wurde keine Einigkeit gezeigt, wo das Spiel stattfinden soll. Um Streitigkeiten zu vermeiden, wurde gelost. Das Los fiel auf dem Turngemeindeplatz und damit wurde die Sitzung um 10 Uhr geschlossen.

Peter Knecht	Christian Kiefer
Vorsitzender	Schriftführer

Die Schäfergasse in Dietzenbach um 1930. Heimat- und Geschichtsverein Dietzenbach

– 128 –

Gemeinschaftliche Sitzung mit Kreis und Bezirk am 20.3.32 im Gasthaus zur Linde

Genosse Kreckel, Kreisleiter, eröffnete um 9.45 Uhr die Sitzung.
Tagesordnung: Wache Verhalt bei Freien-Turnern

Anwesend war unser Vorstand vollzählig, vom Kreis G. Kreckel, G. Specht, G. Fenn, G. Keller und vom Bezirk G. Lohr. Genosse Kreckel ist der Meinung, wir hätten unsere Beschlüsse nicht eingehalten, indem wir bei Freien-Turnern keine Wache mehr stellen wollen. Genosse Martin Wolf zur Aufklärung über das Verhalten bei Freien-Turnern. Er bedauerte, dass man schon wieder eine Sitzung einräumen muss wegen einer solchen Geschichte. Denn diese Sitzung würde mehr Geld kosten als was uns die Freien-Turner geben müssen. Er betonte, dass alles nur eine Sache von Klößmann herrühre und der Vorstand und Mitglieder nichts davon wissen. Genosse Specht verlas einen Teil von der letzten Sitzung, die in der Turnhalle stattfand, worin es lautet: Das Material vcm Kreis soll für das Jahr 1931 und auch für 1932 sein, weil

– 129 –

wir nur für 2.– Mark Binden davon verbraucht hätten. Darüber waren wir uns nicht klar, und waren in der Meinung, das gilt nur für 1931, und für 32 soll eine neue Regelung getroffen werden. Darüber regte sich Genosse Kreckel auf und sagte, wenn wir dem Kreis nichts mehr glauben wollen, braucht man die Sitzung gar nicht mehr weiter zu führen. Genosse Vierheller streifte auch kurz den Verhalt über Freien-Turner und betonte, dass wir immer die Wache gestellt haben, nur die 3 letzten wurden verweigert von einigen Mitgliedern der Freien-Turner. Genosse Lohr, Bezirksleiter, gab auch einige Worte über diese Sache. Er bedauerte, dass man so lange verhandeln muss wegen so einer kleinen Sache. Man soll doch die Freien-Turner nicht mit anderen vergleichen, weil beide Vereine eng beisammen stehen. Er gab bekannt, die Sitzung, die beim Martin Wolf stattfand, wobei Genosse P. Knecht noch anwesend war, und die Wache abgelehnt wurde. Genosse Lohr war in der Meinung, Wache muss gestellt werden und ist nach Offenthal gegangen und hatte der Kolonne die Wache übertragen. Genosse Kreckel verlas dann den Brief, den Klößmann an Kreis gesandt hat, worin

– 130 –

mitgeteilt wurde, wir hätten in letzter Zeit überhaupt keine Wache mehr gestellt. Dieser Brief war eine wahre Unwahrheit. Darüber gab es eine lebhafte Debatte. Der Kreis gibt uns auf den Weg, die Wachen mit den Freien-Turnern müssen wieder aufgenommen werden. Genosse Martin Wolf machte einen Vorschlag, wir stellen die Wache und die Freien-Turner sollen zu Gunsten für uns ein Spiel austragen. Antrag von der Kreisleitung: Die Wache soll von allen Mitgliedern gestellt werden ohne Forderung, wofür die Kreisleitung sich verpflichtet und will mit den Freien-Turnern in Verhandlungen treten, dass uns auch eine Entschädigung zugewiesen wird. Anbei wurde eine Entschließung aufgesetzt, wo alles enthalten ist, womit wir im Vorstand zugestimmt haben und damit wurde die Sitzung um 12.30 Uhr ordnungsgemäß geschlossen.

Anschließend Mitgliederversammlung mit Kreis und Bezirk um 3 Uhr in Linde. Vorsitzender Peter Knecht öffnete um 3.30 Uhr die Versammlung und gab die Tagesordnung bekannt: Verhalt wegen

– 131 –

Wache stehen bei Freien-Turnern und erteilte dem Gen. Kreckel, Kreisleiter, das Wort. Er erklärte uns, dass die Freien-Turner sich an den Kreis gewandt haben, weil wir keine Wache gestellt haben. Wir hätten unbedingt die Wachen weiter machen müssen und uns an den

Kreis wenden müssen. Alsdann verlas er die Entschließung, die am Morgen früh festgelegt worden ist. Bei der am 20.3.32 Sitzung mit Kreis, Vorstand und Mitgliedern der Kolonne Dietzenbach wurde festgelegt, dass wir die Wache ab 20.3. wieder aufnehmen und die Kreisleitung uns entgegen kommen will in allen Beziehungen. Gen. Lohr gab auch einige Ausführungen an die Kolonne, wir hätten unsere Beschlüsse nicht gehalten, wir hätten uns geweigert, keine Wache zu stellen, wo aber nicht der Fall war. Gen. Kreckel verpflichtet sich, dass er nur zu Gunsten der Kolonne Dietzenbach handeln will. Gen. Heberer bedauerte nur, dass schon so viel Zeit und Geld vergeudet worden ist. Gen. Kreckel meinte, wir sollen nicht so viel Zeit verbrauchen, denn es ist schon genug darüber gesprochen worden. Wenn Klößmann wieder mit so einer abartigen Ausführung kommen wird, ist er bei der Kreisleitung

– 132 –

erledigt. Gen. Martin Wolf stellte den Antrag, es soll wegen der Entschließung abgestimmt werden. Gen. Kreckel ließ dann abstimmen und wurde mit 12 Stimmen und 1 dagegen angenommen. Genosse Kreckel dankte der Kolonne Dietzenbach, dass alles gut verlaufen ist und bei allen Behandlungen uns helfen und damit wurde die Versammlung mit 19 Mitgliedern ordnungsgemäß um 5 Uhr geschlossen.

Vorstandssitzung am 18.4.1932 beim Genossen Martin Wolf

Vorsitzender Peter Knecht öffnete um 9 Uhr die Sitzung. Wir hatten nur eine Besprechung über den Blumentag, welcher am letzten Sonntag im April stattfinden soll. Es wurde beschlossen, in diesem Jahr eine Listensammlung vorzunehmen und ist im Bezirk eingeteilt worden, und die Sitzung war um 10.30 Uhr geschlossen.

Peter Knecht	Christian Kiefer
Vorsitzender	Schriftführer

– 133 –

Vorstandssitzung am 4.5.32 b. G. Martin Wolf

P. Knecht, Vors., eröffnete um 9.30 Uhr die Sitzung und machte folgendes zur Tagesordnung:

Bundeslotterie wurde beschlossen vorläufig 20 Lose in Kauf zu nehmen und dieselbe zu verteilen. Sollte das Freilos, das es bei 20 Losen gibt mit einem Gewinn herauskommen, so fällt der Gewinn auf die Verkäufer.

Familienfeier wurde zurückgestellt bis auf Weiteres und damit Sitzung um 11 Uhr geschlossen.

Vorstandssitzung am 30.5.32 bei Martin Wolf

Der Erste Vorsitzende, P. Knecht eröffnete um 9 Uhr die Sitzung und gab folgendes zur Tagesordnung: P. 1 Anschaffung von Diensthosen wurde beschlossen, wer dieselben am besten und billigsten liefert, sollen alsbald die Hosen angeschafft werden. Punkt 2

– 134 –

wurde beschlossen, den Beitrag für die Erwerbslosen von 20 Pfennig soll von der Kasse ausbezahlt werden und dann wurde die Sitzung um 11.30 Uhr geschlossen.

Peter Knecht	Christian Kiefer
Vorsitzender	Schriftführer

Vorstandssitzung am 15.6.32 beim Genossen Martin Wolf

Peter Knecht öffnete um 9.15 Uhr die Sitzung.
Tagesordnung
Was soll mit den nachgesandten Losen geschehen?

Genosse Martin Wolf stellte den Antrag, die Lose sollen in der Kolonne bleiben und jedes Mitglied muss für jedes Los, wo er haben will, 50 Pfennig tragen. Der Gewinn von jedem Los soll unter die Mitglieder, welche bezahlt haben, verteilt werden. Dieser Antrag wurde angenommen. 2. P. Bestellung Verbandsmaterial. Peter Knecht stellte den Antrag, es muss immer ein Vorrat von Binden und sonstigen Sachen beim Verwalter sein, denn wir können immer

– 135 –

in eine Lage kommen, wo vieles Material verbraucht werden kann. Demselben wurde zugestimmt und damit wurde die Sitzung um 10.45 Uhr geschlossen.

Peter Knecht	Christian Kiefer
Vorsitzender	Schriftführer

Vorstandssitzung am 14.7.1932 beim G. Martin Wolf

Peter Knecht eröffnete um 9 Uhr die Sitzung.
Tagesordnung:
Besprechung über Diensthosen, welche der Schneider Frei aus Niederroden uns angeboten hat.

Wir waren mit dem Angebot zufrieden und stimmten zu, dass die Hosen genommen werden sollen. Genosse Jakob Gaubatz meinte, die Hose wäre auch etwas sehr schwer und hatte sich davon ausgeschlossen. Jedoch wurde der Wunsch geäußert, wenn der Schneider die Hose etwas leichter liefern kann, so soll die Bestellung angenommen werden. Hiermit wurde der Schneider auf nächsten Samstag um 9 Uhr bestellt, um die Hosen anzumessen. Genosse Jakob Gaubatz

– 136 –

war immer noch ein Gegner für dieses billige Angebot für die Hose und damit wurde die Sitzung um 10.15 Uhr geschlossen.

Peter Knecht	Christian Kiefer
Vorsitzender	Schriftführer

Vorstandssitzung am 16.12.32 beim Genossen Martin Wolf

Da der ganze Vorstand erschienen war, öffnete der Vorsitzende P. Knecht um 8.30 Uhr die Sitzung. Als 1. Punkt war die Besprechung über einen Vortrag über Krankheiten, welche im Jahr 33 in den Wintermonaten gehalten werden soll. Darüber musste noch mal Rücksprache gehalten werden. Als 2. Punkt Neuregelung von Wachen stellen bei den Sportvereinen, und zwar soll der Vorvertrag von 1932 auch für das Jahr 1933 festgehalten werden. Für jeden Verein ein Spiel und Ertrag von 20,– Mark erzielen. Als 3. Punkt wurde beschlossen, unserem Genossen Heinrich Heberer eine Unterstützung von 6,– Mark für seine Krankheit zu gewähren, welches in Lebensmitteln

– 137 –

ausgeschlagen werden soll. Als 4. P wurde die Jahreshauptversammlung festgelegt, welche am 7. Januar 1933 stattfinden soll und hiermit wurde die Sitzung um 10 Uhr geschlossen.

Peter Knecht	Christian Kiefer
Vorsitzender	Schriftführer

Vorstandssitzung am 5.1.33 beim G. Martin Wolf

Da der ganze Vorstand anwesend war, öffnete der erste Vorsitzende, Peter Knecht, um 8 Uhr die Sitzung.

1. Punkt Jahresabrechnung und sonstige Formulare, Fragebögen wurden fertig gemacht.
2. P. wurde beschlossen, für die gesamten Wachen im Jahr 5 % zu rechnen.
3. P. wurde die Jahresversammlung und Tagesordnung festgelegt, die am 8.1.1933 abgehalten soll werden, und damit wurde die Sitzung um 11 Uhr geschlossen.

Peter Knecht	Christian Kiefer
Vorsitzender	Schriftführer

– 138 –

Dietzenbach, den 8.1.1933

Betreff Jahresversammlung im Gasthaus Zur Linde

Der erste Vorsitzende, Peter Knecht, öffnete um 4.30 Uhr die Versammlung und verlas folgende Punkte zur Tagesordnung:
P. Jahresbericht
P. Bericht Technischer Leiter
P. Kassenbericht
P. Bericht beider Revisoren und Entlastung des Vorstandes
P. Inventarbericht
P. Vorstandswahl
P. Kolonnen Angelegenheiten
P. Mitteilungen vom Bezirkstag

Zu Punkt 1 gab Genosse Knecht den Jahresbericht und musste feststellen, dass im vergangenen Jahr fast in allen Arbeiten sehr schlecht gehandhabt wurde. So darf es in allen Umständen nicht mehr weitergehen, wir müssen uns auch in diesem Jahr einmal zusammenraffen,

– 139 –

um einen besseren Aufbau in die Kolonne zu bringen. Zu P. 2 gab der Technische Leiter, Heinrich Kiefer, einen Bericht über Wachen und Übungsstunden, welche er sehr bemängelt hatte, hauptsächlich die Übungsstunden im Jahr 1932 konnte man sehr wenig halten, weil eine große Faulheit unter den Mitgliedern entstanden ist, welches überhaupt nicht stattfinden darf und hofft in diesem Jahr doch endlich besser zu werden. Zu P. 3 gab Genosse Martin Wolf, Rechner, den Kassenbericht und verlas die Ausgaben und die Einnahmen und konnte damit zufrieden sein, dass wir noch einen guten Überschuss in unserer Kasse haben. Zu P. 4 gab Genosse Johann Vierheller den Bericht beider Revisoren. Er musste feststellen, dass unser Rechner gut gearbeitet hat und die Kasse in guter Ordnung ist und beantragte, den Vorstand zu entlasten, welches einstimmig angenommen wurde. Zu P. 5 gab Genosse Jakob Gaubatz den Inventarbericht und gab bekannt, was die Kolonne im Vorrat hat, in Gegenständen und sonstigen Material. Neues ist in diesem Jahre

– 140 –

nicht angeschafft worden. Zu P. 6 Vorstandswahl. Genosse Vierheller stellte den Antrag, der gesamte Vorstand soll bleiben und wurde hiermit einstimmig gewählt. Als Revisor wurde Johann Vierheller und Jakob Altmannsberger gewählt. P. 7 Kolonnen Angelegenheiten. Genosse Vierheller beantragte, dass die Spiele von den Sportvereinen sollen doch in den Sommer Monaten gehalten werden. Er führte an, bei allen Übungsstunden soll mehr der Arzt herangezogen werden, dass die Übungsstunden besser besucht werden. P. 8 Mitteilung: Wurde über Bezirkstag in Offenbach gesprochen, der am 12. Februar 1933 stattfinden soll. Zuerst wurden die Spesen festgelegt, was der Mann bekommen soll. Jakob Klößmann stellte den Antrag für einen Mann 2,50 Mark, damit könne man auskommen. Darüber gab es eine lebhafte Debatte. Jeder hatte die Meinung, mit dem Geld könne man keinen Mann fortschicken. Johann Vierheller stellte den zweiten Antrag, mit 4,50 Mark für den Mann einschließlich Bahn. Darüber

– 141 –

wurde abgestimmt und der Antrag Vierheller ist mit 1 Stimme dagegen angenommen worden. Alsdann wurden zwei Delegierte gewählt, und zwar waren vorgeschlagen, Johann Vierheller und Martin Wolf, welche beide angenommen wurden. Es wurde beantragt, dass in den Wintermonaten ein Vortrag gehalten werden soll, und zwar über Krankheiten. Dasselbe wurde dem Vorstand übertragen und damit wurde die Versammlung mit 12 männlichen und einer weiblichen Genossin um 7 Uhr ordnungsgemäß geschlossen.

Peter Knecht	Christian Kiefer
Vorsitzender	Schriftführer

Die Alte Schule in Dietzenbach in den siebziger Jahren. Hier trafen sich am 8. Februar 1933 die Dietzenbacher Arbeitersamariter zu ihrer letzten Mitgliederversammlung vor dem Verbot durch die Nationalsozialisten.
Heimat- und Geschichtsverein Dietzenbach

Vorstandssitzung am 7.2.33 beim G. Martin Wolf

Da der erste Vorsitzende, Peter Knecht, in Folge Krankheit verhindert ist, eröffnete Genosse H. Kiefer um 8.15 Uhr die Sitzung.

Eine Besprechung über unser verstorbenes Mitglied, Wilhelm Neubecker.

– 142 –

Es wurde beschlossen, darüber eine Mitgliederversammlung abzuhalten und da alles zu regeln und damit wurde die Sitzung um 10 Uhr geschlossen.

Mitgliederversammlung am 8.2.33 im alten Schulhaus

Genosse Heinrich Kiefer öffnete um 8.30 Uhr die Versammlung. Tagesordnung: Besprechung und Verhalt bei Beerdigung von unserem Genossen Wilhelm Neubecker. Es ist unsere Pflicht, ihn zu tragen; bestimmt wurden als Träger H. Werner, J. Gaubatz,

Ph. Knecht und Chr. Kiefer. Dieselben müssen einheitliche Kleidung tragen und zwar alles im Dienst. Als P. 2 wurde noch beschlossen, dass bei nächster Übungsstunde der Arzt herangezogen soll werden, um die Übungsstunden besser zu besuchen und wenn die Übungsstunde schlecht besucht, kann

– 143 –

nicht auf Wache bestimmt werden und hiermit wurde die Versammlung mit einer weiblichen und 11 männlichen Genossen um 10 Uhr ordnungsgemäß geschlossen.

Quelle: PDD-0053 (ASB-Bundesarchiv).

DOKUMENT 24

Beitrag im ASB-Nachrichtenblatt zu den Aufgaben von Vorstandsmitgliedern in ASB-Kolonnen (1926)

1. Der Vorsitzende

   Er vertritt die Kolonnen nach innen und nach außen und ist verantwortlich für seine sämtlichen Funktionäre. Verhandlungen mit Behörden, Organisationen und Privatpersonen sind nur von dem Vorsitzenden vorzunehmen oder von ihm beauftragte Genossen zu führen. Er muss die Kolonnen entsprechend dem Statut und den gefassten Beschlüssen leiten und darüber wachen, dass diese durch die Unterorgane, durch die Kolonne, eingehalten werden.
2. Der technische Leiter

   Er leitet den technischen Dienst, die Übungen und die Lehrkurse. Da er der Erzieher der neuen Mitglieder ist, muss er besonders gut geschult sein und sich dauernd über alle Neuerungen auf dem Gebiete der Samaritertechnik informieren. Über die Form der Lehrkurse, Übungen und praktischen Arbeiten, wird seitens des Bundesvorstandes noch Material heraus gegeben werden.

Quelle: Nachrichtenblatt 3/1926 (ASB-Bundesarchiv).

DOKUMENT 25

Bericht des Oberwachtmeisters Wenzel, an die Sektion betreffend: Arbeiter-Samariter-Bund vom 12. August 1924

Die Zweitkolonne Vilbel zählt zurzeit ca. 40 Mitglieder, darunter auch Frauen. Vorsitzender der Kolonne ist der Portefeuiller Philipp Wilhelm Seybold. In politischer Hinsicht ist, soweit bekannt, die Kolonne noch nicht in Erscheinung getreten, hat sich vielmehr lediglich bei Unglücksfällen und festlichen Veranstaltungen pp. betätigt.

Die als Mitglieder in Betracht kommenden Personen gehören meistens der sozialdemokratischen Partei an. Ob sich unter denselben auch Angehörigen der kommunistischen Partei befinden und ob solche irgendwelche Beziehungen zu der Kolonne unterhalten, konnte bisher nicht näher festgestellt werden.

Quelle: G 15 Friedberg R 239 (Hessisches Staatsarchiv Darmstadt).

DOKUMENT 26

Schreiben von Jakob Schickendantz (Frankenthal) an den Bundesvorstand in Hannover vom 10. September 1949

Im Mitteilungsblatt der Gewerkschaften lasen wir zu unserer Freude Euren Aufruf und stellen fest, daß außer der französischen Zone sich im übrigen Deutschland die Arbeiter-Samariter wieder zusammenfinden wollen. Unser Bund konstituierte sich am 9. November 1946 und mir wurde damals die Bundesleitung für unsere Zone übertragen. Zu dieser Tagung hatte ich die Gewerkschaften sowie die Arbeiter-Parteien und Behörden eingeladen. Mit Schreiben vom 13. November 1946 protestiert der Vorsitzende der Gewerkschaften gegen die Wiedergründung des ASB mit der Ansicht, wir sollten unseren „Sanitäts- und Hilfsdienst“ mit dem Roten Kreuz vereinigen. Die Verhandlungen sind jedoch von Seiten des Roten Kreuzes verzögert worden und ergebnislos verlaufen. Die Presse hat bei uns alle Artikel und Aufrufe in den Papierkorb befördert. Ich selbst und alle Samariter aus unserer Zone begrüßen es, daß endlich wieder der ASB im übrigen Deutschland sich zu regen beginnt und eine Vereinigung zustande kommt.

Übernommen aus: Wilhelm Müller, Mit einem Unfall fing es an! Illustrierte Geschichte des Arbeiter-Samariter-Bundes, Wiesbaden 1988, S. 209.

DOKUMENT 27

Aus der Denkschrift zum Selbstverständnis des ASB vom 14. Januar 1951

Die soziale Notlage des deutschen Volkes und die ungeheuren Gesundheitsschäden geben heute mehr denn je dem ASB seine volle Existenzberechtigung wieder. In der gleichen uneigennützigen Einsatzbereitschaft verfolgt der ASB in weit größerem Maße seine früher gesteckten Ziele. Dabei ist keineswegs beabsichtigt, die Aufgaben des Roten Kreuzes zu beeinträchtigen oder zu übernehmen. Die Aufgabengebiete beider Organisationen sind zum Teil stark voneinander abweichend. Der neu gegründete ASB will mit allen Behörden und Organisationen, die auf demokratischer Grundlage stehen, auf das engste zusammenarbeiten. Er ist eine politisch und konfessionell neutrale, im Dienste der Menschheit stehende Samariterorganisation. Wir wenden uns mit dieser Denkschrift an alle Abgeordneten und erbitten ihre Hilfe.

Übernommen aus: Wilhelm Müller, Mit einem Unfall fing es an! Illustrierte Geschichte des Arbeiter-Samariter-Bundes, Wiesbaden 1988, S. 215.

DOKUMENT 28

Artikel in der Frankfurter Neuen Presse zum ersten Kurs im Luft- und Katastrophenschutz in Offenbach im März 1953

Im Einvernehmen mit dem Bundesinnenministerium wird jetzt auch der Arbeiter-Samariter-Bund seine Helfer für den Luft- und Katastrophenschutz ausbilden. In fünf Schulen im Bundesgebiet werden zunächst 300 Helfer in Theorie und Praxis mit technischen Neuerungen vertraut gemacht. Sie sollen dann in Ihren Kolonnen die weitere Ausbildung übernehmen. Eine der Schulen befindet sich auf der Rosenhöhe in Offenbach. Hier wurden in den vergangenen drei Tagen 110 Mitglieder des ASB aus Nordrhein-Westfalen, Rheinland-Pfalz und Hessen geschult. Der Landesvorsitzende Otto Kirchner erinnerte an die Schweiz und die Skandinavischen Länder, die trotz ihrer bewiesenen Friedensliebe ebenfalls einen Luft- und Katastrophenschutz haben. Deutschland sei das einzige Land, das über diesen Dienst noch nicht verfüge. Der ASB werde sich aber in seiner Arbeit nur auf den Samariter-Dienst beschränken. Bei einem bunten Abend am 10. März

1953 mit dem Singkreis des Touristenvereins, der Naturfreunde, dem Arbeiter Rad- und Kraftfahrerbund Solidarität und der Tanzgruppe des Arbeiter- Turn- und Sportvereins Fichte, verbrachten die Lehrgangsteilnehmer mit Frankfurter Freunden gesellige Stunden.

Übernommen aus: Wilhelm Müller, Mit einem Unfall fing es an! Illustrierte Geschichte des Arbeiter-Samariter-Bundes, Wiesbaden 1988, S. 223.

DOKUMENT 29

Bericht der Delegierten Jutta Scherf aus Marburg über ihre Eindrücke von der ersten Bundestagung des ASB nach der Wiedergründung zu Ostern 1952 in Hannover

Ich muß schon sagen, daß ich zuerst keinerlei Vorstellungen hatte. Höchstens die, nachdem wir schon 14 Tage vorher das Material zugesandt bekamen, daß es wahrscheinlich viel, viel Arbeit geben wird und möglicherweise harte Auseinandersetzungen. Nun also, am 11. April 1952 kamen wir nach einer langweiligen Nachtfahrt in Hannover an. Mehrere Mitglieder der Kolonne Hannover, an ihrer feschen Dienstkleidung sofort erkennbar, nahmen uns an der Sperre in Empfang und geleiteten uns zunächst einmal zum Kaffeetrinken in die Jugendherberge, in der auch alle auswärtigen Delegierten übernachten sollten. Ich war begeistert, alles auf das Modernste und Bequemste eingerichtet. Die Schlafsäle und Aufenthaltsräume hell und freundlich, von außen geradezu ein Prunkbau. Um 9.00 Uhr begann dann im ehemaligen Fürstenzimmer des Hauptbahnhofs die Tagung. Ich muß schon sagen, die Einrichtung und die ganze Organisation war auch da äußerst repräsentativ gestaltet. Als wir über den Hauptbahnhofplatz kamen, prangte, schon von weitem zu sehen, über dem Eingang das große Transparent „Arbeiter-Samariter-Bund e. V. – Erste Bundestagung nach 1933". Im Tagungsraum selbst hing das alte Bundesbanner und alles war mit Blumen sehr schön ausgeschmückt. Der Samariter Olsen wies nach der Begrüßung auf die Entwicklung des ASB nach der Wiedergründung hin. Ich selbst habe mich sehr darüber gefreut, daß der Bundestag regen Anteil an der Jugendarbeit nahm.

Übernommen aus: Wilhelm Müller, Mit einem Unfall fing es an! Illustrierte Geschichte des Arbeiter-Samariter-Bundes, Wiesbaden 1988, S. 219.

Der Bundesjugendleiter des Arbeiter-Samariter-Bundes Wilhelm Müller (links) mit der Bundesministerin Käte Strobel beim Bundesjugendtag der Arbeiter-Samariter-Jugend im Februar 1970. Archiv des ASB-Bundesverbandes

DOKUMENT 30

Im Mai 1967 sprach mit Käte Strobel (SPD) erstmals eine Bundesministerin zu den Arbeitersamaritern

Der Wunsch und die Forderung der Hilfsorganisationen nach weitgehender staatlicher Unterstützung sind völlig legitim und berechtigt. Sie übernehmen stellvertretend Aufgabenbereiche, die ohne ihre Mitarbeit von staatlicher Seite kostspieliger und möglicherweise mit geringen Erfolgsaussichten durchgeführt werden müssen.

Der ASB gehört mit zu den speziellen Verbänden, die ihren Auftrag vor allem in der Unterrichtung. Ausbildung und praktischen Durchführung der Maßnahmen der Ersten Hilfe, der Katastrophenvorsorge, des Rettungswesens, des Krankentransportdienstes und der Krankenpflege sehen. Die zahlreichen freiwillig tätigen Samariterinnen und Samariter des ASB haben einen bedeutenden Anteil an den genannten humanitären und gesundheitspolitischen wichtigen Aufgaben übernommen und bilden damit das staatspolitisch bedeutsame Gegengewicht gegen den zeitweise stark hervortretenden gemeinschaftsgefährdenden Egoismus. Sie haben in den fast 80 Jahren ihres Bestehens trotz vieler personeller und materieller Schwierigkeiten, trotz Verfolgung und Auflösung in der dunkelsten Zeit unseres Volkes und trotz des mit großen Schwierigkeiten verbundenen Wiederaufbaus ihren von den sechs Zimmerleuten aus Berlin vorgezeichneten Weg unbeirrbar fortgesetzt und, den sozialen Gegebenheiten und den realen Notwendigkeiten folgend, die freiwillig übernommenen Arbeitsgebiete erweitert und vertieft. So befinden sich heute über 17.000 Mitglieder in ihren Reihen, von denen die beachtliche Zahl von 8.000 bis 9.000 als aktive Samariter und Samariterinnen die Hauptlast der praktischen Samariterarbeit zu tragen bereit sind. Sie können dabei bereits auf eine stattliche Anzahl von über 400.000 ausgebildeten Lehrgangsteilnehmern zurückblicken. Aus diesem Grunde sind Vorbereitungen im Gange, in Zusammenarbeit mit dem Verkehrsminister für Führerscheinbewerber verkürzte Lehrgänge in der Ersten Hilfe einzurichten. Um eine Lücke zu schließen, hat der ASB in sein Lehrprogramm den Unterricht in der Häuslichen Krankenpflege aufgenommen. Ich halte diese Aufgabe für eine unersetzliche gesundheitspolitische Maßnahme, denn durch die Ausbildung solcher Kräfte werden nicht nur die Krankenschwestern in ihrer schweren Tätigkeit entlastet, es kann auch oft genug verzweifelten Familien und alleinstehenden alten, kranken und gebrechlichen Mitmenschen eine unschätzbare Hilfe gebracht werden.

Übernommen aus: Wilhelm Müller, Mit einem Unfall fing es an! Illustrierte Geschichte des Arbeiter-Samariter-Bundes, Wiesbaden 1988, S. 279.

DOKUMENT 31

Artikel in der Offenbach-Post vom 12. Januar 1953

Offenbacher Arbeiter-Samariter wählten Vorstand

Am Mittwochabend fand im Restaurant Wildhof die Jahresversammlung der Kolonne Offenbach des Arbeiter-Samariter-Bundes statt. Aus den ausführlichen Geschäftsberichten ging unter anderem hervor, dass im Jahr 1952 an drei Erste-Hilfe-Kursen 74 Personen, davon 49 Jungendlich zwischen 16 und 21 Jahren teilnehmen. 93 Einsatzwachen wurden gestellt, mit insgesamt 274 ausgebildeten Helfern und Helferinnen. 851mal musste dabei erste Hilfe geleistet werden.

Aus dem Bericht des Jugendgruppenleiters ging hervor, dass sich die im März 1952 gebildete Jugendgruppe zur Zufriedenheit der Kolonne entwickelt hat.

In den Vorstand wurden einstimmig gewählt: 1. Vorsitzender Fritz Hamburger, 2. Vorsitzender und Kolonnentechniker Hans Beier, Kassierer Katharina Hamburger, Schriftführer Hans Hertwick, Jugendleiter Willi Höhl, Materialverwalter Jakob Schönig als Beisitzer Betty Beier und Elisabeth Wagner. Als Revisoren fungieren Karl Happe, Ria Ochsenfahrt, Willi Gamer.

Quelle: Offenbach-Post vom 12. Januar 1953 (ASB-Bundesarchiv).

DOKUMENT 32

Artikel in der Offenbach-Post zum Peru-Einsatz der ASB-Kolonne Offenbach (Auszüge)

Von der peruanischen Botschaft in Bonn, so berichtete Einsatzleiter Klaus Werne, sei ein Tag nach der Erdbebenkatastrophe der Hilferuf an die internationale Arbeitsgemeinschaft von „Medico international" und ASB ergangen. „Wir haben uns dazu sofort bereit erklärt und sind mit einem Konvoi von acht Krankenwagen nach Paris gefahren. In Paris haben wir drei Tonnen Medikamente und ein Feldlazarett in eine Maschine der peruanischen Fluggesellschaft verladen."

Morgens seien sie in Lima eingetroffen und hätten sofort in den Einsatz gemußt. „Unser Einsatzgebiet war Carras, das am nördlichen Ausgang des Tales zwischen den beiden Andenpässen liegt. In Carras gab es 40 Tote, nicht so viele wie in anderen Städten Perus. Aber die Zahl der zerstörten Häuser betrug 90%", erzählte Klaus Werne.

„Für uns galt es, dort zunächst einmal für die medizinische Betreuung zu sorgen, denn die einheimischen Ärzte standen noch zu sehr unter der Schockwirkung, um ihre Arbeit verrichten zu können." In weniigen Tagen hätten sie ein Krankenhaus eingerichtet, das als „Hospital aleman" in ganz Peru bekannt geworden sei. Der peruanische Gesundheitsminister habe diesem deutschen Hospital hohes Lob gespendet.

(...)

Die Bevölkerung habe die deutsche Hilfe sehr gut aufgenommen. „Alle Menschen", so Klaus Werne, „die aus den Bergen kamen und aus den umliegenden Dörfern, bestanden darauf, von Deutschen behandelt zu werden. Und zum Teil hatten sie Verletzungen, die nicht mit der Erdbebenkatastrophe in Zusammenhang standen."

Die Hauptaufgabe habe nach dem ersten Helfen in Schutzimpfungen gegen Typhus bestanden. „Nach kurzer Zeit begann dann das, was man als normalen Hospitalbetrieb bezeichnen kann. Sämtliche Erkrankungen, sei es Bilinddarm oder Magengeschwüre, waren zu verzeichnen. Als ich wegging, hat mir die Hebamme bestätigt, daß an soviel

Geburten, wie in unserem notdürftigen Hospital registriert wurden, sie im ganzen letzten Jahr nicht teilgenommen habe", berichtete der Einsatzleiter. Das sie als ein Beweis für das Vertrauen ansah. Alle Kinder, die in dieser Zeit im „Hospital aleman" auf die Welt gekommen sind, hätten deutsche Vornamen bekommen.

(...)

Am 23. Juni ist der vorläufig letzte Helfer aus Offenbach, Klaus Koch, nach Peru geflogen. Die Offenbacher haben den Löwenanteil an der Peru-Einsatzgruppe gestellt. Von allen Seiten ist ihnen der hohe Stand ihrer Ausbildung bestätigt worden. Ein weiterer Offenbacher Helfer, Manfred Lindow, befindet sich ebenfalls noch in Peru.

Quelle: Offenbach-Post vom 3. Juli 1970 (ASB-Bundesarchiv).

DOKUMENT 33

Artikel in der Offenbach-Post zum 55-jährigen Jubiläum der ASB-Kolonne Offenbach (Auszüge)

Jubiläum mit fünf Jahren Verspätung
Zweistündige Laudatio zum 55. Geburtstag

Unter grünenden Bäumen neben blühenden Beeten hatte am Samstagmorgen der Offenbacher Arbeiter-Samariterbund vor dem deutschen Ledermuseum einen ansehnlichen Wagenpark aufgefahren: Bereitschafts- und Einsatzfahrzeuge präsentierten sich in stattlichem Glanz. Im Vortragssaal des Museums erklang eine zweistündige Laudatio auf die Hilfsbereitschaft und solide Ausbildung der ehrenamtlichen Mitglieder vom ASB unter der Fahne der Arbeiter-Samariter. Ein Jubiläum wurde gefeiert, das goldenen Glanz ausstrahlte: zwar besteht der ASB-Offenbach schon 55 Jahre, aber nach dem Willen der Mitglieder wird gleichzeitig der 50. Geburtstag nachgeholt. Vor fünf Jahren, so hörte man von den Festrednern, hatten die Arbeiter-Samariter keine Zeit zum Feiern. Damals war man gerade dabei, mit viel Eigen- und Selbsthilfe ein neues Heim an der Geleitsstraße zu errichten. Alle Kräfte wurden damals gebraucht.

(...)

OB Dietrich zeigte sich erfreut darüber, daß beim ASB auch viel Jugend zu finden sei, und würdigte die ehrenamtliche Einsatzbereitschaft in einer Zeit, die stark vom Materialismus geprägt sei.

(...)

Dietrich erinnerte an das Gründungsjahr 1913, würdigte den sozialen Geist eines Bundes, der von einem Adeligen gegründet worden war, erinnerte an die Zeit von 1933, als auch in Offenbach der ASB verboten wurde, als die 1300 damaligen Mitglieder manche Verfolgungen und peinliche Verhöre zu erdulden hatten, weil ihr sozialer Geist den braunen Machthabern gar nicht behagte. Merkwürdigerweise habe des dann nach 1945 in der amerikanischen Besatzungszone Jahre gedauert, ehe man diese wichtige Hilfsorganisation humanitärer Art wieder zuließ.

(...)

Bunte Show und Tanz

Zu einer bunten Show mit anschließendem Tanz fanden sich am Samstagabend Mitglieder, Ehrengäste und zahlreiche Freunde in der Offenbacher Stadthalle ein. Eine Ausstellung in der Eingangshalle kündete von den Zielen und Aufgaben dieses Bundes, die in dem Motto „Hilfe rasch, aber richtig" zusammengefaßt sind.

Auftritte am laufenden Band brachte der erste Teil des Unterhaltungsabends. Bekannte Künstler von Bühne, Funk und Fernsehen wirkten mit. Mit Vorschußlorbeeren bedacht wurde Iwan Rebroff von den Städtischen Bühnen Frankfurt, der trotz einer Krankheit auftrat und das Publikum mit seinen russischen Weisen zu donnerndem Applaus hinriß. Begleitet wurde der Sänger von dem in farbenfroher russischer Tracht gekleideten Balalaika-Ensemble Troika.

Quelle: Offenbach-Post vom 6. Mai 1968 (ASB-Bundesarchiv).

DOKUMENT 34

Artikel in der Offenbach-Post zum Sanitätsdienst der Ehrenamtlichen im Offenbacher ASB

Arbeiter-Samariter-Bund betreute im vergangenen Jahr 277 Veranstaltungen
Ehrenamtliche Helfer gesucht: Aufgaben werden bei Informationsabend genau beleuchtet

Im vergangenen Jahr waren die ehrenamtlichen Mitarbeiter des Arbeiter-Samariter-Bundes (ASB) bei 277 Veranstaltungen in Stadt und Kreis Offenbach vor Ort. Die 40 ehrenamtlichen Aktiven des Sanitätsdienstes investieren ihre Freizeit getreu dem Leitgedanken „Helfen ist unsere Aufgabe".

Fast jeder Sanitätsdienst in der Stadt wird vom ASB Offenbach geleistet. Zu dem zufriedenen Kundenstamm gehören Stadthalle, CAPITOL Theater, Messe, OFC, Firmen und Vereine. Ob kleine sportliche Veranstaltungen wie etwa Reitturniere, Ringen, Karate oder Stadtmeisterschaften im Fußball bis hin zu größeren Veranstaltungen wie Beispielsweise der Coca-Cola-Lauf oder die 2. Bundesliga auf dem Bieberer Berg: der ASB bietet überall seine Sanitätsdienste an.

Konzerte wie Mando Diao oder US5 sind sehr arbeitsintensiv. Bei solchen Veranstaltungen müssen die ehrenamtlichen Mitarbeiter bis zu 60 Patienten versorgen. Die Helfer können sich nicht über Eintönigkeit beschweren, denn für jeden ist ein passender Dienst dabei.

Natürlich geht es nicht immer so turbulent zu, aber um für alle Fälle gewappnet zu sein, findet beim ASB Offenbach in regelmäßigen Abständen Sanitätslehrgänge statt. Hier werden neue ehrenamtliche Mitarbeiter auf ihren Einsatz im Sanitätsdienst vorbereitet. Um das erworbene Wissen zu vertiefen, gibt es regelmäßige Fortbildungsveranstaltungen. Doch auch das gesellige Leben kommt beim ASB nicht zu kurz.

Quelle: Offenbach Post vom 8. März 2007 (Archiv ASB RV Mittelhessen: Ordner „Presseberichte").

DOKUMENT 35

Gründungsprotokoll des Ortsverbands Wetterau vom 1. September 1970

Am 13. August 1970 wurde im Beisein folgender Mitglieder die Gründungsversammlung des ASB-Wetterau durchgeführt:

Horst Ridder
Herbert Guschelbauer
Josef Guschelbauer
Kurt Belz
Carla Primavera
Thomas Herrmann
Gerd Seibold
Margarete Weber
Rainer Kimling
Wenzel Engst
Werner Martini

Als Sitzungsleiter wurde einstimmig Wenzel Engst gewählt. Er eröffnete die Gründungsversammlung und begann die Wahl des Vorstandes einzuleiten.

Gewählt wurde auf Antrag in geheimer Abstimmung in folgender Reihenfolge nachstehende Samariter:

Vorsitzender:	Wenzel Engst
Schriftführer und Vertreter des Vorsitzenden:	Margarethe Carmen Weber
Technischer Leiter:	Kurt Belz
Kassierer:	Gerd Seibold

Alle gewählten Vorstandsmitglieder nahmen die Wahl an und versprachen den anwesenden Mitgliedern, den ASB-Wetterau nach Kräften zu unterstützen und Ihre Arbeit gewissenhaft zu erfüllen.

Der erweiterte Vorstand, der noch zu wählen war, wurde auf Beschluß der Mitgliederversammlung nicht gewählt, da infolge des geringen Alters der Mitglieder keine geeigneten Mitarbeiter gefunden wurden.

Quelle: 00-HE 002 (ASB-Bundesarchiv).

DOKUMENT 36

Gründungsprotokoll der Ortsgruppe Großkrotzenburg vom April 1967

Der 1. Vorsitzende der Ortsgruppe Großkrotzenburg begrüßte am 18.3.67 die Damen und Herren der Landes- und Kreisleitung, welche durch das Erscheinen von Frau Seichter und Frau Steiner nebst den Herren Kirchner, Horn und Felsing ihr überaus großes Interesse an dieser Gründungsversammlung bekundeten. Herr Hein verwies auf die kommissarische Vorstandseinsetzung vom 25.2.1967 und forderte die zahlreich erschienenen Mitglieder auf, die Konstituierung des Vorstandes zu bestätigen. Dieser Aufforderung entsprachen die Mitglieder einstimmig.

Der Vorstand setzt sich zusammen aus:

1. Vorsitzender:	Karl Hein, Großkrotzenburg, Bahnhofstr. 37
2. Vorsitzender:	Bert-Rüdiger Förster, Großkrotzenburg, Bahnhofstr. 40
Kassenverwalter:	Manfred Nos, Großkrotzenburg, Friedrichstraße
Techn. Leiter:	Rudolf Schlecht, Großkrotzenburg, Unterhaagstr. 94
Jugendleiter:	Günter Hein, Großkrotzenburg, Bahnhofstraße 3
Beratendes Vorstandsmitglied:	Kurt Altmeier, Großkrotzenburg, Albert-Schweitzer-Straße 9

Dann ergriff Herr Landesleiter Kirchner das Wort.

„Viele Schwierigkeiten galt es schon zu überwinden und sind noch zu überwinden. Es gibt kein Standardrezept für die Gründung einer Ortsgruppe. Folgende Überlegungen sind wichtig: Saubere Arbeit erwirkt Anerkennung in der Öffentlichkeit, der Vorstand hat sein Augenmerk hierauf zu richten. Aufnahme des aktiven Dienstes ist primär, aber genauso wichtig ist es recht viele passive Mitglieder zu werben."

Die jetzige Zusammensetzung des Vorstandes hielt er für gut, da es nur einen Idealfall darstellen würde, wenn bei der Gründung einer Ortsgruppe der Vorstand gleich kontinuierlich besetzt sei. Er versprach fernerhin den guten Willen der Ortsgruppe Großkrotzenburg von Seiten der Landes- und Kreisleitung entsprechend zu unterstützen.

Herr Hein dankte Herrn Kirchner für seine, hier in Kurzfassung wiedergegebenen, Ausführungen und hatte nun seinerseits ein paar Fragen.

1. Mitgliedermeldung: Im Laufe des Jahres Abrechnung mit der Landesleitung, Bestätigung der Mitgliederanmeldung erfolgt durch die Bundesleitung. Aufnahmeschein muß mit Marke versehen sein.

2. Vergütungen: Allzu caritativ sollte man gar nicht sein. Dienstleistungen Örtlich unterschiedlich. Bei Erwerbsvereinen auf dem Sportplatz: sollte man ruhig ein Honorar annehmen.

Wo Vereine Geld scheffeln (Bundesliga Fußball, MCC und MCV usw.) sollte der ASB wenigstens keine Unkosten haben.

An dieser Stelle dankte Herr Studienrat Becker den örtlichen ASB-Samaritern für ihre vorbildlichen Dienste in dieser Saison.

Pauschalpreisliste ist nicht realisierbar, deshalb Fingerspitzengefühl. Vereine ruhig auch einmal über die Unkosten des ASB aufklären.

Es folgten noch weitere Fragen, deren Wiedergabe den Rahmen dieses Protokolls sprengen würden, welche von der Landes- und Kreisleitung zur Zufriedenheit der Anwesenden beantwortet wurden. Zum Schluß versprach Herr Kirchner sich in die Bemühungen um Beschaffung eines Sanitätswagens der Ortsgruppe Großkrotzenburg einzuschalten.

Herr Hein dankte allen Anwesenden und schloß diese erste Versammlung.

Quelle: 00-HE 005 (ASB-Bundesarchiv).

DOKUMENT 37

Artikel im Hanauer Anzeiger zu einem außergewöhnlichen Einsatz der Großkrotzenburger Arbeitersamariter

Lebensmüden Mann vom Hausdach gerettet
38-jähriger Auheimer bedroht ASB-Sanitäter mit Küchenmesser

Ein 38-jähriger Mann, der offenbar lebensmüde war, hat Polizei, Feuerwehr und Rettungsdienst am Donnerstagabend am Asternweg beschäftigt. Wie Polizeisprecher

Rudolf Neu auf Anfrage berichtete, hatte es in dem Haus offenbar Streit gegeben, dessen Hintergründe im privaten Bereich liegen sollen.

Als Sanitäter des Arbeiter-Samariter-Bundes (ASB) aus Großkrotzenburg gegen 20:45 Uhr vor Ort eintrafen, wurden sie von dem Mann mit einem großen Küchenmesser bedroht und riefen die Polizei zur Hilfe. Als die Ordnungshüter den 38-jährigen besänftigen wollten, kletterte dieser auf das Dach des Hauses und drohte den Helfern, sich in die Tiefe zu stürzen. Um Verletzungen zu vermeiden, wurde die Feuerwehr alarmiert, die vorsorglich ein Sprungkissen aufbaute.

Wenig später gelang es den Rettern jedoch, den Mann zu überreden und ihn von seinem gefährlichen Plan abzubringen. Wie der Polizeisprecher weiter berichtete, wurde der 38-jährige von Beamten in Obhut genommen und zur Untersuchung in eine Klinik eingewiesen. Offenbar hatte der 38-jährige zuvor Tabletten sowie Alkohol eingenommen.

Quelle: Hanauer Anzeiger vom 8. März 2003 (Archiv ASB RV Mittelhessen, Ordner „Presseberichte“).

DOKUMENT 38

Bericht in der Homepage ASB RV Mittelhessen: Jahreshauptversammlung Wetterau vom 19.4.2002

Bericht des Kreisverband Vorstandes

Der Spagat zwischen dem „Verein ASB“ mit den ehrenamtlichen Aktivitäten und dem „Wirtschaftsbetrieb ASB“ mit den hauptamtlichen Bereichen ist auch in den letzten vier Jahren nicht leichter geworden. Professionellere Leistungserbringung stand im Mittelpunkt der Arbeit des Vorstandes, berichtet 1. Vorsitzender Fritz Amann. Verschiedenste Einflüsse und Rahmenbedingungen sind zu berücksichtigen und die Interessen von

Das Pflegeteam des ASB in der Wetterau im Jahr 2008. ASB Regionalverband Mittelhessen

Kunden, Mitgliedern, haupt- und ehrenamtlichen Mitarbeitern sind im Blick zu behalten, bringt es 2. Vorsitzender Stefan Falke auf den Punkt.

Durch gemeinsames Handeln im sog. Koordinationsausschusses (KA) der Orts- und Kreisverbände Wetterau, Offenbach, Großkrotzenburg, Seligenstadt und Gießen ist es zu einer positiven Fortentwicklung in der vergangenen Amtsperiode gekommen. Wirtschaftlicheres Handeln als Basis im operativen Geschäft trägt zur Optimierung bei der Leistungserbringung ob im Rettungsdienst, der Häuslichen Krankenpflege oder den anderen sozialen Diensten bei.

Schatzmeister Rolf Pulst beschreibt die Realisierung des Konzeptes „ASB Hessen 2000" als nicht einfach aber möglich. Orts- und Kreisverbände waren aufgefordert, bislang eigene Zuständigkeiten und Aufgaben zu bündeln und damit auch teilweise Kompetenzen abzugeben. Bis es zu einer echten Zusammenarbeit kam, waren viele Treffen notwendig. Ehrenamtliche Führungsstruktur im strategischen Bereich und optimal organisierte und qualifizierte hauptamtliche Kräfte im operativen Geschäft lautet folglich das Motto.

Verwaltungsaufgaben wurden zusammengefasst und werden nunmehr effizienter gebündelt, an verschiedenen Standorten des ASB erbracht. Das umfangreiche ASB-Berichtswesen mit Leistungs- und Kennzahlen führt zu verbesserter Betriebssteuerung und trägt damit den Anforderungen einer wirtschaftlichen Betriebsführung Rechnung. Bessere Einkaufsbedingungen durch gemeinsame Beschaffungen innerhalb der Region ist ein weiterer Schritt in die richtige Richtung. Seit Anfang 2002 gibt es beispielsweise nur noch einen gemeinsamen „Bereichsleiter Rettungsdienst und Fahrdienste" mit Dienstsitz in Karben und in einigen Tagen eine Mitarbeiterin, die die Qualität der Sozialstationen in der Region sichert, verbessert und weiterentwickelt. Die Zertifizierung der Pflegeeinrichtungen ist für spätestens 2004 vorgesehen.

Nicht nur die Verwaltung, auch die klassischen Betätigungsfelder, wie der Rettungsdienst unterliegen dem Trend zu stetiger Professionalisierung und Qualitätssicherung. Vielfache Anforderungen werden von verschiedenen Seiten gestellt: gesetzliche Bestimmungen, Forderungen des Wetteraukreises als Träger des Rettungsdienstes sowie der Krankenkassen als Kostenträger. Bei aller Neustrukturierung will der ASB kein „Hilfeleistungskonzern", sondern auch künftig „vor Ort" und Anlaufpunkt für sozial engagierte Menschen sein so Stefan Falke in seinem Rechenschaftsbericht.

Auf Grundlage einer guten und konstruktiven Zusammenarbeit mit den Kreisgremien sind weitere Positivmeldung hervorzuheben, so z. B. die Ernennung der ASB Notärztin Frau Dr. Claudia Hohn zur Leitenden Notärztin und Rettungsassistent Boris Schütz zum Organisatorischen Leiter Rettungsdienst. Beides sind Ehrenämter und schon deshalb gilt der Dank den beiden Genannten!

Ehrenamtlich organisiert ist die seit 1998 existierende, mit dem Katastrophenschutz verzahnte, Schnelleinsatzgruppe (SEG). Über 30 Helfern stehen als Einsatzreserve für den Fall größerer Schadenslagen abrufbereit. Hier hat der ASB in den letzten 4 Jahren über 25.000 € aus Vereinsmitteln und Spenden zum Wohle der Wetterauer Bevölkerung investiert. Der Dank des Vorstandes gilt allen, die den ASB Wetterau beim Aufbau der SEG unterstützen, sei es durch finanzielle, materielle Unterstützung oder natürlich besonders durch unzählige Stunden ehrenamtlicher Arbeit.

Seit 1991 besteht im Kreisverband die häusliche Krankenpflege. Pflegeleistungen werden in Karben, Nidderau, Schöneck und Niederdorfelden auf einem qualitativ hohen Niveau erbracht. 35 motivierte MitarbeiterInnen, darunter 3 Ehrenamtliche und ein Zivildienstleistender, sind Tag für Tag für unsere rund 140 Patienten tätig. In den vergangenen Jahren wurden per anno 20.000 Pflegestunden erbracht. Die Arbeit der Pflegekräfte wird allseits geschätzt. Das angekündigte Seniorenzentrum in Karben ist auf dem Weg. Nach Genehmigung durch das Bauamt und erfolgter Ausschreibung kann mit dem Bau begonnen werden.

Essen auf Rädern konnte sich in den vergangenen Jahren einer stetigen Nachfrage erfreuen. Durchschnittlich werden täglich über 300 Mitmenschen mit einem Essen sieben Tage die Woche beliefert. Über 160 Mitmenschen in der südlichen Wetterau genießen mit Hausnotruf die Sicherheit in den eigenen vier Wänden.

Über 60.000 Beförderungen von Behinderten im vergangenen Jahr ist die stolze Bilanz des Behindertenfahrdienstes. Fahrten werden nicht nur im Wetteraukreis, sondern auch im Hochtaunuskreis und in Frankfurt seit Jahren erfolgreich durchgeführt.

Im Bereich Ausbildung werden jährlich über 1.000 Menschen ausgebildet. Ein breit gefächertes Angebot steht der Bevölkerung und den Betrieben zur Verfügung.

Über die eigenen Grenzen hinwegblicken zu können, das zeigt der ASB Wetterau seit 1998 in Form seiner Partnerschaft mit dem Litauischen Samariter Bund (LSB) in Ukmergė. Sieben Hilfslieferungen mit insgesamt 11 Lastzügen voll mit Kleiderspenden, Spielsachen, Krankenbetten, Rollstühle, Medikamenten, Hilfsmittel für Alte, Kranke und Behinderte und über 800 Weihnachtspakete in 2000. Vielen Dank an alle Spender und natürlich den vielen freiwilligen Helfern!

Dem Bereich des freiwilligen Engagements gilt in den nächsten Jahren der besondere Augenmerk: 12.000 Mitglieder im Kreisverband – ein Potential an aktiven Helfern, das nicht zu unterschätzen ist! 2.400 Mitbürger unterstützen die Arbeit des ASB in Karben, rund 1.600 sind es in Bad Vilbel. Im ASB Kreisverband Wetterau konnten z.B. vor fast drei Jahren mit einer Mailing-Aktion 15 Mitglieder für die Besuchergruppe gewonnen werden, die ehrenamtlich Mitmenschen bis heute durch wöchentliche Besuche betreut. Es lohnt sich noch immer, beim ASB mitzuarbeiten, so die Meinung des 1. Vorsitzenden Fritz Amann.

Neben aller Arbeit wird das Feiern nicht vergessen: die Jubiläumsfeier „35 Jahre ASB Wetterau" und der „3.Katastrophenschutz-Helfer-Tag 2002" werden am 25. August 2002 durch den ASB Wetterauer ausgerichtet. Der Vorstand lädt alle Mitbürger hierzu schon jetzt herzlich ein.

Rückblickend zieht der Vorstand des Kreisverbandes ein positives Resümee seiner Arbeit der letzten vier Jahre und freut sich, sich neuen Herausforderungen zu stellen.

Quelle: Homepage ASB RV Mittelhessen (30.8.2012).

DOKUMENT 39

Bericht in der Homepage ASB RV Mittelhessen vom 20. Juli 2009

Regionalverband Mittelhessen – Verein

Aus vier mach eins: Einen schon lange fälligen Schritt haben die drei Ortsverbände des Arbeiter-Samariter-Bundes (ASB) in Offenbach, Großkrotzenburg und Marburg sowie der Kreisverband Wetterau im Mai 2009 vollzogen. Sie haben sich zum ASB Regionalverband Mittelhessen zusammengeschlossen.

Schon vor einigen Jahren hatte der ASB Landesverband Hessen e.V. beschlossen, seine Strukturen zu vereinfachen. Vor allem sollten aus vielen kleinen Orts- und Kreisverbänden vier Regionalverbände werden. Dieser Beschluss wurde nach und nach umgesetzt, letztendlich aber erst jetzt auch vereinsrechtlich vollzogen. Dies bedeutet, dass die jeweiligen Orts- und Kreisverbände in ihren Mitgliederversammlungen im ersten Halbjahr 2009 dem Zusammenschluss zugestimmt und damit den Weg zur Gründung des Regionalverbandes freigemacht haben.

In einer gemeinsamen Mitgliederversammlung wurde im Mai 2009 der Regionalverband gegründet und ein neuer, paritätisch besetzter Vorstand gewählt. Vorsitzender ist Rolf Pulst aus Karben in der Wetterau. Zu seinem Stellvertreter wurde Helmut Trebus aus Offenbach bestimmt. Weitere Vorstandsmitglieder sind Frank Bergholz und Tobias Stenger aus Großkrotzenburg, Dirk Trageser aus Offenbach, Stefan Falke aus Karben und Dr. Thomas Spies (MdL) aus Marburg.

Geschäftssitz des neuen Regionalverbandes ist Offenbach am Main, Geschäftsführer ist Holger Weiß. Dies bedeutet aber nicht, dass nun eine Zentralisierung stattfindet. „Im Gegenteil, wir wollen, dass die örtlichen Strukturen erhalten bleiben; der ASB soll weiter in den einzelnen Städten und Gemeinden vertrauter Ansprechpartner sein", betont Rolf Pulst. Aber durch den Zusammenschluss könne man nun etwa bei den Mitarbeitern sehr viel leichter Vertretungen finden, man könne kostengünstiger Material einkaufen und sogar – zum Beispiel beim Ausfall eines Rettungswagens – schnell und ohne großen Aufwand Ersatzfahrzeuge gegenseitig austauschen.

Der ASB Regionalverband Mittelhessen hat rund 31.000 Mitglieder. Er bietet unter anderem Pflegedienste, Hausnotruf, Menü-Service und Schülerbetreuung an, betreibt eine Kindertagesstätte und ist im Rettungsdienst sowie in der Ausbildung von Ersthelfern bis hin zu Rettungssanitätern tätig. Jüngstes Projekt ist der Aufbau einer Tagesbetreuung für Demenz-Patienten. Er ist Arbeitgeber für knapp 300 hauptamtliche Mitarbeiter.

Quelle: Homepage ASB RV Mittelhessen (30.8.2012).

Die Mädchen und Jungen der Offenbacher Arbeiter-Samariter-Jugend nach erfolgreicher Titelverteidigung 2011.
ASB Regionalverband Mittelhessen

DOKUMENT 40

Homepage ASB RV Mittelhessen: Bericht vom 23. August 2010

Offenbach – Arbeiter-Samariter-Jugend

Eine beachtliche Leistung präsentierten sieben junge ASB'ler beim 3. Samaritan Contest 2010, der vom 19. bis 22. August in Wien ausgetragen wurde.

In der Gruppe A der 12–15-jährigen erreichten die Offenbacher Jungsamariter den ersten Platz. Saskia Heublein (15) ebenfalls aus der Offenbacher Delegation konnte sich den ersten Platz in der Einzelwertung sichern. Die Konkurrenz war recht groß, so waren in dem Wettbewerb, in welchem es um Erste Hilfe ging, immerhin zehn von zwölf Mitgliedsländern vertreten.

SAMARITAN INTERNATIONAL ist ein Zusammenschluss mehrerer nationaler europäischer Hilfs- und Wohlfahrts-Verbände zu einer länderübergreifenden Organisation; die 1994 gegründet wurde. 12 Mitgliedsverbände vertreten etwa drei Millionen Mitglieder und bestehen aus 34.000 ehrenamtlichen Helfern, sowie 36.000 hauptamtlichen Mitarbeitern.

Der Wettkampf findet alle zwei Jahre in einem der zwölf Mitgliedsstaaten des SAMARITAN INTERNATIONAL statt. Ziel der Veranstaltung ist neben dem sportlichen Wettbewerb die Zusammenführung und Begegnung der jungen SamariterInnen, die sich durch ihr Können und ihr Engagement bereits in den nationalen Gliederungen ausgezeichnet haben. So auch die Gruppe aus Offenbach, die sich beim Bundesjugendwettbewerb in Deutschland im vergangenen Mai dafür qualifizierte, wie die beiden Gruppenleiter Anja Nägele und Jochen Müller stolz berichteten. In vielen Gruppenstunden trainierten die beiden jungen Leute den ASB-Nachwuchs in Erster Hilfe – mit großem Erfolg, wie man jetzt eindrucksvoll zu sehen bekam. Die gestellten Aufgaben, die anspruchsvolle Fallbeispiele, wie z. B. eine Wirbelsäulenverletzung nach Brückensturz enthielten, stellten somit für die Retter aus Offenbach kein großes Problem dar. Damit die Sache aber nicht zu ernst wurde, hatten die Ausrichter auch noch einige Geschicklichkeitsspiele sowie einen Test zum Allgemeinwissen rund um Europa eingebaut.

Als besondere Überraschung hatte der Bundesjugendleiter des ASB Deutschland, Simon Dagné, die Truppe am Samstagnachmittag zu einer Stadtrundfahrt durch Wien in einem offenen Bus eingeladen, wovon die Teilnehmer sichtlich begeistert waren. So erfuhr man Wissenswertes rund um die Stadt Wien und ihre Kultur, was sich sicher noch in der Schule für die Jugendlichen rechnen wird.

Der Vorstand des Arbeiter-Samariter-Bundes Regionalverband Mittelhessen, Rolf Pulst und Helmut Trebus, begrüßte noch am Abend die Rückkehrer und gratulierte der erfolgreichen Equipe zu diesem wunderbaren Erfolg.

Quelle: Homepage ASB RV Mittelhessen (30.8.2012).

ZEITZEUGEN ZUR ARBEITER-SAMARITER-BEWEGUNG IN MITTELHESSEN

VORBEMERKUNG

Die folgende Auswahl gibt Erlebnisse und Einschätzungen von fünf Zeitzeugen wieder. Sie beschreiben die Entwicklung einzelner Aspekte aus der Arbeit des ASB. Die zeitliche Spannbreite der Berichte reicht dabei von der Mitte der 1920er-Jahre bis in die Gegenwart und die räumliche Ausdehnung vom Spessart bis nach Peru.

Bei den Befragten handelt es sich zumeist um Personen, die schon seit vielen Jahren mit dem Arbeiter-Samariter-Bund verbunden sind. Leider lebt kein Arbeitersamariter oder keine Arbeitersamariterin mehr, die aus der Zeit vor 1933 berichten kann. Dr. Helmut Röder aus Bad Orb erlebte in den ersten Nachkriegsjahren allerdings noch Formen eines Milieus, das mittlerweile längst vergessen scheint.

Ohne die Mitwirkung dieser Zeitzeugen würden viele interessante Aktivitäten, Begebenheiten und Erfahrungen, die kein Archiv festhält, unberücksichtigt bleiben.

Die Chronik gibt die Aussagen der Zeitzeugen nicht vorrangig wieder, um fehlendes Quellenmaterial zu ergänzen. Vielmehr sollen bestimmte Sachverhalte von der Warte der Handelnden wiedergegeben werden. Einige persönliche Erlebnisse und Aussagen der Zeitzeugen sind in den darstellenden Teil eingeflossen. Wo das geschehen ist, wurde es mittels einer Anmerkung kenntlich gemacht.

DR. HELMUT RÖDER (BAD ORB)

Helmut Röder kam am 2. Januar 1922 in Bad Orb zur Welt. Hier ging er zunächst in die örtliche Volksschule und ab seinem achten Lebensjahr auf ein Internat nach Fulda. Sein Abitur legte er im Kriegsjahr 1940 auf dem dortigen Freiherr-vom-Stein-Gymnasium ab. Das Medizinstudium begann Helmut Röder im Oktober desselben Jahres an der Frankfurter Goethe-Universität. Unterbrochen durch den Dienst bei der Wehrmacht konnte er sein Studium erst 1948 an der Philipps-Universität in Marburg beenden. Danach arbeitete er an verschiedenen Kliniken.

Im Jahr 1953 ließ sich Dr. Röder dann in seiner Vaterstadt als Praktischer Arzt und Badearzt nieder, wo er bald die Nachfolge von Dr. Carl Stock als DRK-Bereitschaftsarzt antrat. Dr. Röder amtierte viele Jahre als Stellvertretender Kreisverbandsvorsitzender. Seine Praxis betrieb er bis 1990.

Das Gespräch fand am 28. März 2009 in Bad Orb statt.

Der Bad Orber Arbeiter-Samariter-Bund

Von ehemaligen ASBlern weiß ich, dass der Arbeiter-Samariter-Bund Bad Orb 1926 von gut 20 Männern gegründet wurde. Damals gab es in der Stadt nur zwei Autos und unser Bürgermeister hieß Eduard Schreiber. Der Kurbetrieb war durch den Ersten Weltkrieg und die nachfolgende Inflation stark beeinträchtigt und kam erst allmählich wieder mit 2.000 bis 3.000 Kurgästen im Sommer in die Gänge. Bis zum Ende der 1920er-Jahre stieg ihre Zahl auf fast 10.000 Personen an.

Dr. med. Helmut Roeder (ganz rechts) als Bereitschaftsarzt auf einem Erinnerungsfoto anlässlich der Inbetriebnahme eines eigenen Krankenwagens der DRK Ortsvereinigung Bad Orb im Jahre 1964. Zu den damals noch aktiven Rotkreuzlern gehörten einige, die vor 1933 im ASB tätig waren. Archiv DRK Kreisverband Gelnhausen

Seiner Zeit befand sich hier ein kleines Belegkrankenhaus. Wenn seinerzeit in einem Hotel ein Kurgast verstorben war, gingen die Hotelbesitzer zum Rathaus und baten den Bürgermeister um Hilfe. Daraufhin informierte man den ASB, dessen Helfer dann den Toten nachts und auf Strümpfen abholten, denn die anderen Gäste sollten den Vorfall nicht mitbekommen. „Wenn es dunkel ist und die Leute unten beim Essen sind, könnt ihr ihn rausschaffen", so sagte sinngemäß der Hotelier zu den Sanitätern. Zum Schluss gab er dann jedem Arbeitersamariter noch fünf Mark und so wurde der Tote mit einem Wägelchen ins Krankenhaus geschafft: Somit hatte der Hotelbesitzer dann keine weiteren Umstände und brauchte sich nicht um das Renommee seines Hauses zu sorgen. So war es eben.

Die wichtigsten Aktivisten des ASB in Orb vor 1933 waren Johann Schüßler, ein ganz gerader Mann, und Josef Schneeweis, der bereits im Ersten Weltkrieg als Sanitäter gedient hatte. Der Orber ASB entstand aus der örtlichen SPD heraus. Und der familiäre Zusammenhalt, den ich in den 1950er-Jahren noch erlebt habe, war in gewissem Sinne noch ein Überbleibsel aus der Epoche der Weimarer Republik.

Nach der Machtübernahme durch die Nationalsozialisten wurde der ASB unter deren Leitung gestellt. Da viele Mitglieder jedoch nicht bereit waren, sich gleichschalten zu lassen, traten viele aus. Andere ehemalige Mitglieder des Arbeiter-Samariter-Bundes sind hingegen ins Deutsche Rote Kreuz übergetreten. In Bad Orb war es ähnlich. Nach 1945 ist es dann hier nicht zu einer Wiedergründung des ASB gekommen.

Vereinsgeist ins Rote Kreuz eingebracht

Ich hatte es 1953 und auch in den Jahren danach in Bad Orb mit begeisterungsfähigen Rotkreuzlern zu tun. Vornehmlich deswegen, weil es damals drei Leute gab, die es verstanden, das Engagement unserer Helferinnen und Helfer anzuspornen, obwohl viele durch den Krieg und seine Auswirkungen regelrecht verschlissen waren. In diesem Zusammenhang sind vor allem Philipp Prähler, Johann Acker und Ludwig Harnischfeger hervorzuheben.

Seinerzeit handelte es sich um ein gutes Dutzend von Personen, die oft schon vor 1939 im Arbeiter-Samariter-Bund oder Roten Kreuz aktiv waren und nun wieder beim Neuaufbau mithalfen. Sie brachten auch ihre Kinder mit zum DRK, sodass man getrost sagen kann, dass sich das Bad Orber Rote Kreuz wie eine Familie darstellte. Es erwies sich als eine gewachsene Familie aus ehemaligen Mitgliedern des Arbeiter-Samariter-Bundes, die eine ganz saubere und brillante Einstellung zur Ersten Hilfe besaßen.

Der Standard der Ausbildung in den Ortsvereinigungen zu jener Zeit war noch sehr einfach. Man verfügte über relativ oberflächliche technische Sanitätskenntnisse. Es gefiel meinen Leuten in der Bereitschaft sehr gut, dass ich immer versuchte, auch die medizinischen Hintergründe zu erklären. Nicht zuletzt deshalb zeigten sie sich unheimlich aktiv und interessiert.

Manchmal wurde bei uns auch gesungen, was seine Ursache darin hatte, dass viele Rotkreuzler im Sängerbund tätig waren. Meistens intonierten unsere Rotkreuzler Wanderlieder, aber hin und wieder auch Texte und Melodien der Arbeiterbewegung. Sie kamen eben ursprünglich aus dem ASB.

Der Zusammenhalt und die Geselligkeit zeigten sich aber auch deshalb so gut, weil wir zweimal im Jahr einen Ausflug unternahmen, eine gemeinsame Weihnachtsfeier veranstalteten und beim ersten Schnee eine Übung im Jossgrund durchführten. Im Anschluss an diese Übungen gab es dann bei Frau Holl, in der Nähe der bayerischen Grenze, einen deftigen Hirschbraten. Die alten Arbeitersamariter haben sehr viel Vereinsgeist mit ins Rote Kreuz eingebracht. Ich habe dies gerne aufgenommen, denn es förderte unser Gemeinschaftsgefühl.

WOLFGANG REUTER (OFFENBACH)

Wolfgang Reuter wurde am 6. Juni 1935 in Offenbach am Main geboren. Hier ging er zunächst in die Volksschule und besuchte danach das Realgymnasium in seiner Heimatstadt, das er aber nicht abschließen konnte, weil sein Vater nicht aus dem Krieg zurück

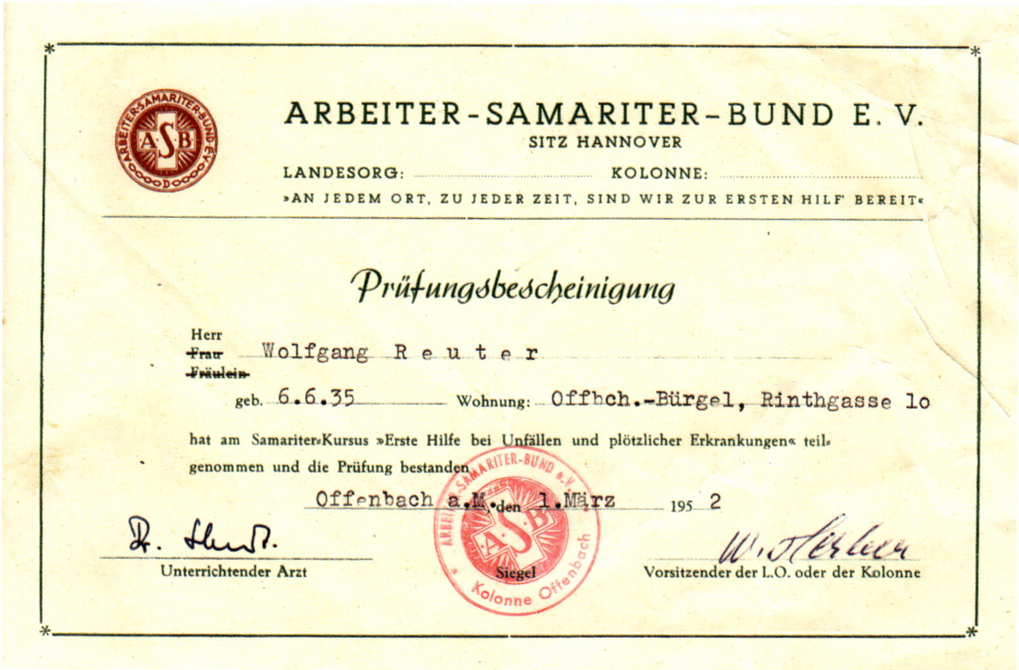

ARBEITER-SAMARITER-BUND E. V.
SITZ HANNOVER
LANDESORG: .... KOLONNE: ....
»AN JEDEM ORT, ZU JEDER ZEIT, SIND WIR ZUR ERSTEN HILF' BEREIT«

Prüfungsbescheinigung

Herr ~~Frau~~ ~~Fräulein~~ Wolfgang Reuter
geb. 6.6.35 Wohnung: Offbch.-Bürgel, Rinthgasse 10
hat am Samariter-Kursus »Erste Hilfe bei Unfällen und plötzlicher Erkrankungen« teilgenommen und die Prüfung bestanden.
Offenbach a.M. den 1. März 1952

Unterrichtender Arzt — Siegel — Vorsitzender der L.O. oder der Kolonne

Prüfungsbescheinigung für den im März 1952 von Wolfgang Reuter erfolgreich bestandenen Erste-Hilfe-Kurs. Privat gekommen war und auch er zum Lebensunterhalt der Familie mit beitragen musste. Wolfgang Reuter begann deshalb 1950 eine kaufmännische Lehre, die er 1953 beendete. Danach folgten drei Berufsjahre als Industriekaufmann in einer Offenbacher Schuhfabrik.

In den folgenden Jahren übernahm er verschiedene Tätigkeiten bei sozialdemokratischen oder SPD-nahen Institutionen. Schließlich wechselte Wolfgang Reuter 1976, nachdem er bereits lange Zeit als Stadtverordneter in Offenbach gewirkt hatte, als Hauptamtlicher Stadtrat zur in den kommunalen Dienst. Hier leitete er das Sozial- und Gesundheitsdezernat, von 1986 bis 1988 bekleidete er die Position des Bürgermeisters und danach amtierte er bis 1994 als Oberbürgermeister von Offenbach.

Wolfgang Reuter widmet sich seit vielen Jahren der Geschichte der Arbeiterbewegung und leitet seit 1996 die Historische Kommission der Offenbacher SPD.

Das Gespräch fand am 24. Juli 2012 in Offenbach statt.

Hilfsbereite Arbeitersamariter

Ich stamme aus einer Offenbacher Arbeiterfamilie und da lag es nahe, dass ich mich schon früh dem sozialistischen Jugendverband „Die Falken" anschloss. Nach einiger Zeit leitete ich dort eine Gruppe von 15 bis 20 Kindern und Jugendlichen. Bei Wanderungen oder Zeltlagern kam es hin und wieder zu kleineren Verletzungen wie Abschürfungen, Verstauchungen oder Prellungen. Als Verantwortlicher für unsere Gruppe wuchs bei mir 1951 die Einsicht, für derartige Fälle besser vorbereitet sein zu müssen. Man riet mir deshalb, bei der örtlichen ASB-Kolonne einen Erste-Hilfe-Kurs zu belegen.

Es war für ein Mitglied der „Falken" selbstverständlich dies bei den Arbeitersamaritern zu tun, denn früher gab es in Offenbach noch so etwas man „sozialdemokratisches Milieu" nennt. Was bedeutete, dass die verschiedenen Gruppierungen der Arbeiterbewegung eng miteinander kooperierten, und eine ganze Reihe von Offenbachern mehreren solcher Organisationen angehörte.

Nach Beendigung des Kurses bekam ich einen Lederkoffer mit den notwendigen Utensilien für den Sanitätsdienst ausgehändigt. Ich nahm ihn sowohl zu den Fahrten und Zeltlagern der „Falken" als auch zu meinen Einsätzen als Arbeitersamariter mit.

Meine Dienste für die Offenbacher Arbeiter-Samariter-Kolonne absolvierte ich von 1951 bis 1953. Zumeist handelte es sich um Sanitätsdienste bei Fußballspielen auf der Rosenhöhe oder dem Bieberer Berg, bei politischen Großveranstaltungen oder bei den alljährlichen Fastnachtsumzügen. Hier ist es einige Male vorgekommen, dass Pferde ausschlugen, weil sich Kinder nach Bonbons gebückt hatten. Zum Glück kam es dabei, wie bei meinen anderen Einsätzen, zu keinen schlimmeren Verletzungen und wir ASBler konnten rasch helfen.

In diese Zeit fiel auch ein Lehrgang im Naturfreundehaus auf der Rosenhöhe. Wir übten damals Hilfsmaßnahmen nach einem Angriff mit ABC-Waffen ein. Geradezu absurd kommt es mir heute vor, dass wir einmal mit Geigerzählern unter Tischen umherkrochen, um fiktiv die nukleare Belastung zu messen.

Ich erinnere mich in diesem Zusammenhang an Vorträge des damaligen ASB-Landesvorsitzenden Otto Kirchner, der die Ausbildung im ASB zur Vorbereitung auf einen derartigen atomaren Kriegsfall befürwortete. Diese Haltung stieß bei pazifistisch eingestellten Arbeitersamaritern auf starken Widerspruch und führte zu heftigen Diskussionen. Einzelheiten der Auseinandersetzung sind mir aber heute nicht mehr im Gedächtnis.

An eine Begebenheit vom Sommer 1952 denke ich heute noch gerne zurück. Seinerzeit war ich mit dem Fahrrad auf der Rückfahrt von Wien, wo ich an einer Versammlung .... teilgenommen hatte. Unterwegs wollte ich noch ein großes Treffen der Falken besuchen. Völlig erschöpft und übermüdet kam ich spät in der Nacht in die Nähe von Füssen. Ich besaß keine Orientierung und wusste nicht, wie ich zum Zeltlager der „Falken“ kommen sollte. Ganz zufällig traf ich auf eine Gruppe von Arbeitersamaritern, die dort für den Sanitätsdienst zuständig waren. Nachdem ich mich als Arbeitersamariter zu erkennen gegeben hatte, boten sie mir in ihrem Zelt eine Trage zum Schlafen an. Am nächsten Morgen brachten sie mich dann noch zu dem Zeltlager, wo ich einigermaßen ausgeruht auf meine Offenbacher Genossen traf.

„Für Offenbach unverzichtbar"

In meiner Zeit als Sozialdezernent der Stadt Offenbach war der ASB für meinen Aufgabenbereich ein ganz wichtiger Partner. Vor allem erinnere ich mich noch gerne an die stets gute und zuverlässige Zusammenarbeit mit Franz Kircher. Mit ihm hatte ich sowohl in seiner Funktion als Vorsitzender des ASB-Ortsverbandes als auch später als Leiter der Seniorengruppe häufig zu tun.

Zur Mitte der 1970er-Jahre gab es einige Probleme zwischen dem ASB und dem DRK um die Aufteilung der Rettungsfahrten und Krankentransporte. Zur Behebung der aufgetretenen Schwierigkeiten habe ich beide Parteien zu einem Gespräch an einen Tisch gebeten, und wir konnten dabei zu einer einvernehmlichen Lösung finden.

Eine Begebenheit aus dem Jahre 1984 brachte mich hinsichtlich der Flexibilität aller unserer Hilfsorganisationen einigermaßen in Erstaunen. Damals brach in einer Offenbacher Klinik Feuer aus, das die Feuerwehr trotz aller Bemühungen nicht schnell und vollständig unter Kontrolle bringen konnte. Immer wieder loderten neue Brandherde auf mit der Folge, dass die Rauchentwicklung ständig zunahm und auf alle 14 Stockwerke des Gebäudes ausdehnte. Die Evakuierung und Verteilung der Patienten auf andere Kranken-

Stadtverordnetenvorsteher Wirsing führt Wolfgang Reuter 1988 in das Amt als Oberbürgermeister von Offenbach ein. Privat

häuser und Notunterkünfte erschien mir dringend erforderlich. Doch seitens der Verwaltungsspitze zögerte man mit der Ausrufung eines Katastrophenfalls.

Doch glücklicherweise kamen dann plötzlich und unaufgefordert Sanitäter mit Krankenwagen angefahren, darunter auch einige aus der Wetterau und sogar aus Gießen, die ihre Fahrzeuge zu einer langen Schlange vor dem Portal des Krankenhauses aufstellten. Sie fuhren nacheinander vor, übernahmen die Patienten und transportierten sie entsprechend vorheriger Absprachen zu Kliniken nach Höchst, Hanau und andere Orte oder in die Notunterkunft in der Stadthalle. Vermutlich hatten die Hilfsdienste per Radio von dem Unglück erfahren und den raschen Einsatz untereinander abgesprochen. Dies war ein gutes Beispiel dafür, dass es für eine Kommune immer von Vorteil ist, wenn man Organisationen an der Hand hat, die in einem solchen Fall gerufen oder ungerufen helfen.

Ebenfalls erinnere ich mich gerne an die Hilfe, die der Offenbacher ASB-Ortsverband Anfang der 1990er-Jahre unserer Partnerstadt Rivas in Nicaragua leistete. Dort fanden die von den Arbeitersamaritern gesammelten und zusammengestellten medizinischen Hilfsmittel und Medikamente sehr dankbare Abnehmer.

Meine langjährige Verbundenheit mit dem Arbeiter-Samariter-Bund hat auf meine Entscheidungen als Sozialpolitiker keinen Einfluss gehabt. Ich versuchte immer und denke, es ist mir auch gelungen, mit allen in der Wohlfahrtpflege oder im Rettungsdienst aktiven Organisationen gut zu kooperieren, ohne eine Seite zu bevorzugen. Hinsichtlich der Arbeitersamariter kann ich aufgrund meiner jahrzehntelangen Erfahrung feststellen, dass der ASB für Offenbach unverzichtbar war und wohl auch in Zukunft bleiben wird.

KLAUS KOCH (OFFENBACH)

Klaus Koch stammt aus in Offenbach, wo er am 16. Dezember 1948 zur Welt kam. Er besuchte die Hauptschule (Mathildenschule) und absolvierte anschließend eine Lehre zum Dreher. Im Jahre 1974 ging er zu den Stadtwerken Frankfurt, wo er bis zu seiner Verrentung als Straßenbahnfahrer und anschließend im Aufsichtsdienst in der Betriebsleitung arbeitete.

Klaus Koch, dessen Eltern und seine vier Jahre ältere Schwestern bereits dem ASB angehörten, kam mit 15 Jahren zum Ortsverband Offenbach. Hier legte er seine ASB-Grundausbildung in der Geleitstraße ab und machte zunächst alle zwei Wochen Sanitätsdienst bei Spielen der Kickers sowie bei Senioren- und Jugendausflügen.

Nachdem er den Führerschein gemacht und die Ausbildung zum Rettungssanitätssanitäter abgeschlossen hatte, fuhr er an vielen Wochenenden den ersten Offenbacher ASB-Krankenwagen. Sein Beifahrer war damals oftmals der langjährige Ortsverbandsvorsitzende Franz Kircher. Während seiner ehrenamtlichen ASB-Tätigkeit lernte Klaus Koch auch seine spätere Ehefrau Sylvia kennen.

Nach seinem Umzug nach Ilbenstadt in der Wetterau half er anfangs noch bei der Litauenhilfe mit.

Das Gespräch mit Klaus Koch wurde am 10. November 2012 geführt.

„Ich musste damals hin und wieder etwas wegstecken können"

Im Frühjahr 1970 hörte ich von dem schweren Erdbeben in Peru. Einige Tage später sah ich ein Anschreiben von „Medico international" an den ASB in Offenbach. Darin wurde angefragt, ob es in unserem Ortsverband ausgebildete Rettungssanitäter gab, die sich zu einem Einsatz in der betroffenen Region bereit erklärten.

Ich war sofort von dem Gedanken begeistert, dabei mitzumachen. Vermutlich spielten auch Neugier und Abenteuerlust eine Rolle. Roland Baumberg, Aron Löwenbein, Andreas Kunze und Armin Wirsching ging es vermutlich ähnlich, denn auch sie meldeten sich, um den Erdbebenopfern in den Anden zu helfen.

Eigentlich wollten wir gemeinsam nach Südamerika aufbrechen, aber ich besaß noch keinen gültigen Reisepass, sodass ich erst vier Wochen nach meinen ASB-Kollegen die Reise antreten konnte.

Doch am 23. Juni ging es dann auch für mich los. Nachdem ich von „Medico international" mit allem Notwendigen ausgestattet worden war, fuhren wir nach Paris. Dort bestiegen wir ein Flugzeug, das uns nach Peru bringen sollte. Allerdings bekam die Maschine einen Triebwerkschaden, weshalb wir in Caracas notlanden mussten. Nach der Reparatur starteten wir zum Weiterflug nach Lima. Dort nahmen uns Angehörige der deutschen Botschaft in Empfang, danach setzten wir die 600 km lange Reise weiter mit PKW und Hubschrauber fort.

Bei unserem Bestimmungsort handelte sich um einen kleinen Ort mit etwa 1.000 Einwohnern mit einem größeren Einzugsgebiet, der aufgrund des Erdbebens verkehrsmäßig abgeschnitten war und den man nur mit dem Hubschrauber oder über eine abenteuerliche Hängebrücke mit einer Art Gondel über eine Schlucht erreichen konnte.

Auf der Fahrt dorthin kamen wir durch ein weitestgehend zerstörtes Dorf, das eine Geröllawine überrollt hatte, sodass nur noch die Kirchturmspitze herausschaute. Vereinzelt erkannten wir Hände, die aus der Geröllmasse herausragten. So schlimm hatte ich mir das nicht vorgestellt. Insgesamt forderte das Erdbeben Zehntausende von Opfern.

Als wir an unserem Zielort angekommen waren, suchten wir nach einem Gebäude, das sich als Hospital eignete. Wir fanden schließlich eine Erdgeschossvilla mit einem großen Vorraum, von dem einige Zimmer abgingen. Bald richteten wir uns ein, stellten Feldbetten auf und installierten den mobilen OP. Unser Team bestand aus den beiden Ärzten Dr. Braatz und Dr. Jakobs, der Krankenschwester Anne-Marie, die alle Deutsche waren, zwei einheimischen Helfern und mir. Nach der Einrichtung begannen wir unverzüglich mit der Arbeit. Ich war der einzige ASBler, meine anderen Offenbacher Kollegen hatte man woanders eingesetzt.

Die Zusammenarbeit mit den Leuten von „Medico“ während meines vierwöchigen Aufenthalts in Peru war sehr gut, auch die Einheimischen begegneten mir stets sehr freundlich.

Unsere Patienten waren nicht nur Erdbebenopfer, sondern auch ganz „normale“ Fälle. Einem, der Petroleum getrunken hatte, schwemmte ich die Nieren mit Kochsalzlösung aus. Aber es gab auch gravierende Fälle mit Todesfolge. Kompliziertere Fälle konnten hin und wieder ausgeflogen werden. Einmal nahm ich an einem Flug zu unserer Basis teil. Der Pilot war ein Franzose, der extra nahe entlang der Bergkämme flog, um uns die Trümmer von Hubschraubern zu zeigen, die aufgrund der dort manchmal herrschenden Aufwinde abgestürzt waren. Ich hatte dabei ein mulmiges Gefühl, wie man sich sicherlich vorstellen kann, zumal es sich um eine relativ kleine Maschine mit einer Glaskanzel handelte. Neben den angenehmen Erlebnissen musste ich damals hin und wieder etwas wegstecken können.

Eine enorme körperliche Herausforderung bedeutete der Ausbruch einer Masernepidemie in einer abgelegenen Siedlung auf großer Höhe in den Anden. Um dorthin zu kommen, mussten wir vier Tage marschieren. Diese Anstrengung konnten wir nur mittels Kokablättern bewältigen. Ich war damals quasi gedopt, aber es half. An unseren Zielort wurden wir herzlich begrüßt und aufgenommen. Wir blieben dann eine Woche und impften die Dorfbewohner.

Manchmal habe ich das Hospital, das man vielleicht eher als Ambulanz bezeichnen sollte, aufgrund des Schichtdienstes ganz alleine geführt. Bei einer dieser Gelegenheiten kam nachts eine hochschwangere Frau, bei der sogleich der Geburtsvorgang einsetzte.

Für mich war es die erste Geburtshilfe und ich hatte auch keine Hilfe, aber es ging alles gut. Als der Arzt morgens kam, war ich fertig – fix und fertig!

Später lud man unser Team zu einer großen Feier mit Essen ein. Es gab Meerschweinchen mit Süßkartoffeln und Gemüse. Männer aus der Nachbarschaft machten Musik, die ganze Nacht wurde getanzt und getrunken.

Trotz des traurigen Anlasses und der vielen Anstrengungen denke ich heute noch gerne an meinen Einsatz in Peru zurück.

DIETER DÄNNER (OFFENBACH)

Dieter Dänner wurde am 9. November 1948 in Gelnhausen geboren. Später besuchte der in Offenbach die Volksschule und anschließend das Gymnasium. Nach einer Lehre zum Vermessungstechniker absolvierte er auf der Fachhochschule Frankfurt das Studium zum Vermessungsingenieur. Später arbeitete Dieter Dänner in einem Vermessungsbüro und danach bis zu seiner Verrentung bei der Maingas/Mainova AG.

Zum Arbeiter-Samariter-Bund kam er eher durch einen Zufall. Ein Schulkamerad, der Kontakt zum ASB hatte, riet ihm, anstelle des Wehrdiensts für zehn Jahre im Katastrophenschutz tätig zu sein.

Während seiner Tätigkeit im ASB hat Dieter Dänner auch verschiedene Funktionen im Vorstand des Ortsverbands Offenbach ausgeübt, vornehmlich im Bereich „Ausbildungsleitung". Im Laufe von mehr als vierzig Jahren ehrenamtlicher ASB-Mitarbeit nahm Dieter Dänner an 22 Kursen und Ausbildungen teil und leitete selbst Hunderte von Kursen.

Das Gespräch fand am 17. November 2012 statt.

„Mein Herz hängt an der Ausbildung"

Nach meinem Eintritt beim Arbeiter-Samariter-Bund in Offenbach am 1. Januar 1969 begann ich sofort mit der Teilnahme an aufeinander aufbauenden Lehrgängen und nahm bald an Sanitätswachen teil.

Die Treffen der Offenbacher ASB-Ehrenamtlichen fanden damals immer freitags abends in zwei zu Übungsräumen umgebauten Garagen in der Geleitstraße statt. Die Räumlichkeiten und ihre Ausstattung waren noch sehr bescheiden, auch lag organisatorisch noch manches im Argen.

Bezüglich unserer Einsätze lebte man praktisch von der Hand in den Mund, indem man oft erst am Abend zuvor gesagt bekam, wo man am nächsten Tag hin musste, um Dienst zu machen.

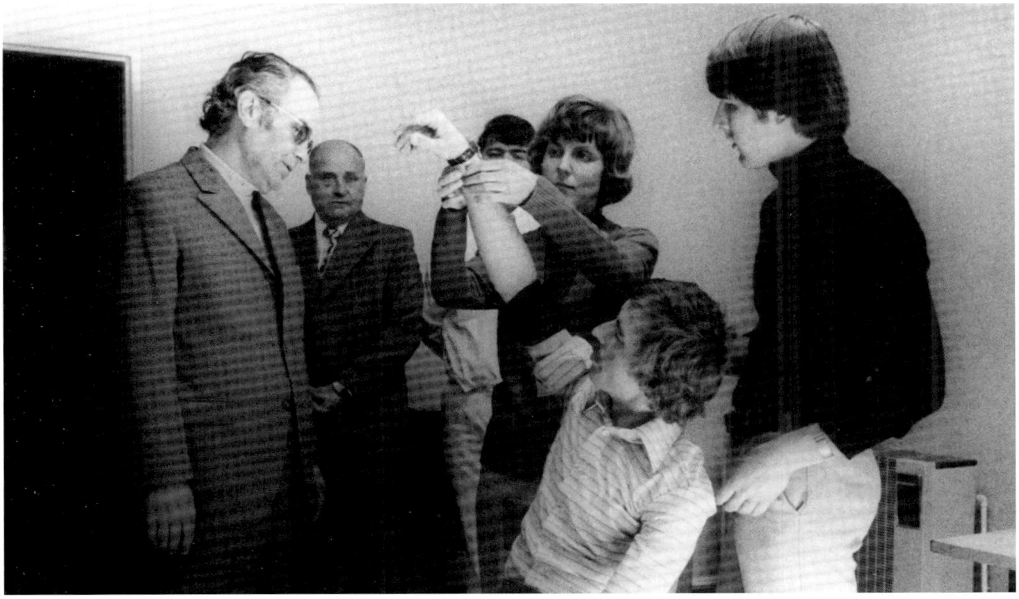

Der Offenbacher Sozialdezernent Horst Schwarz (ganz links) beim Besuch einer internen Fortbildung am 14. Februar 1972, neben ihm Franz Kircher und rechts Dieter Dänner. Privat

Parallel dazu gab es noch die Katastrophenschutzeinheit, die ja der ursprüngliche Grund meiner Mitwirkung im ASB gewesen war. Dort mussten wir Übungen durchführen, und ich hatte mit anderen jungen Samaritern die für den Katastrophenschutz bereitgestellten Fahrzeuge zu pflegen. Doch dabei blieb es nicht. Wir kamen schon relativ bald mit unseren Hilfskrankenwagen ohne Trennwand zum Einsatz, und zwar fuhren wir von der Autobahnpolizeistation Gravenbruch aus während der Haupturlaubsreisezeit von Freitagabend bis Sonntagabend Unfallrettung. Unser Bereich war die A 3 vom Frankfurter Kreuz bis zur Abfahrt Stockstadt. Allerdings fuhren wir „Novizen" nicht alleine zu derartigen Einsätzen, sondern immer in Begleitung eines erfahrenen Sanitäters.

Allerdings klappte dies nicht immer so, wie wir dachten. Ich erinnere mich noch an eine Situation, als ich zusammen mit meinem verstorbenen Freund Detlev Gall ein Fahrzeug übernommen hatte, aber der vorgesehene ältere Kollege erst zwei Stunden nach uns kommen konnte. Wir hofften inständig, dass während dieser Zeit nichts passiert, da wir uns trotz der Ausbildung nicht so sicher waren, dass wir im Falle eines Falles wirklich das Richtige tun würden. Wir hatten Glück und waren erleichtert, weil sich nichts Ungewöhnliches ereignet hatte.

Ich habe mich dann später für den Bereich Ausbildung entschieden. Dies entsprach einerseits eher meinen Neigungen und andererseits bestand seinerzeit eine immense Nachfrage nach Kursen und folglich ein großer Bedarf an Ausbildern. Insbesondere die

Die 1000. Teilnehmerin beim Kurs „Lebensrettende Sofortmaßnahmen" während eines Jahres wird von Dieter Dänner mit einem Blumenstrauß begrüßt, um 1980. Privat

Durchführung des Kurses „Sofortmaßnahmen am Unfallort", die für die Führerscheinbewerber seit etwa Mitte der 1960er-Jahre obligatorisch war, verlangten den Ausbildern beim Ortsverband Offenbach einiges ab. Und dazu erschien vom Bundesverband noch eine richtige Ausbildungsordnung, sodass nicht jeder diese Kurse leiten konnte. Ich erwarb 1971 meinen ersten Lehrschein. Im Laufe der nächsten Jahre habe ich dann viele solcher und anderer Kurse geleitet und dabei immer mehr gemerkt, dass mein Herz an der Ausbildung hängt.

Damals mussten wir uns beim Offenbacher ASB gerade hinsichtlich der Durchführung dieser Kurse auf Situationen einstellen, für die wir anfangs kaum gewappnet waren. Es fing damit an, dass ich begann, die Kursleitungen langfristiger zu planen. Dies erwies sich auch als dringend notwendig. Die Führerscheinbewerber rannten uns fast die Bude ein, so dass wir manchmal Leute wegschicken mussten, weil wir dem Ansturm sowohl räumlich als auch personell nicht gewachsen waren. Schließlich boten wir dann jeden Samstag eine solche Schulung an, um der Nachfrage einigermaßen Herr zu werden.

Einher damit ging und geht vor allem auch ein größerer organisatorischer Aufwand, nicht nur bei den Führerscheinbewerbern, sondern in besonderem Maße auch bei den Lehrgängen für Betriebshelfer. Dies beginnt mit der Ausstellung von Bescheinigungen und endet mit dem Schreiben von Rechnungen.

Heute verlangen insbesondere die Berufsgenossenschaften zusätzlich die strenge Einhaltung von Hygienevorschriften und ihre genaue Dokumentation, was einerseits natürlich sinnvoll ist, aber höhere Aufwendungen notwendig macht.

Ich weiß, dass der ASB aufgrund der Unzulänglichkeiten in den Betrieben vor 125 Jahren in Berlin gegründet wurde. Und gerade unsere Organisation sollte auch weiterhin qualifizierte Betriebshelfer ausbilden, aber wir müssen die Konditionen, zu denen dies geschieht, überdenken. Es gestaltet sich mittlerweile leider so, dass die Kosten für einen

Hauptamtlichen, der wochentags in die Betriebe zur Ausbildung von Betriebshelfern geht, und der damit verbundene Verwaltungsaufwand von den Entgelten der Berufsgenossenschaft für die Ausbildung der Betriebshelfer nicht gedeckt werden.

FRITZ AMANN (KARBEN)

Fritz Amann wurde am 26. März 1935 in Darmstadt geboren, dort besuchte er nach der Volksschule eine „Höhere Schule". Dies war seinerzeit nur möglich, weil das Arbeiterkind in Hessen für diesen Schulzweig kein Schulgeld zahlen musste. Nach dem Abitur studierte er Pädagogik und legte die Magisterprüfung (M.A.) ab.

Während seines Berufslebens war er in der Aus- und Weiterbildung verschiedener Betriebe und Institutionen beschäftigt, zuletzt von 1982 bis zur Verrentung als Verantwortlicher für die Berufsausbildung von über 400 jungen behinderten Menschen im Berufsbildungswerk Südhessen in Karben.

Außerdem amtierte Amann als alternierender Vorsitzender des Berufsbildungsausschusses der IHK Friedberg; dort und bei der Handwerkskammer Frankfurt war er in Prüfungsausschüssen für die Facharbeiter- und Meisterprüfung sowie für die Berufs- und arbeitspädagogische Eignung tätig.

Fritz Amann wurde über die Naturfreundejugend und die „Naturfreunde". sozialisiert. Später war er mehrere Jahre SPD-Stadtverordneter in Karben und zwei Jahre nach seinem Eintritt von 1996 bis 2006 Vorsitzender des damaligen ASB-Kreisverbandes Wetterau.

Das Gespräch fand am 30. Oktober 2012 statt.

Begegnungen und Eindrücke

Vor knapp 20 Jahren kam ich berufsbedingt zum ersten Mal nach Ukmergé. Das Sozialministerium des Landes, das gerade seine Unabhängigkeit erstrittenen hatte, suchte nach einem geeigneten Ort für eine Ausbildungsstätte für benachteiligte Jugendliche und ich gehörte zur deutschen Beratergruppe der Findungskommission. Die Schule für Waisenkinder in Ukmergé war eine Bewerberin. Die Visite im Wohnbereich der Schule hinterließ unvergessliche Eindrücke: Mehrbettzimmer, einfache Matratzen, dünne Decken. Die persönlichen Sachen, wie einmal Wäsche zum Wechseln oder ein Paar Söckchen, lagen in einem Fach eines Wandregals.

Zwar wurde Ukmergé nicht als Standort für das Bildungswerk ausgewählt, dennoch blieb der Kontakt erhalten, zumal der Wetteraukreis inzwischen mit dem Kreis Ukmergé eine Partnerschaft eingegangen war.

Beladung von Hilfsgütern für Litauen im September 2011 in Heusenstamm. Von links nach rechts sind zu erkennen: Fritz Amann, Michael Müller, Dieter Wierz und Wilhelm Schröder. Privat

Bei den ersten Hilfsgütertransporten des Kreises ging es um Kleidung für Arme, Kranke und Kinderreiche. Diese wurden von Privatleuten gespendet und an verschiedenen Stellen in der Wetterau eingesammelt. Aber auch Hilfsmittel für das Krankenhaus waren gefragt, so zum Beispiel Krankenbetten, Matratzen und Bettwäsche. Durch die Umorganisation hiesiger Krankenhäuser und die Auflösung von Reservelagern aus der Zeit des Kalten Krieges konnte einiges zusammen getragen werden.

Anlässlich eines Hilfsgütertransportes des Kreises wurde Anfang 1998 dem Krankenhaus auch ein Rettungstransportwagen des hiesigen ASB übergeben. Dies bedeutete offenbar die Initialzündung zur Gründung des Ortsvereins Ukmergė des Litauischen Samariterbundes (LSB). Schon drei Monate später waren die Vorsitzende Jolita Stankaitiene, der damalige Vereinsarzt und die Dolmetscherin Kristina Abuasvili, die mir schon bei meinen beruflichen Projekten zur Seite stand, in Karben, um sich über die Arbeit des ASB zu informieren und um erste Kontakte zu knüpfen. Bereits bei dieser ersten Begegnung sprang der Funke über. Es war der Beginn einer immer noch anhaltenden Freundschaft, die von gegenseitigem Respekt und Vertrauen getragen ist.

In den folgenden Jahren kam es in Litauen und in der Wetterau zu weiteren Begegnungen. Mit dem hiesigen ASB-Vorstand wurden gemeinsame Projekte und weitere Möglichkeiten der Hilfe beraten. Erinnern möchte ich in diesem Zusammenhang an die Übersetzung der Ausbildungsunterlagen zur „Ersten Hilfe“, an die Seminare für „Pflegende Angehörige“ und an den Informationsbesuch von ASB-Ausbilderinnen und Ausbildern.

Neben dem bekannten ASB-Slogan „Helfen ist unsere Aufgabe“ stand und steht das Prinzip „Hilfe zur Selbsthilfe“ im Mittelpunkt aller Überlegungen.

Erste Enttäuschungen und anhaltende Erfolge

Nicht mit den Ergebnissen jeden Besuches in Ukmergé konnten wir zufrieden sein. Viele Rückschläge bei der Entwicklung des LSB mussten verkraftet werden. So war binnen weniger Monate beispielsweise ein aus zwei Räumen im Obergeschoss eines Holzhauses bestehender „Treffpunkt", den die Kreisverwaltung zur Verfügung gestellt hatte, mit viel Energie und Phantasie eingerichtet worden. Jedoch forderte die Kreisverwaltung die Räume zwecks Eigenbedarfs zurück, was bei unsern Freunden in Litauen riesigen Frust verursachte. Und was den Ärger noch vergrößerte, war, dass es mangels eines Mietvertrages keine Kostenerstattung gab.

Auch die Jahre im nicht heizbaren Holzhaus sind nicht vergessen. Weder gelang es, mit dem Kreis als Eigentümer einen Mietvertrag abzuschließen, noch die Renovierung des Hauses zu organisieren. Gespräche mit dem Abgeordneten der Seimas, des litauischen Parlaments, sowie in Ministerien in Vilnius waren letztlich genau so erfolglos wie die unzähligen Beratungen in der Kreisverwaltung mit dem Landrat und seiner Verwaltung sowie im Krankenhaus. Dem freundlichen Empfang und der scheinbar guten Gesprächsatmosphäre folgten jeweils längere ‚Sendepausen'. Mal war der Gesprächspartner nicht erreichbar, mal waren die übergebenen Unterlagen nicht auffindbar.

Dies traf unsere litauischen Freunde genauso wie uns, weshalb auch immer wieder gegenseitig aufmunternde Gespräche mit dem damaligen Geschäftsführer Holger Weiß und dem stellvertretenden Vorstandsmitglied Rolf Pulst notwendig waren.

Umso mehr freuten sich alle Beteiligten, als im Herbst 2009 die Nachricht kam, dass der LSB ab 2010 in einer von der Kreisverwaltung zu Selbstkosten längerfristig vermieteten ehemaligen Schule, ein „Stadtbüro" einrichten könnte. Und parallel eröffnete sich noch die Möglichkeit, in einer ehemaligen Produktionsstätte das sogenannte „Sozialzentrum" unterzubringen, das seinerzeit lediglich aus einer Kleiderkammer und einem Arbeitsraum der freiwilligen Helferinnen und Helfer bestand.

Zur Jahreswende 2009/2010 kam es zu Kommunikationsproblemen zwischen dem ASB-Bundesverband, Referat Auslandshilfe, und der Leitung des Litauischen Samariter Bundes in Vilnius, denn nun gab es dort keinen direkten Ansprechpartner mehr. Auf der Suche nach Lösungen kam die Nachricht, dass Almira Molcanova, den Partnern seit Jahren als profunde Dolmetscherin und Samariterin bekannt, durch die Insolvenz ihres Arbeitgebers arbeitslos sei. Nachdem der ASB-Bundesverband die Übernahme von 50% der laufenden Kosten der Geschäftsführung für die nächsten drei Jahre zugesagt hatte, konnte Frau Molcanova beim LSB Ukmergé als Geschäftsführerin angestellt werden.

Mit der Eröffnung eines Stadtbüros als Geschäftsstelle und Ort für kleinere Versammlungen im Februar 2010 sowie der Einstellung von Frau Almira Molcanova ab Juli 2010 begann eine kontinuierliche Weiterentwicklung und ein rasanter Anstieg der Aktivitäten des LSB Ukmergé.

Besuch in der Kleiderkammer in Ukmergė im September 2010. Von links: Geschäftsführerin Almira Molcanova, Fritz Amann und Jolita Stankaitiene, die Vorsitzende des Ortsvereins Ukmergė des Litauischen Samariterbundes. Privat

Zu den Aktivitäten, die sich merklich verbesserten gehörte beispielsweise die Öffentlichkeitsarbeit. Außerdem konnte man die Mitgliederzahl des LSB verdoppeln und die Anzahl der Kinder- und Jugendgruppen, die alle unter fachkundiger Leitung stehen, von zwei auf fünf Jung-Samariter-Gruppen erhöhen.

Das soziale Engagement der Jung-Samariter wurde durch Besuche im Altenheim, durch Kontakte zu alleinstehenden, alten und kranken Menschen, über die Hilfe für herrenlose Tiere, durch die Aktion für Kinder in Afghanistan und auch durch die Aktionen der Lebensmittelbank entwickelt und gefestigt. Und natürlich ist die Erste-Hilfe-Ausbildung für sie obligatorisch.

Zu den weiteren Erfolgen der Samariter in Ukmergė ist zu zählen, dass die Anzahl der „Ehrenamtler" auf 80 Personen enorm anstieg. Es gelang auch, sowohl die Geschäftsstelle mit Fachvorträgen von Ärzten als auch das Sozialzentrum mit Kreativ-Nachmittagen, gemeinsamen Festen und Feiern oder Informationsgesprächen zwischen den Sozialarbeiterinnen aus dem Kreis mit Leben zu erfüllen.

Zu den karitativen Aufgaben des Sozialzentrums gehören die Kleiderkammer und die Lebensmittelausgabe für sozial schwache Familien sowie andere Hilfsbedürftige, wo man aber auch gerne Sach- und Geldspenden entgegennimmt.

Auf der Agenda stehen die Mitgliederentwicklung, das Anwerben von Sponsoren, Jugendleiterseminare und die Qualifizierung der freiwilligen Helferinnen und Helfer an vorderster Stelle.

Besonders hervorheben möchte ich, dass unter dem Motto „Jung und alt, Hand in Hand" viele Aktionen der Ukmerger Samariter gemeinsam von und mit den beiden Altersgruppen vorbereitet und durchgeführt werden. So erhalten die Bewohner des Altenheims Eigenprodukte der Senioren, selbst gebastelte Geschenke der Kinder und werden mit Liedern und Aufführungen der Jungsamariter unterhalten.

Genauso wird es zum Beispiel auch am „Welttag der Kranken" beim Besuch im Krankenhaus, bei der Einladung zum Seniorentag für Alleinstehende oder in der Weihnachtszeit beim Besuch in Kindereinrichtungen gehandhabt. Gleichermaßen von Bedeutung sind die separaten Aktivitäten jeder Altersgruppe: So fanden inzwischen fünf Jugendbegegnungen statt, zuletzt im Sommer 2010 in Karben und im Sommer 2011 in Stasiunai. Unter Gleichaltrigen und Gleichgesinnten konnten Einblicke in den Alltag des anderen Landes sowie über Freud und Leid jedes Einzelnen gewonnen werden.

Das für 2012 geplante Camp, das wieder in Deutschland stattfinden sollte, wurde von der ASJ aus wirtschaftlichen Erwägungen leider abgesagt.

Und was machen die Alten? Als neues Projekt wurde im Oktober 2012 die Aktion „Etwas Warmes braucht der Mensch" gestartet. Eine zunächst noch kleine Zahl alleinstehender Kranker wird dabei wöchentlich einmal mit einem warmen Essen und mit warmer Kleidung versorgt. Wegen der noch fehlenden Küche im Sozialzentrum kochen die aktiven Helferinnen das Essen bei sich zuhause. Wer die Situation vor Ort kennt, kann dieses Engagement einschätzen: In Ukmergé leisten unsere Freunde Samariter-Arbeit in Reinkultur!

Auch wenn der Vorstand des ASB-Regionalverbandes seine Unterstützung aus den bereits genannten wirtschaftlichen Erwägungen einschränkt, wird es mir niemand verdenken, wenn ich weiterhin viel Kraft für die gegenseitige Hilfe, für das Miteinander, aufwenden werde.

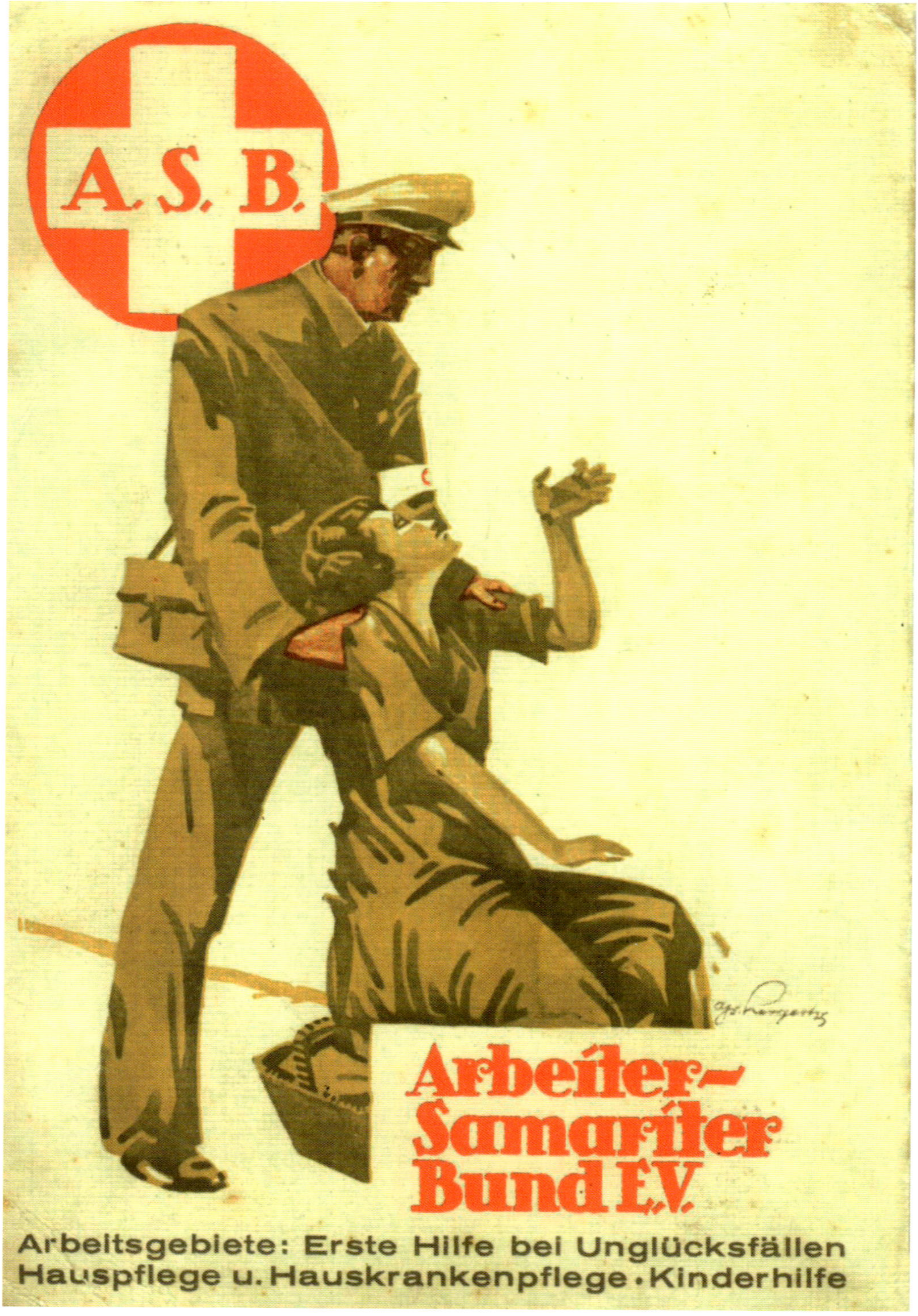

Dieses Werbeplakat aus dem Jahr 1922 macht deutlich, dass der ASB seinen Tätigkeitsbereich schon damals über die betriebliche Unfallhilfe und den Sanitätsdienst hinaus ausgeweitet hatte. Archiv des ASB-Bundesverbandes

QUELLEN UND LITERATUR

Archiv ASB RV Mittelhessen

Ordner „Entstehung des OV Wetterau

Ordner „Presseberichte 1997“

Ordner „Pressespiegel 7/07 bis 5/08“

Ordner „Vorstandsprotokolle vom 01.01.1982 bis 31.12.1984

Ordner „Wetterau Vorstandsprotokolle, Einladungen, Sonstiges 2001

Ordner „Vorstand Protokolle von 1983 bis 1988 Offenbach“

Archiv des ASB-Bundesverbandes

00-HE 002

00-HE 003

00-HE 007

00-HE 008

00-1/01, 093

00-1/17,11 und 12

Arbeiter-Samariter-Bund e.V., Bericht über das Geschäftsjahr 1929/30, Chemnitz 1930

asb 2/89

ASB Protokolle Bundeskonferenz

ASB-Archivdatenbank (Ausdruck vom 8.9.2010)

ASB-Dokumentation/Orte. Stand vom 19.09.2011

ASB-Jahrbuch 1989, 1999, 2011 und 2011/2

ASB-Rundschreiben PRS 1/54

Bericht von der 10. ASB-Bundestagung 1931

BZA-0 Zeitungsartikel Gießen

BZA-0 Zeitungsartikel Großkrotzenburg

BZA-0 Zeitungsartikel Offenbach

BZA-0 Zeitungsartikel Wetterau

Kalender des Arbeiter-Samariter-Bundes 1925–1933

Der Arbeiter-Samariter (DAS) 1910–1933

KV Wetterau, Organisationsbericht 1971

Nachrichtenblatt des Arbeiter-Samariter-Bundes 1926–1933

Niederschrift vom 3. ordentlichen Bundestag 1958

PDD-0053

PNK-ALT 00/1909

PNK-ALT 01/1910. Protokoll des ersten Bundestages. Abgehalten in Dresden am 26., 27. und 28. März 1910, Berlin 1910

PNK-ALT 03/1914

PNK-ALT 04/1919

Protokoll der Gründungsversammlung des Ortsverbandes Pohlheim am 18.10.1985, Pohlheim-Garbenteich.

Protokoll des dritten Bundestages des Arbeiter-Samariter-Bundes. Abgehalten am 10., 11., 12. und 13. April 1914 im Gewerkschaftshaus „Tivoli“ zu Erfurt: Nebst einem Anhang: Statut des Arbeiter-Samariter-Bundes

Protokoll des Kongresses zur Gründung eines Arbeiter-Samariter-Bundes. Abgehalten am 11. und 12. April 1909 in Magdeburg, Berlin, 1909

Protokoll des vierten Bundestages des Arbeiter-Samariter-Bundes. Abgehalten am 18., 19., 20. und 21. April 1919 in Magdeburg

Protokollbuch Dietzenbach: Begonnen am 30.9.1914

T 0089 ASB-Dokumentation vom 07.06.2010

Satzung des ASB, Köln 1951

Hessisches Hauptstaatsarchiv Wiesbaden

8/57-1/9 Summary of Public Health Activities Land Hesse 12 Oct 1945–31 Dec 1946

Hessisches Staatsarchiv Darmstadt

G 13 209 Volks-, Berufs- und Betriebszählung am 16. Juni 1925

G 13 254 Die ortsanwesende Bevölkerung des Großherzogtums Hessen nach der Region am 14. Juni 1895

G 13 Hess. Stat. Amt 270 Die Bevölkerung am 12. Juni 1907 nach Berufsarten

G 15 Büdingen Q 136 Überwachung des Arbeiter-Samariterbundes, 1924-1933

G 15 FB O 344 Arbeiter-Samariter-Bund

G 15 FB R 239: Überwachung des Arbeiter-Samariterbundes 1924–1931

G 15 Groß-Gerau 01 ASB-Geschäftsberichte 1927 und 1928 des 16. Kreises (Freistaat Hessen)

H 1567/20 Geschäftsbericht über das Jahr 1926. Arbeiter-Samariter-Bund e.V. 16. Kreis (Freistaat Hessen)

H 1567/20 Geschäftsbericht über das Jahr 1927. Arbeiter-Samariter-Bund e.V. 16. Kreis (Freistaat Hessen)

H2 Friedberg 4344 Sicherstellung des Vermögens des 1933 aufgelösten Arbeiter-Samariter-Bundes, 1958

Hessisches Staatsarchiv Marburg

165 Preußische Regierung Kassel, Abt. I, Bd. 2, 5931

180 Landratsamt Gelnhausen 5954, Gründung einer Sanitätskolonne in Bad Orb, 1914–1926

DRK-Archiv Gelnhausen

Hefter Bad Orb „Ueberführung des Arbeiter Samariter Bundes in das Rote Kreuz" vom 7.8.1933

Hefter Bad Orb: Protokoll der Sitzung des 1. Bezirkes des 9. Kreises vom 7.8.1933 in Frankfurt-Rödelheim

Protokoll-Buch. Sanitäts-Kolonne 1932

Protokolle Vorstandssitzungen bis zum 31. März 1979

Stadtarchiv Bad Vilbel

Arbeiter-Samariter-Kolonne „Roter Krug"

Stadtarchiv Dietzenbach

II 8/2

II 279/5

St VV-Protokolle, Jan. 1913–Dez. 1925

St VV-Protokolle, Jan. 1926–Sept. 1932

Stadtarchiv Gelnhausen

Gelnhäuser Tageblatt vom 31. Oktober 1933

Stadtarchiv Gießen

L 1343 Gesuch der Arbeiter-Samariter-Kolonne um Gewährung eines Darlehens zur Beschaffung eines Sanitätskraftwagens, 1928

L 1343 Mitbenutzung des städt. Krankenautos d. d. Arbeitersamariterkolonne, 1926

L 1343 Gesundheitswesen, „Rotes Kreuz", Rettungswehr, Arbeiter-Samariterbund, Krankenautomobile 1904/28

Stadtarchiv Hanau

Volksstimme Hanau, sozialdemokratisches Organ

Lokal-Anzeiger für die Mainorte Klein-Steinheim. Groß-Steinheim, Klein-Auheim usw." vom 4.12.1923

Stadtarchiv Hanau: Hanauer Adressbuch 1927

Stadtarchiv Hanau: Hanauer Anzeiger vom 25.6.1928

Stadtarchiv Offenbach

Adressbuch 1931 für Stadt und Landkreis Offenbach am Main

Einwohnerverzeichnis für Stadt und Landkreis Offenbach 1927. Teil C:

Offenbacher Abendblatt 1913–1933

Offenbach-Post vom 3.3.1953

Frankfurter Neue Presse vom 10.1.1974

Frankfurter Neue Presse vom 31.8.1992

Frankfurter Rundschau vom 11.8.1967

Quellensammlungen, Memoiren, Statistiken, zeitgenössische Darstellungen und Nachschlagewerke

Alphabetisches Verzeichnis der Wohnplätze im Großherzogthum Hessen, hrsg. Von der Großherzoglichen Centralstelle für die Landesstatistik, Darmstadt 1902.

Arbeiter-Samariter Bund Landesverband Hamburg e.V. (Hrsg.), ASB Hamburg – seit 100 Jahren für Hamburg, Hamburg 2008.

Arbeiter-Samariter-Bund – Ortsverband Kassel (Hrsg.), Helfen ist unsere Aufgabe, o. O., o. J. (1999).

Aufzeichnungen von W. Siegrist vom Februar 1980 – sie basieren auf der Auswertung von Zeitungsausschnitten des Vilbeler Anzeiger von 1921–1930.

Es ist noch nicht so lange her. Erinnerungen von Heinrich Jakob Berz, Dietzenbach 1981.

Bibliothek der Friedrich-Ebert-Stiftung (Hrsg.), Bibliographie zur Geschichte der deutschen Arbeiterbewegung. Jahrgang 31 (2006), Dietz, Bonn 2007.

Einwohnerverzeichnis für Stadt und Landkreis Offenbach, 3. Teil, von 1927.

Führer durch die Kultur-Ausstellung im Stadtgarten, Offenbach 1927.

Fünfzig Jahre DRK – Klein-Auheim 1928–1978 (Maschinenschrift).

Gedenkbuch der Opfer der Juden unter der nationalsozialistischen Gewaltherrschaft in Deutschland 1933–1945, Bundesarchiv, Stand 19.5.2011.

Hessen im Zeitalter der industriellen Revolution, hrsg. von Klaus Eiler, Frankfurt 1984.

Hessisches Statistisches Landesamt, Fünf Jahre Land Hessen, 1945/46–1949/50, 1950.

Hessisches Statistisches Landesamt, Historisches Gemeindeverzeichnis für Hessen, Heft 1: Die Bevölkerung der Gemeinden 1834 bis 1967; Heft 2: Gebietsänderungen der hessischen Gemeinden und Kreise 1834 bis 1967, o. O., o. J.

Klein, Thomas, Die Hessen als Reichstagswähler. Tabellenwerk zur politischen Landesgeschichte 1867–1933, 3. Band: Großherzogtum/Volksstaat Hessen 1867–1933, Marburg 1995.

Knauf, Walter, Sexualpathologie und ihre Bedeutung im jetzigen Rechtsleben, Chemnitz o.J. (um 1930).

Kurt, Alfred, Wahlen und Wähler im Wahlkreis Offenbach. Eine historisch-statistische Untersuchung zur politischen Struktur der Stadt und des Landkreises Offenbach im Wandel der letzten anderthalb Jahrhunderte, Offenbach 1966.

Marschalck, Peter, Bevölkerungsgeschichte Deutschlands im 19. und 20. Jahrhundert, Frankfurt 1984.

Muth, Jörg, Bevölkerungsentwicklung des Kreises Offenbach am Main von 1834 bis 1990. Ein Beitrag zum Problem des Sozialraumwandels, Offenbach (1991).

Rytlewski, Ralf/Manfred Opp de Hipt, Die Bundesrepublik Deutschland in Zahlen, 1945/49–1980. Ein sozialgeschichtliches Arbeitsbuch, München 1987.

Statistisches Bundesamt (Hrsg.), www.destatis.de vom 4.1.2012.

Statistisches Handbuch für das Großherzogtum Hessen. Hrsg. von der Großherzoglich Hessischen Zentralstelle für die Landesstatistik, Darmstadt 1903.

Statistischer Vierteljahresbericht der Stadt Offenbach am Main I/2007, 85 Jahre Statistische Vierteljahresberichte – ein Rückblick; S. 7 ff.

Verwaltungs-Bericht von Landrat Voller, Hanau, anlässlich der 6. Sitzung des Kreistages der Landkreises Hanau im Rathaussaal der Gemeinde Langendiebach am 17. Januar 1948.

Wer ist's? Unsere Zeitgenossen, hrsg. von Hermann Degener, 10. Ausgabe, Berlin 1935.

Wie gründet und leitet man Arbeiter-Samariter-Kolonnen, hrsg. vom Bundesvorstand des Arbeiter-Samariter-Bund e.V., Sitz Berlin, o. O., o. J., (1925).

www.gonschior.de. 2001, Wahlen in der Weimarer Republik, abgerufen am 9. August 2011.

www.gonschior.de. 2001, Wahlen in der Weimarer Republik, abgerufen am 29. August und 5. November 2011.

Literatur

Abel, Wilhelm, Geschichte der deutschen Landwirtschaft vom frühen Mittelalter bis zum 19. Jahrhundert, 2. Auflage, Stuttgart 1966.

Arbeiter-Samariter-Bund Hessen e. V., Chronik 1913–1978, Ortsverband Offenbach, o. O., o. J.

Arbeiter-Samariter-Bund Ortsverband Offenbach (Hrsg.), Festschrift zum 75jährigen Jubiläum, o. O., o. J. (1988).

Bauch, Herbert, Vilbel in der Weimarer Republik. Politische Kultur in einer oberhessischen Arbeiterwohnsitzgemeinde in den Jahren 1918–1930, in: Archiv für hessische Geschichte und Altertumskunde, N. F. Bd. 41 (1983), S. 197 ff.

Ihr ASB in der Wetterau. Hrsg.: ASB-Kreisverband Wetterau, Redaktion Andrea Weiß, Karben 2002.

Beck, Konrad, Die Sache des Gustav D. Der Roman der Arbeiter-Samariter, Berlin 1999.

Beier, Gerhard, Arbeiterbewegung in Hessen. Zur Geschichte der hessischen Arbeiterbewegung durch einhundertfünfzig Jahre, 1834–1984, Neuauflage, Frankfurt 1985.

Belz, Kurt, 5 Jahre Arbeiter Samariter Bund in Bad Vilbel (Maschinenschrift), in: INFORM Sonderausgabe (1975).

Benz, Wolfgang, Von der Besatzungsherrschaft zur Bundesrepublik, Frankfurt 1984.

Birke, Adolf, Nation ohne Haus, Berlin 1989.

Bog, Ingomar, Die Industrialisierung Hessens, in: U. Schultz (Hg.), Die Geschichte Hessens, Stuttgart 1983, S. 190 ff.

Bohler, Karl F., Die Entwicklung der Sozialstruktur im ehemaligen Realteilungsgebiet der südöstlichen Rhein-Main-Ebene, in: Ders., Regionale Gesellschaftsentwicklung und Schichtungsmuster in Deutschland, Frankfurt am Main u.a. 1995, S. 199 ff.

Born, Karl Erich, Von der Reichsgründung bis zum Ersten Weltkrieg, 2. Auflage, München 1976 (= Gebhardt, Handbuch der deutschen Geschichte)

Bracher, Karl Dietrich/Wolfgang Sauer/Gerhard Schulz, Die nationalsozialistische Machtergreifung. Studien zur Errichtung des totalitären Herrschaftssystems in Deutschland 1933/34, 2. Auflage, Köln 1962

Brandt, Harm-Hinrich, Wirtschaft und Wirtschaftspolitik im Raum Hanau, Hanau 1963.

Bus, Erhard, „An unsre Mitbürger". 125 Jahre Rotes Kreuz in Stadt und Landkreis Hanau 1869–1994, Hanau 1994.

Bus, Erhard, „Die Einwohner daselben arbeiten sehr fleißig ..." Ortschronik zur Geschichte Klein-Auheims anlässlich des 1200. Jahrestages der urkundlichen Ersterwähnung 2006, Hanau 2005.

Bus, Erhard, „Lasset uns Gutes tun und nicht müde werden!" Zur Geschichte des Roten Kreuzes im Kreis Gelnhausen. Hrsg. Deutsches Rotes Kreuz Kreisverband Gelnhausen e.V., Gelnhausen 2010.

Bus, Erhard, „Nichts für uns, alles für das Rote Kreuz." Zur Geschichte der Rotkreuzbewegung in Stadt und Landkreis Hanau seit 1945, Hanau 2000.

Cramer, Kläre, Entstehung und Entwicklung des Hanauer Tabakbaus und der Hanauer Tabakindustrie, (masch. Diss.) Frankfurt 1925.

Demandt, Karl Ernst, Die Geschichte des Landes Hessen, 2. Auflage, Kassel 1980.

Deutsches Rotes Kreuz, Bereitschaft Bad Orb (Hrsg.), Festzeitung – 50 Jahre Sanitäts-Bereitschaft Bad Orb, Redaktion Edmund Acker, o.O., o. J. (1976).

Deutsches Rotes Kreuz, Bereitschaft Bad Orb (Hrsg.), Festzeitung – 50 Jahre Sanitäts-Bereitschaft Bad Orb, Redaktion Edmund Acker, o.O., o. J. (1976).

„Die Flamme verzehre das Gift": Offenbach 1932/33 im Spiegel d. Tageszeitungen/Rolf Kirchner; Harry Schweitzer. Hrsg. vom Studienkreis „Geschichte der Offenbacher Arbeiter u. ihrer Organisationen" e.V., 1983.

Ein Dorf wird nazifiziert – 30. Januar 1933: Ein Beitrag zur Heimatgeschichte. Hrsg.: Magistrat der Stadt Dietzenbach. Dokumentation: Stadtarchiv Dietzenbach. Mitarb.: Charlotte Golz, Dietzenbach 1983.

Einhundertfünfundzwanzig Jahre unter dem Zeichen des Roten Kreuzes in Stadt und Kreis Offenbach, 1866–1991, hrsg. vom DRK-Kreisverband Offenbach, 1991.

Emig Dieter/Alfred G. Frei, Office of Military Government for Hesse, in: OMGUS-Handbuch. Die amerikanische Militärregierung in Deutschland 1945–1949, hrsg. von Chr. Weisz, München 1984.

Erdmann, Karl Dietrich, Die Zeit der Weltkriege, 9. Auflage, Stuttgart 1978 (= Gebhardt, Handbuch der deutschen Geschichte).

Eschenburg, Theodor, Jahre der Besatzung 1945–1949, Stuttgart 1983.

Flämig, Gerhard, Hanau im Dritten Reich, 3 Bde., Band I (1930–1934) Wie es dazu kam – Die Machtergreifung; Band II: (1933–1945) Verfolgung und Widerstand; Band III: (1933–1945) Der Alltag, Hanau 1983–1991.

Franz, Eckhart G./Fritz Kallenberg/Peter Fleck, Großherzogtum Hessen (1800) 1806–1918, in: Handbuch der hessischen Geschichte, hrsg. von Walter Heinemeyer, 2. Teilband des 4. Bandes, Marburg 2003, S. 673 ff.

Franz, Eckhart G., Volksstaat Hessen 1918–1945, in: Handbuch der hessischen Geschichte, hrsg. von Walter Heinemeyer, 2. Teilband des 4. Bandes, Marburg 2003, S. 885 ff.

Frei, Norbert, Vergangenheitspolitik. Die Anfänge der Bundesrepublik und die NS-Vergangenheit, München 1996.

Gessner, Dieter, Die Anfänge der Industrialisierung am Mittelrhein und Untermain 1780-1866, Frankfurt 1986.

Gessner, Dieter, Voraussetzungen und Formen der frühen Industrialisierung im Rhein-Main-Raum (1815–1866), in: 100 Jahre Technische Hochschule Darmstadt, Jahrbuch 1976/77, S. 35 ff.

Gimbel, John, Amerikanische Besatzungspolitik in Deutschland 1945–1949, Frankfurt 1971.

Gruber, Walter, Das Rote Kreuz in Deutschland, Wiesbaden 1985.

Grüneisen, Felix, Das Deutsche Rote Kreuz in Vergangenheit und Gegenwart, Berlin 1939.

Häfner, H./R. Köbler/Th. W. Stumpf (Red.), Arbeiterorganisationen. Zwischen Verbot und Wiederaufbau, Darmstadt 1983, S. 5 ff.

Hahn, Hans-Werner, Der hessische Wirtschaftsraum im 19. Jahrhundert, in: Walter Heinemeyer (Hrsg.), Das Werden Hessens, Marburg 1986, S. 389 ff.

Hawerkamp, Hartwig, Beiträge zur Geschichte des Arbeiter-Samariter-Bundes von seiner Entstehung (1888) bis zu seinem Verbot (1933), Diss., Münster 2012.

Heiber, Hans, Die Republik von Weimar, 10. Auflage, München 1977.

Heitzenröder, Wolfram, Die Arbeiterbewegung in Hanau und Umgebung, 1848 bis 1878, Hanau 2002.

Hennig, Jessika, Zwangssterilisation in Offenbach am Main 1934–1944, Frankfurt am Main 2000.

Hermann, Christian, Frei Hilf! Samariter in Dresden. Zur Geschichte der Arbeiter-Samariter-Kolonne Dresden (1901–1933), Leipzig 1999.

Herrmann, Erich/Wolfgang Reuter, vor 100 Jahren. Schlaglichter auf Arbeiten, Leben, Wohnen und Politik in Offenbach am Main, hrsg. von d. Hist. Kommission d. SPD-Unterbezirks Offenbach, Offenbach 2010.

Heudtlaß, Willy, J. Henry Dunant. Eine Biographie in Dokumenten und Bildern, 3. Auflage, Stuttgart 1980.

Hildebrandt, Klaus, Das Dritte Reich, München/Wien 1979.

Huber, Rudolf Günter, Sozialer Wandel und politische Konflikte in einer südhessischen Industriestadt. Kommunalpolitik der SPD in Offenbach 1898–1914, Darmstadt/Marburg 1985.

Kaschuba, Wolfgang, Lebenswelt und Kultur der unterbürgerlichen Schichten im 19. und 20. Jahrhundert, München 1990.

Kattwinkel, Fritz, Die Geschichte der Tagelöhne im Großherzogtum Hessen von den 1830er Jahren bis 1905, München 1912.

Klein-Auheim – eine Gemeinde stellt sich vor, hrsg. vom Gemeindevorstand Klein-Auheim, o. O., o. J. (1967).

Kluge, Ulrich, Agrarwirtschaft und ländliche Gesellschaft im 20. Jahrhundert, München 2005.

Knöpp, Friedrich, Der Volksstaat Hessen 1918–1945, in: Walter Heinemeyer (Hrsg.), Das Werden Hessens, Marburg 1986, S. 697 ff.

Kolb, Eberhard, Die Weimarer Republik, München 1984.

Kurt, Alfred/Otto Schlander, Der Kreis Offenbach und das Dritte Reich. Leben und Politik, Verfolgung und Widerstand im Kreisgebiet in den Jahren von 1930 bis 1945, Dreieich 1991.

Kurt, Alfred, Am Main, Im Rodgau und in der Dreieich. Stadt und Kreis Offenbach in der Geschichte, Offenbach 1998.

Labisch, Alfons, Der Arbeiter-Samariter-Bund 1888–1933: Ein Beitrag zur Geschichte der Arbeitersamariterbewegung, in: Gerhard A. Ritter (Hrsg.), Arbeiterkultur, Königstein/Ts. 1979, S. 145 ff.

Labisch, Alfons, Selbsthilfe zwischen Auflehnung und Anpassung. Arbeiter-Sanitätskommission und Arbeiter-Samariterbund, in: Alternative Medizin. Kritische Medizin im Argument (Argument-Sonderband: AS 77) Berlin, S. 11 ff.

Langer, Ingrid, Zwölf vergessene Frauen. Die weiblichen Abgeordneten im Parlament des Volksstaates Hessen, ihre politische Arbeit – ihr Alltag – ihr Leben, Frankfurt am Main 1989.

Latour, Conrad F. / Thilo Vogelsang, Okkupation und Wiederaufbau. Die Tätigkeit der Militärregierung in der amerikanischen Besatzungszone Deutschlands 1944–1947, Stuttgart 1973.

Lichtenstein, Heiner, Angepaßt und treu ergeben. Das Rote Kreuz im Dritten Reich, Köln 1988.

Magistrat der Stadt Dietzenbach (Hrsg.), 775 Jahre Dietzenbach. Heimat- und Geschichtsbuch, bearb. v. Gisela Rathert und Detlev Kindel, o. O., o. J.,

Marrenbach, Marita, Die Entwicklung von Struktur und Selbstverständnis des Arbeitersamariterbundes vom Zweiten Weltkrieg bis Ende der 60er Jahre, Hausarbeit zur Erlangung des Grades einer Magistra Artium der Fakultät für Geisteswissenschaft der Ruhr-Universität Bochum 1996.

Matzerath, Horst, Nationalsozialismus und kommunale Selbstverwaltung, Stuttgart 1970.

Mirkes, Adolf/Karl Schild, Zeugnisse: Offenbach 1933-1945. Verfolgung und Widerstand in Stadt und Landkreis Offenbach, Köln 1988.

Möller, Horst, Die Weimarer Republik – eine unvollendete Demokratie, 7. Auflage, München 2004.

Morgenbrod, Birgitt / Stephanie Merkenich, Das Deutsche Rote Kreuz unter der NS-Diktatur 1933–1945, Paderborn 2008.

Mühlhausen, Walter, Hessen 1945-1950. Zur politischen Geschichte eines Landes in der Besatzungszeit, Frankfurt 1985.

Müller, Wilhelm, ASB-Chronik 1888–1984. Ein Buch über die Geschichte des ASB, Bonn 1984.

Müller, Wilhelm, Illustrierte Geschichte des Arbeiter-Samariter-Bundes 1888–1998, Köln 1998.

Müller, Wilhelm, Mit einem Unfall fing es an! Illustrierte Geschichte des Arbeiter-Samariter-Bundes, Wiesbaden 1988.

Müller, Wilhelm, Samariter in Köln. Ein Buch über die Geschichte einer Hilfsorganisation, Wiesbaden 1985.

Nipperdey, Thomas, Deutsche Geschichte 1866–1918, Band 1: Arbeitswelt und Bürgergeist, München 1990. Band 2: Machtstaat vor der Demokratie, München 1992.

Pakh, Judith, Das rote Hanau. Arbeit und Kapital 1830–1949, Hanau 2007.

Picard, Bertold, Großauheim. Geschichte in Bildern und Dokumenten, hrsg. vom Magistrat der Stadt Hanau und dem Verein für Heimatkunde und Naturschutz 1929 Großauheim e. V. aus Anlaß des 1175jährigen Jubiläums der Ersterwähnung Großauheims 1981, 2. verbesserte Auflage, Hanau 1986.

Pingel, Henner, Das Jahr 1933. NSDAP-Machtergreifung in Darmstadt und im Volksstaat Hessen, 2. Auflage, Darmstadt 1978.

Reuter, Wolfgang, Zwölf Offenbacher Sozialdemokraten, 1870 bis 1970, Offenbach 2004.

Riesenberger, Dieter, Das Deutsche Rote Kreuz. Eine Geschichte 1864-1990, Paderborn u. a. 2002.

Riesenberger, Dieter, Für Humanität in Krieg und Frieden. Das Internationale Rote Kreuz 1863-1977, Göttingen 1992.

Ringelstein, Peter, Rotes Kreuz auf weißem Feld – 60 Jahre in Bad Orb (maschinenschriftliches Manuskript von 1986).

Ruppel, Hans Georg / Otto Schlander, Offenbach in der Zeit des Dritten Reiches, Offenbach 2006.

Rürup, Reinhard, Deutschland im 19. Jahrhundert 1815–1871, Göttingen 1984.

Schlander, Otto, Offenbach am Vorabend des Ersten Weltkriegs, Offenbach 1979.

Schlander, Otto, Tausend Jahre Offenbach im Spiegel historischer Darstellungen. Bibliographie zur Offenbacher Geschichte, Offenbach 1977.

Schlander, Otto, Zwischen Monarchie und Diktatur. Offenbach 1918–1933, hrsg. vom Offenbacher Geschichtsverein, Offenbach 1992.

Schulze, Hagen, Weimar. Deutschland 1917–1933, Berlin 1982.

Schwartze, Herbert, Zur Geschichte des Arbeiter-Samariter-Bunds, in: Kurt Kühn (Hrsg.), Ärzte an der Seite der Arbeiterklasse. Beiträge zur Geschichte des Bündnisses der deutschen Arbeiterklasse mit der medizinischen Intelligenz, Berlin 1977, S. 38 ff.

Seithe, Horst/Frauke Hagemann, Das DRK im Dritten Reich (1933–1939). Mit einem Abriß seiner Geschichte in der Weimarer Republik, Frankfurt 1993.

Speitkamp, Winfried, Modernisierung in der Krise: 1918 bis 1945, in: 800 Jahre Gießener Geschichte, 1197–1997, hrsg. im Auftrag des Magistrats der Universitätsstadt Gießen von Ludwig Brake und Heinrich Brinkmann , Gießen 1997, S. 215 ff.

Stürmer, Michael, Das ruhelose Reich. Deutschland 1866-1918, Berlin 1983.

Teichler, Hans Joachim/Gerhard Hauk (Hrsg.), Illustrierte Geschichte des Arbeitersports, Berlin 1987.

Tenfelde, Klaus, Historische Milieus – Erblichkeit und Konkurrenz, in: Manfred Hettling/Paul Nolte (Hrsg.): Nation und Gesellschaft in Deutschland. München, 1996. S. 247 ff.

Tennstedt, Florian, Sozialgeschichte der Sozialversicherung, in: Handbuch der Sozialmedizin, hrsg. von M. Blomke u. a., Bd. 3, Stuttgart 1976.

Thamer, Hans-Ulrich, Verführung und Gewalt. Deutschland 1933–1945, Berlin 1986.

Ullrich, Volker, Die nervöse Großmacht 1871–1918. Aufstieg und Untergang des deutschen Kaiserreichs, Frankfurt 1999.

Vierzig Jahre Rotes Kreuz Bad Orb, o.O., o.J. (1966), mit einem Beitrag von Peter Ringelstein zur Geschichte.

Wagner, Kurt/Gerhard Wilke, Dorfleben im Dritten Reich. Körle in Hessen, in: Ders. und Jürgen Reulecke (Hrsg.), Die Reihen fest geschlossen: Beiträge zur Geschichte des Alltags unterm Nationalsozialismus, Wuppertal 1981.

Walter, Franz, Der Arbeiter-Samariter-Bund in: Ders./Viola Denecke/Kornelia Regien, Sozialistische Gesundheits- und Lebensreformverbände. Solidargemeinschaft und Milieu: Sozialistische Kultur- und Freizeitorganisationen in der Weimarer Republik, Band 2, herausgegeben von Peter Lösche, Bonn 1991, S. 293 ff.

Weber-Kellermann, Ingeborg, Frauenleben im 19. Jahrhundert, München 1983.

Wehler, Hans-Ulrich, Das Deutsche Kaiserreich 1871–1918, Göttingen 1973.

Weilmünster, Lina, Arbeitersport am Ende der Weimarer Republik in Dietzenbach. Für rote Sporteinheit und Kampf gegen den Faschismus, in: Hessen vor 50 Jahren – 1933 (1983), S 89 ff.

Weilmünster, Lina, Aus eigener Kraft. Beitrag zur Geschichte der Arbeiter-, Sport- und Kulturbewegung in Dietzenbach, Dietzenbach 1980.

Werder, Ilse/Werner Kurz, Lamboy und Tümpelgarten. Geschichte, Aufbruch, Entwicklung, hrsg. vom Verein der Freunde und Förderer Lamboy-Tümpelgarten, Hanau 2011.

Werner, Klaus, Juden in Offenbach am Main 1918–1945, (Diss.), Frankfurt 1991.

Winkler, Heinrich August, Deutsche Geschichte vom Ende des Alten Reiches bis zum Untergang der Weimarer Republik, München 2000.